ASSATA

Assata Shakur é uma das mulheres mais procuradas pelo FBI.
Em 1979, ela fugiu da prisão e conseguiu asilo em Cuba.
Em 2022, continua foragida.

ASSATA

UMA AUTOBIOGRAFIA

ASSATA SHAKUR

com prefácios de
Angela Davis e Lennox Hinds

tradução de Carla Branco

Rio de Janeiro
2022

PALLAS

editoras
Cristina Fernandes Warth
Mariana Warth

coordenação de produção, projeto gráfico e capa
Daniel Viana

tradução
Carla Branco

revisão de tradução
Katia Santos

copidesque
Eneida D. Gaspar e
BR75 | Silvia Rebello

revisão
BR75 | Rowena Esteves
e Clarisse Cintra

Este livro segue as novas regras do Acordo Ortográfico da Língua Portuguesa.

CIP-BRASIL. CATALOGAÇÃO-NA-FONTE
SINDICATO NACIONAL DOS EDITORES DE LIVROS, RJ

S539a

Shakur, Assata, 1947-
Assata: uma autobiografia / Assata Shakur; [tradução Carla Branco]. – 1. ed. - Rio de Janeiro: Pallas, 2022.
472 p.; 21 cm.

Tradução de: Assata: an autobiography.
ISBN 978-65-5602-067-9
Prefácio de Angela Davis e Lennox Hinds.

1. Shakur, Assata, 1947-. 2. Revolucionárias - Estados Unidos - Biografia. 3. Mulheres na política - Estados Unidos - Biografia. 4. Feministas - Estados Unidos - Biografia. 5. Estados Unidos - Relações raciais. 6. Estados Unidos - Direitos das mulheres. I. Branco, Carla. II. Título.

22-78191 CDD: 920.932242
CDU: 929:323.269.6-055.2(73)

Gabriela Faray Ferreira Lopes – Bibliotecária – CRB-7/6643

Pallas Editora e Distribuidora Ltda.
Rua Frederico de Albuquerque, 56 – Higienópolis
CEP 21050-840 – Rio de Janeiro – RJ
Tel./fax: 21 2270-0186
www.pallaseditora.com.br | pallas@pallaseditora.com.br

SUMÁRIO

Esta obra tem três tipos de notas:
da autora (sem identificação de autoria),
da tradutora (NT) e da editora (NE).

APRESENTAÇÃO À EDIÇÃO BRASILEIRA

de Ynaê Lopes dos Santos

Era dia 2 de maio de 1973, e ela estava viva.

Lida assim, de primeira, essa frase pode não fazer muito sentido. Mas ela quer dizer exatamente o que está escrito: era dia 2 de maio de 1973, e ela estava viva.

A pretensa falta de nexo da frase pode ser resolvida com duas simples perguntas: quem estava viva no dia 2 de maio de 1973? E por que isso importa?

Assata Shakur começa sua autobiografia justamente no dia em que estar viva era uma vitória e, ao mesmo tempo, o início da experiência concreta de um pesadelo. Um dia que marcou e virou sua história. O dia em que ela foi presa, mas também o dia em que ganhou o mundo.

Para o público brasileiro, Assata Shakur pode ser conhecida apenas como uma das mulheres mais procuradas pelo FBI. Não que isso seja pouco, tendo em vista a importância do órgão federal na implementação das políticas públicas estadunidenses, sejam elas de abrangência nacional ou internacional. Isso sem contar o peso simbólico do FBI no imaginário dos brasileiros, que o conhecem muito mais por meio de filmes e séries do que por uma compreensão mais profunda de suas reais atuações. O fato é que reduzir Assata Shakur ao cartaz de "Procura-se" é um erro. Um erro que limita e, uma vez mais, aprisiona a história dessa mulher e de tudo o que ela conecta.

Sendo assim, o dia 2 de maio de 1973 importa por ser uma espécie de ponto de partida para conhecer a história de uma mulher negra que tomou decisões pouco usuais na luta pelo que considerava correto. Decisões entendidas como radicais e até mesmo extremistas, e que até hoje [2021] a impedem de entrar nos Estados Unidos.

E, se para Assata Shakur o dia 2 de maio de 1973 foi um momento de grandes e profundas mudanças, para nós, que nos aventuramos a conhecer sua vida, esse é o dia em que iniciamos o mergulho em uma trajetória que nos ajuda a compreender as muitas dimensões da História, tanto aquela com letra maiúscula como a mais comunzinha, de todos os dias.

Para nós, brasileiras e brasileiros, este livro é um mergulho em águas profundas. Por vezes, essas águas nos parecerão por demais turvas, causando certo incômodo e até mesmo desconforto. Em outros momentos, essas mesmas águas se tornarão impressionantemente translúcidas, podendo, a distância, ser tomadas como reflexos de nós mesmos.

Por essa possibilidade de causar estranheza e identificação – a depender de quem lê este livro –, defendo aqui que a leitura da obra de Assata Shakur é uma experiência individual e intransferível. Não que a leitura das demais obras literárias não sejam. Mas esse misto de excepcional e ordinário, que tece todo o livro, faz com que nós, leitores, por vezes sintamos estar numa trama milimetricamente construída para desvelar as contradições, as violências e as alegrias que marcaram a vida dessa mulher. Assata Shakur parece ser uma heroína, a partir da qual se desenrola um roteiro de ação, drama e suspense, com inúmeras cenas de violência. E muitas vezes é preciso parar, respirar fundo e lembrar que não estamos com uma obra de ficção nas mãos. São histórias vividas. E tão importante quanto: histórias contadas por quem as viveu.

Sendo assim, o que faço aqui é menos uma apresentação e mais uma sugestão. Em parte, porque seria impossível eleger as duas ou as três passagens que mais marcaram minha leitura. Toda a vida de Assata Shakur vale a pena. Mas, sobretudo, porque nada do que eu disser pode chegar perto da potência e da vivacidade com as quais Assata Shakur narra sua vida e a vida da amérika em que ela nasceu e viveu por muitos anos. Esta autobiografia é a materialização do conceito de escrevivência cunhado por Conceição Evaristo. Sendo assim, se me cabe dar um conselho a quem (pelas mais variadas razões) se deparou com este livro, é: leia-o, e se deixe afetar.

E quando falo em se afetar, estou me referindo ao sentido etimológico do verbo. Produza sua impressão sobre as histórias guardadas neste livro, se deixe tocar por elas, comova seu espírito. Porque é impossível sair dessa leitura da mesma forma como entramos. Na verdade, é mais do que isso: ao se escreviver, Assata Shakur nos convida a olhar para a História de uma nova maneira. Ao narrar sua vida, Assata também nos brinda com uma outra forma de ser e estar no mundo.

Publicada pela primeira vez em 1988, a autobiografia de Assata Shakur chegou em um mundo que, embora profundamente racista, dava sinais de mudanças significativas. Grande parte dos países africanos já havia passado por sua independência e estava vivenciando os desafios da construção de suas soberanias nacionais. A bipolaridade entre os modelos capitalista e socialista já estava em ruínas, o que se consolidou pouco depois, com a queda do muro de Berlim, em 1989. Políticas públicas antissegregacionistas continuavam sendo implementadas nos Estados Unidos, como resultado da longa luta pelos Direitos Civis da população negra do país. Inúmeras ditaduras latino-americanas estavam sendo derrubadas, e o Brasil iniciava a construção da sua experiência democrática mais progressista. Havia um sopro de esperança no ar. E o livro de Assata Shakur era mais uma narrativa que disputava os sentidos possíveis da palavra liberdade, lembrando que esse conceito nunca caminha sozinho.

Mas não nos esqueçamos de que a História é um campo de batalhas, efetivas e simbólicas. E que a linearidade sugerida pela "linha do tempo" eurocêntrica é uma grande falácia.

No Brasil, a publicação da autobiografia de Assata Shakur acontece mais de 30 anos depois, num contexto intenso, extraordinário e violento. E mesmo depois de um mundo tão mudado – no qual os próprios Estados Unidos tiveram um homem negro eleito como seu governante máximo –, a obra de Assata se mostra atual e necessária. Não só por narrar uma vida que é sinônimo de luta, mas, principalmente, por ter na sua escrita uma forma de denúncia.

Uma denúncia que, infelizmente, ainda ecoa e produz uma série de sentidos.

E seus ecos chegaram em um mundo cingido pela pandemia da COVID-19. Pandemia que descortinou as contradições, as complexidades e as desigualdades profundas que nos estruturam social, política e economicamente. Não por acaso, o racismo se tornou um dos temas mais debatidos e discutidos. E, por ironia perversa do destino, o racismo e essa pandemia que nos assolou apresentaram sintomas semelhantes: ambos não deixam suas vítimas respirarem. Poder respirar foi o último pedido de George Floyd, assassinado no dia 25 de maio de 2020 por um policial de Minneapolis, Estados Unidos. A busca de ar também foi o brado desesperado de João Freitas, assassinado pelos seguranças de um supermercado em Porto Alegre (Brasil) no dia 20 de novembro de 2020. Dois homens negros de meia-idade, mortos por serem quem eram: dois homens negros. Dois assassinatos brutais cometidos por agentes que deveriam estar preservando a vida das pessoas que eles mataram.

A violência policial contra a população negra não é uma novidade nos Estados Unidos, muito menos no Brasil – apesar da nossa insistência em manter a crença no mito da democracia racial. Na realidade, ela é a face mais visível do caráter estrutural do racismo em ambas as sociedades, pois desnuda os projetos políticos implementados por esses dois Estados nacionais. Projetos nos quais os assassinatos narrados há pouco não são casos pontuais, muito menos exceções. Eles são a regra do sistema racista, funcionando em situações-limite.

Em certa medida, a vida de Assata Shakur é também uma situação-limite do sistema racista. A violência policial, o encarceramento em massa, o sistema educacional desigual e segregado, a discriminação nas oportunidades de emprego, o não usufruto dos direitos civis assegurados constitucionalmente. Tudo isso está nas páginas que constituem este livro. Isso porque, assim como Grada Kilomba[1] pontuou recentemente, Assata aprendeu que o racismo é a combinação nefanda do preconceito com o poder.

Poder.

Esta é uma palavra-chave para acompanhar a leitura da autobiografia de Assata, e também para entender as dinâmicas da natureza sistêmica e estrutural do racismo que, ao mesmo tempo que cria inúmeras violências e desigualdades

---

1 KILOMBA, Grada. *Memórias da plantação: episódios de racismo cotidiano*. Rio de Janeiro: Cobogó, 2019. p. 76.

na vida das pessoas negras, constrói castelos de privilégios usufruídos única e exclusivamente pelas pessoas brancas – que muitas vezes não têm consciência de que tais privilégios são, na realidade, a consolidação de uma supremacia branca.

Mas, ainda que existam escalas diferentes, a natureza e a direção do poder são diversas. Não por acaso, um dos maiores *slogans* do movimento negro estadunidense era (e ainda é) o *Black Power*. E, na ousadia de quem tem o privilégio de apresentar o livro de uma mulher como Assata Shakur, eu diria que essas duas palavras poderiam resumir esta obra. Vocês têm em mãos um livro sobre o Poder Negro, ou sobre o Poder do Negro. Não só no que tange à disputa direta de forças que Assata Shakur imprimiu e imprime contra a estrutura racista estadunidense. Mas, sobretudo, por essa disputa estar calcada no que ela definiu como "autodeterminação negra", um direito básico na luta pela libertação.

Aí, vamos para uma outra dimensão, muito menos tangível, da estrutura racista. Estou falando da desumanização sistemática que recai sobre a população negra (e não branca, em geral), cujas vidas são facilmente substituídas por números, gráficos e estatísticas. Seja na medição dos índices de morte de jovens, seja na incidência de violência obstétrica, seja na impossibilidade de representação positiva da sua experiência de ser (humano). A universalização da população branca acaba destituindo os negros desse lugar de humanidade. Essa foi uma das constatações importantes que Frantz Fanon fez ao pontuar (com ironia e acidez) que o negro não era um homem[2] – o mesmo valendo para as mulheres.

Sendo assim, a luta negra é sempre uma luta pela humanidade, tanto pela vida de cada negro ou negra –

---

2 FANON, Frantz. *Pele negra, máscaras brancas*. São Paulo: EBU, 2020. p. 22.

#BlackLivesMatter – como pela ampliação desse coletivo que chamamos de seres humanos. Pode parecer uma afirmação quase banal, mas ler a vida de uma mulher negra, escrita por ela própria, é uma das formas de ampliar nossa perspectiva de humanidade. Seja no incômodo das águas turvas ou no reflexo das águas límpidas.

Assata Shakur chega ao Brasil num momento em que sua vida e sua experiência são história e também possibilidade. E o mais bonito é que ela não chegou sozinha. Sua obra veio se somar aos escritos de Angela Davis, Patricia Hill Collins, bell hooks, Audre Lorde, Maya Angelou, Toni Morrison, Françoise Ega, Maryse Condé, Carolina Maria de Jesus, Lélia Gonzales, Beatriz Nascimento, Sueli Carneiro, Conceição Evaristo – isso apenas citando as mais velhas.

Se estamos vivendo a percepção mais dura de como o racismo estrutura nossas vidas, também estamos cada vez mais bem instrumentalizados na luta contra ele. Essa é a herança que as mulheres negras carregam, de maneiras diferentes e plurais: tecer outros caminhos possíveis.

Estamos no ano de 2021. Assata Shakur está viva. Estamos vivos. A história não para.

Sigamos.

Ynaê Lopes dos Santos
8 de março de 2021

PREFÁCIO

de Angela Y. Davis

Nos anos 1970, enquanto Assata Shakur aguardava julgamento sob acusação de participação em assassinato, participei de um evento beneficente na Universidade Rutgers em New Brunswick, Nova Jérsei, para angariar fundos para sua defesa. Naquela época, Assata estava detida por ali, no Centro Correcional para Homens do Condado de Middlesex. Lennox Hinds, que era professor da Rutgers, me convidou para fazer uma das falas principais. Lennox era líder da Conferência Nacional de Advogados Negros e representava Assata em um processo federal contestando as condições terríveis de seu confinamento na prisão de Nova Jérsei. Ele tinha trabalhado no meu caso, e nós dois atuamos na liderança da Aliança Nacional contra o Racismo e a Repressão Política desde sua fundação em 1973. No evento beneficente estavam professores da Rutgers, um número considerável de profissionais negros e ativistas locais, que foram os pilares de inúmeras campanhas para libertar os presos políticos daquela época.

Foi um evento vibrante, imbuído do otimismo daquele tempo. A minha própria absolvição, recente ainda, por acusações de assassinato, sequestro e conspiração era um exemplo dramático de como poderíamos desafiar com sucesso as ofensivas do governo contra movimentos antirracistas radicais. Por mais poderosas que fossem as forças reunidas contra Assata – o programa de contraespionagem do FBI e as organizações policiais de Nova Iorque e Nova Jérsei –, ninguém teria conseguido nos convencer de que não éramos capazes de criar um movimento triunfante pela liberdade dela. Esse evento beneficente foi um pequeno passo naquela direção e, quando saímos de lá, estávamos bastante satisfeitos com os três mil dólares que angariamos naquela tarde.

Àquela altura, todos os ativistas radicais tinham consciência de que nossas reuniões públicas estavam sujeitas à batida policial e/ou à vigilância do FBI. Ainda assim, estávamos totalmente despreparados para o que parecia ser uma reencenação dos eventos de 1973, que renderam à Assata a acusação de assassinato. Assata, Zayd Shakur e Sundiata Acoli foram parados na rodovia New Jersey Turnpike pela polícia estadual, sob a alegação de que havia um problema com a lanterna traseira do veículo. O encontro deixou Assata gravemente ferida e dois outros – o policial Werner Forster, e o amigo de Assata Zayd Shakur – mortos. Quando alguns de nós saímos juntos do evento beneficente e seguimos por uma via municipal em direção à casa de Lennox Hinds, onde estava acontecendo uma pequena festa pós-evento, ficamos bastante assustados ao sermos sinalizados pela polícia local para pararmos o carro. Minha amiga Charlene Mitchell, que na época era diretora-executiva da Aliança, foi instruída a sair do carro, junto com o motorista e a outra pessoa que estava conosco. Enquanto os policiais nos provocavam, colocando claramente as mãos nas armas em seus coldres, fui instruída a permanecer no veículo, agora vazio. Lennox, cujo carro estávamos seguindo, imediatamente retornou e aproximou-se da polícia com sua carteira de identificação profissional na mão, explicando que era nosso advogado. Isso fez com que os policiais ficassem visivelmente mais nervosos, incluindo o que puxou uma arma de choque de um carro da polícia e passou a mirar em Lennox bem de perto. Nós todos congelamos. Sabíamos muito bem que qualquer gesto inocente poderia ser interpretado como uma tentativa de alcançar uma arma e que esse confronto poderia facilmente se tornar uma recapitulação dos eventos que renderam à Assata a acusação de assassinato.

A explicação espúria dada pela polícia para a emboscada era que havia um mandado para a minha prisão (mais tarde provado falso). Embora tivéssemos sido liberados, logo que chegamos à casa de Lennox descobrimos que eles já haviam pedido reforços e que tinham literalmente cercado a casa. Estando com uma das primeiras juízas negras de Nova Jérsei e várias outras figuras proeminentes da comunidade no imóvel, fomos então obrigados a recorrer aos altos poderes, na figura do congressista John Conyers, em Washington. Chegamos à conclusão de que a solicitação de uma escolta federal de fora do estado de Nova Jérsei poderia pressionar a polícia local. Esses eram os tipos de medidas – e amigos – necessários em tempos tão imprevisíveis.

Relato esse incidente em detalhes porque ele pode ajudar os leitores da autobiografia de Assata não só a focarem no papel político da polícia durante os anos 1970, mas também a entenderem melhor importantes aspectos históricos da rotineira filtragem racial associada às práticas policiais da época. Esta perspectiva histórica é especialmente importante hoje[1] quando expressões descaradas de racismo estrutural – tal como o padrão de encarceramento em massa ao qual as comunidades de cor estão sujeitas – são tornadas invisíveis pelo pânico moral predominante que se sobrepõe ao crime. E, como se não bastasse, descobrimos que, ao mesmo tempo,

1 NE: Angela Y. Davis escreveu este prefácio em 2000.

recursos como os programas de ação afirmativa, e redes de segurança tais como as políticas de bem-estar social, vêm sendo constantemente descontinuados.

Quando Richard Nixon lançou o *slogan* de "lei e ordem" nos anos 1970, ele foi usado em parte para desacreditar o movimento de libertação negra e justificar o destacamento da polícia, dos tribunais e das prisões contra figuras-chave nesse e em outros movimentos radicais daquela época. Hoje, a irônica combinação de uma taxa de criminalidade em declínio à consolidação de um complexo industrial prisional, que torna as elevadas taxas de encarceramento sua necessidade econômica, já facilitou o aprisionamento de dois milhões de pessoas nos Estados Unidos. Neste contexto ideológico, prisioneiros políticos como Assata Shakur, Mumia Abu-Jamal e Leonard Peltier são representados no discurso político popular como criminosos que merecem ser executados ou passar o resto de suas vidas atrás das grades.

No final dos anos 1990, a histeria racista direcionada contra Assata foi ressuscitada quando a polícia do estado de Nova Jérsei supostamente tentou persuadir o papa João Paulo II a usar a ocasião de sua primeira viagem a Cuba como pressão para que Fidel Castro a extraditasse. Como se isso não bastasse, a governadora de Nova Jérsei, Christine Todd Whitman, ofereceu uma recompensa de US$50.000 – mais tarde dobrada – pelo retorno de Assata, e o Congresso aprovou um projeto de lei que solicitava ao governo de Cuba que iniciasse os procedimentos de extradição.

Em uma carta aberta direcionada ao papa, Assata faz uma pergunta que deveria inquietar a todos nós: "Por quê, eu me pergunto, eu mereço tanta atenção? O que eu represento que é tão ameaçador?" Todos nós faríamos bem em ponderar seriamente sobre suas perguntas. Por que será que ela foi projetada pelo governo e pela mídia de massa como uma inimiga perigosa na década de 1970, para mais tarde, na virada do século, reaparecer como alvo preferencial de governadores, do Congresso e da Ordem Fraterna da Polícia?[2] Qual a representação que estava-se criando dela? Qual o trabalho ideológico que essa representação suscitou?

Nos anos 1970, a imagem de Assata Shakur foi veiculada em pôsteres oficiais de busca do FBI e na mídia popular como evidência visual das motivações terroristas do movimento de libertação negra. Os militantes negros eram tidos como inimigos do Estado e foram associados a ameaças comunistas à democracia capitalista. A prolongada busca por Assata, período em que foi demonizada de maneiras que seriam hoje inimagináveis, serviu também para justificar a prisão de um grande número de ativistas políticos, muitos dos quais permanecem presos até hoje [2000].

Vinte e cinco anos depois, a refabricação da imagem de Assata como inimiga é ainda mais danosa, omitindo o contexto político original e apresentando-a como uma criminosa comum – uma assaltante de banco e assassina. Essa recuperação de sua imagem no passado para propósitos bastante contemporâneos serve para justificar a consolidação de um vasto complexo industrial-prisional, o qual a própria Assata descreveu como "[...] não apenas um mecanismo para converter dinheiro público em lucro para empresas privadas [mas também] um elemento essencial do capitalismo neoliberal moderno".[3] Na visão dela, essa nova formação serve a dois propósitos: "um, neutralizar e conter enormes segmentos de setores potencialmente rebeldes da população; e dois, para manter um sistema de superexploração, onde

2 NE: Fraternal Order of Police é a associação de classe dos policiais dos Estados Unidos.

3 NT: Trecho retirado de carta escrita por Assata em 25 set. 1998, disponível em: <http://www.assatashakur.org/prisoncomplex.htm>..

principalmente detentos negros e latinos estejam presos, em comunidades rurais brancas supervisionadas por capatazes".[4]

Como a citação revela, Assata continua bastante engajada com a política radical contemporânea específica dos Estados Unidos, embora esteja impedida de visitar o país desde sua fuga da prisão e sua decisão de se instalar em Cuba há muitos anos. Ao ler sua extraordinária autobiografia, você descobrirá uma mulher que não tem nada em comum com as representações hostis que insistem em se perpetuar. Insisto que você reflita sobre como deve ser para ela não ter podido comparecer ao funeral de sua mãe ou ter ido conhecer o novo neto. Ao acompanhar a história de sua vida, você descobrirá um ser humano terno, com um compromisso inabalável com a justiça, que viaja facilmente através de linhas raciais e étnicas, dentro e fora da prisão e através dos oceanos e do tempo. Ela fala a todos nós, e especialmente àqueles que são confinados em uma crescente rede global de prisões e carceragens. Num tempo em que o otimismo sumiu de nosso vocabulário político, ela nos oferece presentes inestimáveis – inspiração e esperança. Suas palavras nos lembram, como disse Walter Benjamin, que é exatamente por aqueles que não têm esperança que a esperança nos é dada.

Angela Y. Davis
Universidade da Califórnia, Santa Cruz
março, 2000

---

4 NT: Trecho retirado de carta escrita por Assata em 25 set. 1998, disponível em: <http://www.assatashakur.org/prisoncomplex.htm>

PREFÁCIO

de Lennox S. Hinds

A publicação desta extraordinária autobiografia nos oferece uma rara oportunidade de vermos por trás das distorções cuidadosamente orquestradas dos fatos sobre a vida e as motivações de Assata Shakur. Escrevendo de maneira simples e vívida sobre o racismo que permeou sua infância e juventude – as mesmas experiências comuns dos Negros[1] nos Estados Unidos que levaram milhões ao desespero e muitos à revolta –, Assata nos leva a entender, a todos nós, a sociedade em que vivemos. Fica evidente que foi o racismo, minando cada aspecto da infância daquela criança sensível, dotada intelectualmente e apaixonada pela vida, enquanto lutava para estabelecer sua própria identidade, que a levou a procurar soluções para o impacto catastrófico do racismo e da opressão econômica em todas as pessoas de cor nos Estados Unidos. É a América racista que fornece o contexto para a formação dessa revolucionária Negra.

Pessoas lutando por autodeterminação fazem parte de um fenômeno do século XX. Essas lutas são frequentemente

---

1 NT: Hinds se refere aos Negros neste texto em letra maiúscula, assim como Assata em sua autobiografia. Ela se utiliza desse tipo de recurso também com outras palavras, seja com grafia diferente ou uso de minúsculas nas iniciais de alguns nomes próprios, por exemplo.

compreendidas e apoiadas por pessoas de boa vontade nos Estados Unidos – quando ocorrem na África do Sul, em El Salvador, nas Filipinas ou nos campos de refugiados palestinos. As próprias palavras de Assata Shakur, na medida em que escreve sobre suas lutas por crescimento e sentido nas ruas de Nova Iorque e no Sul do país quando criança e como mulher, apresentam um caso tão nítido de autodeterminação e desenvolvimento nos Estados Unidos quanto a vida de seus irmãos e suas irmãs em todo o mundo. Porque embora seu livro seja intensamente pessoal, ele também é absolutamente político. Ela escreve sobre suas experiências não como um ícone histórico que busca cristalizar a "Vida Oficial", mas como alguém cujas experiências na procura por mudanças podem fornecer uma chave para sua própria vida e para todas as outras que, como afirma vividamente, "foram trancafiadas pelos fora da lei. Algemadas pelos que odeiam. Amordaçadas pelos gananciosos" e para quem "um muro é apenas um muro, nada mais que um muro. E pode ser levado ao chão".[2]

Como advogado, professor e estudante de história, sei que, embora a história de Assata talvez seja única em sua energia, criatividade e paixão pela vida e por princípios, ela é típica nas formas pelas quais os Estados Unidos têm historicamente respondido aos indivíduos que o governo vê como ameaças políticas à tranquilidade doméstica.

Como Assata só menciona brevemente os motivos que a levaram a ser alvo de disparos policiais na rodovia New Jersey Turnpike, em 1973, e as evidências frágeis pelas quais foi finalmente condenada em 1977, tentarei esboçar alguns dos detalhes que contribuíram para a imagem assustadora fabricada pelo Estado e perpetrada na mídia.

---

2 NT: Trechos em prosa extraídos do poema "Afirmação" de Assata.

A primeira vez que estive com Assata Shakur foi em 1973, quando ela estava no hospital, à beira da morte, algemada à cama, enquanto as polícias estadual, local e federal tentavam interrogá-la. Como diretor nacional da Conferência Nacional de Advogados Negros, uma organização que tem sido convocada a defender ativistas políticos na comunidade Negra desde sua fundação em 1968, não eram novidade para mim as campanhas de desinformação cuidadosamente orquestradas em que os serviços policiais nos níveis federal, estadual e local haviam se engajado contra ativistas Negros, sob a liderança do FBI (a polícia federal dos Estados Unidos).

Antes de conhecermos Assata, tínhamos representado Angela Davis, tínhamos iniciado investigações sobre a execução policial dos líderes dos Panteras Negras Fred Hampton e Mark Clark, em 1969, e o ataque policial e indiciamento da liderança da República da Nova Áfrika[3] em 1971, e tínhamos defendido muitos outros homens Negros e mulheres Negras identificados como alvos do FBI. A vigilância sistemática e os ataques do FBI a grupos e indivíduos Negros foram orquestrados por seu programa de contraespionagem (Cointelpro),[4] que era direcionado especificamente contra o que o FBI denominava "Grupos de ódio nacionalistas Negros". Os primeiros alvos do Cointelpro foram Martin Luther King e milhares de ativistas de direitos civis menos

---

3 NT: "Como parte do esforço maior para exercitar a autonomia, os ativistas da Nova Áfrika da era do Poder Negro deram uma atenção especial à ortografia. O Governo Provisório decidiu, em meados da década de 70, escrever Áfrika com k em vez de c porque os líderes da RNA consideravam essa ortografia mais consistente com traduções de idiomas africanos, especialmente os da África Oriental." Fonte: ONACI, Edward Eugene. *Self-determination Means Determining Self*: Lifestyle Politics and the Republic of New Afrika, 1968-1989. Tese (Doutorado em História) – Urbana: Universidade de Illinois, 2012.

4 NE: *Counterintelligence program*, em inglês.

destacados. Em outros lugares,[5] escrevi extensivamente sobre o Cointelpro e a interrupção e a destruição criminosas de líderes e grupos Negros, que eram os objetivos específicos desse programa do governo. Os documentos pertinentes e incontestáveis reunidos no relatório do comitê da Igreja, do Comitê Seleto do Senado para Estudar Operações Governamentais relacionadas às Atividades de Inteligência, também foram reimpressos naquele livro. Além disso, as conclusões do Subcomitê de Inteligência Doméstica, liderado pelo senador Walter Mondale, publicadas pelo Departamento de Imprensa do Governo dos EUA em 1976, forneceram documentação irrefutável sobre essa conspiração patrocinada pelo governo contra os direitos civis e humanos de todos os tipos de ativistas políticos e, principalmente, dos Negros.

É importante lembrar que a decisão de Assata Shakur de se juntar aos Panteras Negras ocorreu logo depois que J. Edgar Hoover ordenou que os 41 escritórios do FBI intensificassem seus esforços "para expor, interromper, desviar, desacreditar, e dessa forma neutralizar" organizações nacionalistas Negras e seus líderes. Especificamente, os alvos eram o Comitê Coordenador Estudantil Não Violento (SNCC), a Conferência de Liderança Cristã do Sul (SCLC), a Nação do Islã e, acima de tudo, os Panteras Negras, assim como, entre muitos Negros, Stokely Carmichael, Rap Brown, Elijah Muhammad, Fred Hampton, Mark Clark e, como veremos, Assata Shakur, também conhecida como JoAnne Chesimard.[6]

---

5 HINDS, Lennox S. *Illusions of Justice: Human Rights Violations in the United States* [Ilusões de justiça: violações de direitos humanos nos Estados Unidos]. Cidade de Iowa: Univ. of Iowa, 1978.

6 NE: O nome de batismo de Assata é alternadamente grafado como Joanne e JoAnne em diferentes fontes.

Como se sabe agora,[7] uma campanha de inteligência e contraespionagem cuidadosamente orquestrada foi conduzida pelo FBI, em cooperação com órgãos estaduais e locais de repressão ao crime destinados a criminalizar, difamar, assediar e intimidar Assata a partir, provavelmente, de 1971. Quando Assata Shakur foi baleada e capturada na rodovia New Jersey Turnpike, em 2 de maio de 1973, ela era procurada por uma série de crimes mais graves.

Uma publicidade prejudicial maciça havia sido gerada pelo FBI e pelo Departamento de Polícia da Cidade de Nova Iorque para criar uma imagem de periculosidade e para condená-la em todos os aspectos pela mídia de massa antes de qualquer julgamento. Foram emitidas ordens para capturá-la, viva ou morta. Ela detalha o pavor e o terror quando escreve:

> Aonde quer que eu fosse parecia que se me virasse me depararia com dois detetives me seguindo. Se eu olhasse pela minha janela, lá estariam, no meio do Harlem, em frente à minha casa, dois homens brancos sentados, lendo o jornal. Eu morria de medo de falar em minha própria casa.

Assata não podia mais voltar para casa. Ela estava na lista dos mais procurados do FBI, acusada de estar armada, de ser assaltante de banco e, posteriormente, de ser uma sequestradora e assassina. Uma fotografia supostamente de Assata Shakur, tirada durante um assalto a banco em agosto de 1971, apareceu em um anúncio de página inteira no *New York Daily News* em 10 de julho de 1972. Era uma

7 As informações aqui apresentadas são baseadas em registros e arquivos de tribunais federais e estaduais, memorandos do FBI, arquivos do serviço secreto, registros policiais e informações da mídia. [NE: "Agora" refere-se à época da primeira edição da obra, 1988.]

duplicata de um cartaz afixado em todos os bancos da cidade e do estado de Nova Iorque, nas agências de correios e nas estações de metrô. Esse anúncio, que dizia "Procurada por assalto a banco: recompensa de US$10.000", aparecia no topo de quatro fotografias, sendo uma delas a de uma mulher supostamente fotografada durante assalto a banco em 1971. Abaixo da foto, em letras maiúsculas em negrito, estava o nome "JoAnne Deborah Chesimard".

Durante seu julgamento por esse assalto a banco, que terminou em absolvição, um membro do júri constatou que não era uma foto de Assata Shakur (JoAnne Chesimard). A fotografia tinha sido dada pelo FBI e pela Promotoria dos EUA para a New York Clearing House[8] Association (uma associação de bancos), que divulgou o anúncio e os pôsteres. Mesmo após Assata ter sido absolvida desse assalto a banco, em janeiro de 1976, outro anúncio que oferecia a mesma recompensa por assaltantes de banco foragidos apareceu no *Daily News* em março de 1976. Desta vez, no entanto, na fotografia policial feita na hora da prisão e do fichamento de Assata, com a palavra "APREENDIDA"[9] sobre seu rosto, era-nos possível reconhecê-la. Esse pôster apareceu dois meses após sua absolvição pela acusação de agosto de 1971, dois anos após sua absolvição pela acusação de assalto a banco em setembro de 1972, e quando não havia mais qualquer acusação de roubo pendente contra ela.

Em 12 de fevereiro de 1973, quatro meses antes da prisão de Assata na rodovia New Jersey Turnpike, a revista *New York* publicou um artigo intitulado *"Target Blue"*,[10] escrito por

8 NT: Algo como câmara de compensação em português.

9 NT: Hoje o FBI usa a palavra *capturada* no lugar de *apreendida*.

10 NT: *Target Blue* seria algo como "Alvo: Azul", em referência à cor do uniforme dos policiais do Departamento de Polícia de Nova Iorque.

Robert Daley, um trecho de seu livro de mesmo título. A capa da revista mostrava um policial uniformizado. O subtítulo era "A história por trás dos assassinatos da Polícia". A intenção do artigo era fornecer detalhes privados do Exército de Libertação Negra, cujas atividades, segundo o artigo, eram assassinatos de policiais, assaltos a bancos e esforços para derrubar o governo dos EUA. Acima de uma foto de Assata Shakur, havia as palavras: "pistoleiros do Exército de Libertação Negra", e ela era descrita pelo antigo vice-comissário de polícia, Daley, como a "mãezona[11] que os mantinha juntos, que os mantinha em movimento, que os mantinha atirando". Apesar desse julgamento da mídia, a única acusação contra Assata por matar um policial foi retirada em outubro de 1974 por falta de evidências.

Como mostra o quadro ao final deste texto, em 2 de maio de 1973, quando ocorreu o tiroteio na rodovia New Jersey Turnpike, Assata era "procurada" por todos esses crimes. A ironia é que absolutamente nenhuma das acusações levou à condenação. Quando foi presa, baleada na rodovia New Jersey Turnpike, levando-a à sua única condenação, ela deveria ter gozado da presunção de inocência que a Quinta Emenda à Constituição dos EUA deve conceder a qualquer pessoa sob acusação.

Em 2 de maio de 1973, Assata, Sundiata Acoli, e Zayd Malik Shakur estavam viajando para o Sul pela rodovia New Jersey Turnpike em um Pontiac branco. Eles foram parados pelo policial estadual de Nova Jérsei James Harper por razões consistentes com as diretrizes do Cointelpro do FBI, que determinavam que ativistas deveriam ser presos por pequenas violações de trânsito. O Pontiac supostamente teria

---

11 NE: No original *mother hen*: pessoa superprotetora, que cuida de indivíduos e grupos como a galinha cuida da ninhada.

lanternas traseiras defeituosas. O depoimento de Harper, no entanto, deixa em aberto a sugestão de que o Pontiac era simplesmente um alvo.

Harper disse em depoimento que, quando viu o Pontiac pela primeira vez, ele estava a três quilômetros ao norte do prédio da administração do pedágio da rodovia, quartel-general dos policiais. Ele seguiu o carro por três quilômetros até a proximidade do prédio da administração antes de sinalizar para que encostassem porque "lá havia mais luz e mais segurança". O Pontiac estava viajando à velocidade normal na pista central. Harper primeiro o ultrapassou na pista esquerda, observou o motorista e "fez uma nota mental de sua descrição". Depois, passou para a faixa da direita e deixou que o Pontiac o ultrapassasse, que foi quando "fez uma nota mental do sexo e da raça dos passageiros". Ele então se aproximou do Pontiac na faixa esquerda, sinalizou para o motorista (Sundiata) encostar e ligou para a administração do pedágio solicitando cobertura. Quando o policial Robert Palenchar foi enviado para ajudar Harper, ele comentou pelo rádio: "Encontro você na parada, parceiro" e acelerou para o prédio da administração a 160 quilômetros por hora. O policial Werner Foerster também foi ajudar nessa "averiguação" para a qual, segundo o depoimento de Harper, apenas uma citação seria expedida.

Ao longo dos anos, eu aprenderia muito sobre as maneiras seletivas, arbitrárias e ferozes com que a lei e seus processos seriam aplicados contra Assata Shakur, desde o momento em que a conheci naquele hospital, em maio de 1973, onde ela se agarrava à vida.

Certamente não posso melhorar o relato de Assata sobre suas experiências antes, durante e após seus inúmeros julgamentos, mas devo salientar que ela minimiza o horror das condições em que foi encarcerada. Como mencionado por ela, até um auxiliar do juízo pelo Condado de Middlesex, sob a instrução de um dos juízes federais, diante do qual discutimos nossas ações sobre a desumanidade das condições em que ela estava sendo mantida, considerou as condições alarmantes.

Na história de Nova Jérsei, jamais mulher alguma em prisão provisória ou prisioneira foi tratada assim, continuamente confinada numa prisão para homens, 24 horas por dia sob vigilância de suas funções mais íntimas, sem apoio intelectual, assistência médica adequada ou atividades físicas, e sem a companhia de outras mulheres durante todos os anos em que esteve sob custódia. Entramos com um processo de direitos civis após o outro, reclamando do tratamento bárbaro seletivamente dispensado a ela, com pouco sucesso. Ao ler a história dela, imagine o efeito que essas condições devem ter tido sobre essa mulher orgulhosa e sensível.

Outra amarga ironia de sua situação é que, durante os anos em que aguardava julgamento em Nova Jérsei, as outras tantas acusações que fizeram com que ela se tornasse uma fugitiva, e que levaram ao tiroteio na rodovia New Jersey Turnpike, foram derrubadas por falta de evidências, tiveram as queixas retiradas ou resultaram em absolvição, e ainda assim as condições físicas sob as quais ela estava sendo mantida, no mínimo, pioraram. Uma vez mais, a manipulação dos fatos pela mídia substituiu a realidade – nenhuma das absolvições ou dos arquivamentos de processos foi divulgada. As massivas precauções de segurança para um outro julgamento a ser realizado em Nova Jérsei eram as principais notícias nas primeiras páginas dos jornais locais, dia após dia, na comunidade na qual o júri foi selecionado.

O próprio número dessas acusações infundadas corrobora a alegação de muitas pessoas de que os esforços extraordinários do estado de Nova Jérsei para condenar Assata Shakur, apesar das evidências frágeis, serviam para justificar a imagem fabricada de assassina louca que havia falhado, de forma muito humilhante, para que fosse condenada nos tribunais estaduais e federais de Nova Iorque.

Assata foi condenada em Nova Jérsei como cúmplice no assassinato do policial estadual Werner Foerster e de ataque atroz a James Harper com a intenção de matar. Segundo a lei de Nova Jérsei, se a presença de uma pessoa na cena de um crime puder ser interpretada como uma colaboração substancial (*aid and abet*) para o crime, essa pessoa poderá ser condenada exatamente pelo mesmo crime. O estado de Nova Jérsei condenou Sundiata Acoli pelos mesmos assassinatos após Assata ter sido apartada do processo devido à sua gravidez. O júri, no julgamento de Assata pelas mesmas ofensas, teve permissão para especular que sua "mera presença" em uma cena de violência, com armas no veículo, era o suficiente para sustentar uma condenação – embora três neurologistas tenham afirmado em depoimento no julgamento que seu nervo mediano fora rompido por ferimentos a bala, o que a impediria de puxar o gatilho, e que sua clavícula havia sido despedaçada por um tiro que só poderia tê-la atingido se ela estivesse sentada no carro com as mãos para o alto. Outros especialistas, em seus depoimentos, afirmaram que a análise por ativação com nêutrons administrada pela polícia logo após o tiroteio não apresentou evidências de resíduo de arma nos dedos dela, o que significa que ela não fez disparo algum. Ela também foi condenada por porte de armas – embora não tivessem conseguido comprovar que ela as havia manuseado – e por tentativa de assassinato do policial Harper, que sofreu um pequeno ferimento no tiroteio.

Eu entendi, e entendo ainda, que foi o racismo no Condado de Middlesex, alimentado pela publicidade tendenciosa e inflamatória na imprensa local antes e durante o julgamento, alardeado pela documentada ilegalidade do governo, que tornou possível ao júri branco condenar Assata com base no depoimento não corroborado, contraditório e genericamente inacreditável do soldado Harper, a única outra testemunha do ocorrido no pedágio. O depoimento de Harper, bem como o de todas as outras testemunhas do Estado, estava repleto de inconsistências e discrepâncias. Em três relatórios oficiais diferentes, incluindo seu depoimento no grande júri, Harper disse que viu Assata tirar uma arma da bolsa, enquanto estava no carro, e atirar nele. Ele admitiu, em interrogatório tanto no julgamento de Sundiata quanto no de Assata, que nunca a vira com uma arma e que não a viu atirar nele – e que, na verdade, ele havia mentido.

Além disso, o juiz se recusou a autorizar que a defesa apresentasse qualquer testemunha contra o Cointelpro. A verdade é muito simples. Assata Shakur não teve um julgamento imparcial no Condado de Middlesex, em Nova Jérsei. Ela havia sido condenada na imprensa e na mente do público em geral desde o momento em que foi capturada em Nova Jérsei e repetidas outras vezes até o julgamento. A condenação judicial foi uma mera formalidade.

Querida Irmã, obrigado por nos enviar sua voz vital e por compartilhar sua paixão e seu comprometimento conosco. Enquanto isso, nós nesta sociedade devemos nos lembrar novamente de como ameaçamos nossos próprios interesses e direitos quando toleramos com nosso silêncio o uso da vigilância governamental, ataques à legitimidade de ativistas políticos e o uso do direito penal para reprimir e punir dissidências políticas.

Em 1975, o procurador-geral Edward H. Levi, seguindo ordens do presidente Carter e considerando as conclusões do comitê da Igreja, elaborou o primeiro conjunto de diretrizes que obriga o FBI a seguir a Constituição em suas investigações de indivíduos e grupos supostamente perigosos para a segurança nacional. As diretrizes do procurador-geral Levi, ainda que não fossem recebidas com entusiasmo pelos libertários civis, foram uma tentativa de restrição do uso desenfreado do poder governamental para que as forças repressoras se infiltrassem e desintegrassem as organizações.

Em 1983, o procurador-geral William French Smith, sob o comando do presidente Reagan, rescindiu as diretrizes de Levi, e todos os anos desde então as proteções da Declaração de Direitos dos EUA têm sido sistematicamente deterioradas. Por exemplo, o FBI agora pode investigar pessoas ou grupos acusados de defenderem atividades criminosas. Indubitavelmente, o governo federal continua com o abuso desenfreado de poder com o qual tentou destruir Assata Shakur e outros indivíduos e grupos Negros por meio de vigilância, boatos, insinuações, escutas, detenção e processos, encarceramento e assassinato ao longo dos anos 1960 e 70.

Enquanto os membros do Congresso, ainda intimidados pelo Abscam,[12] temerem antagonizar o FBI, enquanto as diretrizes do FBI forem elaboradas internamente pelo FBI, e enquanto o Departamento de Justiça estiver sujeito aos imperativos políticos do presidente, monitorados apenas dentro do sistema, mas sem transparência governamental, estaremos todos sujeitos aos mesmos tipos de repressão e

---

12 NT: Operação conduzida pelo FBI no final dos anos 1970 e início da década de 1980 com o objetivo de prender criminosos. A operação de dois anos foi conduzida a partir do escritório do FBI em Hauppauge, Nova Iorque. O nome teria sido criado a partir da junção de dois nomes árabes (Abdul + Scam). Fonte: <https://www.britannica.com/topic/Abscam>.

ao sigilo de governo que vitimaram Martin Luther King, Malcolm X, Viola Liuzzo, Medgar Evers, Fred Hampton, Ohadele Imari, Assata Shakur e muitos outros irmãos e irmãs cujas ideias e cujos argumentos representem uma ameaça ao governo. Somos todos vítimas potenciais.

Encorajo-os agora a adentrar no coração e na alma de Assata Shakur, que, apesar de tudo o que lhe aconteceu, mantém revigorado seu idealismo e sua confiança no poder das pessoas de princípios para, juntos, promoverem mudanças pelo bem comum dos povos do mundo.

Lennox S. Hinds
Nova Iorque

CRONOLOGIA DO JULGAMENTO

Data do suposto crime e acusação	Jurisdição estadual-federal
5 de abril, 1971 Assalto à mão armada Hilton Hotel, cidade de Nova Iorque	Suprema Corte do Estado de Nova Iorque Condado de Nova Iorque
23 de agosto, 1971 Assalto a banco Queens	Distrito Leste dos EUA Brooklyn
1º de setembro, 1972 Assalto a banco Bronx	Distrito Sul dos EUA Cidade de Nova Iorque
28 de dezembro, 1972 Sequestro de traficante de drogas	Suprema Corte do Estado de Nova Iorque Condado de Kings
2 de janeiro, 1973 Assassinato de traficante de drogas	Suprema Corte do Estado de Nova Iorque Condado de Kings
23 de janeiro, 1973 Tentativa de assassinato de policiais (emboscada)	Suprema Corte do Estado de Nova Iorque Condado do Queens
2 de maio, 1973 Assassinato de soldados estaduais Rodovia New Jersey Turnpike	Corte Superior do Condado de Middlesex

	Data da acusação	Data do julgamento	Decisão
	22 de novembro, 1977	Sem julgamento	Processo arquivado
	20 de julho, 1973	5 a 16 de janeiro, 1976	Absolvida
	1º de agosto, 1973	3 a 14 de dezembro, 1973	Suspensão do júri
		19 a 28 de dezembro, 1973	Absolvida
	30 de maio, 1974	6 de setembro a 19 de dezembro, 1975	Absolvida
	29 de maio, 1974	Sem julgamento	Processo arquivado
	11 de maio, 1974	Sem julgamento	Processo arquivado
	3 de maio, 1973	9 a 23 de outubro, 1973	Mudança de local
		1º de janeiro a 1º de fevereiro, 1974	Julgamento cancelado devido à gravidez de Assata
		15 de janeiro a 25 de março, 1977	Condenada

AFIRMAÇÃO

Eu acredito em viver.
Eu acredito no espectro
de dias Beta e pessoas Gama.
Eu acredito na luz do sol.
Em moinhos e cachoeiras,
triciclos e cadeiras de balanço.
E eu acredito que sementes viram brotos.
E brotos viram árvores.
Eu acredito na magia das mãos.
E na sabedoria dos olhos.
Eu acredito em chuva e lágrimas.
E no sangue da infinitude.

Eu acredito na vida.
E vi o desfile da morte
marchar pelo torso da terra,
esculpindo corpos de lama em seu caminho.
Eu vi a destruição da luz do dia,
e vi vermes sanguinários
recebendo orações e saudações.

Eu vi a cegueira dos bons
e as amarras da cegueira
em uma simples lição.

Eu caminhei sobre cacos de vidro.
Eu engoli sapos e comi o pão que o diabo amassou
e inalei o odor da indiferença.

Fui encarcerada pelos sem-lei.
Algemada pelos que odeiam.
Amordaçada pelos gananciosos.
E, se aprendi alguma coisa, ao final,

é que um muro é apenas um muro
nada mais que um muro.
E pode ser levado ao chão.

Eu acredito em viver.
Eu acredito em nascer.
Eu acredito no suor do amor
e no fogo da verdade.

E eu acredito que uma nau à deriva,
conduzida por marinheiros cansados e mareados,
pode ainda encontrar seu rumo
e aportar.

ASSATA

UMA AUTOBIOGRAFIA

CAPÍTULO 1

Havia luzes e sirenes. Zayd estava morto. Minha mente sabia que Zayd estava morto. O ar parecia um vidro frio. Bolhas enormes se formavam e estouravam. Cada estouro era como uma explosão no meu peito. Na boca, um gosto de sangue e poeira. O carro girou ao meu redor e então fui tomada por uma espécie de sono. Ao fundo, eu ouvia o que parecia ser um tiroteio. Mas eu estava desfalecendo e sonhando.

De repente, a porta se abriu e eu me senti sendo arrastada para a calçada. Empurrada e esmurrada, um pé sobre minha cabeça, um chute no estômago. Policiais por toda parte. Um deles com uma arma apontada para a minha cabeça.

"Para que lado eles foram?" berrava ele. "Sua vagabunda, é melhor você abrir a porra da boca ou vou estourar a porra da sua cabeça!"

Apontei com a cabeça na direção da estrada. Eu tinha certeza de que ninguém tinha ido naquela direção. Alguns dos policiais correram para lá.

Um porco[1] disse: "A gente tem que acabar com ela." Mas os outros estavam muito ocupados com o carro, revistando-o. Eles o viravam e reviravam.

---

1 NT: Tradução para *pig*, que é como a autora geralmente se refere aos policiais.

"Achô a arma?", eles ficavam se perguntando. Mais tarde, um deles perguntou ao outro: "Melhor botá ela no carro?"

"Não. Deixa ela na sarjeta, que é o lugar dela. Só tira ela do caminho."

Senti quando me puxaram pelos pés e me arrastaram pela calçada. Meu peito estava pegando fogo. Minha blusa, roxa de sangue. Eu estava convencida de que meu braço havia sido arrancado e estava pendurado dentro da minha camisa por algumas tiras de carne. Eu não o sentia.

Finalmente, a ambulância chegou e eles me colocaram lá dentro. Ser movida numa maca era uma agonia, mas valia a pena pelos cobertores. Eu sentia tanto frio. Os médicos me examinaram. Eu tentei falar, mas só as bolhas saíram. Eu estava espumando pela boca.

"Onde que pegou nela?", eles se perguntavam como se eu não estivesse ali. Eles acabaram de procurar. Eu fiquei aliviada.

"Vamos", um deles disse.

"OK, mas espera um minuto", o motorista disse, e saiu. "Dois tiros", ouvi dizer. "Temos que esperar." O motorista bateu a porta.

Ele disse mais alguma coisa, mas não entendi. O tempo passou. Eu estava flutuando de novo. Era uma sensação esquisita, como um sonho, um pesadelo. Mais tempo se passou. Parecia uma eternidade. Eu ia e voltava, ia e voltava.

Uma voz áspera perguntou: "Ela já tá morta?" Voltei a flutuar. Ouvi outra voz. "Ela já tá morta?" Eu tentava lembrar há quanto tempo a ambulância estava parada ali. Os assistentes pareciam nervosos. As bolhas no meu peito pareciam estar ficando maiores. Quando elas estouraram, meu tórax ficou em pedaços. Desmaiei novamente, e estava no Sul no verão. Pensei na minha avó. Finalmente, a ambulância se movia. "Se eu sobreviver", lembro de ter pensado: "só terei um braço".

O HOSPITAL é extremamente branco. Todos que vejo são brancos. Todos parecem esperar. De repente, todos se movem. Pressão sanguínea, pulso, agulhas etc. Surgem dois detetives. Sei que são detetives porque parecem detetives. Um deles tem cara de buldogue, com as mandíbulas pendendo nas laterais. Eles supervisionam a enfermeira enquanto ela corta minhas roupas. Depois de um tempo, um deles esfrega as pontas dos meus dedos com o que parecem ser cotonetes. Mais tarde, descobri que esse é o teste de ativação com nêutrons para determinar se disparei ou não uma arma. Em seguida, um outro tenta colher minhas digitais, mas ele tem dificuldade porque minha mão está morta.

"Me dá o kit de morto." Ele coloca meus dedos em coisas que pareciam colheres, usadas para colher impressões digitais de cadáveres. Eles começam a me fazer perguntas, mas chega um bando de médicos. Um deles, que parece ser o médico-chefe, me examina. Ele me vira para lá e para cá, como se eu fosse uma boneca de pano. E depois, como se fosse me matar, ele me move bruscamente para me colocar de bruços. A dor é como um choque elétrico. Eu solto um gemido.

"Agora não chora, mocinha", ele diz. "Por que você atirou no soldado? Por que você atirou no soldado?"

Quero chutar a cara dele. Eu sei que ele me mataria se tivesse chance. Vejo o bisturi deslizar. Um dos médicos diz algo sobre ligar para o centro cirúrgico. "Ah, não!" é tudo o que consigo pensar. "Ah, não!"

Depois de um tempo, todos saem. Em seguida uma enfermeira Negra[2] entra no quarto. Fico muito satisfeita em vê-la. Ela se inclina sobre mim.

"Qual o seu nome?", ela pergunta. "Qual o seu nome?"

Eu pondero e decido não dizer nada. Se digo meu nome, eles saberão quem sou e me matarão, com certeza.

"Qual o seu nome?", ela continua perguntando, enunciando cada sílaba do mesmo jeito que as pessoas fazem quando falam com pessoas que têm problemas de audição ou compreensão. "Qual o seu nome? Qual o seu endereço? Onde você mora?" Ela vai subindo a voz. "Precisamos de sua assinatura, senhorita", ela diz, agitando uma folha de papel na minha frente. "Precisamos de sua autorização para o tratamento, caso tenhamos que operar." Ela repete a mesma coisa, sem parar. "Quem devemos contactar em caso de emergência?" (Acho a pergunta engraçada.) "Qual o seu nome? Onde você mora?" Fecho meus olhos, desejando que ela desapareça. E ela não para de falar.

Adormeço, pensando no meu braço. Ele ainda estava lá. "Nervo danificado. Paralisado", ouvi falarem. Isso nunca tinha me ocorrido. Isso não é tão ruim assim, lembro que pensei. Eu posso viver com isso se for preciso.

Mais vozes, outras vozes, arranham meus ouvidos e minha consciência.

---

2 NT: Em inglês, a identificação das nacionalidades e de povos e culturas se dá quase sempre usando letras maiúsculas. As palavras nativos, indígenas, índios, e até *chicanos*, por exemplo, são grafadas com letras maiúsculas. Assata mantém no texto original essas referências com maiúsculas (assim como tira as maiúsculas de outros povos, principalmente dos americanos dos EUA), mas insere também nesse universo os Negros com maiúsculas, como um povo, uma identidade, mais do que apenas uma nacionalidade no caso de africanos que em inglês tem o "a" maiúsculo. Nesta tradução, seguiremos as regras da língua portuguesa sobre o uso de maiúsculas (indígenas ficará com "i" minúsculo, por exemplo). A diferença será sempre Negro e suas variações com destaque em maiúsculas.

"Ela consegue falar", um deles diz. "O médico disse que ela consegue falar. Aonde você estava indo? Qual o seu nome? De onde você estava vindo? Quem estava no carro com você? Vocês eram quantos? Eu sei que ela está ouvindo."

Mantenho os olhos fechados. Um deles chega bem próximo de mim. Sinto seu hálito na minha bochecha. E o cheiro dele.

"Eu sei que você pode me ouvir e sei que consegue falar, e se você não começar logo a falar eu vou socar sua cara."

Meus olhos se abrem a despeito de mim. Imediatamente, estão todos em cima de mim, me bombardeando com perguntas. Eu nada digo. Depois de um tempo, fecho os olhos novamente.

"Ah, ela não está se sentindo bem", um deles diz com voz doce e zombeteira. "Onde dói? Aqui? Aqui? AQUI?"

Com cada *aqui* vinha uma porrada. Olho ao redor em desespero, mas não há ninguém ali. Mais pancadas e socos, mas nenhum deles machuca tanto quanto a ferida no meu peito. Tento gritar, mas logo entendo que seria um erro. Meu peito parece explodir e acho que vou morrer. Eles continuam. Perguntas e socos. Eu acho que eles nunca vão parar.

Uma voz de mulher: "Telefone."

"Obrigado", um deles diz, me dando um sorriso forçado. Eles se foram.

Outro porco entra. Um porco Negro. De uniforme. Ele se aproxima mais e vejo que não é um policial e, sim, um segurança do hospital. Ele se posiciona não muito distante de onde estou deitada e posso ver que ele não é nada hostil. Seu rosto se desvela num tipo de sorriso reservado e, muito discretamente, ele fecha o punho e me mostra o gesto do movimento *Black Power*.[3] Aquele homem nunca saberá o quanto me fez sentir melhor naquele momento.

Os detetives voltam com uma enfermeira. Eles começam a mover a maca. Minha mente acelera. Para onde estão me levando? O único lugar que me ocorre é a sala de cirurgia. Quando chegamos à sala de raios X, fico agradecida. Como tenho que me virar, as radiografias são dolorosas, mas o técnico é legal. Os raios X acabam e sou levada de volta pelo corredor, determinada a manter meus olhos fechados. Eis que de repente, há súbitos clarões. Meus olhos se abrem. Agora eles estavam me fotografando.

O fotógrafo da polícia pergunta: "Num vai dar um sorriso pra gente? Vamos lá. Dá um sorriso."

Fecho os olhos novamente. Estamos em movimento. A maca para. Um dos porcos diz à enfermeira que está com dor de cabeça. Ela se oferece para providenciar um remédio para ele.

A maca volta a se mover. Para onde diabos estão me levando? De novo, a luz está mudando e, embora meus olhos estejam fechados, consigo sentir a diferença. Tenho a sensação de estar no escuro. Não consigo me conter e olho. O ambiente é escuro, mas há alguma luz. Aos poucos meus olhos se ajustam. Há uma coisa estirada perto de mim. Consigo ver uma silhueta. Alguma coisa num plástico. Alguma coisa – minha mente aos poucos entende que é um homem num grande saco plástico. E que o homem é Zayd. Meu corpo se enrijece. Minha cabeça roda.

Um dos soldados diz: "É isso que vai te acontecer até o fim do dia se você não contar o que a gente quer saber."

---

3 NT: Nos EUA o gesto do poder é representado pelo punho fechado erguido. Importante observar que essa simbologia vem sendo adotada historicamente como sinal de resistência, principalmente por ativistas de esquerda, Negros e, mais especificamente no contexto deste livro, pelos Panteras Negras.

Não digo nada, mas por dentro estou fervendo de ódio. "Malditos! Animais! Porcos imundos! Escória nojenta! Desgraçados! Filhos da puta!" Não consigo me conter. "De mim não vão tirar nada", lembro de ter pensado. "A vocês eu não contaria nem que merda fede!"

A noite se arrasta. Enfermeiras, médicos e soldados. Continuo com medo, mas sinto raiva e ódio na mesma proporção. Os detetives entram e saem e, quando não há mais ninguém por perto, eles voltam às suas perguntas com socos. Mas depois de um tempo já não penso tanto neles. Penso em viver, em sobreviver, e no que vai acontecer depois. Eles vão fazer o que tiverem que fazer e não há muito que eu possa mudar. Eu só tenho que ser eu mesma, ser o mais forte possível, e fazer o meu melhor. Só isso. Não há para onde correr e eu não estou em condições de tentar. Me dou conta do quão isolada e vulnerável estou. E se eu realmente precisar de uma cirurgia? Eu preciso de ajuda lá de fora. Tenho que tentar avisar alguém. A enfermeira Negra continua me perguntando as mesmas coisas. Reajo sempre da mesma forma, fecho os olhos até ela sumir. Decido pedir a ela para entrar em contato com alguém meu quando ela voltar. Talvez ela seja legal. Ela é minha melhor opção; o segurança já saiu faz tempo.

Cochilo um pouquinho. Quando acordo, uma enfermeira e um padre estão em volta de mim. O padre está balbuciando alguma coisa e parece esfregar algo em minha testa. De início, não entendo o que ele está fazendo. Então minha ficha cai. Últimos sacramentos. Últimos sacramentos são para os que estão à beira da morte.

"Saiam daqui", digo bem alto. Não tenho força para dizer mais nada. Mas sei que eu não quero receber os últimos sacramentos de ninguém. Eu não vou morrer, e mesmo que eu morra, não vou morrer como hipócrita.

A enfermeira Negra retorna e recomeça suas perguntas. Antes que ela retome a carga, faço sinal para que se aproxime. Não há mais ninguém ali. Peço a ela para entrar em contato com minha advogada (que é também minha tia). Digo meu nome e peço que ela mesma faça a ligação. Ela tem dificuldade de me entender e fica me pedindo para repetir meu nome. Eu mal consigo falar, e toda vez que ela pede para eu repetir tenho vontade de gritar. Aí me ocorre que Assata soa estrangeiro para ela. Provavelmente, ela nunca ouviu esse nome. Então digo a ela meu nome de escrava. Em seguida, informo o número de telefone e ela sai correndo.

Dois minutos depois, os detetives vêm para cima de mim e grudam como carrapatos. Eles ameaçam e apelam, me pedem para ser razoável e me oferecem o mundo. Eles me lançam pergunta atrás de pergunta, agindo de forma mais louca que antes. Um se faz de tira bom tentando me proteger dos tiras maus, na condição de que eu cooperasse. Eu estou cansada e a encenação me cansa mais ainda. Dá para ver a exaustão na cara deles. A noite começa a cair inteira sobre mim. Suas vozes começam a soar distantes. Eu não aguento mais. Eles que vão para o inferno. Eu vou dormir. Agora eu durmo de verdade.

Quando acordo, a maca está em movimento. Depois de um tempo chegamos à ala de terapia intensiva do hospital. O lugar está cheio de enfermeiras. Estou alvoroçada. Tudo o que quero é dormir. Num instante adormeço novamente.

Acordo e já é o dia seguinte. Os médicos estão fazendo suas rondas. Um deles, acho que um interno, é bastante gentil comigo. Eles me examinam e passam o resto da manhã fazendo exames de sangue, raios X, eletrocardiogramas etc., etc.

Logo descubro que vão me mudar de lugar novamente. Descubro também que estou no hospital do condado de middlesex.[4] Escuto as enfermeiras conversando. Elas gostam de saber que irei para outro lugar porque não aguentam mais os policiais.

Quando eles vêm para me levar, parece uma parada militar. Os aposentos para onde sou levada são chamados de Suíte Johnson. Eu nem acredito. Nunca imaginei que hospitais tivessem aposentos assim. Há uma sala de espera, um enorme quarto hospitalar (onde eu sou mantida), um cubículo, uma cozinha, um banheiro completo e um outro quarto pequeno que nunca saberei para o que servia. Eles me transferem para a cama e algemam uma de minhas pernas à sua grade lateral.

Fico olhando em volta. É um lugar elegante e nitidamente para ricos. Sou provavelmente a primeira pessoa Negra a ficar nesse quarto. E a única razão de eu estar ali é pela segurança. Eles bloquearam as portas e ninguém pode entrar a não ser pela sala de espera, que fica ao lado, onde estão três policiais do estado. Dois soldados comuns e um sargento.

O rádio da polícia que fica no quarto tagarela o dia inteiro. "Um carro cheio de suspeitos de cor num Ford cupê branco." "Um Negro de aparência suspeita andando perto do hospital de jaqueta azul e tênis." Nenhuma pessoa branca de aparência suspeita é anunciada. Ouvindo a conversa dos policiais no quarto ao lado, e o rádio, descubro que o hospital está lotado de policiais militares. Parece que eles estão achando que alguém ia tentar me libertar. Estou me sentindo melhor. O Demerol[5] me deixa um pouco avoada

---

4 NT: A autora escreve em todo o livro o nome desse hospital em minúsculas, assim como de eventualmente algumas outras instituições, como fbi e cia, e lugares como e.u. e nova jérsei.

5 NE: Nome comercial de um potente analgésico de efeito parecido com o da morfina.

e isso me ajuda a conseguir ficar deitada toda retorcida por causa da algema na minha perna.

No final daquela tarde, começa tudo de novo. Detetives e mais detetives. Perguntas e mais perguntas. Dessa vez, as perguntas são diferentes. Agora eles querem saber sobre o Exército de Libertação Negra: qual o tamanho dele; em quais cidades ele está; quem faz parte dele etc., etc. Mas o foco principal das perguntas deles gira em torno do "cara que escapou". Fico realizada! Deduzo que Sundiata a essa altura está em algum lugar seguro, dando um tempo.

Eles agora escolhem bem onde e como me socar. Suponho que não queiram deixar marcas. Um enfia os dedos nos meus olhos. Não sei o que ele tem nas pontas deles, mas, seja lá o que for, queima como o inferno. Eu penso que ficarei cega para sempre. Ele diz que vai continuar fazendo aquilo até eu ficar completamente cega. Fecho os olhos bem apertados o máximo possível. Ele me golpeia mais algumas vezes. Um pouco do troço acaba penetrando nos meus olhos. Lágrimas ardentes escorrem por meu rosto e toda a minha cabeça lateja. Acho que ele vai continuar, mas ele começa a me xingar, usando todos os xingamentos racistas e misóginos que conhece. E por fim, ele e os outros saem.

Em um daqueles primeiros dias, um médico branco me examina. Ele é muito legal, todo doce. Ele me examina devagar, o tempo todo conversando amigavelmente. Eu me pergunto que tipo de especialista ele é, já que eu não o tinha visto antes e sei que ele não é daquele turno. Ele diz que sabe o quão terrível devo me sentir e afirma todo enfático que vai protestar por eu estar acorrentada à cama. Ele continua falando e, depois de um tempo, puxa uma cadeira para perto da cama. Ele, então, amigavelmente começa a fazer pequenas perguntas. A conversa é mais ou menos assim:

"Aqueles caras da rodovia são fogo. Eles dão multa para tudo. Eu passo na rodovia todos os dias. Você mora em jérsei? Eu moro em Newark. Você já foi lá? Você deve estar muito sozinha aqui. Aposto como você precisa muito de alguém para conversar. Eu fiz medicina em Nova Iorque. Você é de lá, não é?"

Fico cabreira e não digo nada a ele. Falo que quero dormir e ele sai. Nunca mais o vi de novo, mas até hoje estou convencida de que ele era algum tipo de policial ou agente do FBI.

NO TERCEIRO ou quarto dia, a maioria de meus problemas chegou ao fim. Bem, mais ou menos, mas a parte de socos, pancadas, cutucões e cotoveladas acabou. Uma enfermeira com sotaque alemão veio me ajudar. Ela era uma das enfermeiras da manhã, muito profissional e precisa, a ponto de ser um pé no saco. Mas ela foi uma salvação. Foi ela quem primeiro protestou sobre o arrocho da algema na minha perna, que começava a inchar. Ela insistiu que eles a afrouxassem e que a algema fosse forrada com gaze. Evidentemente, assim que ela saía, eles a apertavam de novo, mas a gaze amenizava um pouco. Eu diria, pelas pequenas coisas que ela disse e fez, que ela sabia o que acontecia ali. Um dia, ela chegou de manhã, como de costume, e depois de cumprir sua rotina normal, se esticou para alcançar algo atrás da cama, puxou, e então me entregou um cabo com um botão de chamada elétrico.

"Sempre que precisar de mim ou de qualquer coisa das enfermeiras, é só apertar este botão", disse. "Não tenha medo de usá-lo", acrescentou, com um olhar cúmplice.

Se pudesse, daria um beijo nela. Mais tarde, quando ela voltou ao quarto, depois de os policiais descobrirem que eu tinha o botão de chamada, um deles foi atrás dela.

"Tem como desconectar isso?" ele perguntou. "Ela pode machucar alguém com isso ou se machucar."

"Não", ela disse: "não tem como. Se você arrancar, vai ficar tocando no posto das enfermeiras. Ela está com dificuldade para respirar e precisa disso".

"É isso aí!" pensei. "*Das ist richtig.*"[6]

Depois disso, toda vez que os policiais se aproximavam da minha cama eu apertava o botão. Finalmente, eles desistiram da ideia de me bater e se contentaram em fazer ameaças e outros tipos de assédio. Um dos favoritos era ficarem na porta com a arma apontada para mim. Todo dia era meu último dia na Terra. Toda noite era minha última noite. Depois de um tempo, eu me acostumei. Fiquei imune. Às vezes, eles empunhavam uma arma que eu não sabia que estava descarregada, faziam um longo e apaixonado discurso e depois puxavam o gatilho. Outras vezes, eu era convidada a participar de uma roleta-russa. Todos eles expressavam um ódio profundo por mim. Eles eram policiais militares e eu era acusada de ter matado um deles.

Todo dia havia três turnos de policiais. No horário da troca, os dois soldados prestavam continência ao sargento. Alguns faziam a continência do exército, mas outros faziam como os nazistas na Alemanha. Eles estendiam a mão à frente do corpo e batiam os calcanhares. Eu achava inacreditável. Um dia, um deles chegou e fez um discurso para mim sobre a participação dele do lado errado na Segunda Guerra Mundial. Ele falava e falava e não havia dúvida de que ele acreditava em tudo que dizia. Ele falava do quão bagunçado o mundo estava. Que as pessoas decentes não podiam mais andar nas ruas. Ele disse que se Hitler tivesse

---

6 NE: Em alemão: Está certo, tudo bem.

vencido, o mundo não seria a bagunça que é, e que **niggers**[7] como eu, **niggers** do mal, não estariam por aí atirando em policiais do estado de nova jérsei.

Ele disse ainda que a raça branca tinha inventado tudo porque eles eram inteligentes e trabalhavam duro, que as outras raças queriam fazer tumulto e usar o terrorismo para tomar tudo que a raça branca tinha trabalhado tão duro para conseguir. Foi muito difícil ficar calada. Ele falava dos impérios, do romano, do grego, do espanhol, do britânico. Ele me disse que os brancos criaram impérios porque eram mais civilizados que o restante do mundo. Que os brancos criaram o balé, a ópera e as sinfonias. "Você já ouviu alguém dizer que um **nigger** compôs uma sinfonia?", perguntou. Todo dia ele fazia um discurso sobre o nazismo para mim. Às vezes, outros nazistas se juntavam a ele. Perguntei a ele se havia muitos nazistas nas tropas policiais, mas ele apenas riu e continuou falando.

Quando eu estava no Partido dos Panteras Negras, costumávamos chamar os policiais de "porcos fascistas", mas eu os chamava de fascistas não porque acreditasse que eles fossem nazistas, mas por causa do modo como agiam em nossas comunidades. Por mais que eu tenha me referido aos policiais como fascistas, isso me chocou pela verdade da minha própria retórica. Depois eu soube que as tropas de nova jérsei tinham sido fundadas por um alemão, e que seus uniformes copiavam um tipo de uniforme alemão (muito similar ao que a polícia sul-africana usa), que eles são

7 NE: Aqui nesta obra optamos por manter a palavra em questão em inglês, visto que esta representa um insulto, um xingamento, uma ofensa racial – sempre dirigida aos Negros – que não possui correspondência em português que evidencie toda a sua complexidade. Esta é uma palavra que os grandes jornais dos EUA, por exemplo, não grafam mais, optando sempre pelo eufemismo "*the n-word*" (aquela palavra com "n"). E aqui o termo aparece como uma das ferramentas de opressão racial utilizadas contra a geração de Assata Shakur, como veremos.

conhecidos por pararem Negros, hispânicos e pessoas de cabelos compridos na rodovia para baterem neles, ameaçá-los e prendê-los.

Os nazistas encabeçaram a campanha de assédio contra mim. Eles cuspiam na minha comida e baixavam a temperatura do quarto até congelar. Durante um tempo, o foco da campanha deles era me impedir de dormir. Eles batiam os pés no chão, passavam a noite cantando, brincavam com suas armas, gritavam etc. Eu contava para as enfermeiras, mas não adiantava.

Eu conseguia lidar com qualquer coisa que eles inventassem, mas até quando? Eu não tinha notícias do mundo lá fora, nem mesmo soube se alguém sabia onde eu estava ou se estava viva ou morta. O ferimento no peito estava melhor, mas eu ainda respirava com dificuldade: eu achava que àquela altura já não precisasse mais de cirurgia, sem saber se era por causa dos analgésicos que me deram ou porque eu estava de fato melhorando.

Todo dia, eu pedia que eles contactassem minha advogada, e todo dia eles diziam que tinham tentado, mas que ninguém atendia. Eu sabia que era mentira porque Evelyn tinha secretária eletrônica. Todos os dias eu pedia que chamassem minha família. E eles sempre respondiam com uma obscenidade.

"Ah, você tem família, é? Sua mãe é uma piranha **nigger** que nem você? Não permitimos a entrada de crioulinhas nesse hospital não."

Eles ficavam falando da minha família até encontrarem outro alvo para atacar. Quem diz que falta de notícia é boa notícia não sabe do que está falando.

Bem, chegou notícia, mas não era boa. Eles me disseram que tinham prendido Sundiata. No início não acreditei, mas eles estavam muito falastrões e arrogantes. Eu entendi que tinha acontecido alguma coisa.

"Pegamos seu amigo", eles disseram, "e ele está cantando como um pássaro. Sim, cantando como um pássaro, e está botando tudo na sua conta. Sorte sua que ele não sabia a cor da calcinha que você estava usando, senão ele teria contado pra gente. A gente sabe de onde vocês estavam vindo. A gente sabe para onde vocês estavam indo. A gente sabe que pararam num Howard Johnson. Ele contou até o que você comeu lá e que você adora batata chips".

"O quê?", eu pensei. "Como é que eles sabiam?" Então lembrei que compramos batata chips num Howard Johnson na rodovia. Talvez alguém tivesse me visto e lembrado.

"Sim, Clark Squire disse que você pegou a arma do soldado e atirou na cabeça dele. Agora, você não faria uma coisa dessa, né? Bem, JoAnne, você está numa baita encrenca. Se eu fosse você, eu não deixaria ele se safar dessa. Isso não se faz, jogar tudo para cima de uma mulher. Vamos fazer um trato. Você conta tudo que aconteceu pra gente e prometo que vamos pegar leve com você. É que não gosto de te ver arcando com tudo sozinha. Você pode pegar muitos anos de cadeia, do jeito que as coisas estão, se ele testemunhar contra você. Você pode pegar prisão perpétua ou ir até pra cadeira elétrica, mas tudo o que você precisa fazer é contar pra gente o que aconteceu e aí damos um jeito de você pegar só alguns anos e depois você vai pra casa. Você é jovem. Você não quer apodrecer na cadeia, né? Talvez você acredite que deva alguma coisa à causa. Você acha que ele está pensando na causa agora? Não, ele está entregando tudo pra se livrar, tentando jogar tudo pra cima de você. Eles são todos iguais. Eles falam toda essa merda sobre Negros, direitos iguais, direitos civis, mas na hora que o cerco aperta, tudo que importa é salvar a própria pele. Ele está pensando na pele dele e é melhor você pensar na tua. Você acha que a causa tá preocupada contigo? Esse teu pessoal num tá nem aí pra você. Pra eles, você é só uma criminosa qualquer. Agora, eu estou te dando esta chance única de se salvar e sair dessa. Você só não aceita se for muito idiota."

Eles realmente achavam que os Negros eram idiotas. O truque deles era dos mais batidos. E ele ali achando que eu tinha caído naquela conversa melosa. Eu não disse nada. Se você não diz nada, eles não têm nada para usar contra você. "Dividir para conquistar" sempre foi o lema deles.

Quando viram que eu não falaria, eles começaram a sair. E aí um deles voltou. "Ah", ele disse: "Eu já ia esquecendo de ler os seus direitos." E puxou um pequeno cartão e leu: "'Você tem o direito de permanecer calada. Você tem o direito... etc.' Pra você não dizer que não lemos os seus direitos pra você."

QUINTA À TARDE. Eles me deixam fazer uma ligação. Nem acredito. Ligo para minha tia. Ela não está. Cai na secretária eletrônica. Eu não sei mais para quem ligar. Os únicos advogados dos quais sei os nomes trabalham no julgamento dos 21 Panteras.[8] Eu ligo para eles aleatoriamente. Ninguém está, mas as secretárias prometem que vão passar

8 NE: Em 2 de abril de 1969, 21 membros do Partido dos Panteras Negras de Nova Iorque foram presos e acusados de conspirar para bombardear várias delegacias, lojas comerciais, o Jardim Botânico de Nova Iorque e a Ferrovia de New Haven. O caso ficou conhecido como New York Panther 21 Conspiracy Case. A fiança de cada um foi fixada em US$100 mil. Os réus passaram dez meses na prisão aguardando julgamento. Em 13 de maio de 1971, após um julgamento que durou oito meses, os 13 réus que foram a julgamento, incluindo os dois que fugiram para a Argélia, foram absolvidos por unanimidade de todas as 12 acusações. Informação extraída do livro de memórias de Huey P. Newton, cofundador do Partido dos Panteras Negras, intitulado *Revolutionary Suicide*, de 1973.

os recados. Estou frustrada, mas me sinto muito melhor. As coisas estão melhorando.

É sexta-feira. Pelo movimento no quarto ao lado, percebo que alguma coisa está acontecendo. Vozes e sussurros. Eles vão e voltam, entram e saem, arrumam daqui, mexem dali. O rádio da polícia não para. O que está acontecendo? O que quer que seja, não pode ser tão ruim, penso. Eles me deixam sozinha. Logo em seguida, chega uma policial. Ela está de uniforme marrom e sua insígnia diz "Departamento do Xerife." Ela é Negra ou hispânica. Não sei exatamente, só sei que não é branca. Depois, entram mais policiais, de uniformes parecidos com o dela. E mais policiais chegam. São policiais militares estaduais. Um deles vai para perto da porta e fica atento. E aí chegam uns homens de terno. E depois vem um homem com uma máquina de estenografia.

"O excelentíssimo senhor Joseph F. Bradshaw, do Estado de Nova Jérsei, Condado de Middlesex. Todos de pé."

E então, entra esse juiz vestindo uma toga preta. Um dos homens de terno lê as acusações contra mim:

> Estamos aqui hoje para apresentar queixas pelos assuntos decorrentes do tiroteio do dia 2 de maio de 1973. Lerei as queixas, e deixarei com a senhora as cópias das acusações que lhe são imputadas. O Sr. Juiz, então, irá orientá-la na audiência preliminar sobre qualquer direito que a senhora possa ter...
>
> ...a senhora é acusada sob a Queixa-Crime Número 119977, do Detetive Taranto, da Polícia Estadual de Nova Jérsei, que declara que no dia 2 de maio de 1973, dentro dos limites do Distrito Leste de Brunswick, Condado de Middlesex, a senhora resistiu ilícita e ilegalmente à ordem de prisão legal apresentada pelo Policial Militar de Nova Jérsei James Harper, ao descarregar uma perigosa pistola, ferindo o referido James Harper,

e ao fugir da cena do incidente, tudo em violação ao artigo N.J.S. 2A:85-l...

A senhora também é acusada, ... sob a Queixa-Crime Número S 119979, do Sargento-Detetive Taranto da Polícia Estadual de Nova Jérsei, que declara que no dia 2 de maio de 1973, dentro dos limites do Distrito Leste de Brunswick, Condado de Middlesex, a senhora cometeu uma Atroz Agressão e Lesões Corporais contra o Policial Militar de Nova Jérsei James Harper, atirando, ferindo e mutilando o referido James Harper com um revólver descarregado pela ré, tudo em violação ao artigo N.J.S. 2A:90-l.

Na Segunda Imputação, a senhora é acusada pelo referido oficial que afirma que a ré, Joanne Deborah Chesimard, na data e local acima mencionados, ilícita e ilegalmente agrediu o referido James Harper com a intenção de matá-lo, destruí-lo e eliminá-lo com uma arma de mão, então em posse da ré, tudo em violação ao artigo 2A:90-2.

Acusa ainda, na Terceira Imputação, que a ré acima mencionada cometeu ilícita e ilegalmente no momento e local acima mencionados um ataque e agressão a um policial, a saber, James Harper, um soldado devidamente juramentado da Polícia Estadual de Nova Jérsei, ao disparar uma arma de fogo e ferir o citado James Harper, tudo em violação ao artigo NJS 2A:90-4...

Na S 119980, a senhora é acusada de ilícita e ilegalmente cometer o crime de assassinato ao atirar deliberadamente e com intenção de dolo, matando, assassinando o policial do estado de Nova Jérsei Werner Foerster, tudo em violação aos artigos N.J.S. 2A:113-1 e N.J.S. 2A:85-14...

A senhora está sendo acusada ainda, de acordo com a S 119981, através de imputação, com a qual o Sargento-Detetive Taranto a acusa de, no segundo dia de maio de 1973, no Distrito Leste de Brunswick, Condado de Middlesex, ilícita e ilegalmente, e com dolo de matar sem atenuantes, ter causado ou influído no assassinato de James Coston, também conhecido como Zayd Shakur, ao resistir ou evitar prisão legal na ocasião e lá sendo atingida pelo Policial Militar de Nova Jérsei James Harper, tudo em violação ao artigo N.J.S. 2A:113-2...

A senhora é acusada com a S 119982, pelo Policial Militar Sargento Louis Taranto, de no segundo dia de maio de 1973, no Distrito Leste de Brunswick, Condado de Middlesex, ter ilícita e ilegalmente em sua posse, sob sua custódia e controle, uma arma ilegal, a saber, uma pistola automática Browning de 9 milímetros, uma Browning automática de calibre 380, uma pistola automática Llama de calibre .38, número de série 24831, sem ter obtido qualquer permissão necessária para o porte das mesmas, em violação ao artigo N.J.S. 2A:151-41 (a)...

A senhora é acusada também na Queixa-Crime S 119983, na qual o Sargento-Detetive Taranto afirma que, no segundo dia de maio de 1973, no Distrito Leste de Brunswick, Condado de Middlesex, a senhora ilícita, ilegal e forçosamente retirou da pessoa de Werner Foerster, Policial Militar de Nova Jérsei, um revólver de calibre .38 no uso de violência, isto é, atirando, atacando e matando o mesmo Werner Foerster, tudo em violação ao artigo N.J.S. 2A: 141-1.

A Segunda Imputação dessa Queixa-Crime acusa a senhora de cometer aquele ato enquanto estava armada, em violação ao artigo N.J.S. 2A:151-5...

... a senhora está sendo acusada pelo Policial Militar Sargento-Detetive Taranto, Queixa-Crime S 119984, que afirma que no segundo dia de maio de 1973, no Distrito Leste de Brunswick, Condado de Middlesex, a senhora ilícita e ilegalmente conspirou com James Coston, vulgo Zayd Shakur, e com John Doe para cometer o crime de assassinato do referido Policial Werner Foerster, e na efetivação de tal conspiração a senhora teria executado os seguintes atos premeditados:

1. Que a referida ré Joanne Deborah Chesimard estava, sim, em posse de uma pistola com a qual realizaria os fins da

conspiração no período acima mencionado e... no local acima mencionado.

2. A acima nomeada ré Joanne Deborah Chesimard, como cúmplice e por esquema e plano comuns, atacou o Soldado James Harper e descarregou sua arma contra o referido Soldado James Harper com o intuito de atingir os fins da conspiração ferindo-o, mutilando-o ou matando-o, tudo em violação ao artigo N.J.S. 2A:98-1 e N.J.S. 2A:l 13-1.

Eu acho que ele nunca vai acabar. Metade das acusações, eu sequer entendo. Interrompo o procedimento. "Eu não tenho um advogado aqui", protesto. "Eu gostaria de ter um advogado presente." Eles me ignoram e continuam a leitura.

"Como você se declara?" eles me perguntam.

"Eu gostaria de ter um advogado presente. Eu não tenho direito a um advogado?"

"Não será necessário", o juiz diz friamente. "Insira a alegação de inocência a pedido da ré."

E tão rápido quanto entraram, a procissão vai embora.

Mais tarde, a mesma policial retorna. Ela fica de pé, rígida, contra a parede. Seu rosto é uma máscara. "Ah, não!", eu penso. "Juiz de novo? O que eles vão fazer, vão resolver o meu caso aqui e agora?" Eu me imagino sendo julgada ali mesmo na cama sem advogado.

A porta se abre. É Evelyn – minha advogada e tia. Ela é a visão mais linda do mundo. Ela me abraça e se senta perto de mim. Como sempre, para ela, primeiro o trabalho.

"Só tenho cinco minutos", ela me diz. "Eles me disseram que eu não poderia ver você. Eu tive que obter uma ordem judicial para conseguir vir. O juiz só concedeu cinco minutos por pessoa. Sua mãe e sua irmã estão lá fora. Então fale rápido."

Olhamos para cima. Os policiais estão colados em nossas bocas. "Eu gostaria de falar com minha cliente em particular", Evelyn diz. "Vocês poderiam se afastar, por favor? Isto é uma arbitrariedade. Esta é uma relação advogado-cliente e temos o direito constitucional à privacidade." Os policiais dão um passo para trás. Eu conto para Evelyn sobre o tribunal arbitrário daquela manhã. Minha boca se move tão rápido como naqueles filmes mudos antigos, só que esse tem som. Pela expressão no rosto dela imagino que eu deva estar horrível.

"Como estão te tratando?" ela pergunta.

Não tenho tempo para contar a história toda, mas eu tenho que avisá-la do que está acontecendo. Não sei qual será o próximo passo deles. Preciso tentar conseguir alguém que faça com que eles parem. Conto algumas coisas para ela, mas não consigo falar das mais graves. Sua expressão é de total consternação, e quanto mais falo mais as suas mãos tremem. "Tente tudo o que puder", digo.

"Acabou o tempo. Acabou o tempo, senhorita!"

Evelyn protesta em vão. "Preciso conversar com minha cliente. O tempo não foi suficiente."

"Lamento, senhorita. O tempo acabou!" Eles foram em direção a ela como se fossem espancá-la.

Por fim, ela sai. Eu me preparo para receber minha mãe e minha irmã. Faz tanto tempo que não as vejo. Não sei como será.

Minha mãe entra. Parece preocupada, mas forte. Ela me beija.

"Estou orgulhosa de você", ela diz.

As palavras giram em torno de mim, tecendo um cobertor aquecido de amor. Fico tão feliz. Mal posso me conter. Minha mãe está orgulhosa de mim. Ela me ama e está orgulhosa de mim.

O tempo com minha mãe passa rápido demais. Entra a minha irmã. O cabelo dela está enrolado num turbante e ela parece tão pálida. Assim que me vê, desata a chorar. Lágrimas escorrem por seu rosto já inchado. Dá para ver que ela tem chorado bastante.

"Eu amo você", ela diz simplesmente.

Não conversamos muito, mas me sinto tão próxima dela durante aqueles poucos minutos...

"Acabou o tempo." De novo. E ela se vai.

Fico lá deitada cheia de emoções. Tudo isso é tão difícil para minha família. Elas pareciam vulneráveis e abaladas. Talvez seja pior para elas do que para mim. Queria poder fazer alguma coisa para deixá-las felizes.

DUAS ENFERMEIRAS NEGRAS eram muito gentis comigo. Quando era o turno delas, faziam de tudo para eu ficar bem. Toda hora elas vinham ao meu quarto, o que me deixava especialmente grata durante aqueles primeiros dias.

"Se precisar de alguma coisa, é só chamar", diziam com astúcia.

Certa noite, uma das enfermeiras chegou com três livros para mim. Eu nem tinha pensado em ler. Aqueles livros caíram do céu. Eles tinham sido cuidadosamente selecionados. Um deles era um livro de poesia Negra, o outro se chamava *Black Women in White Amerika*,[9] e o terceiro era um romance, *Sidarta*, de Hermann Hesse. Sempre que me cansava do abuso verbal de meus algozes, eu os expulsava lendo poesia em voz alta. "Invictus"[10] e "If we must die"[11] eram os poemas que eu costumava ler. Eu os lia e relia, até

---

9 NT: No título da obra original de Gerda Lerner (*Mulheres negras numa América branca*, em português, não publicado no Brasil), a palavra *America* está grafada com a letra c.

10 NT: Poema do inglês William E. Henley.

11 NT: Poema do jamaicano Claude McKay (*Se devemos morrer*, em português).

ter a certeza de que os guardas tinham ouvido cada palavra. Os poemas eram minha mensagem para eles.

Quando eu lia o livro sobre mulheres Negras, eu sentia que os espíritos daquelas irmãs me alimentavam, me fortaleciam. As mulheres Negras têm lutado e ajudado umas às outras a sobreviverem aos golpes da vida desde o começo dos tempos. E quando li *Sidarta*, uma paz me envolveu. Senti-me em conexão com todos os seres viventes. O mundo, apesar da opressão, é um lugar lindo. Eu dizia "Om"[12] suavemente para mim mesma, deixando meus lábios vibrarem. Eu sentia os pássaros, o sol e as árvores.

Eu estava em comunhão com todas as forças na terra que verdadeiramente amam as pessoas, em comunhão com todas as forças revolucionárias da terra.

Eu estava definitivamente melhorando. Eles estavam até me soltando para que eu pudesse mancar até o banheiro de vez em quando, com a ajuda da enfermeira. Eu ainda estava fraca. Quando eu voltava do banheiro, me jogava na cama como se tivesse acabado de fazer um grande esforço físico. Mas pelo menos agora eu sabia o que eu tinha. Durante aqueles primeiros dias, eu mal podia perguntar, e quando perguntava, eles agiam como se minha condição fosse alguma informação ultrassecreta da qual eu não pudesse privar. Eu tinha três buracos de bala. Havia uma bala no meu peito (ainda está aqui); um pulmão ferido e com fluidos, uma clavícula quebrada e um braço paralisado com danos indeterminados nos nervos. Eu não parava de perguntar se conseguiria usar minha mão novamente. Um ou dois médicos disseram categoricamente que não. Os outros: "Talvez sim, talvez não."

De qualquer forma, eu ia viver.

---

12 NE: "Om" é uma sonoridade parte de vários mantras budistas e simboliza a totalidade, a perfeição, o infinito etc.

HISTÓRIA

Você morreu.
Eu chorei.
E continuei a me levantar.
Um pouco mais lenta
E muito mais letal.

CAPÍTULO 2

O FBI não consegue encontrar nenhuma evidência de meu nascimento. No cartaz de "Procurada" do FBI, eles informam que nasci no dia 16 de julho de 1947, e entre parênteses está: "Não comprovado por registros de nascimento."

Seja como for, eu nasci. Eu sou a mais velha de duas filhas. Minha irmã, Beverly, nasceu cinco anos depois. O nome que mamãe me deu foi JoAnne Deborah Byron. Contam que eu era um bebê gordo e feliz e que já falava sentenças completas quando tinha aproximadamente nove meses. Dizem que eu era preguiçosa, e que por isso comecei a falar muito antes de aprender a andar. Todo mundo diz que eu trocava o dia pela noite e não deixava ninguém dormir. (Continuo sendo praticamente uma coruja noturna.) A única outra história que eu me lembro de ter ouvido sobre minha primeira infância é que eu gritava a plenos pulmões toda vez que alguém vestindo peles ou penas se aproximava de mim. (Ainda hoje não sou muito fã de peles e penas.)

Minha mãe e meu pai se divorciaram pouco depois de eu nascer. Eu morei com minha mãe, minha tia (agora Evelyn Williams), minha avó (Lulu Hill), e meu avô (Frank Hill) numa casa na seção Bricktown do bairro Jamaica em Nova Iorque. A única coisa que eu me lembro daquela casa é do quintal, que eu amava, e do enorme cachorro da casa ao lado. Eu me lembro bem do cachorro porque ele me aterrorizava. Para meus olhos jovens, ele parecia um gigante, uma versão canina de King Kong ou de o Poderoso Joe (Eu continuo não sendo tão interessada por cachorros.) Quando eu tinha três anos, meus avós venderam a casa e se mudaram para o Sul. Eu fui com eles.

Nós nos mudamos para uma grande casa de madeira na 7th Street em Wilmington, na Carolina do Norte. Era a casa onde meu avô havia crescido. Havia uma varanda ao redor dela com um grande balanço verde e, claro, roseiras na frente do quintal e uma nogueira-pecã nos fundos. Meu avô originalmente achava que a casa pertencesse ao meu bisavô, Papai Linc (Lincoln), mas eles descobriram que ele tinha recebido apenas o usufruto da casa até sua morte. Papai Linc tinha trabalhado como chofer para uma das famílias brancas mais proeminentes de Wilmington e, segundo contam, ele foi um proeminente membro da comunidade Negra. Ele e minha bisavó, Mamãe Jessie, trabalharam duro a vida toda, criaram 11 filhos naquela casa, e morreram com a impressão de que a casa era deles. Letras miúdas e advogados brancos encontram um jeito de roubar dos Negros o que é deles. Meus avós foram obrigados a comprar a casa de novo.

"Quem é melhor que você?"

"Ninguém."

"Quem?"

"Ninguém."

"Levanta essa cabeça."

"Sim."

"Sim quem?"

"Sim, Vovó."

"Eu quero essa cabeça bem erguida, e não quero você aturando desaforo de ninguém, entendeu?"

"Sim, Vovó."

"Não quero saber de ninguém passando por cima da minha netinha."

"Não, Vovó."

"Eu não quero ninguém se aproveitando de você, tá me ouvindo?"

"Sim, tô ouvindo."

"Sim quem?"

"Sim, Vovó."

Toda a minha família tentou incutir em mim um senso de dignidade pessoal, mas minha avó e meu avô eram realmente fanáticos com isso. Eles sempre me diziam "Você é tão boa quanto qualquer pessoa. Não deixa que ninguém te diga que é melhor que você". Meus avós me proibiam estritamente de dizer "sim, senhora" e "sim, senhor" ou baixar a cabeça ou fazer gestos subservientes ao falar com os brancos. "Olha nos olhos deles quando estiver falando com eles", me diziam. "E fala com segurança." Eles diziam para falar alto e em bom tom e era para erguer a cabeça bem alto, ou eles a arrancariam fora.

Meus avós exigiam que fôssemos respeitosas. Eu tinha que ser educada e respeitar os adultos, dizer "bom dia" ou "boa noite" quando passava pela casa dos vizinhos. Qualquer tipo de resposta malcriada ou atrevimento estava simplesmente fora de questão. Meus avós não me permitiam sequer responder perguntas com um simples "sim" ou "não." Eu tinha que dizer "sim, Vovó" ou "não, Vovô". Mas quando se tratava de lidar com brancos no Sul segregado, minha avó me dizia, ameaçadoramente: "Não respeita ninguém que não te respeite, está me ouvindo?" "Sim, Vovó", eu respondia quase sussurrando. "Fala mais alto!", ela me dizia repetidamente, algo que ela parecia obstinada a me obrigar a fazer. Ela me mandava ao armazém com instruções claras sobre o que comprar. Eu era proibida, sob qualquer circunstância, de voltar para casa com mercadorias de qualidade inferior, algo que acontecia com bastante frequência com os Negros no Sul. "Diga a eles que você não quer qualquer porcaria, e é bom que você não chegue aqui com porcaria", ela me avisava. Se o dono do armazém me vendesse algo que minha avó não gostava, eu tinha que voltar lá e trocar ou pegar o dinheiro de volta. "Fala alto e claro. Não me faz ir àquele armazém." Morrendo de medo da confusão que minha avó arrumaria se tivesse que ir ao armazém ela mesma, eu voltava lá correndo, pronta para qualquer coisa.

Sempre que minha avó ouvia sobre alguém que tinha sido maltratado, principalmente se fosse uma mulher maltratada por um homem, ela me encarava e dizia: "Não deixa ninguém te maltratar, ouviu? Não estamos criando você para ser maltratada, ouviu? Eu não quero você ouvindo desaforo de ninguém, tá entendendo?" "Sim, Vovó", respondia, talvez pela milésima vez, me perguntando por que minha avó era tão repetitiva. As táticas de meus avós eram rudes, e eu odiava quando eles repetiam tudo tantas vezes. Mas as lições que eles me ensinaram, mais do que qualquer coisa que eu tenha aprendido na vida, me ajudaram a lidar com as coisas que tive que enfrentar enquanto crescia na amérika.[13]

Mas um monte de vezes, para meus avós, orgulho e dignidade estavam ligados a coisas como posição e dinheiro.

---

13 NT: Assata escreve em quase todo o livro a palavra América com letra minúscula e k no lugar do c. O uso do k é notado também na palavra "Corte", com referência a tribunal, que é grafada como korte. A minúscula inicial sugere desejo de diminuir a importância do local e/ou instituição em questão. Já a letra k é utilizada ainda de forma mais simbólica quando a autora escreve amérikkka com três k, numa evidente alusão à Ku Klux Klan.

Para eles, ser "tão bom quanto" os brancos significava ter o que os brancos tinham. Eles me diziam para ir para a escola e estudar para eu poder ter uma boa casa e boas roupas e um bom carro. "Os brancos não querem nos ver com nada", eles me diziam. "É por isso que você tem que estudar, para ser alguém e ter alguma coisa na vida." Ser "alguém" na vida simplesmente não me dizia muita coisa. Eu queria ser feliz, me sentir bem. Minha consciência sobre as diferenças de classe na comunidade Negra surgiu bem cedo. Embora minha avó tenha me ensinado mais sobre ter orgulho e ser forte do que qualquer pessoa que eu conheça, ela tinha muito de Booker T. Washington[14] nela, sobre não depender de ninguém para se aprumar na vida, as ideias do "décimo talentoso".[15] Ela trabalhou duro e conseguiu ter uma vida decente como horista numa fábrica, mas tinha outros planos para mim. Estava determinada a garantir que eu fizesse

14 NE: Booker T. Washington foi, entre outras coisas, o administrador da Tuskegee University, instituição de ensino edificada por ele, com dinheiro público, em 1881, no Alabama, para atender a comunidade negra do Sul, e que prezava pelo ensino técnico profissionalizante. Era um homem negro defensor dos princípios sociopolíticos conservadores da elite branca do Sul e que pregava a conformação social laboriosa dos negros em prol de poder econômico em detrimento de qualquer manifestação ou envolvimento político. Foi também professor e autor de livros como *Up from Slavery* (1901) e *My Larger Life* (1911).

15 NE: *Talented tenth/Décimo talentoso* foi um conceito criado pelo religioso branco Henry Morehouse e mais tarde difundido pelo intelectual negro W. E. B. Du Bois que (assim como Morehouse e diferente de Booker T. Washington) defendia a necessidade de uma educação clássica para os estudantes negros. Morehouse pregava que "na discussão a respeito da educação do negro, não devemos esquecer o décimo homem talentoso. Uma educação comum pode atender aos anseios de nove homens medíocres; mas se isso for tudo que oferecermos ao décimo homem talentoso, cometemos um erro prodigioso. [Porque] o décimo homem, com dotes naturais superiores, simetricamente treinado e altamente desenvolvido, pode se tornar uma influência mais poderosa, uma inspiração maior para os outros [negros] do que todos os outros nove". Fonte: <https://www.pbs.org/wnet/african-americans-many-rivers-to-cross/history/who-really-invented-the-talented-tenth/>.

parte do grupo dos décimos talentosos de Wilmington – a classe privilegiada –, parte da chamada burguesia Negra.

Um de seus primeiros passos foi me proibir veementemente de brincar com "ratos de beco". Era impossível para mim obedecer a suas ordens, já que eu não tinha a menor ideia do que seria um rato de beco. Eu frequentemente me tornava o objeto involuntário da fúria de minha avó, acusada pelo crime de brincar com ratos de beco. Minha avó, se contorcendo de irritação, me ameaçava com punições incalculáveis se eu continuasse com meus maus modos. Eu recebia ordens expressas para abandonar minha queda por ratos de beco e brincar com "crianças decentes." Mas nunca chegamos a um acordo sobre quem seriam as "crianças decentes". Crianças decentes, para minha avó, eram uma outra história.

"Crianças decentes" vinham de "famílias decentes". Como saber o que era uma família decente? Uma família decente morava numa casa decente. Como saber o que era uma casa decente? Uma casa decente era bem arrumada e tinha uma calçada na frente. Famílias decentes não deixavam os filhos brincarem na rua descalços e não deixavam os filhos dizerem "né". Minha avó nem sabia que né era minha palavra favorita quando meus pés estavam bem distantes de seus ouvidos. Minha avó tinha um pequeno rato de beco bem debaixo de seu teto e ela sequer imaginava. Os ratos de beco supostamente moravam em becos, em barracos degradados, mas minha avó frequentemente chamava um de meus amigos de rato de beco ainda que o garoto não morasse num beco.

Zelosamente, para colocar algum juízo em minha cabeça, ela me levava para visitar "crianças decentes". Essas pequenas almas decentes eram invariavelmente a prole de Negros médicos, advogados, religiosos e agentes funerários de Wilmington. Professores, donos de barbearia e o editor do jornal para "gente de cor" também eram decentes. Em muitas dessas pequenas sessões de brincadeiras "decentes", as outras crianças e eu ficávamos por ali nos olhando constrangidas. Às vezes, a gente se entendia e se divertia. Mas o normal mesmo era ficarmos olhando um para a cara do outro, ou nos mostrarmos coisas (as crianças me mostrando seus brinquedos e tal, enquanto os adultos ficavam fazendo oooh! e aaaaah!). O pior era quando íamos comer na casa do religioso, porque a oração antes da refeição durava uma hora, ou quando eu tinha que jogar bola com a filha do agente funerário. Ela sempre queria jogar bola e eu morria de medo de que ela rolasse para onde tinha gente morta e acabasse na boca de algum defunto. Minha avó teria um troço se soubesse que uma das brincadeiras prediletas de uma de suas criancinhas decentes favoritas era brincar de mostrar o pinto ameaçando fazer xixi em todo mundo.

Após aquelas visitas, minha avó tagarelava por uma semana sobre como meus amiguinhos decentes eram legais e sobre como nós brincávamos bem juntos, enquanto eu resmungava silenciosamente e mantinha no rosto uma expressão um tom abaixo da insolência. Até eu crescer, minha avó e eu estávamos sempre em vias de um embate. Não que eu quisesse desafiá-la, eu apenas gostava de quem eu gostava. Eu não me importava com o tipo de casa que meus amigos tinham, ou se eles moravam ou não em becos. O que importava era se eu gostava deles. Eu estava convencida então, e ainda estou, de que para algumas coisas as crianças têm muito mais bom senso do que os adultos.

Mas, para minha jovem mente, a vida em Wilmington era animada. Sempre havia novos lugares para ir e novos primos, tias e tios para encontrar. Uma de minhas parentes favoritas era a Tia Lou. Ela era irmã de Mamãe Jessie e morava do outro lado da cidade. Ela era a única parente que meu avô ainda tinha em Wilmington, os demais tinham se mudado para o Norte ou o Oeste. Tia Lou tinha uma casa mágica, cheia de todos os tipos de sabores, texturas, cheiros e coisas. Havia mundos inteiros em sua casa para serem explorados. Ela sempre me dava alguma coisa gostosa para comer e depois deixava eu me acabar de correr.

Só depois de adulta eu soube que Tia Lou teve um filho. Seu nome era Tio Willie e ele morreu antes de eu nascer. Tio Willie era um tipo de lenda nos arredores de Wilmington durante os anos 1920, 30 e 40. Sempre que ele a visitava, segundo contam, Tia Lou só fazia suplicar, lamentar e se preocupar até que ele estivesse em segurança de volta para o Norte. Dizem que ele destruía os cartazes que diziam "de cor" e "só para brancos" e desrespeitava as leis Jim Crow[16] por capricho. Ele estava sempre lutando por seus direitos e denunciando a opressão dos Negros, e é lógico que ninguém que o amasse se sentiria minimamente confortável até que ele estivesse bem longe. As pessoas o chamavam de "Willie selvagem" ou "aquele índio[17] maluco" (diziam que ele era

16 NE: Jim Crow foi um nome dado genericamente aos Negros escravizados nos Estados Unidos, possivelmente originado de uma canção de 1832, que descrevia os Negros de forma pejorativa. As leis Jim Crow constituíram um sistema formal e codificado de leis de *apartheid* racial que dominou o Sul dos Estados Unidos por três quartos de século, começando na década de 1890. As leis afetaram quase todos os aspectos da vida cotidiana, obrigando a segregação de escolas, parques, bibliotecas, bebedouros, banheiros, ônibus, trens e restaurantes. Os cartazes que informavam que determinados serviços e espaços eram "só para brancos", enquanto outros – geralmente com serviços e espaços de segunda classe – eram apenas para pessoas "de cor", representavam alertas constantes da ordem racial imposta naquele período. Fonte: <https://en.wikipedia.org/wiki/Jim_Crow_laws>.

17 NE: Na segunda metade do século XX, o termo "índio" (*Indian*), resultante da identificação errônea das terras a oeste da Europa como partes da Índia, foi criticado e progressivamente substituído por termos como "nativo", "indígena" ou "aborígene". Mas adotamos a tradução literal dos termos usados pela autora (índios, nativos americanos) por fidelidade à terminologia da época em que ocorreram os fatos narrados no livro. Fonte: <https://en.wikipedia.org/wiki/Native_American_name_controversy>.

meio Negro e meio índio Cherokee), mas o chamavam assim por causa de sua natureza. Dizem que tinha um monte de amigos e que morreu de causas naturais.

O resto dos parentes que conheci era do lado de minha avó. A família dela morava em Seabreeze, nos arredores de Wilmington, perto de Carolina Beach. O sobrenome deles era Freeman,[18] e eram famosos por serem temperamentais, geniosos e passionais. Raramente trabalhavam para outras pessoas, preferindo, ao contrário, viver na terra que o pai deixou para eles. Trabalhavam como fazendeiros e pescadores, e possuíam pequenos comércios. Ouvi dizer também que eles atuavam no negócio de contrabando. O pai de minha avó era um nativo Cherokee. Ele morreu quando minha avó era muito jovem. Não se sabe muita coisa sobre ele, exceto que, de alguma maneira, ele adquiriu uma grande quantidade de terras que os filhos herdaram depois.

As terras eram muito valiosas porque boa parte delas beirava ou o rio ou o mar. Todo mundo tinha uma teoria diferente sobre o que meu bisavô teria feito para adquiri-las. Mas foi por causa dessas terras que meus avós se mudaram para o Sul. Em 1950, o ano em que nos mudamos para Wilmington, o Sul era completamente segregado. Os Negros eram proibidos de irem a muitos lugares, inclusive à praia. Às vezes eles iam até a Carolina do Sul apenas para verem o mar. Meus avós decidiram abrir um negócio em suas terras. Tinham um restaurante, cabines onde as pessoas podiam trocar de roupa e uma área para dançar e socializar.

O nome popular da praia era Bop City, apesar de meus avós insistirem em chamá-la de Praia dos Freeman. Na minha infância, o nome Freeman não tinha nenhum significado especial. Era um nome como outro qualquer. Só quando

---

18 NT: Homem livre, da tradução do inglês.

cresci e comecei a ler a história Negra é que descobri o significado do nome. Após a escravidão, muitos Negros se recusaram a usar os sobrenomes de seus antigos senhores. Eles se autonomearam "Freeman". O nome era usado também por africanos libertos antes da abolição "oficial" da escravidão, mas foi principalmente depois disso que muitos Negros mudaram seus nomes para Freeman. Depois que aprendi isso, passei a enxergar meus ancestrais sob nova luz.

Para mim, a praia era um lugar maravilhoso, e até hoje não há lugar nesta terra que eu ame mais. Eu nunca tinha visto uma praia tão bonita quanto aquela, antes de decidirem construir um canal passando bem no meio da propriedade de meus avós. Hoje em dia, ela é apenas uma pálida sombra do que foi, a maior parte destruída pela erosão. Mas naquela época havia dunas de areia majestosas cobertas com altas vegetações de praia[19] onde meus primos e eu construíamos fortes, casas, e, às vezes, cidades. Quando o tempo permitia, passávamos horas nos escondendo e nos esgueirando para atacar uns aos outros. A areia era fina e clara e, no início do verão, conseguíamos encontrar praticamente todo tipo de concha que se pudesse imaginar. Quando o sol ficava muito quente, ficávamos no velho jipe azul que meu avô dirigia, brincando com coisas com frufrus e babados, como bonecas de papel e xícaras de chá. Depois que aprendi a ler, eu me sentava ao sol, sob os enormes chapéus que minha avó sempre me fez usar, e lia um livro atrás do outro.

19 NE: *Sea grass* no original. Esse nome designa em geral as espécies de Angiospermas (plantas com flores) que vivem em ambiente marinho (no fundo das águas costeiras); mas a descrição no texto sugere que deve tratar-se de plantas terrestres, gramíneas que crescem nas praias da América do Norte e da Europa, formando tufos altos, e são mais comumente chamadas *beach grass* ou *dune grass*. Fontes: <https://www.britannica.com/plant/beach-grass>, <https://portals.iucn.org/library/efiles/documents/CES-003.pdf>.

Semana sim semana não, meu avô ia à biblioteca das pessoas "de cor" na Red Cross Street e a bibliotecária mandava uns dez livros para eu ler. Assim que eu terminava, meu avô ia lá e voltava com outra pilha. Minha imaginação era vívida. Com fragmentos de piratas e dos Gêmeos Bobbsey[20] flutuando à minha volta, eu me sentava olhando o oceano com aquilo tudo na cabeça. Eu imaginava todos os lugares sobre os quais eu havia lido no outro lado do oceano e me perguntava se um dia eu os veria. E, evidentemente, eu sonhava acordada com todo tipo de coisas, quase sempre bobagens.

Mas eu não passava meus dias apenas sonhando acordada. Meus avós acreditavam firmemente no trabalho. Eles tinham trabalhado a vida toda e não havia chance de que pudessem tolerar gente preguiçosa em sua volta. Todo dia tínhamos tarefas a cumprir, e brincar só depois que terminássemos tudo. Eu fazia coisas como colocar as batatas fritas nas prateleiras, colocar os refrigerantes no *cooler*, limpar as mesas etc. Quando os clientes estavam lá, eu vendia petiscos como batatas fritas, biscoitos, picles e pés de porco em conserva. Eu também arrumava as mesas e levava aos clientes o que eles precisassem. Mas meu principal ofício era coletar os 50 centavos do estacionamento. Como não havia acesso para nossa praia (a via asfaltada terminava na área branca), meus avós tiveram que pagar para construir uma estrada de terra e um estacionamento sobre a areia. Caminhões carregados de terra foram trazidos e um rolo compressor a amassou bem para que ficasse firme o bastante para aguentar os carros. O processo foi caro, por isso meus avós decidiram cobrar 50 centavos pelo estacionamento. Ainda pequena eu

---

20 NT: Dois casais de gêmeos, irmãos de uma mesma família branca, personagens de livros infantis e série de TV.

sabia contar e dar troco, então meu trabalho era recolher os 50 centavos. Durante a semana, não nos tomava tanto tempo, mas nos fins de semana, se o clima estivesse bom, era trabalho para o dia inteiro.

Carros e ônibus vinham de toda a Carolina do Norte e do Sul, e da Virgínia. Eram grupos de igreja, de escolas, de clubes sociais, de clubes de mulheres, de escoteiros e escoteiras. Todos os tipos de pessoas iam à praia, alguns com um pouco de dinheiro e outros que percebíamos que eram realmente pobres. Em todos os anos que passei naquela praia, só tive problema com uma ou duas pessoas. A maioria me tratava muito bem, como se eu fosse um de seus filhos.

As pessoas que frequentavam a praia me fascinavam. Eu adorava vê-las ir e vir. Depois de um tempo, eu reconhecia as mais frequentes e logo aprendia seus nomes. Algumas me davam gorjetas, que eu normalmente gastava na Piccolo (*jukebox*).[21] Havia muitos amantes e eu passava parte do meu tempo espiando-os no estacionamento, mas eles não eram tão interessantes. Tudo o que faziam era muito contorcionismo. Conferir placas de carro (eu conseguia identificar quase todas as placas dos estados num rápido relance) e colecionar insetos (eu tinha um acervo enorme) era muito mais interessante. Mas observar as famílias era melhor, em seus piqueniques com seus frangos fritos, saladas de batata e melancias. Algumas delas pareciam tão felizes que se podia dizer que não tinham tido a chance de ir a muitos piqueniques. E eu estava sempre em busca de crianças para brincar comigo quando não estava ocupada.

E havia também os festeiros. Seus carros cheiravam a uísque. Eles dançavam à beça, comiam à beça, gastavam à

21 NE: Máquina que toca uma música selecionada dentre uma coleção de gravações de seu acervo.

beça na Piccolo e, muitas vezes, eu me perguntava se tinham conseguido chegar bem em casa.

Muita gente pobre ia à praia. Às vezes, os assoalhos de seus carros ou picapes velhos e decadentes estavam meio apodrecidos. Geralmente, um monte de crianças pequenas estavam com eles e não tinham trajes de banho. Eles nadavam com a roupa que estivessem vestindo, e na metade do tempo os menores não usavam nada. Havia também aqueles mais esnobes, que geralmente à noite, muito arrumados, apareciam na hora do jantar.

Muitos diziam: "eu não gosto de sol", "já sou muito Preto, num preciso pegar mais sol". Era impressionante o número de pessoas que diziam que já eram muito Pretas. Nós olhávamos para elas sem entender, porque nós amávamos o sol. Mas a procura por guarda-sóis para alugar era grande. Algumas pessoas penduravam roupas e cobertores em volta dos guarda-sóis de forma que nenhuma luz pudesse passar. Uma senhora sempre colocava um saco de papel na cabeça e fazia furos nele para os olhos. Algumas mulheres se recusavam a ir perto da água porque temiam "estragar" seus cabelos.

Uma das coisas que me tocava era quando alguém via o mar pela primeira vez. Era incrível de assistir. Eles ficavam lá, em reverência, dominados e assoberbados, como se estivessem face a face com Deus ou com a vastidão do universo. Lembro-me de que, uma vez, um pastor levou uma senhora idosa à praia. Ela era a pessoa de aparência mais velha que eu já tinha visto. Ela disse que só queria ver o mar antes de morrer. Ela ficou lá num mesmo lugar por tanto tempo que parecia estar em transe. Então, com a ajuda do pastor, foi mancando pegar as conchas mundanas, e as colocou envolvidas em seu lenço como se fossem as coisas mais preciosas do mundo.

Eu adorava comer (e ainda adoro) e a praia era o lugar certo para isso. Agora mesmo, quando penso em jantares com frango e peixe frito, minha boca se enche d'água. Mas o que realmente me faz viajar no tempo é lembrar daqueles pratos de frutos do mar com peixe, camarão, ostras, caranguejo apimentado, bolinhos de mariscos e batata frita com alface e tomate de acompanhamento. Se não me falha a memória, acho que eles vendiam por US$1,50.

Além de comida, música também era minha paixão. Fats Domino, Nat King Cole, Chuck Berry, Little Richard, The Platters, Brook Benton, Bobby "Blue" Bland, James Brown, Dinah Washington, Maxine Brown, Big Maybelle eram alguns dos que eu ouvia naqueles anos de praia. Eu adorava dançar. Quando tocavam aquelas músicas, eu me acabava de dançar. Essa era minha outra forma de receber gorjetas. As pessoas me incentivavam: "Isso, dança, garota! Cara, olha só aquela menina dançando." Mas eu adorava vê-las dançando também. Várias vezes, minha avó ou meu avô tinha que gritar para me tirar do transe em que eu ficava assistindo a alguém dançando em vez de fazer minhas tarefas.

À noite, meus primos, que às vezes apareciam para trabalhar na praia, contavam histórias de fantasmas. Eles adoravam contá-las porque eu ficava apavorada. Eles falavam de pessoas que voltavam da morte, sobre cobras que conseguiam rastejar centenas de milhas por hora e nos atacar até a morte com suas caudas, e sobre fantasmas vermelhos, assombrações[22] e todo tipo de outras coisas horríveis. Minha imaginação era vívida e, antes que a noite terminasse, a vegetação da praia se transformava em monstros e o vento fazia fantasmas uivarem.

---

22 NT: No original *haint* – tipo de fantasma ou espírito ruim específico da costa da Carolina, EUA.

Às vezes, até minha avó e meu avô participavam das sessões com histórias de fantasmas. A preferida de meu avô era assim: numa noite, ele estava dirigindo para casa em meio a uma terrível tempestade. Estava relampejando e trovejando loucamente. Ele viu um raio atingir uma árvore na frente dele, e a árvore cair no meio da estrada. Tentou parar, mas era tarde demais. Ele se preparou para bater na árvore, mas nada aconteceu. O carro passou suavemente por ela como se não estivesse lá. Ele olhou para trás e pôde confirmar que a árvore ainda estava lá, caída na pista. Ele jura que a história é verdadeira e estou convencida de que ele acredita piamente nisso.

Nós éramos, contudo, visitados por fantasmas reais, vivos. Eram os fantasmas do estacionamento. Parece que os cidadãos brancos de Wilmington e Carolina Beach não estavam totalmente satisfeitos por meus avós terem ousado construir no local e começar um negócio de gente "de cor". Estávamos próximos demais para que se sentissem confortáveis. Então, de vez em quando eles nos visitavam para externar sua desaprovação. Eu não sei com certeza se eles eram membros da Ku Klux Klan,[23] mas, a julgar pela forma como se comportavam, acredito que sim. Mas, obviamente, eles não se vestiam com seus lençóis. Talvez fossem apenas vigorosos garotos amerikanos em busca de boa e pura diversão. O estacionamento era feito de terra, e carros girando por ali em alta velocidade logo o destruiriam. Dois ou três deles passavam pelo terreno, girando e derrapando, enquanto gritavam xingamentos e insultos racistas. Uma

---

23 NE: Organização supremacista branca estadunidense que desde o século XIX, em várias encarnações, usou o terrorismo, a violência e a intimidação para defender racismo, xenofobia, homofobia, antifeminismo, antissemitismo, anticatolicismo, anticomunismo, islamofobia e neonazismo. Fonte: <https://es.wikipedia.org/wiki/Ku_Klux_Klan>.

vez eles deram tiros para o alto. Lembro-me de vê-los e ouvi-los e de me perguntar o que eles fariam em seguida. Mais de uma vez, vi meu avô ir buscar sua arma e levá-la silenciosamente para onde ficava sentado. De alguma forma, isso me deixava com mais medo, porque eu sabia que ele também os achava assustadores.

Por fim, meu avô pôs uma corrente grossa, quase tão grande quanto aquelas usadas para ancorar navios, do outro lado da rua, na entrada do estacionamento. Isso logo eliminou nossos visitantes noturnos.

Uma noite, enquanto minha avó e eu estávamos trancando o estacionamento com a corrente, um homem branco dirigiu até lá e, em tom arrogante, ordenou que minha avó abrisse o portão para que ele pudesse contornar com o carro. Minha avó, com muita dignidade, disse: "Não, eu não posso deixar você fazer isso." Então, com a voz mais educada, ele pediu a minha avó novamente para abrir o portão. "Não", ela disse de novo. "Ah, deixa disso, tia, eu já tenho uma mãe preta[24] em casa. Agora, abre o portão e me deixa contornar." "O que é que você disse?", perguntou minha avó. "Eu disse que tenho uma mãe preta em casa, agora vamos, abre isso." Minha avó aproximou seu rosto do rosto do homem. "Não me interessa quantas mães pretas você tem na sua casa. Não me interessa se você tem cem mães pretas na sua casa, você vai desaparecer daqui já. Eu quero você fora da minha propriedade agora! Agora!"

---

24 NE: "Mãe Preta" foi a nossa opção de tradução para *mammy* pois, segundo Kimberly Wallace-Sanders, em seu livro *Mammy: A Century of Race, Gender, and Southern Memory*: "Primeiro como escrava, e depois como mulher livre, a figura da *mammy* é amplamente associada aos cuidados com crianças brancas ou retratada com perceptível apego a crianças brancas. Sua incomparável devoção a sua família branca reflete sua inferioridade racial. Mammy é geralmente sua função e também o único nome associado a ela."

O homem ficou tão vermelho quanto um *redneck*[25] pode ficar e foi saindo de ré com o carro. A pista era muito estreita, mal dava para passar um carro, e não havia como ele dar meia-volta sem atolar na areia. Ele foi de ré por mais de quatrocentos metros. Enquanto o víamos recuar, minha avó e eu chorávamos de tanto rir.

Todo dia, quando dirigíamos de casa na 7th Street até a praia, passávamos por um belo parque com zoológico. E todo dia eu pedia, implorava, choramingava e enchia minha avó para que me levasse ao zoológico. Era quase uma obsessão. Ela sempre dizia que "um dia" me levaria, mas esse "um dia" nunca chegava. Eu me sentava no carro, fazendo manha, pensando em como ela era má. Eu achava que ela só podia ser a mulher mais malvada da face da terra. Finalmente, com uma expressão estranhíssima no olhar, ela me disse que não nos era permitido entrar no parque. Porque éramos Negras.

Quando estávamos na praia, fazíamos compras em Carolina Beach. Lá havia um parque de diversões, mas obviamente pessoas Negras não podiam entrar. Toda vez que passávamos por ele, eu olhava para o carrossel e para a roda-gigante e para os carrinhos e os aviões e meu coração desejava com toda força andar neles. Mas meu passeio proibido favorito tinha barquinhos em uma piscina, e toda vez que passávamos por lá e eu os via, me sentia frustrada e excluída. Claro, criatura persistente que sou, sempre pedia para ser levada nos passeios, sabendo exatamente qual seria a resposta. Num verão, minha mãe, minha irmã e eu estávamos andando no calçadão. Minha mãe estava passando parte do verão

---

25 NE: *Redneck* é um termo depreciativo aplicado principalmente, mas não exclusivamente, aos americanos brancos pobres que ficam com a nuca queimada pelo sol que recebem no trabalho braçal. É um termo intimamente associado aos brancos das áreas rurais do Sul dos Estados Unidos, ultraconservadores e racistas.

ajudando meus avós com o negócio deles. Assim que nos aproximamos dos brinquedos, eu comecei a minha cena habitual. Eu continuei, *ad nauseam*, até que minha mãe, sorrindo, disse: "Tá bem, chega. Vamos lá tentar entrar. Quando a gente chegar lá, eu não quero ouvir um pio de nenhuma das duas. Deixem que eu fale. E se eles perguntarem alguma coisa a vocês, não respondam, OK?" "OK!"

Minha mãe foi para a bilheteria e começou a falar. Eu não entendia uma palavra do que ela estava dizendo. A senhora da bilheteria ficava dizendo a ela que não podia vender qualquer ingresso para nós. Minha mãe não parava de falar, muito rápido e gesticulando muito. O gerente apareceu e disse a minha mãe que ela não podia comprar ingresso algum e que não podíamos entrar no parque. Minha mãe continuava falando e gesticulando, e logo estava gritando em uma língua estrangeira. Eu não sei se ela estava inventando ou falando mesmo outro idioma. Vários outros homens apareceram. Eles falaram com minha mãe. E ela continuou. Depois de os homens irem para um canto falar, eles voltaram e disseram à bilheteira para dar os ingressos à minha mãe.

Eu não podia acreditar. De repente, estávamos rindo, nos divertindo e aproveitando os brinquedos. Os brancos não paravam de nos olhar, mas nós não nos importávamos. Estávamos ocupadas nos divertindo. Quando eu entrei num daqueles barquinhos, minha mãe teve que praticamente me retirar à força. Eu estava em glória. Quando acabamos de brincar, fomos para o Dairy Queen tomar sorvete. Cantamos e rimos em todo o caminho para casa.

Quando chegamos lá, minha mãe explicou que estava falando em espanhol e que tinha dito aos gerentes que ela era de um país hispânico e que se ele não nos deixasse entrar ela ligaria para a embaixada e para a ONU e não sei para quem mais. Nós rimos e falamos disso por muitos dias. Mas foi uma lição que nunca esqueci. Qualquer pessoa, não importava quem, podia chegar e imediatamente adquirir mais direitos e respeito do que os Negros amerikanos.

MINHA PRIMEIRA EXPERIÊNCIA escolar foi na escola da Sra. Perkins, em Wilmington. Era uma pequena escola de duas salas na Red Cross Street onde aprendi os fundamentos da leitura, escrita e aritmética. Eu tinha quatro anos de idade. A escola da Sra. Perkins era o que os Negros tinham de mais próximo de uma escola de educação infantil em Wilmington, mas lá não tinha essa coisa de brincadeirinha de bebê. Estávamos lá para aprender. Mas eu era propensa a resfriados, e acho que o aquecedor[26] da escola não dava vazão. Eu passava mais tempo doente do que na escola. Mas aprendi bastante, e quando fui para o primeiro ano, tudo era fácil. Eu já sabia ler.

Passei a maior parte do primeiro ano em Nova Iorque com minha mãe, o resto do primeiro e todo o segundo ano passei no Sul com meus avós. Frequentei a Gregory Elementary School,[27] em Wilmington. Meus professores conheciam bem meus avós e os informavam diariamente sobre meu progresso. Os professores eram rígidos e acreditavam solenemente na palmatória, mas nós aprendíamos.

Evidentemente, nossa escola era segregada, mas os professores se interessavam mais por nossas vidas porque viviam em nosso mundo, nos mesmos bairros. Eles sabiam contra o que lutávamos e o que enfrentaríamos como adultos, e

---

26 NE: No original, *potbellied stove*: aquecedor/fogão a lenha, feito de ferro, com a forma de barril, que é posto num ponto escolhido do cômodo e ligado à chaminé por um cano. No Brasil é chamado de "salamandra".

27 NE: A *Elementary School* dos EUA corresponde aos anos iniciais do ensino fundamental, antigo primário no Brasil.

tentavam nos proteger o máximo que podiam. Mais de uma vez fomos punidos porque algumas crianças zombaram de alguém pobre ou malvestido. Não estou dizendo que a segregação era um bom sistema. Nossas escolas eram inferiores. Os livros eram usados e velhos, herdados das escolas de brancos. Recebíamos apenas uma fração do dinheiro do Estado destinado às escolas brancas, e as condições em que muitas crianças Negras eram educadas só podem ser descritas como horríveis. Mas as crianças Negras tinham apoio, compreensão e encorajamento em vez da indiferença hostil que muitas vezes encontravam nas escolas "integradas".

Havia um grande pátio de terra ao lado da escola, aonde íamos brincar e brigar. Crescemos brigando. Era muito difícil passar pela escola sem algumas brigas, apenas para sobreviver. Mas sempre me perguntei o que fazia as pessoas brigarem. Especialmente depois de aprendermos sobre as guerras. Eu costumava olhar para os destroços do navio naufragado que se elevavam em frente a nossa praia e me perguntava como as pessoas teriam morrido ali. Ele era coberto de musgo verde e eu imaginava esqueletos flutuando em seu interior. O navio tinha afundado durante a Guerra Civil e eu sempre me perguntava se levava a bordo nortistas ou sulistas. Naquele tempo eu ainda pensava que o pessoal do Norte é que era do bem.

Mas eu nunca consegui entender a guerra. Eu me lembro de ter sido ensinada que a Primeira Guerra Mundial era a guerra para pôr um fim a todas as guerras. Bem, sabemos que era mentira porque houve a Segunda Guerra Mundial. Lembro que um professor nos contou que a Primeira Guerra começou porque o Príncipe Ferdinand, em algum lugar na Áustria, tinha sido assassinado. (Quando aprendemos história, nunca nos ensinam as reais causas das coisas. Só estudamos trivialidades inúteis, fatos simplistas, frases de efeito e datas diversas e sem sentido.) Eu não conseguia entender. O que as pessoas lá na amérika estavam fazendo em uma guerra porque um tal príncipe foi morto na Áustria? Eu ficava só imaginando, se eu chegasse em casa e dissesse à minha avó que eu entrei numa briga porque um cara tinha sido morto na Europa.

Em sala de aula, eles faziam a guerra soar tão gloriosa, tão heroica. Mas as guerras que tínhamos na volta da escola e no *playground* não tinham nada de gloriosas. Além dos cortes e arranhões que adquiríamos em nosso campo de batalha, era bem provável que ainda apanhássemos em casa por termos brigado ou por termos nos sujado. Eu tinha muita sorte nesse aspecto. Quando minha avó via que eu estava inteira, ela não reclamava tanto. Acho que eu não era muito diferente depois de uma briga do que em qualquer outro dia quando eu voltava da escola. Eu era moleca e desleixada naturalmente. Minha blusa estava sempre para fora da saia, uma das meias estava sempre arriada, e o cabelo, sempre bagunçado. Eu sempre dava um jeito de rasgar ou sujar alguma coisa e, como eu era desajeitada e esquisita, parecia sempre que eu tinha passado por umas cinquenta guerras.

A maioria de nossas brigas começava por causa de disputas bobas como pisadas no pé, bolas de papel voadoras, e a disputa pela posse de canetas e lápis. Mas por trás de nossas brigas, o ódio que sentíamos de nós mesmos era claramente visível.

"Cabelo duro! Cabelo duro! Nega do cabelo duro!"

"Você que é preta e feia; vai apanhar até ficar roxa."

"Você é só mais uma macaca. Vou te mostrar o que faço com macacas como você."

"Melhor calar essa boca, beiçuda."

Nós nos chamávamos dos piores apelidos de cunho racista. Falávamos uns para os outros que tínhamos lábios grandes e feios, e narizes chatos. Chamávamos uns aos outros de preto-pixaim.

"Aja com maturidade, e não com sua cor", dizíamos uns para os outros.

"Você vai me agradecer quando eu acabar contigo, vou te bater tanto, até tirar esse preto de você."

Preto piorava qualquer insulto. Quando você xingava alguém de "desgraçado", era ruim. Mas quando você xingava alguém de "Preto desgraçado" era muito pior. A verdade é que, quando eu era criança, sermos chamados de "Preto" apenas já era o suficiente para começar uma briga.

"Tá chamando quem de Preto?" dizíamos. Nunca tínhamos escutado as palavras "Negro é lindo" e a ideia nunca tinha ocorrido a muitos de nós.

Odiava quando minha avó penteava meu cabelo. E ela odiava ter que penteá-lo. Meu cabelo sempre foi cheio, comprido e encarapinhado, e isso para a minha avó era infernal. Ela tinha o cabelo liso, então não tinha paciência com o meu. Quando ela penteava meu cabelo, sempre se lembrava de algo errado que eu tinha feito no dia anterior ou mais cedo, e dava com o pente na minha cabeça. Naqueles momentos, ela sempre dizia: "Agora, quando você crescer, espero que se case com um homem de 'cabelo bom' pra seus filhos puxarem o cabelo dele. Tá ouvindo?" "Sim, vó." Eu costumava me perguntar por que ela não tinha seguido o próprio conselho já que o cabelo do meu avô não tinha nada de liso, mas nunca ousei perguntar. Minha avó apenas dizia o que todo mundo entendia como fato comum: cabelo bom era melhor do que cabelo ruim, ou seja, cabelo liso era melhor do que cabelo carapinha.

Quando minha irmã Beverly era pequena, lembro que eu debochava dos lábios dela. Ela tem lábios grandes, lindos, mas naquela época nós os víamos como algo constrangedor.

Eu nunca os achei feios – sempre achei minha irmã muito bonita –, mas gostava de implicar com seus lábios. Uma vez disse a ela: "Com esses lábios desse tamanho, a única coisa que você tem a seu favor é o seu cabelo comprido; você nunca vai poder cortar esse cabelo." Nunca terei dimensão do dano que minhas "implicâncias" causaram à minha irmã. Mas eu apenas dizia o que todo mundo sabia: lábios pequenos e finos eram melhores que lábios grandes e grossos. Todo mundo sabia disso.

Tinha uma garota em nossa escola que a mãe fazia usar um pregador no nariz para afiná-lo. Havia também várias meninas que tentavam clarear a pele usando creme clareador e o que conseguiam na verdade era se encherem de espinhas. E, claro, íamos ao salão de beleza para alisar o cabelo. Eu não via a hora de ir ao salão e fritar o meu cabelo todo. Eu queria cachos de Shirley Temple,[28] iguais aos da Shirley Temple. Eu odiava o cheiro de cabelo frito e de ter minhas orelhas queimadas, mas nos ensinaram que as mulheres tinham que fazer grandes sacrifícios para serem bonitas. E todo mundo sabia que você tinha que ser louca para sair na rua com o cabelo pixaim aparecendo. E, evidentemente, cabelo grande era melhor do que cabelo curto. Nós todas sabíamos disso.

Tínhamos passado por uma completa lavagem cerebral e não sabíamos. Aceitamos sistemas de valores brancos e padrões de beleza dos brancos e, às vezes, aceitamos a visão que o homem branco tem de nós. Nunca fomos expostas a qualquer outro ponto de vista ou outro padrão de beleza. Desde pirralha, lembro de ouvir os Negros dizerem:

---

28 NE: Atriz infantil estadunidense, que atuou no cinema entre 1936 e 1950, famosa por seus cachos louros.

"**Niggas**[29] não valem merda nenhuma." "Você sabe como os **niggas** são preguiçosos." "Dê uma mão a um **nigga** que ele leva o braço inteiro." "Todo mundo sabia o que os **niggas** gostam de fazer depois de comerem: dormir." "Todo mundo sabia que **niggas** não chegam na hora; é por isso que havia o c.p.t."[30] "**Niggas** não cuidam de nada." "**Niggas** não se apoiam." A lista era interminável. Em muitas medidas, nós aceitamos essas afirmações como verdadeiras. E, em diferentes níveis, cada um de nós as tornamos verdadeiras dentro de nós mesmos porque acreditamos nelas.

ENTREI NO TERCEIRO ANO na P.S. 154, uma escola pública que fica no Queens. A escola era quase toda branca, e eu era a única criança Negra na minha turma. Todos em minha família gostavam de saber que eu estava estudando em Nova Iorque. "As escolas são melhores", diziam. "Você vai ter uma educação melhor no Norte do que naquela escola segregada no Sul."

A escola do Norte para mim era muito diferente da escola do Sul. Por uma razão: os professores (todos brancos – não lembro de ter tido qualquer professor Negro até o ensino médio) estavam sempre sorrindo para mim. E quanto mais velha eu ficava, menos eu gostava daqueles sorrisos. Eu não

---

29 NE: **Nigga** é uma variação do termo ultraofensivo **nigger**. A publicação *The Routledge Dictionary of Modern American Slang and Unconventional English*, editada por Tom Dalzell, apresenta as seguintes entradas (traduzidas literalmente aqui) para os referidos termos: 1) **Nigger**: É uma pessoa negra (Reino Unido, 1574). Quando usado por pessoas brancas, é altamente ofensivo; usado por pessoas negras, principalmente pelos jovens, com crescente frequência. 2) **Nigga**: É uma pessoa negra (EUA, 1989). É um erro de ortografia deliberado, reinventando o **nigger**, para uso exclusivo dos Negros; amplamente utilizado no Gangsta Rap.

30 NE: C.P.T significa *Colored People's Time*, numa tradução livre, seria "o tempo das gentes de cor". É um termo utilizado jocosamente até os dias de hoje por muitos negros estadunidenses.

tinha um nome para eles na época, mas agora os chamo de "sorrisos de **niggas**".

Minha professora do terceiro ano era jovem, loura, muito afetada e classe média. Sempre que eu entrava em sala, ela me mostrava todos os seus trinta e dois dentes, mas não havia nada de sincero em seu sorriso. Isso nunca fez eu me sentir bem. Havia sempre algo não natural e exagerado em seu comportamento comigo. No primeiro ou segundo dia de aula, ela estava nos ensinando caligrafia. "Alguém sabe fazer um L maiúsculo?", ela perguntou. Ninguém levantou a mão. Timidamente, levantei a mão. "Você sabe?", perguntou incrédula. "Sim", eu disse a ela, "nós aprendemos isso ano passado lá no Sul". "Bem, vem fazer aqui no quadro então", ela me falou. Fiz um tímido e pobre L de segundo ano no quadro. Depois de olhar para mim e balançar a cabeça, ela fez um grande e caprichado L perto do meu.

"Era isto que você estava tentando fazer, JoAnne?" Seu ar era de presunção. A turma inteira caiu na gargalhada. Eu queria sumir. Depois daquilo, parecia que toda vez que eu mencionava alguma coisa que tinha aprendido no Sul ela ficava brava. Ela nunca via minha mão levantada. Quando ela não tinha como me ignorar, no caso de ninguém mais estar com a mão levantada, ela dizia algo como "Ah, você sabe a resposta, JoAnne?".

Todo feriado uma turma era designada para apresentar uma peça. Havia peças para o dia de Cristóvão Colombo, Halloween, Ação de Graças e para o Natal. Nossa turma ficou com o aniversário de George Washington, e nossa peça era sobre ele derrubando uma cerejeira quando era criança. Eu fui escalada para participar da peça. Eu estava toda feliz e orgulhosa. Fui escolhida para ser uma das cerejeiras. A professora colocou um papel crepom verde na minha cabeça e me disse para ficar no fundo do palco onde eu deveria permanecer até o final da peça. Então as cerejeiras deveriam balançar de um lado para o outro e cantar: "George Washington nunca disse uma mentira, nunca disse uma mentira, ele nunca disse uma mentira. George Washington nunca disse uma mentira, e a verdade segue em marcha."

Eu não soube o quanto eles me fizeram de idiota até que eu crescesse e começasse a ler história de verdade. George Washington foi não só provavelmente um grande mentiroso, como também uma vez ele vendeu um escravo para poder comprar um barril de rum. E então eles juntaram ali um branquelo velho senhor de escravos, que não dava a mínima para o povo Negro, e eu, uma menininha negra voluntariosa, em uma peça em homenagem a ele. Quando George Washington lutava por Liberdade na Guerra Revolucionária,[31] ele lutava por uma liberdade "somente para brancos".[32] Brancos ricos, aliás. Depois da tal Revolução, você não poderia votar se não fosse um homem branco dono de terras. A Guerra Revolucionária foi liderada por alguns ricos jovens brancos que se cansaram de pagar pesados impostos ao rei. Não tinha absolutamente nada a ver com liberdade, justiça e igualdade para todos.

Uma vez mais, no quarto ano, eu era a única criança Negra em minha turma. Meu professor, Sr. Trobawitz, era um cara bacana, e muito bom professor. Ele tinha ideias modernas sobre ensino, e em vez de nos fazer ler aquelas coletâneas de textos velhos e chatos, ele nos colocava para ler livros de verdade e escrever relatórios sobre eles. Suas aulas eram sempre interessantes. Ele nos contava todo tipo de piadas e histórias e parecia sinceramente se importar

---

31 NT: Guerra da Independência dos EUA (1775-1783).

32 NE: O texto original faz evidente referência aos cartazes utilizados durante o regime Jim Crow, regime segregacionista ocorrido no Sul dos EUA.

conosco. Naquele ano, estávamos aprendendo sobre a Guerra Civil e sobre Lincoln libertando os escravos. Como todos os outros professores, o Sr. Trobawitz nos ensinava história de "faz de conta", mas pelo menos ele o fazia de forma interessante. Naquele ano, fiquei enlouquecida com Lincoln. Memorizei todo o poema "Oh, Capitão! Meu Capitão!", de Walt Whitman, e o recitei na aula.

Mal sabia eu que Lincoln era um arquirracista que abertamente demonstrava seu desdém pelos Negros. Ele era da opinião de que os Negros deveriam ser deportados à força para a África ou para qualquer outro lugar. Nos ensinaram que a Guerra Civil foi feita para libertar os escravos,[33] e foi apenas quando estava na faculdade que aprendi que a Guerra Civil tinha acontecido por razões econômicas. O fato de a escravidão "oficial" ter sido abolida foi meramente fortuita. Indústrias do Norte estavam lutando para controlar a economia. Antes da Guerra Civil, a economia industrial do Norte dependia enormemente do algodão do Sul. A economia escravista do Sul era uma ameaça ao capitalismo do Norte. E se os donos de escravos do Sul decidissem ter fábricas para eles próprios processarem o algodão quc produziam? Os capitalistas do Norte não poderiam competir com a mão de obra escrava, e sua economia capitalista seria destruída. Para garantir que isso não acontecesse, o Norte foi para a guerra.

Quando eu ainda estava no quarto ano, caí do balanço e quebrei a perna. O Sr. Trobawitz foi à minha casa e me passou lições e exercícios. Quando voltei para a escola, o Sr. Trobawitz tinha saído de lá para dar aula na faculdade. Todos na turma ficaram tristes. Uma professora com nariz

---

33 NE: *Slave* no original em inglês. Nos últimos anos, no Brasil, passou-se a dar preferência ao termo "escravizado" para destacar a diferença entre "ser escravo" e "estar escravizado", mas nesta obra preferiu-se manter o termo "escravos" para ser fiel ao texto original da autora, escrito na década de 1970.

de bico de pássaro, que só fazia o que estava no livro, sempre no automático, o substituiu. Ela nos fez voltar a ler as coletâneas de textos e rearrumou as carteiras para que nos sentássemos novamente em fileiras. Eu não gostava dela e ela me matava de tédio.

Uma vez nossa turma organizou uma dança. Era um evento importante para mim porque adoro dançar. As crianças brancas não sabiam dançar, de jeito nenhum. Eles pareciam um bando de cangurus bêbados, quicando para todo lado, totalmente fora de ritmo. Sentada, eu olhava para aquilo e tampava minha boca para não rir. Eu me contorcia de vontade de ir lá mostrar a eles como se fazia. Mas ninguém me chamou para dançar. Acho que isso nem sequer passou pela cabeça deles, e se passou, resolveram não se arriscar. Dançar com uma "**nigger**" certamente renderia ao menos uma semana de chacota. Mas aqueles brancos não exibiam seu racismo abertamente. Era camuflado, como o racismo de seus pais. Então, fiquei lá sentada, vendo eles se sacudirem, até que um menino (jamais me esquecerei de seu nome: Richard Kennedy; um pobre irlandês de cabelo vermelho) se aproximou de mim e disse: "Se você me der uma moeda, eu danço com você." O triste da história é que eu quase dei a moeda a ele.

No quinto ano, me colocaram na turma da professora conhecida como a mais severa da escola, Sra. Hoffler. Desde o primeiro dia eu soube que aquele seria um ano longo e quente. A única coisa boa é que havia outra criança Negra na turma. A professora nos colocava no fundo da sala, perto um do outro. O nome dele era David alguma coisa, mas eu o chamava de David Peacan. A professora parecia militar e suas aulas se pareciam com um campo de treinamento. Recebíamos ordens sobre onde e como deveríamos nos sentar, e sobre o tipo de cadernos, canetas, lápis etc. que deveríamos ter. Ela não admitia conversas e passava toneladas de deveres de casa. Sua punição para qualquer coisa era dever de casa extra. Sempre que alguém era pego conversando ou fazendo algo que ela desaprovasse, ela passava dever de casa extra. Quando você não fazia o dever de casa, ela passava mais dever de casa. E se ela lhe desse dever de casa extra, ela escrevia seu nome no quadro e se recusava a apagá-lo até que você entregasse a "punição" concluída. Quando saí da turma dela, meu nome cobria praticamente todo o quadro.

David e eu éramos seu alvo preferencial. Mesmo que a turma inteira estivesse fazendo bagunça, nós dois éramos os únicos que ela via de boca aberta. Quanto mais ela pegava no nosso pé, mais rebelde eu ficava. Eu me sentava no fundo da sala e fazia piadas sobre ela.

Um dia estávamos conversando e rindo, e ela, então, veio e arrancou o David da carteira pela orelha, torcendo-a até ele ficar com aquele lado do rosto todo vermelho e contorcido de dor. Naquele exato momento, eu prometi que ela não ia fazer aquilo comigo. Dias depois, ela veio atrás de mim. Quando botou as mãos em mim, eu a chutei ou dei um soco nela. Não lembro. Quando dei por mim, eu estava na sala da Direção da escola, sendo mandada para casa com um bilhete. Eu estava morrendo de medo de a minha mãe descobrir, então eu mesma assinei o bilhete e levei para a escola no dia seguinte. Minha assinatura não colou. Resumindo a história, quando minha mãe descobriu, eu confessei tudo e contei a ela sobre a Sra. Hoffler. Eu acho que ela tinha uma ideia do que estava acontecendo porque havia notado uma mudança em mim. Sempre fui muito quieta e obediente na escola. Minha mãe foi até lá, falou com a professora e com a direção, e exigiu que eu fosse transferida para outra turma. O bom é que ela não era como aqueles pais que acreditam que o professor está sempre certo, porque senão nem sei o que poderia ter acontecido. Acho que o fato de ela ser professora e estar totalmente ciente do racismo e da hostilidade a que crianças Negras são expostas assim que entram na escola teve algo a ver com a atitude dela.

Não lembro do nome de minha outra professora do quinto ano a não ser pelo fato de que era um nome enorme e começava com Z, mas ela era muito legal e muito boa professora. Ela nos introduziu à arte, à literatura e à filosofia. Lembro-me de ter estudado a Revolução Francesa em sua aula. Ela deu vida a nomes como Maria Antonieta, Charlotte Corday e Robespierre. Ela nos falava de filósofos como Rousseau, que influenciaram o pensamento de uma época, e sobre como a Revolução Francesa tinha sido influenciada pela Revolução amerikana. Ela até nos mostrou fotos de arte e arquitetura do período. Ela foi a primeira professora (uma de pouquíssimos) que ensinava as matérias como se fossem relacionadas umas às outras.

Antes de ser da turma dela, eu nunca teria imaginado que história era conectada com arte, que filosofia se conectava com ciência, e assim por diante. A maneira usual com que as pessoas são ensinadas a pensar na amérika é que cada matéria fica em um pequeno compartimento e não tem relação alguma com qualquer outro tema. Na maioria das vezes, recebemos fragmentos de conhecimento não relacionado, e nossa educação não segue um formato ou padrão lógico. É exatamente esse tipo de educação que produz pessoas sem habilidade para pensarem por si próprias e que são facilmente manipuladas.

Conforme íamos crescendo, as diferenças entre os alunos Negros e brancos, e pobres e ricos, ficavam cada vez maiores. Uma vez, uma nova professora nos disse para fazermos móbiles como dever de casa. A maioria levou móbiles de cartolina, papel ou madeira. Um garoto levou um feito de metais – não apenas um tipo de metal, mas metais de diferentes cores. Fiquei pasma com aquele garoto que tinha os meios para cortar todas aquelas diferentes formas geométricas perfeitamente. Calder[34] teria gostado.

A escola ficava num bairro predominantemente judeu de classe média. Havia uma pequena ilha de Negros no meio, e era lá que eu morava. Ficávamos quase que completamente segregados das áreas brancas. A escola ficava bem no meio. Na maior parte das famílias Negras tanto a mãe quanto o pai trabalhavam, muitos em dois ou três empregos, e não tinham como passar muito tempo na escola. Mas alguns pais brancos não saíam da escola, fosse por causa de um passeio ou para vender biscoitos. Pense em pais abusados! Até hoje acredito que alguns deles faziam a maior parte dos deveres de casa dos filhos. As crianças Negras escreviam suas redações ou fichamentos de livros em papel pautado simples e os entregavam. Algumas crianças brancas apresentavam seus relatórios em encadernações caras, alguns datilografados, com todas as páginas cobertas com plástico. Eu ficava só imaginando como seria pedir à minha mãe para ela datilografar meu dever de casa ou me dar dinheiro para comprar espirais e folhas de plástico. Ela certamente pensaria que eu tinha enlouquecido. As crianças brancas iam para a escola com todo tipo de besteira: estojos caros de canetas e lápis, compassos, e uma criança tinha inclusive uma régua de cálculo, que eu duvido que ela tivesse a mínima ideia de como usar.

Quanto mais velhas ficavam, mais esnobes as crianças brancas se tornavam. Estavam sempre falando sobre o que tinham e sobre o que os pais haviam comprado para elas. Uma menina, Marsha, que me parecia terrivelmente feia, estava sempre vestida como uma criança de cinema ou TV.

---

34 NT: Alexander Calder, também conhecido como Sandy Calder, foi um escultor e pintor estadunidense famoso por seus móbiles.

Ela era uma das superesnobes da turma. Um dia ela foi para a escola com umas luvas bem esquisitas. Ela disse que eram feitas de chinchila e que era a pele mais cara do mundo. Eu corri para casa para perguntar a minha mãe. Eu só pensava que ela tinha que estar mentindo porque eu nunca tinha ouvido falar de chinchila e todo mundo sabia que a pele mais cara de todas no mercado era a de mink (ou vison). Eu fiquei realmente chocada quando minha mãe disse que ela estava falando a verdade.

Todo ano, quando voltávamos às aulas, invariavelmente nos pediam para escrever uma redação com o título "Minhas férias de verão". Geralmente, íamos para a frente da turma e a líamos em voz alta. Eu sempre ficava fascinada com alguns lugares que aquelas crianças visitavam durante o verão: lugares como Espanha, Inglaterra, Brasil e Bermudas. Algumas levavam inclusive slides e filmes de suas viagens. Depois que terminavam, eu nem queria mais ler minha redação sobre minhas férias no Sul com os meus avós.

Uma das coisas que tinham sido incutidas em mim desde que nasci era que nós éramos tão bons quanto os brancos. "Mostre a esses brancos que você é tão boa quanto eles", sempre me diziam. Isso significava que eu tinha que tirar boas notas na escola, que eu deveria estar limpa e arrumada quando fosse para a escola, que eu tinha que falar tão "apropriadamente" quanto eles, e sempre que possível eu deveria mostrar a eles que os **Negroes**[35] (nós nos chamávamos de **Negroes** na época) podiam fazer qualquer coisa

35 NE: A palavra *Negro* (plural *Negroes*), importada do português e do espanhol, foi o termo padrão em inglês para designar os povos de pele escura originários da África desde o século XVII, até ser substituído por *Black* em meados do século XX. *Negro* tornou-se então um termo ofensivo. Decidimos mantê-la na grafia original em inglês para que esta não seja confundida com a palavra em português (que é a tradução de *Black*) e também para preservar o aspecto cultural do termo em inglês. Fonte: <https://www.lexico.com/definition/Negro>.

que os brancos fizessem e que podíamos apreciar o que os brancos apreciassem.

Era esperado que eu fosse uma versão infantil de uma embaixadora da boa vontade, que saísse por aí tentando provar que os Negros não eram estúpidos, nem sujos, fedidos ou incultos. Realizei esta missão da melhor maneira que pude, para mostrar que eu era tão boa quanto eles. Nunca questionei as coisas que eles achavam boas. Os brancos diziam que música clássica era a forma mais elevada de música; os brancos diziam que o balé era a forma mais elevada de dança; e eu aceitava aquelas coisas como verdadeiras. Afinal, eu não era tão culta quanto eles? E tudo que eles queriam eu queria. Se eles queriam casacos de *poodle*, eu queria um casaco de *poodle*. Se eles queriam um colar com a Estrela de Davi, eu queria um colar com a Estrela de Davi. Se eles quisessem uma boneca da Revlon, eu ia querer uma boneca da Revlon. Se eles podiam ser esnobes, eu também podia ser esnobe. Eu reservava minha cultura, minha música, minha dança, a riqueza da linguagem dos Negros para quando eu estava com os meus. Lembro-me de como aquelas crianças falavam sobre *gefilte fish*[36] e *matzos*.[37] Nunca me ocorreu falar de feijão-fradinho e arroz ou couve e joelho de porco. Eu jamais daria a eles a oportunidade de me ridicularizar. De todo jeito, metade dos brancos achava que tudo que comíamos era grãos e melancia. Em vários aspectos, eu estava vivendo uma existência dupla.

Eu me interessei por televisão no quinto ou sexto ano. Ou melhor, devo dizer que foi nessa época que a televisão começou a corroer meu cérebro. Qualquer programa

---

36 NT: Prato típico da culinária judaica, bolinho de peixe.

37 NT: Pão sem fermento fino e crocante, tradicionalmente consumido pelos judeus durante o Pessach.

estúpido daquela época era o meu programa favorito. "Ozzie e Harriet", "Deixe isso com Beaver", "Donna Reed", "Papai Sabe Tudo", "Bachelor Father", "Lassie" etc.[38] Depois de um tempo, eu queria ser exatamente como aquelas pessoas na televisão. Afinal, elas eram o que as famílias deveriam ser.

Por que minha mãe não tinha biscoitos recém-assados para mim quando eu chegava da escola? Por que não morávamos em uma casa em meio a um grande quintal em vez de em um apartamento velho? Lembro-me de olhar para minha mãe enquanto ela limpava a casa com seu velho roupão esfarrapado e bobes nos cabelos. "Que desagradável", eu pensava. Por que ela não limpava a casa de salto e vestidos cinturados como fazem na televisão? Comecei a me ressentir de minhas tarefas. As crianças na televisão nunca tinham trabalho para fazer. Tudo o que faziam era o dever de casa e depois iam brincar. Elas nunca iam à lavanderia ou ao mercado. Elas nunca tinham que lavar a louça, esfregar o chão ou jogar o lixo fora. Elas não faziam nem as suas próprias camas. E as crianças na televisão ganhavam tudo o que queriam. Seus pais nunca diziam "Eu não tenho dinheiro, eu não tenho como pagar". Eu tinha pouquíssima simpatia por minha mãe. Nunca me ocorreu que ela trabalhava o dia inteiro, estudava à noite, cozinhava, limpava, lavava e passava, criava duas filhas e, nas horas "vagas", corrigia provas e trabalhos, e escrevia sua tese. Eu ficava furiosa com ela porque ela não era como Donna Reed.

E, claro, os comerciais também tinham o seu peso. Eu queria tudo o que via. Minha mãe sempre comprava a marca

---

38 NE: Seriados da TV estadunidense, das décadas de 1950 e 1960, que mostravam (pela ordem): uma família de classe média modelo da época; um menino branco curioso e muitas vezes ingênuo; uma esposa e mãe de cidade pequena; uma família branca de classe média governada pelo patriarca benevolente; um homem solteiro se torna responsável pela criação da sobrinha após a morte dos pais dela; e uma cadela inteligente que sempre "salvava o dia".

genérica. Eu ficava tão exasperada quando íamos fazer compras. Eu queria que ela comprasse Hostess Twinkies[39] e pão branco Silvercup.[40] Em vez disso, ela comprava pão integral e maçãs. Ela nunca comprava cereais bons como Sugar Crunchies e Coco Puffs.[41] Ela sempre comprava coisas que fossem boas para nós. Eu pensava que ela era louca. Se Hostess Twinkies serviam para as crianças da TV, por que não serviriam para mim? Mas minha mãe se mantinha irredutível. E eu seguia enojada. Eu era um fantoche e nem sequer sabia quem me manipulava.

Teve um ano em que todo mundo usava bótons no casaco. Alguns tinham coisas escritas neles e outros tinham fotos de estrelas de cinema. Fui a algum lugar com minha mãe e minha tia, e elas me perguntaram se eu queria um bóton. Escolhi um com a foto do Elvis Presley. Todas as crianças da escola achavam Elvis Presley legal. Eu usei aquele bóton religiosamente, durante todo o inverno, e naquele verão, quando fui para o Sul, fui ver um dos filmes do Elvis Presley.

Em Wilmington, naquela época, havia apenas um cinema que os Negros podiam frequentar. O nome era Bailey Theater. Comprávamos os ingressos, e depois subíamos uma longa escada na lateral da sala, até chegarmos ao segundo balcão, no setor das pessoas "de cor". O problema era seu se você fosse míope. O filme era como todos os outros do Elvis – esquecíveis! Quando acabou, eu desci. Todas as crianças brancas estavam saindo com fotos do Elvis Presley que elas tinham comprado. Comecei a andar para o restaurante

---

39 NT: Bolinho doce recheado. Produtos semelhantes, de diferentes marcas, são comercializados no Brasil.

40 NT: Uma marca de pão de fôrma, encerrada em 1975.

41 NT: Cereais crocantes de chocolate em forma de bolinhas.

dos meus avós, na Red Cross Street, mas aí dei meia-volta e retornei ao cinema. Se as crianças brancas podiam ter uma foto do Elvis, eu também podia. Pelo menos eu ia tentar. Eu sabia que não adiantava pedir nada à bilheteira. Ela com certeza diria que não. Então, passei firme por ela e fui direto para o setor branco. Foi surpreendente! Era exatamente como os cinemas em Nova Iorque. Eles tinham máquinas de refrigerante, uma máquina de pipoca amanteigada, e todos os tipos de doce, batatas chips e outras coisas. No andar de cima, no setor "de cor", eles vendiam uma pipoca velha e rançosa, alguns poucos doces e só.

No momento em que entrei, toda a ação parou. Os olhos de todos estavam em mim. Fui até o balcão onde estavam vendendo as fotos. Antes que eu abrisse a boca, a vendedora me disse: "Você está no setor errado; é só sair e subir as escadas laterais."

"Eu quero comprar uma foto do Elvis Presley", eu disse.

"O que você disse?", perguntou lentamente.

"Eu quero comprar uma foto do Elvis Presley", repeti. "Eles não têm nenhuma lá em cima."

"Bem, eu não sei", ela disse. "Tenho que ver com o gerente". Ela falou alguma coisa para outra mulher atrás do balcão e depois saiu. Àquela altura, já havia uma multidão à minha volta.

"O que ela está fazendo aqui?" eles ficavam se perguntando. "Bem, ela sabe o que está fazendo", dizia alguém. "Olha, mãe, uma garota de cor." "Tá perdida, querida?" "O que ela quer?" "Num tem fotos no setor de cor, não?" "E pra que que ela precisa de foto?"

A plateia estava formada ao meu redor, boquiaberta. Parecia que o gerente não viria nunca.

"Ela num sabe ler, não? Ela num sabe que não permitimos gente de cor aqui, não?" "Não sei do que se trata.

É alguma coisa sobre uma foto." "Veio direto pra cá, na maior cara de pau."

Finalmente, a vendedora voltou. Tinha um homem com ela. Todos os olhos se fixaram no gerente. Ele primeiro olhou bem para mim e depois para a multidão que se formava à minha volta.

"Dá a foto pra ela e tira ela daqui", ele disse à vendedora. Cheia de pressa, ela me vendeu a foto.

"Ok, pessoal, acabou, acabou. Vão cuidar de suas vidas."

Peguei minha foto e saí saltitando para a luz do dia. Eu estava me sentindo bem. Parecia engraçado quando eu lembrava disso. Os olhares naquelas caras branquelas, todas infladas como balões. Eu me diverti, fui rindo durante todo o caminho até o restaurante dos meus avós. E no minuto em que cheguei lá, claro, contei para todo mundo o que aconteceu. Eu estava tão orgulhosa. Peguei minha foto e coloquei no balcão dos fundos, ao lado do calendário da funerária. A foto ficou lá alguns dias até Johnnie, do ponto de táxi da rua em frente, ir me dizer que Elvis tinha dito que a única coisa que um Negro poderia fazer por ele era comprar seus discos e engraxar seus sapatos. Silenciosamente, deslizei a foto para a obscuridade, e depois para o esquecimento. (Mais tarde li que Elvis tinha dado a Spiro Agnew[42] um .357 Magnum banhado a ouro e se oferecido para trabalhar para o FBI.)

Evelyn, minha tia, foi a heroína de minha infância. Ela estava sempre me levando a lugares e "me expondo a coisas", como dizia. Ela me levou a museus – acho que visitamos praticamente todos os de Nova Iorque. Ela me transformou numa verdadeira amante da arte. Antes dos dez anos, eu

---

42 NT: Advogado e político que atuou como o 39º vice-presidente dos Estados Unidos de 1969 até sua renúncia em 1973 durante a presidência de Richard Nixon.

já reconhecia facilmente um Van Gogh, e sabia o que era cubismo, surrealismo e expressionismo abstrato. Picasso, Gauguin, Van Gogh e Modigliani eram meus artistas preferidos. Eu não sabia o nome de um único artista Negro naquela época. Pouquíssimos museus exibiam obras de artistas Negros, então eu achava que os Negros não eram muito bons em pintura. Mas aprendi sobre arte africana com minha mãe. Até onde consigo me lembrar, minha mãe sempre teve esculturas africanas em casa. Era o único tipo que ela tinha. Eu sempre amei aquelas peças e fiquei muito irritada quando estudei história da arte na escola e o professor se referia à arte africana como primitiva. Na verdade, se a arte fosse de qualquer pessoa não branca, era chamada de primitiva.

Além dos museus, Evelyn me levava para ver peças de teatro e ao cinema, e experimentávamos todos os tipos de restaurantes. Íamos a parques, andávamos de bicicleta, e foi Evelyn quem me deu minha primeira aula de barco a remo. Ela era muito sofisticada e entendia de tudo. Por isso nos dávamos bem, porque eu estava sempre fazendo todo tipo de perguntas. Tudo eu queria saber. Ela me dava um livro e dizia "Leia isto" e eu sorvia a leitura como se fosse sorvete.

Foi Evelyn quem me levou para ver meu primeiro show no Teatro Apollo. Nós vimos Frankie Lymon and the Teenagers. Eu estava nas nuvens. Depois daquilo, assim que aprendi a andar de metrô sozinha, eu ia para as matinês. Se minha mãe e minha tia soubessem elas teriam um ataque. Imagino que as pessoas se perguntassem o que aquela menina estava fazendo sozinha no Apollo, mas ninguém nunca me incomodou. Sempre tive muita sorte, nesse sentido.

Barbara era uma garotinha que era nossa vizinha de porta no Queens. Ela foi minha principal amiga e inimiga por um bom tempo. Um dia, eu a vi saindo de casa com um vestido e um pequeno véu brancos, como se fosse de noiva. Ela estava toda de branco, da cabeça aos pés. Até a pequena bíblia que carregava era branca. Achei que ela estivesse indo para um casamento de mentirinha, como aqueles lá do Sul, chamados de casamentos Tom Thumb.[43] Então, fui lá e perguntei se ela ia se casar. Ela disse que era sua primeira comunhão, e que era católica.

Bem, eu me converti na hora. Eu também queria usar um vestido branco e ficar parecendo uma noiva. E os alunos católicos inclusive saíam mais cedo às quartas-feiras. Corri para contar à minha mãe, que era muito permissiva em relação à religião. Ela nos deu carta branca para sermos católicas, batistas, metodistas ou que quer que fosse. Então, comecei a ir à missa e às aulas de catecismo nas quartas-feiras.

A igreja católica não se parecia com nenhuma outra que eu conhecia. No Sul eu sempre ia à igreja. Mas os serviços lá eram ricos em música e emoção. Eu ficava lá sentada, conectada com a música, observando as pessoas que "ficavam felizes" ou eram "tocadas pelo espírito" e pulavam para todos os lados. Eu nunca fui beata, mas gostava de ir à igreja. Nas igrejas Negras a que eu ia, tinha sempre algo no ar. A música era animada e quem pregava ao mesmo tempo cantava. As pessoas se sentiam livres para fazerem o que precisassem. Se achassem que deviam dançar, dançavam; se achassem que deviam rezar, rezavam; se quisessem gritar, gritavam; e se quisessem chorar, choravam. A igreja estava lá para dar força a elas e para ajudá-las durante a longa semana que tinham pela frente. Onde morávamos, no Queens, não havia nenhuma igreja Negra.

43 NT: Casamento em miniatura, de brincadeira, para crianças. Tom Thumb é o personagem de contos de fadas conhecido no Brasil como Pequeno Polegar.

A igreja católica era diferente. Era silenciosa e fria. A música era péssima e você não entendia quase nada do que era dito na missa, mas o que me fascinava era como era assustadora. Eles tinham tanta coisa esquisita associada àquela religião. Quando você entrava, tinha que fazer o sinal da cruz com água benta; depois, antes de se sentar, você tinha que fazer uma genuflexão. E durante a missa, o tempo todo você tinha que se sentar e se levantar, ficar de pé, se ajoelhar. E tinha tanta coisa para aprender. A via crúcis, as contas do rosário, acender velas, ir para a confissão. Era tudo tão assustador que eu só podia acreditar que aquele era o deus verdadeiro. Eu ficava enlouquecida com as freiras. Elas usavam uns anéis e diziam que eram casadas com Deus. Aquilo era realmente estranho. E elas nunca poderiam ter filhos ou "fazer aquilo", e as pessoas diziam que elas tinham cabeças carecas debaixo de seus hábitos. Na verdade, era muita informação para mim.

A aula de catecismo não tinha nada a ver com a escola dominical. Eles nunca contavam boas histórias sobre Jesus e nós nunca cantávamos "Sim, Jesus me ama". Nas aulas de catecismo, aprendíamos tudo sobre os santos – parecia que eles tinham milhares deles. E ainda tinha a Virgem Maria. Eles davam muita importância a ela. Eles até nos faziam rezar para ela. Eu até rezava, mas para mim aquela história sempre foi difícil de engolir. Nada sobre os católicos era simples; eles tinham até tipos diferentes de inferno. Eles tinham um especial para bebês, e tinham um outro intermediário, e tinham também o inferno-inferno, mesmo.

Eles tinham até dois tipos de pecado. Eu ainda posso ouvir aquela freira, como se fosse ontem. Agora, um pecado venial não é tão ruim assim; é um pecado branco. Mas um pecado mortal é terrível; é um pecado negro.

Na noite anterior à minha primeira comunhão, eu tive que correr à igreja com minha certidão de batismo. Eu precisava comprovar que era batizada. Minha mãe sofreu para encontrá-la. Gostei de saber que teria que ir lá porque me disseram para entregar a certidão no convento onde as freiras moravam. Eu morria de curiosidade de saber como era lá dentro. Era tão frio e sem vida quanto a igreja. Quando entreguei minha certidão de batismo à freira, ela leu e quase pulou da cadeira. "Ah, não, isto não serve", disse. "Esta não é uma certidão de batismo católico. Você não foi realmente batizada."

"O quê?", eu disse. "Eu fui muito batizada."

"Não, não foi", ela disse. "Não é um batismo católico, então não conta. Você terá que ser batizada hoje à noite ou não poderá fazer a primeira comunhão amanhã."

Eu não estava preparada para aquilo. Me enfezei na hora. Ela falava dos meus padrinhos como se eles fossem poeira sob seus pés. Elas ligaram para minha mãe e disseram que ela tinha que ir até à igreja. E aí pegaram duas pessoas totalmente desconhecidas, me disseram que passariam a ser meus padrinhos e me batizaram. Nunca mais vi aquelas pessoas novamente, nem seus nomes eu sei. Eu tive madrinha a vida toda e lá estavam me dizendo que ela não era minha madrinha porque não era católica. Eles me deixaram muito brava aquele dia, mas não falei muito a respeito. Eu queria mesmo fazer minha primeira comunhão. Eu fiz e, mais tarde, tive a crisma, mas nunca mais olhei para eles da mesma forma.

O sexto ano foi bem tranquilo. Havia uma outra Negra na minha turma, Gail. Ficamos amigas, mas minhas relações com as crianças brancas se deterioraram ainda mais. Elas deixavam bastante evidente que não ligavam para mim, e eu também deixava claro que não ligava para elas. O que eu mais detestava nelas eram as suposições a meu respeito. Para começar, elas automaticamente presumiam que eu era estúpida, e ficavam de verdade muito surpresas quando eu mostrava que tinha cérebro. Uma das piores brigas que tive foi quando um garoto da minha turma, não conseguindo encontrar uma caneta que o pai tinha lhe dado, me acusou de tê-la roubado. Esperei por ele do lado de fora da sala e assim que ele veio saindo na porta, pulei nele que nem uma maluca. Alguns professores nos separaram. "Estou surpreso com você", eles repetiam. "Eu nunca pensei que você se comportaria assim." Eu era geralmente bem quieta e comportada. Eles agiam como se eu tivesse pulado naquele garoto à toa, e não conseguiam entender por que eu estava com tanta raiva. Na verdade, nem eu entendia. Até então.

Fora da escola era uma outra história. Quando não estava fazendo dever de casa ou minhas tarefas domésticas, eu saía para "explorar". Minha bicicleta era um dos grandes amores da minha vida. Eu subia nela e pedalava por todo o Queens. Às vezes, aos sábados e aos domingos, eu pedalava o dia inteiro, saía de manhã cedo e só voltava o mais tarde que me permitissem. E se eu não estivesse na minha bicicleta, eu estava em algum lugar brincando com meus amigos. Nós brincávamos de tudo, de casinha a handebol. Eu brincava mais com os garotos do que com as garotas porque as brincadeiras deles eram melhores. Eu amava *punch ball*[44] e handebol, e qualquer coisa que envolvesse correr. O *playground* era bem em frente à minha casa e eu aproveitei bem tudo o que tinha lá. Eu brincava de amarelinha, bola de gude e de caubóis e índios. Eu sempre queria ser uma índia e me escondia em cima ou embaixo de alguma coisa e ficava pulando

---

44 NT: Bola de treino de boxe.

e gritando a plenos pulmões. Acho que nesse aspecto eu era diferente, porque a maioria das crianças queria ser o caubói.

Sempre fui rude e desajeitada, e brincava de tudo como se minha vida dependesse daquilo. Algumas meninas não gostavam de brincar comigo porque diziam que eu era bruta demais. E sempre me excluíam das sessões de pular corda. Eu era estabanada demais para pular cordas duplas e elas também não gostavam nem que eu batesse a corda para elas pularem, porque diziam que minha mão era "desnivelada".

Mas eu sempre tive uma melhor amiga, era sempre uma menina. Eu tinha outros amigos para brincar, para ficar junto, mas tinha sempre uma amiga especial com quem eu pudesse conversar. Nós íamos à loja de doces e ao cinema, a lugares assim, e nos sentávamos e conversávamos durante horas sobre qualquer assunto. Quando fui para o sexto ano, comecei a idolatrar e imitar os estudantes mais velhos, os que eram do ginásio. Eu não via a hora de crescer. O mundo dos mais velhos era tão excitante, e quando você cresce, pode fazer o que quiser. Além disso, eu estava começando a me sentir diferente. Eu estava começando a me interessar por meninos.

CRACKERJACKS[45]

Eu teria lhe contado,
nos velhos tempos,
no parque,
ou descendo de skate uma ladeira
o que estava rolando.

---

45 NT: Marca de guloseimas (pipoca e amendoim com cobertura doce) que continham brindes nas embalagens.

Eu podia ter sentado perto de você
lá nas escadas
e lhe dar metade do meu chiclete,
e, entre uma bolha e outra
e algumas risadas,
eu teria lhe contado.

Mas agora somos adultos.
E fica tudo muito complicado
quando você se interessa por alguém.

Hoje, quando abro meus crackerjacks,
não encontro mais o anel de coraçãozinho.
Há apenas um quebra-cabeças
que não quero montar.

CAPÍTULO 3

Parecia que era o meio da noite. Alguém estava me chamando. Estavam me acordando. O que queriam? De repente, me dei conta de tudo que estava acontecendo. Polícia, o estalido dos *walkie-talkies*. O lugar estava em alvoroço.

"Aqui, veste isso", um deles disse, me entregando um roupão.

"O que está havendo?", perguntei.

"Você está sendo transferida."

"Transferida para onde?"

"Você vai saber quando chegar lá."

Uma cadeira de rodas estava esperando. Compreendi que estavam me levando para a cadeia. Havia uma caravana de carros da polícia do lado de fora do hospital. Parecia que eu ia estar de novo num desfile.

A viagem foi agradável. Só de ver as casas e as árvores, e as pessoas passando nos carros, já era bom. Chegamos à prisão com o sol nascendo, no meio do nada. Era um prédio feio, de tijolos, de dois andares. Eles me empurraram pelas escadas para o segundo andar.

Eu fui colocada em uma cela com duas portas. Uma porta de grades ficava do lado de dentro, e logo do lado de fora dessa havia uma outra de metal, pesada, com um pequeno olho mágico pelo qual não se via quase nada. Na cela havia uma cama de lona com um cobertor verde áspero e um banco branco de madeira, sujo, com centenas de nomes rabiscados nele. Ao lado da cela tinha o banheiro com uma pia, vaso sanitário e chuveiro. Pendurado sobre a pia estava algo como o fundo de uma panela ou frigideira. A ideia era que servisse como espelho, mas eu mal podia me ver naquilo. Havia uma janela coberta por três telas grossas de metal voltadas para o estacionamento, um campo e, a distância, uma área arborizada.

Fiquei andando pela cela, para o banheiro, até a janela, até a porta. Indo e voltando, até cansar. Eu ainda estava bem fraca. Então, eu me deitei e fiquei pensando como ia ser naquele lugar. Lá estava eu, no meu primeiro dia na prisão.

Em cerca de uma hora, uma guarda destrancou a porta externa e perguntou se eu queria café da manhã. Eu disse "sim", e logo ela retornou com ovos e pão numa vasilha plástica e um copo de metal com algo que eles chamavam de café.

Os ovos não estavam muito ruins. "Talvez a comida da prisão não seja tão ruim quanto dizem", lembro de ter pensado.

Ouvi vozes e entendi que não eram vozes de policiais. Então, o rádio foi ligado. Música Negra. Era tão bom de ouvir. Olhei pelo olho mágico e vi rostos, estranhos e distorcidos por causa do vidro côncavo, mas rostos Negros, combinando com as vozes Negras que eu tinha ouvido.

"E aí, tudo bem?", perguntei.

Não responderam. Então, me dei conta de que a porta de metal era bem grossa, e aí gritei: "E aí, tudo bem?" Um coro abafado dizendo "tudo!" foi a resposta. Eu me sentia bem. Havia gente de verdade logo ali do outro lado da parede.

A guarda abriu a porta de metal e me entregou alguns uniformes, uniformes de doméstica – azul-real, com botões, golas e punhos brancos.

Experimentei alguns até encontrar dois que me serviram. Então ela me deu uma enorme roupa de baixo de algodão que parecia um "vestido-tenda" e uma camisola que era exatamente como a roupa de baixo.

"Você tem direito a um uniforme limpo uma vez por semana."

"Uma vez por semana?", eu quase gritei. Eles só podiam estar loucos. Atrás da guarda, pela porta aberta, eu consegui ver algumas das mulheres que estavam por ali. Eram todas, ao que parecia, Negras. Elas sorriram e acenaram para mim. Era tão bom vê-las, era como se fossem de casa.

"Quando você vai me soltar e me deixar ir até elas?", perguntei, apontando para as outras mulheres. A guarda pareceu surpresa.

"Não sei. Você tem que perguntar à chefia."

"Bem, e quando vou poder falar com eles?", insisti.

"Não sei."

"Bem, por que estão me trancando aqui? Por que não posso ir ali onde estão as outras mulheres?"

"Não sei."

"Então, por que você não me deixa sair?"

"Fomos informadas que você deveria permanecer na sua cela."

"Bem, quanto tempo eu vou ter que ficar trancada aqui, desse jeito?"

"Não sei."

Entendi que não adiantava continuar. "Você poderia, por favor, dizer ao diretor ou ao xerife que eu preciso falar com ele?", pedi.

A guarda trancou a porta e foi embora.

A porta de metal foi destrancada novamente. Uma mulher branca, feia e enrugada, estava diante das grades. "Meu nome é Sra. Butterworth e eu sou a diretora da ala das mulheres da casa de detenção." Ela me lembrava um cavalo cansado. "Bem, JoAnne, o que eu posso fazer por você?"

Não gostei de sua aparência ou seu tom de voz, mas decidi ignorar tudo aquilo por ora e ir direto ao assunto.

"Quando eu vou poder ser liberada desta cela e ficar lá no salão com as outras mulheres?"

"Bem, eu não sei, JoAnne. Por que você quer ir lá?"

"Bem, não quero ficar o dia todo aqui, trancada sozinha."

"Por quê, JoAnne? Você não gosta da sua cela? É uma cela muito boa. Pintamos especialmente para você."

"A questão não é essa", falei. "Eu gostaria de saber quando vou poder estar com as outras mulheres."

"Bem, JoAnne, não sei quando você vai poder sair. Veja, temos que mantê-la aqui para sua própria segurança porque sua vida está sob ameaça. Sabe como é, JoAnne", disse, baixando a voz como se estivesse falando confidencialmente: "assassinos de policiais não são muito populares em instituições correcionais".

"Estou sendo ameaçada por alguma das mulheres daqui?"

"Bem, eu não sei, mas aposto que sim."

"Duvido", eu disse a mim mesma. "Ninguém aqui me ameaçou. Eles que não querem que eu saia."

"Bem, JoAnne, o importante é que você se comporte e coopere conosco para termos como enviar um bom relatório para o juiz. É importante que nossas garotas se comportem como damas."

Essa mulher estava me fazendo passar mal. Ela pensava mesmo que eu era tola a ponto de acreditar que ela ou o juiz iriam me ajudar de alguma forma? Mas era o tom de superioridade em sua voz que realmente me tirava do sério.

"Butterworth, né?", perguntei. "Qual o seu primeiro nome?"

"Por quê? Nunca falo meu primeiro nome para as minhas meninas."

"Eu não sou uma de suas meninas. Sou uma mulher adulta. Por que você não diz seu primeiro nome? Você tem vergonha dele?"

"Não, JoAnne, eu não tenho vergonha do meu nome. É uma questão de respeito. Eu sou a diretora aqui. Minhas meninas me chamam de Sra. Butterworth e eu as chamo por seus primeiros nomes."

"Bem, você não fez nada para ter meu respeito. Eu só respeito as pessoas quando elas fazem por merecer. Já que você não vai me dizer seu primeiro nome, eu prefiro que você me chame pelo meu sobrenome. Você pode me chamar tanto de Srta. Shakur como de Srta. Chesimard."

"Eu não vou chamar você por seu sobrenome. Vou continuar chamando de JoAnne."

"Então, por mim tudo bem, se você não se importar de eu lhe chamar de Senhora Vadia sempre que nos encontrarmos. Não respeito ninguém que não me respeita."

"Tranque a porta", ela disse à guarda e foi embora.

Dias se passaram. Evelyn ligou para o xerife, para o diretor (havia dois diretores naquela prisão: Butterworth e um homem chamado Cahill. Mas era o Cahill que mandava. Butterworth só fazia figuração) e para todo mundo. Não havia mais nada a fazer fora da korte.

Eu sentia pouco ou quase nada do meu braço direito. Eu sabia que precisava de fisioterapia se eu quisesse usá-lo novamente. Eu tinha aprendido a escrever com a mão esquerda, mas não era a mesma coisa. Eu precisava de um diagnóstico mais específico do que exatamente tinha sido danificado antes de saber se eu poderia ou não voltar a usá-lo, mesmo com fisioterapia.

O isolamento estava me fazendo subir pelas paredes. Eu precisava de material para escrever e desenhar, pintar ou fazer um croqui. Todos os meus pedidos foram ignorados. Eu não tinha permissão para nada, nem para ter óleo de amendoim ou uma bolinha para ajudar na recuperação dos movimentos do braço.

Quando o médico do presídio me examinou, eu perguntei a ele sobre meu braço. "O quê? Nós médicos não somos deuses, não, sabia?! Não há nada que se possa fazer quando alguém fica paralítico."

"Mas eles disseram que eu podia melhorar", protestei. "Ah, sim, e o fisioterapeuta do Roosevelt Hospital disse que óleo de amendoim poderia ajudar."

"Óleo de amendoim?" perguntou, rindo. "Essa é boa. Eu não posso fazer uma receita para isso agora, posso? Meu conselho para você é esquecer disso tudo. Você não precisa de nada disso. Às vezes, na vida, temos só que aceitar as coisas desagradáveis. Você ainda tem um braço bom."

Continuei falando, mas percebi que estava perdendo meu tempo. Ele não tinha a intenção de sequer tentar me ajudar. "Bem, você pode, então, ao menos me prescrever vitamina B?"

"OK, mas você não precisa disso."

Toda vez que me chamavam para ser atendida pelo médico, depois disso, eu ia relutante. Ele tirava meu braço da tipoia e o movia uns cinco centímetros para trás e para frente. "Ah, sim, você está melhorando", dizia. Eu sempre perguntava sobre fisioterapia e ele sempre dizia que não havia nada que ele pudesse fazer.

Finalmente, Evelyn teve uma audiência com o juiz. Alguns dos itens que pedíamos eram ridículos. Além da fisioterapia e exames do nervo mediano danificado, pedimos óleo de amendoim, uma bola e uma faixa de borracha, livros e material para desenho ou pintura. A korte finalmente autorizou um fisioterapeuta, se encontrássemos um e pagássemos do nosso bolso, mas nunca aconteceu. Parece que nenhum fisioterapeuta do Condado de Middlesex estava disposto a ir à prisão me tratar, e o fisioterapeuta tinha que ser daquele condado.

Mas consegui o óleo de amendoim e a faixa de borracha. E em pouco tempo eu tinha todo um programa de fisioterapia montado.

Comecei a receber correspondência vinda de todo o país. A maior parte era de pessoas desconhecidas, majoritariamente Negros militantes, livres ou na prisão como eu. Recebi, também, algumas cartas de ódio, e outras de pessoas religiosas tentando salvar minha alma. Eu não tinha como responder a todas aquelas cartas porque na prisão só nos deixam escrever duas cartas por semana, sujeitas à inspeção e à censura das autoridades penitenciárias. De qualquer maneira, escrever era muito difícil para mim. Além disso, eu era muito paranoica com cartas. Eu não suportava a ideia de a polícia, o FBI, os guardas, e quem quer que fosse, lendo minhas cartas e sabendo diariamente como eu estava me sentindo ou pensando. Mas eu gostaria de oferecer minhas mais sinceras desculpas às pessoas que fizeram a gentileza de escrever para mim ao longo dos anos e não receberam resposta.

Passei meu primeiro mês na casa de detenção do condado de middlesex escrevendo. Evelyn me levou alguns recortes de jornal e ficou óbvio que a imprensa estava tentando me condenar a toque de caixa, me fazendo parecer um monstro. De acordo com os jornais, eu era uma criminosa qualquer, que saía por aí matando policiais gratuitamente.

Tive que me pronunciar. Eu tinha que falar com minha gente, para explicar quem eu era, e quais eram as minhas reais motivações. Parecia que nunca conseguiria terminar de escrever aquela declaração. Eu queria gravar uma fita e pedi à Evelyn que me ajudasse. Como minha advogada, ela foi totalmente contra a gravação. Mas como mulher Negra vivendo na amérika, Evelyn entendeu por que era importante e necessário fazê-la. Quando o promotor descobriu, ele tentou tirá-la do caso. A korte ordenou que ela nunca mais levasse um gravador consigo quando fosse me visitar.

Gravei a mensagem "Para minha gente" em 4 de julho de 1973, e ela foi transmitida em várias estações de rádio. Eis aqui o que eu disse:

> Irmãos Negros, irmãs Negras, quero que saibam que eu amo vocês e espero que em algum lugar de seus corações tenham amor por mim. Meu nome é Assata Shakur (nome de escrava joanne chesimard), e eu sou uma revolucionária. Uma revolucionária Negra. Quero dizer com isso que declarei guerra a todas as forças que estupraram nossas mulheres, castraram nossos homens e deixaram nossos filhos com a barriga vazia.
>
> Declarei guerra aos ricos que prosperam com nossa pobreza, aos políticos que mentem para nós entre sorrisos e a todos os robôs sem mente e sem coração que os protegem assim como as suas propriedades.
>
> Eu sou uma revolucionária Negra e, como tal, sou vítima de toda a ira, o ódio e a calúnia que a amérika pode gerar. Assim como fez com todos os outros revolucionários Negros, a amérika está tentando me linchar.
>
> Eu sou uma mulher revolucionária Negra, e por isso me responsabilizaram e acusaram de todos os supostos crimes nos quais acredita-se que uma tal mulher tenha participado. Nos supostos crimes, nos quais presume-se que apenas homens

estariam envolvidos, fui acusada de tê-los planejado. Eles pregaram fotos supostamente minhas em agências dos correios, aeroportos, hotéis, carros de polícia, metrôs, bancos, televisão e jornais. Ofereceram mais de cinquenta mil dólares de recompensa por minha captura e deram ordens para atirarem assim que me vissem e para matar.

Eu sou uma revolucionária Negra e, por definição, isso faz de mim uma integrante do Exército de Libertação Negra. Os tiras têm usado seus jornais e TVs para pintar o Exército de Libertação Negra como um grupo de criminosos violentos, brutais e insanos. Eles nos chamaram de gângsteres e de pistoleiros e nos compararam a personagens como john dillinger[46] e ma barker.[47] Que fique claro, que fique bem claro para qualquer pessoa que pense, enxergue ou ouça que nós é que somos as vítimas. Vítimas, e não criminosos.

A essa altura já deveria também estar claro para nós quem são os verdadeiros criminosos. Nixon e seus parceiros de crime assassinaram centenas de irmãos e irmãs do Terceiro Mundo no Vietnã, no Camboja, em Moçambique, na Angola e na África do Sul. Como ficou provado no caso de Watergate, os principais agentes da lei neste país são um bando de criminosos mentirosos. O presidente, dois procuradores-gerais, o chefe do fbi, o chefe da cia e metade dos funcionários da casa branca foram todos implicados nos crimes do Watergate.

---

46 NT: Ladrão de bancos dos EUA, considerado por alguns como criminoso perigoso, e por outros idolatrado como um Robin Hood do século XX. Isso porque muitos americanos culpavam os bancos pela Depressão nos anos 1930, e Dillinger só roubava bancos. Fonte: <https://en.wikipedia.org/wiki/John_Dillinger>.

47 NT: Notória criminosa que viveu na época da chamada "Era dos Inimigos Públicos", fenômeno da Depressão eaconteceu na região do Meio-Oeste dos EUA. Com sua morte sendo bastante explorada pela imprensa sensacionalista, Ma Barker tornou-se "lenda" da crônica policial, igualando-se a Bonnie e Clyde e John Dillinger, outros malfeitores conhecidos da época. Fonte: <https://en.wikipedia.org/wiki/Ma_Barker>.

Eles nos chamam de assassinos, mas não fomos nós que matamos mais de duzentos e cinquenta homens, mulheres e crianças Negros desarmados, que ferimos outros milhares nos motins que eles provocaram nos anos 60. Os líderes deste país sempre consideraram suas propriedades mais importantes que nossas vidas. Eles nos chamam de assassinos, mas não fomos nós os responsáveis pelos vinte e oito irmãos presidiários e nove reféns assassinados em attica.[48] Eles nos chamam de assassinos, mas não fomos nós também que matamos e ferimos mais de trinta estudantes Negros e desarmados na Jackson State[49] – ou na Southern State.[50]

Eles nos chamam de assassinos, mas não fomos nós que matamos Martin Luther King Jr., Emmett Till, Medgar Evers, Malcolm X, George Jackson, Nat Turner, James Chaney e inúmeros outros. Não fomos nós que assassinamos, pelas costas, Rita Lloyd, de 16 anos de idade, Rickie Bodden, de 11 anos ou Clifford Glover, de 10. Eles nos chamam de assassinos, mas não somos nós que controlamos ou impomos um sistema de racismo e opressão que mata sistematicamente pessoas Negras e do Terceiro Mundo. Embora os Negros supostamente representem cerca de 15% da população total amerikkkana, pelo menos 60% das vítimas de assassinato são Negras. Para cada porco que é morto supostamente cumprindo seu dever, há pelo menos cinquenta Negros assassinados pela polícia.

---

48 NT: Revolta na penitenciária de Attica. Em 9 de setembro de 1971, os detentos da penitenciária de Attica, em Nova Iorque, tomaram carcereiros como reféns para exigir, entre outros, o fim da censura, melhor atendimento médico e carcereiros negros e latinos. Fonte: <https://www.dw.com/pt-br/1971-revolta-na-penitenciária-de-attica/a-319342>.

49 NT: A Jackson State University é uma universidade pública historicamente negra em Jackson, Mississippi.

50 NT: A Southern State Community College, faculdade pública comunitária com sede em Hillsboro, Ohio.

A expectativa de vida dos Negros é muito menor do que a dos brancos e eles fazem de tudo para nos matar antes mesmo de nascermos. Somos queimados vivos em moradias precárias sem proteção contra incêndio. Nossos irmãos e irmãs são acometidos diariamente por overdoses de heroína e metadona. Nossos bebês morrem de intoxicação por chumbo. Milhões de Negros morrem em consequência de assistência médica indecente. Isto é assassinato. Mas eles têm o desplante de nos chamarem de assassinos.

Eles nos chamam de sequestradores, mas é o Irmão Clark Squire (que é acusado, junto comigo, de assassinar um policial do estado de nova jérsei) quem foi sequestrado em 2 de abril de 1969 de nossa comunidade Negra e mantido refém sob fiança de um milhão de dólares no caso de conspiração dos 21 Panteras de Nova Iorque. Ele foi absolvido em 13 de maio de 1971, com todos os outros, de 156 acusações de conspiração por um júri que levou menos de duas horas para deliberar. O Irmão Squire era inocente. Mesmo assim foi sequestrado de sua comunidade e de sua família. Mais de dois anos de sua vida foram roubados, mas eles dizem que os sequestradores somos nós. Nós não sequestramos os milhares de Irmãos e Irmãs mantidos em cativeiro nos campos de concentração da amérika. Noventa por cento da população carcerária deste país são Negros ou do Terceiro Mundo, pessoas que não têm como pagar fiança ou advogados.

Eles nos chamam de ladrões e bandidos. Eles dizem que roubamos. Mas não fomos nós que roubamos milhões de Negros do continente africano. Roubaram nossa língua, nossos Deuses, nossa cultura, nossa dignidade humana, nosso trabalho, e nossas vidas. Eles nos chamam de ladrões, mas não somos nós que desviamos bilhões de dólares todo ano através de evasões fiscais, precificação ilegal, desfalques, fraudes contra os consumidores, subornos, propinas e trapaças. Eles nos chamam de bandidos, mas toda vez que a maioria dos Negros recebemos nossos contracheques nós é que estamos sendo roubados. Toda vez que entramos em uma loja de nosso bairro estamos sendo assaltados. E toda vez que pagamos nosso aluguel, o senhorio encosta uma arma em nossas costelas.

Eles nos chamam de ladrões, mas nós não roubamos e assassinamos milhões de índios tomando suas terras, e depois nos autodenominando pioneiros. Eles nos chamam de bandidos, mas não somos nós que roubamos os recursos naturais e a liberdade da África, da Ásia e da América Latina enquanto as pessoas que vivem lá estão doentes e morrendo de fome. Os governantes deste país e seus lacaios cometeram alguns dos crimes mais brutais e cruéis da história. Os bandidos são eles. Os assassinos são eles. E têm que ser tratados como tal. Esses maníacos não estão aptos para julgar a mim, ao Clark, ou a qualquer outra pessoa Negra que esteja em julgamento na amérika. Os Negros têm que e, inevitavelmente, vamos determinar nossos destinos.

Toda revolução na história foi realizada através de ações, apesar de palavras serem necessárias. Devemos criar escudos que nos protejam e lanças que atravessem nossos inimigos. Os Negros devem aprender a lutar lutando. Temos que aprender com nossos erros.

Quero me desculpar com vocês, meus irmãos e irmãs Negros, por ter estado na rodovia new jersey turnpike. Eu não poderia ter cometido esse erro. Aquela rodovia é um lugar onde os Negros são parados, revistados, assediados e agredidos. Os revolucionários nunca devem estar apressados demais ou tomarem decisões descuidadas. Aquele que corre enquanto o sol dorme tropeçará muitas vezes.

Toda vez que um Militante Pela Liberdade Negra é assassinado ou capturado, os porcos tentam dar a impressão de que aniquilaram o movimento, destruíram nossas forças, e acabaram com a Revolução Negra. Os porcos tentam também dar a impressão de que cinco ou dez guerrilhas são responsáveis por toda ação revolucionária conduzida na amérika. O que é uma tolice. Um absurdo. Revolucionários Negros não caem do céu. Somos gerados por nossas condições. Moldados por nossa opressão. Estamos sendo fabricados em massa nas ruas do gueto, em lugares como attica, san quentin, bedford hills, leavenworth e sing sing. Eles estão produzindo milhares de nós. Muitos Negros veteranos de guerra desempregados e mães que dependem de políticas assistenciais estão engrossando nossas fileiras. Irmãos e irmãs de todas as esferas da vida, que estão cansados de sofrer passivamente, compõem o ELN.[51]

Há e sempre haverá, até que todo homem, mulher e criança Negros sejam livres, um Exército de Libertação Negra. A principal função do Exército de Libertação Negra a essa altura é criar bons exemplos, lutar pela liberdade Negra, e se preparar para o futuro. Temos que nos defender e não permitir que ninguém nos desrespeite. Temos que obter nossa libertação por qualquer meio necessário.

É nosso dever lutar por nossa liberdade.
É nosso dever vencer.
Devemos nos amar e apoiar uns aos outros.
Não temos nada a perder a não ser nossas correntes:

Em honra a:

Ronald Carter
William Christmas
Mark Clark
Mark Essex

51 NT: Exército de Libertação Negra. Em inglês: Black Liberation Army (BLA).

Frank "Heavy" Fields
Woodie Changa Olugbala Green
Fred Hampton
Lil' Bobby Hutton
George Jackson
Jonathan Jackson
James McClain
Harold Russell
Zayd Malik Shakur
Anthony Kumu Olugbala White

Devemos continuar lutando.

A casa de detenção tinha um monte de regras, a maioria delas estúpidas. Nenhum jornal ou revista era permitido. Quando perguntei por que não podíamos ler jornais, me disseram que jornais eram "inflamáveis". Porque, claro, se uma pessoa lesse no jornal que sua irmã tinha sido estuprada, ela esperaria até que o estuprador chegasse na prisão e, então, lhe causaria danos corporais.

"Mas", eu protestava, "as outras presas assistem à televisão e ouvem rádio (eu não tinha autorização para nem uma coisa nem outra). Elas podem obter a mesma informação desse jeito ou através de alguma visita que recebam".

"Nesse caso", disse-me a diretora, "não permitimos que você leia jornais porque há risco de incêndio".

Uma das regras mais tristes proibia a visita de crianças a suas mães presas. Eu via as crianças esperando do lado de fora, olhando para o alto daquele prédio velho e feio com seus rostos tristes e frustrados. As mães corriam para a única janela que dava para o estacionamento apenas para darem uma olhada rápida em seus filhos. Gritar da janela era algo fora de questão, mas de vez em quando alguém se empolgava. Às vezes, seus gritos frenéticos deixavam de ser ouvidos.

Aos poucos, fui conhecendo as mulheres. Elas eram todas muito gentis comigo e me tratavam como uma irmã. Elas morreram de rir quando lhes contei que estavam supostamente me protegendo delas. Nos primeiros dias, antes de eu realmente aprender a me virar com uma mão só, elas faziam tudo o que podiam para tornar as coisas mais fáceis para mim. Elas se ofereciam para passar meus uniformes e se esgueiravam para ir à lavanderia para que fossem lavados mais de uma vez por semana. Quando me contavam do que estavam sendo acusadas e o tempo que estavam cumprindo, eu mal podia acreditar. Muitas delas estavam cumprindo pena por envolvimento com o jogo de números,[52] penas de seis meses ou um ano. Em Nova Iorque, cumprir pena por causa do jogo de números era algo que praticamente não se ouvia falar, muito menos com penas de seis meses ou um ano. O mundo inteiro sabe que o negócio do jogo de números mantém os tiras com dinheiro. Aquelas mulheres não tinham ferido ninguém nem roubado nada, e mesmo assim estavam na prisão, provavelmente presas pelos mesmos policiais que as achacavam. O único crime delas foi concorrer com a loteria do Estado. Muitas delas já tinham sido condenadas. Se a sentença fosse inferior a um ano, a pena era cumprida na prisão do condado, e não na penitenciária estadual.

Se eu estivesse esperando encontrar criminosas perigosas, membros de quadrilhas ou companheiras de bandidos famosos na casa de detenção, eu teria ficado bem desapontada. E as mulheres que não estavam cumprindo pena por envolvimento com o jogo de números estavam presas por

---

52 NE: *Numbers game* é uma loteria ilegal, parecida com o jogo do bicho brasileiro, popular nos EUA entre as camadas mais pobres da população. Foi copiada por algumas loterias legais do país.

pequenos delitos, como furto em lojas ou transações com cheques sem fundos. A maioria das irmãs ali dependiam dos programas sociais do governo e todas passavam por muitas dificuldades para sobreviver. Os tribunais eram impiedosos com elas. Eles prenderam uma irmã, um pouco depois de minha chegada, que estava grávida de oito meses e que tinha sido condenada a um mês de prisão por ter furtado em uma loja algo que custava menos de vinte dólares.

Depois, uma irmã de meia-idade começou a ir para a casa de detenção nos fins de semana. Ela trabalhava durante a semana e, nos fins de semana, cumpria pena de seis meses por ter dirigido alcoolizada. Considerando que mulheres brancas acusadas das mesmas coisas jamais receberiam tal pena, eu achava tudo aquilo muito duro. Mas eu não sabia o quão duro tudo era até ela me contar que foi presa por dirigir embriagada entrando na garagem de sua própria casa. Ela não estava sequer numa via pública. Ela me disse também que os tiras a prenderam porque não gostaram do jeito que ela tinha falado com eles.

Naquela prisão, era normal ver uma mulher chegar após ter sido duramente espancada. Em alguns casos, a única acusação era ter "resistido à prisão". Uma noite, trouxeram uma irmã porto-riquenha. Ela tinha apanhado tanto da polícia que a chefe de plantão não queria admiti-la. "Eu não quero que ela morra no meu plantão", dizia ela. Foram dias até que essa irmã conseguisse sair da cama.

Apesar de tudo isso, aquelas irmãs mantinham o lugar pulsando. Elas contavam todo tipo de histórias engraçadas sobre suas vidas, coisas que tinham visto e vivido. Algumas tinham um talento natural para a comédia. O que me impressionava era o jeito como contavam as histórias mais tristes do mundo e faziam todo mundo rir delas.

Menina, aquele crioulo estava sempre mexendo na minha carteira e roubando meu dinheiro. E tudo para torrar em corridas de cavalo. Cara, aquele homem gastava tanto naquelas corridas que eu tinha vontade de ser um cavalo. Mas um dia acho que fiz ele sossegar. Eu já estava de saco cheio das merdas dele. Aposto que tão cedo ele não vai mexer na carteira de mais ninguém. Eu armei uma ratoeira praquele otário. Menina, precisava ver como o crioulo uivava de dor.

Meu marido e eu brigávamos feito cão e gato. E ele sempre foi muito ciumento. Cara, nós fomos num bar aquela noite e o crioulo encheu a cara, e cismou que eu estava me engraçando com um cara.

Assim que chegamos lá fora, menina, ele pulou em mim como um gorila atrás de banana. Você acredita que aquele homem me socou com tanta força que meus dentes voaram longe? "Peraí, para um pouco!", falei praquele idiota. "A gente pode brigar depois. Eu não tenho outros quatrocentos dólares para gastar com dentadura." Minha filha, a gente ficou lá, bêbados que nem gambá, mas de joelhos no meio da rua por quase uma hora procurando meus dentes. E quando o traste achou, disse que os dentes tinham pulado e tentado morder ele. Ai, meu Deus, que homem idiota.

Eu só conseguia ouvir essas histórias quando a porta externa estava aberta. Durante o dia, eles colocaram uma "oficial do xerife" do lado de fora de minha cela. Quando ela estava lá, a porta geralmente ficava aberta.

Em todo o tempo que eu fiquei naquela prisão, vi muito poucas mulheres brancas. As poucas que chegavam lá ficavam poucas horas, talvez um dia ou mais, antes de suas fianças serem pagas. Teve uma mulher branca que tinha sido presa na estrada com mais de vinte quilos de maconha. Todo mundo ficou esperando para ver qual seria a fiança dela. Então descobrimos que ela tinha ganho liberdade provisória (ou seja, sem pagar fiança). Para ter liberdade provisória no estado de nova jérsei, um dos requisitos é ter residência na cidade. A mulher morava em Vermont. Mas ninguém ficou realmente chocado. Ela era branca.

Eu estava enlouquecendo naquela cela pequena. As únicas horas que me deixavam sair eram quando eu tinha visitas e para ser atendida pelo pseudomédico. Sempre fui uma pessoa ativa e inquieta, e ficar trancada naquela pequena jaula o dia todo estava me deixando louca. Eu precisava esticar minhas pernas. Comecei a correr dentro da cela. Eu corria naquele espaço minúsculo até ficar exausta. Dois ou três dias depois de eu começar a correr, a diretora, Senhora Vadia, acompanhada de alguns guardas homens, me visitou.

"Soubemos que você tem corrido dentro da cela", ela disse. "Você terá que interromper essa atividade imediatamente."

"Como assim? Por quê?"

"Porque você está incomodando as pessoas lá embaixo."

"Que pessoas?"

"Há um escritório no andar embaixo de sua cela e você está atrapalhando o trabalho deles."

"Você está louca? Eles que fiquem perturbados. E eu nem corro por tanto tempo assim. Se você me deixar ir para o pátio e me exercitar com as outras mulheres, eu paro de correr na cela."

"Estou mandando você parar de correr dentro da cela."

"Eu não lembro de ter me alistado no seu exército", eu disse. "Quando eu me alistar no seu exército aí, sim, você pode sair me dando ordens."

Ela saiu bufando e eu continuei correndo. O assunto terminou ali. Mas, na verdade, tenho que agradecer a ela.

Se ela não tivesse ido me assediar, eu teria provavelmente logo desistido de correr naquele espaço tão pequeno.

A comida da casa de detenção era horrível. Na verdade, era nojenta. A comida de lá é pior do que a de qualquer outra prisão por onde passei, e isso é um feito e tanto. Eu ficava esperando o almoço ou jantar, morrendo de fome, e chegavam uns troços furta-cor, marrom-esverdeados, flutuando em um líquido aquoso (ensopado de fígado, diziam eles) ou um tipo de gordura de carneiro flutuando num caldo que diziam ser ensopado de carneiro. E aquela coisa, de aparência desagradável e fedida, tinha um gosto muito pior do que sua aparência. O lugar era infestado de moscas, assim como a comida. A única coisa que dava para comer eram os ovos, quando tinha, e o purê de batata. Eu vivia das nozes e doces, vendidos por uma "fornecedora" interna, e das frutas que minha família levava nas visitas.

Todo santo dia, durante uma semana inteira, eles serviram aquela coisa nojenta que diziam ser raviόli. Bem, aquilo foi a gota d'água. Nós todas decidimos fazer greve de fome. Escrevi uma petição que todas assinaram, e enviamos para o escritório do diretor. Depois, ele concordou em discutir como tornar a comida mais palatável, mas se recusou a falar comigo. Ele disse que o fato de eu ter chamado a comida de "lavagem" mostrava que eu não era uma pessoa razoável. A comida melhorou por alguns dias, mas depois voltou a ser a mesma lavagem nojenta de sempre.

A oficial do xerife que fazia minha guarda devia ser a loura "burra" mais velha do planeta. Ela cumpria seu papel ali me vigiando, e era abelhuda e a maior fofoqueira do mundo. Toda vez que me via, sorria e fingia ser minha amiguinha. Um dia, uns operários estavam abrindo um grande buraco na parede para instalar novos circuitos elétricos. Lógico que, assim que chegou, a oficial do xerife intrometida começou com suas perguntas.

"O que eles estão fazendo?"

Eu disse: "Você não soube? Pois é, eles aprovaram uma lei especial e vão me executar. Agora eles estão preparando a câmara de gás."

"Bem!" ela disse indignada. "Bem! Ninguém me falou nada sobre isso." E saiu correndo para entender por que ninguém tinha informado a ela. As luzes eram apagadas toda noite às dez. Para minha sorte, havia um interruptor, que eu controlava, no banheiro ao lado da minha cela. Eu trocava a cama de lugar para onde houvesse mais luz e assim poder ler durante a noite. Quando cansava da leitura, apagava a luz e ficava olhando pela janela. Do lado de fora, a polícia patrulhava a área. Geralmente, havia dois policiais de pé que pareciam estar parados perto do estacionamento. Eles tinham rifles e espingardas. Uma noite, no meu tédio habitual, enquanto olhava pela janela, e me sentindo travessa, dei um grito imitando o som de um pássaro na voz mais estridente que consegui: "Eeeeenk, eeeenk, eeeeenk, eeeeeeeeeeeeeeeeenk." Os porcos começaram a olhar em volta, assustados. Eles se viravam de um lado para o outro como se alguém estivesse atrás deles. Gritei de novo: "Eeeeeeenk, eeeeeeeeenk, eeeeeeeeewa, eeeeeeeeeeeewa." Dessa vez, eles deram um pulo. Dava para pensar que era a Segunda Guerra Mundial e que os japoneses estavam a meio metro de distância. Esperei um pouco. Quando eles relaxaram, numa voz ainda mais estridente que antes, gritei: "Naaaaaaeeeeee, naaaaeeeeeee, naaaaaaeeeeeeeeeeee." Apontando suas armas para todos os lados, eles foram andando de costas, preparados para atirar em qualquer coisa que se movesse. E então, meio que por acidente, meu copo de metal caiu no chão. E aí, num segundo eles estavam no chão, rastejando, empunhando seus rifles. Quando vi aqueles idiotas rastejando pelo chão daquele jeito, não aguentei. Ri de me acabar. Policiais tarimbados, grandes, perigosos, se arrastando com medo de suas próprias sombras. Tentei outras vezes, com policiais diferentes, e geralmente o resultado foi parecido, mas nunca foi tão bom quanto naquela primeira noite.

Como minha clavícula estava quebrada, tive que usar um imobilizador em forma de oito em volta dos ombros. Era feito de espuma e algodão com um pequeno fecho de fivela de cinto nas costas, com cerca de um centímetro de largura. Numa manhã, enquanto eu comia, a guarda entrou na minha cela e o tirou de mim.

"Você não pode ficar com isso."

"Por quê?"

"Porque contém metal", ela respondeu. "Você não pode ter nada que contenha metal." E lá estava eu agora, sentada em uma cama de metal, bebendo em um copo de metal, comendo em uma tigela de metal, e a policial estava ali, na minha cara, dizendo que eu não poderia usar meu imobilizador por causa daquela minúscula fivela de metal. Eu a infernizei o quanto pude, mas vi que a policial estava, como ela já tinha dito, e como todos dizem: "Apenas cumprindo ordens."

"Se o médico do presídio disser que você precisa do imobilizador, você poderá tê-lo de volta."

Assim que o Dr. Miller chegou à casa de detenção, pedi para ser atendida. Sem o imobilizador, eu sentia o ombro fraco, frágil. Eu mal conseguia manter o corpo ereto.

"Não se preocupe com aquele velho imobilizador", o *Herr*[53] doutor me disse. "Você nem precisa mais daquilo."

---

53 NT: Forma de tratamento em alemão que significa "senhor".

Tive que me controlar para não chutar as partes baixas dele. Felizmente, no final daquela semana, o especialista em ossos do hospital veio me examinar. Ele era um médico muito bom e um homem muito gentil. Ele disse ao diretor categoricamente que eu precisava de meu imobilizador e que sem ele eu poderia ficar desfigurada. Ele me encorajou bastante a continuar os exercícios para obter uma recuperação completa de minha mão. Finalmente, eles devolveram o imobilizador.

Foi aproximadamente naquela época que os milagres começaram. Eu estava certa, então, de que minha mão estava voltando à vida. Eu estava começando a conseguir dizer a ela o que fazer e ela, de fato, respondia. Cada mínimo progresso era um milagre. Conseguir tocar meu dedo mindinho com o polegar, erguer um copo, segurar um lápis, me beliscar eram proezas que demandavam dias de prática e exercício para serem alcançadas. E então chegou o dia em que eu percebi que estava quase lá. Depois de meses tentando, eu pude finalmente estalar meus dedos. Sempre que alguém ia me ver, eu mostrava meus novos talentos. Eu me sentia como uma criancinha dizendo: "Olha só, Mamãe, o que eu consigo fazer."

Finalmente, uma conferência conjunta foi organizada entre Sundiata e eu com a presença de Evelyn. Aconteceu na casa de detenção. Sundiata foi trazido do presídio de new brunswick. Nunca tinha estado tão feliz na vida por ver uma pessoa. Era difícil conversar porque os guardas estavam praticamente nos nossos colos. Eu não consigo cochichar de jeito nenhum e Evelyn ficava me dizendo para baixar a voz. Conversamos sobre o caso e decidimos que era politicamente correto sermos julgados juntos. Só de ver Sundiata eu fiquei mais calma. Eu estava me sentindo mal e absolutamente ciente de como devia estar minha aparência.

Estava com uma urticária terrível por causa do sabão do presídio e parecia um espantalho torto cheio de bolhas. Há alguma coisa no Sundiata que nos transmite calma. De toda parte de seu ser conseguimos sentir a presença de um espírito revolucionário e fervor. E seu amor pelos Negros é tão intenso que você quase consegue tocá-lo e segurá-lo com a mão. Não há nada falso nele. Ele é uma típica pessoa amigável. Toda vez que o vejo parece que pertence à varanda de algum lugar do Sul, respirando o ar do verão e brincando com bebês sentados sobre seu joelho. A verdade é que Sundiata é caipira. Ele negaria isso até o fim, mas é totalmente caipira. E quando ele dá aquelas risadinhas dele, é como uma viagem ao interior do Texas. Quando a reunião terminou, eu era uma pessoa completamente diferente. Eu me sentia muito mais forte e não estava mais sozinha.

Não sei quando isso começou, mas em algum momento comecei a guardar os copos de metal usados por nós. No início, achei que foi minha forma lenta de beber que fez com que os copos fossem se acumulando. Eu não era nada popular com os guardas, principalmente com os homens. A maioria deles nunca tinha dado um pio comigo e vice versa, mas eles me odiavam totalmente. Para eles, eu era uma assassina de policiais e eles eram policiais. Algo me dizia para ter muito cuidado. Eles tinham me dado uma mesinha para comer e escrever e, à noite, antes de dormir, eu empurrava a mesa para perto das grades e empilhava precariamente os copos em cima dela. As grades abriam para dentro da cela, e ao menor movimento, haveria um grande barulho da pilha de copos caindo no chão. Eu empurrava o banco de madeira para trás da mesa. Dessa forma, qualquer um que tentasse entrar teria que aplicar realmente pressão para conseguir. Toda noite eu fazia a mesma coisa, me sentindo meio tola, mas determinada a seguir com aquela rotina.

Uma vez, no meio da noite, os copos caíram. Eu imediatamente acordei e me deparei com quatro ou cinco guardas homens parados na entrada de minha cela.

Eu gritei: "O que vocês querem? O que estão fazendo aqui na minha cela?", alto o suficiente para que alguém pudesse me ouvir. Os guardas ficaram lá plantados, como se não soubessem o que fazer. Por fim, um deles trancou a porta e disse: "Nós ouvimos um barulho e viemos investigar. Estávamos só checando." Eles nem deveriam estar na ala feminina. A guarda de plantão naquela noite, a mais subserviente de todas, não se via em lugar nenhum. Depois dessa, não importava em que prisão eu estivesse, eu sempre dava um jeito de fazer uma barricada na entrada da cela. Em prisões, não é incomum encontrar prisioneiros enforcados ou queimados até a morte em suas celas. Por mais suspeitas que as circunstâncias sejam, essas mortes são sempre declaradas como "suicídios". São normalmente presidiários Negros, considerados uma "ameaça ao bom funcionamento da prisão". Eles geralmente estão entre os presos com maior consciência política e social.

A chegada da Eva na casa de detenção foi um acontecimento. Ela normalmente ocupava a cela onde eu estava. (O restante das mulheres ficava em dois dormitórios abertos.) Os guardas não sabiam o que fazer com ela. Ela já tinha estado naquela prisão muitas vezes antes e todos sabiam que ela era sinônimo de confusão. Todo mundo dizia que ela era louca.

Meu primeiro encontro com Eva foi quando ela se aproximou das grades, se sentou do lado de fora da minha cela e me disse que ela conseguia viajar pelo universo. Ela chamava essas viagens de algo como "projeção astral".

"Eu posso ir aonde eu quiser, quando eu quiser", ela me disse. "Acabei de vir de Júpiter."

"E que tal?", perguntei a ela.

"Ah, foi legal. Eles têm umas pessoinhas fofas. Eles eram roxos com pele de crocodilo e cabelo azul. Você pode ir aonde quiser", ela me disse. "Você só precisa se projetar."

"Como faço para me projetar e desaparecer disso aqui?"

"Ah, é fácil", disse, "eu faço isso o tempo todo. Na verdade, eu nem estou aqui agora".

"Não", eu disse, "isso não é suficiente. Eu quero projetar minha mente e meu corpo para fora daqui".

"Você vai estar na cadeia aonde quer que você vá" Eva disse.

"Você tem razão", disse a ela, "mas prefiro estar numa prisão de segurança mínima ou nas ruas do que nessa prisão de segurança máxima aqui. A única diferença entre aqui e as ruas é que uma é de segurança máxima e a outra, de segurança mínima. A polícia patrulha nossas comunidades exatamente como os guardas patrulham aqui. Não tenho a menor ideia de como é ser livre".

Eva me disse que sabia como eu me sentia. Ela tinha que saber. Qualquer pessoa Negra na amérika, se for honesta consigo mesma, entende muito bem que não sabe o que é ser livre. Não somos livres política, econômica ou socialmente. Temos muito pouco poder sobre o que acontece em nossas vidas. Na verdade, uma pessoa Negra na amérika não é livre nem para andar na rua. Ande na rua errada, na vizinhança errada, à noite, para ver só o que acontece.

Eva e eu nos demos muito bem. Muitas vezes eu não entendia patavina do que ela dizia. Mas em outras vezes ela soava tão razoável que eu me perguntava se não era o mundo que na verdade estava louco. Ela me ensinou muito sobre a prisão, e sempre me contava uma história engraçada sobre sua vida.

Eva era uma irmã enorme; pesava uns 150 quilos. Era de pele bem escura e usava o cabelo bem curtinho, na nuca.

As pessoas que aceitam os padrões de beleza brancos europeus não a achariam atraente. Mas para mim havia algo de lindo nela e eu adorava olhá-la. Ela é uma das poucas pessoas que conheci na vida que tem coragem de ser quase totalmente honesta.

Ao todo, Eva tinha passado cerca de dez anos na penitenciária feminina da cidade de clinton, em nova jérsei. Ela esteve lá nos velhos tempos, quando as mulheres ainda trabalhavam nas fazendas. Ela me contou como as mulheres eram tratadas, e que os policiais estaduais eram chamados a qualquer sinal de perturbação. Ela estava lá durante uma rebelião em clinton e viu alguns soldados espancarem as mulheres sem piedade; uma vez bateram tanto numa grávida que ela perdeu o bebê.

Foi mais ou menos nessa época que comecei a dar minhas breves caminhadas. Ficar enfiada naquela jaula o dia todo estava me enlouquecendo. Então, quando os guardas traziam minha comida, eu passava por eles e ia para o que era chamado de cela diurna, onde as mulheres comiam e assistiam à TV. Eu andava para um dormitório, depois para o outro, e então voltava para a minha cela. Não havia nenhum lugar para onde pudesse correr, já que havia duas ou três portas trancadas entre mim e a parte externa. A maioria das guardas me perturbava para eu voltar para minha cela e, depois de um tempinho, eu voltava. Mas nenhuma delas tinha ficado tão possessa comigo por isso até o dia em que uma guarda gritou para mim: "Volta aqui! Tá me ouvindo? Volta aqui!"

Se tem uma coisa que eu não suporto é ficar recebendo ordens, e outra coisa que me tira do sério é quando uma pessoa branca fala comigo naquele tom de voz. "Me faz voltar para aí", eu disse a ela. "Você é tão grande e má. Quero ver você me fazer voltar." Ela fez um movimento como se fosse me agarrar. "Bota só a mão em mim e vai ter que se ver comigo.

Me encosta um dedo e eu vou esmagar teu cérebro contra essas paredes." Ainda bem que ela não tentou, porque ela pesava uns 20 quilos a mais que eu, que ainda era a bandida de um braço só. Mas teria dado bastante trabalho a ela. Eu estava furiosa e frustrada e com dois ou três meses de raiva acumulada. Enfim, acabei voltando para a cela quando eu quis. Mas a atitude dela me deixou desafiadora. Toda vez que ela abria minha cela para qualquer coisa, eu passava por ela e ficava andando por um minuto. Ela parava na entrada como se fosse uma porta ou algo assim, e eu então recuava e a tirava do caminho. Ela era imensa, mas não tinha força nenhuma. Um dia, então, ela chamou os guardas, os homens. Eu estava em um dos dormitórios conversando com as mulheres, surpresa por ela ainda não ter me incomodado, quando chegaram cerca de dez guardas homens.

"Quem é JoAnne Chesimard?", perguntou o chefe deles. Ninguém disse nada. "Qual de vocês é JoAnne Chesimard?" Parecia que eles estavam prontos para pular em alguém. De novo, ninguém respondeu. "Tudo bem, vou perguntar novamente, qual de vocês é JoAnne Chesimard?"

"Eu sou JoAnne Chesimard", disse Eva. Bem, quando os guardas bateram o olho em Eva e viram o quão grande ela era, o tom deles mudou imediatamente.

"Srta. Chesimard, poderia por favor retornar à sua cela?"

Um dos guardas veio de trás e tocou no ombro do sargento.

"Eu conheço ela", ele disse. "Essa não é a Chesimard."

"Eu sou quem vocês estão procurando", eu disse. Eu não queria que Eva se envolvesse tanto com minha loucura. "Vejo vocês depois, irmãs. Já tive agitação suficiente por hoje." Passei por eles, fui para minha cela e abri um livro.

No dia seguinte, essa mesma guarda deu um jeito de me provocar novamente. "Não quero que você crie mais problema nenhum", disse. "Não quero ter que chamar os homens de novo."

"Por mim, pode chamar a guarda nacional, a milícia, o FBI e quem mais você quiser. Pode chamar até sua mãe", eu disse a ela. E assim que ela abriu a porta para o almoço, eu passei direto por ela. Peguei minha bandeja, me sentei com as outras mulheres e comecei a comer. Eu não tinha ideia do que aconteceria, mas queria saber o que eles fariam. Ainda havia umas três colheradas de comida no meu prato quando o bando de capangas chegou.

"OK, levante e vá pra sua cela."

"Assim que eu terminar de comer."

"Agora!", ordenaram.

"Faltam só duas colheradas."

"Agora!" Eles acenaram para a guarda. "Leve a prisioneira para a cela dela." Ela chegou perto com as mãos esticadas.

"Não bota essa mão em mim", eu disse a ela. "Eu posso andar pra minha cela."

"Leve a prisioneira para a cela dela", eles ordenaram. Quando ela foi me agarrar pelo braço, a sala começou a se mover. Cadeiras, mesas, copos, bandejas voavam pelo ar. Todo mundo estava correndo ou para sair do caminho ou para entrar na briga. A guarda deu uma arrancada para a porta. Os guardas homens vieram para cima de mim. Eu batia, chutava, arranhava, socava, mordia e sei lá o que mais. Eles finalmente conseguiram me colocar na minha cela e trancaram as outras mulheres em seus dormitórios. Nenhuma delas se machucou muito. Eu tive alguns cortes e arranhões, mas fora isso eu estava bem. E me sentia bem. Parte da raiva represada dentro de mim foi liberada. Um dos guardas ficou ferido. De alguma forma, o rosto dele foi cortado. Ele era o mesmo nanico que se sentou à minha frente no hospital, apontando uma espingarda para mim, ativando e desativando a trava de segurança, contando como gostava de matar animais. Ninguém sabe como ele se cortou ou quem o cortou. Mas todo mundo sabe que o caçador tinha virado caça.

Naquele mesmo dia, mais tarde, eles levaram um fotógrafo para registrar as evidências. O jornal local mais tarde noticiou um "motim" na casa de detenção. Alguns policiais e o xerife ficaram circulando e revistaram a prisão. Disseram que estavam procurando a arma que tinha cortado o guarda. Não encontraram nada. Naquela noite eles vieram e levaram Eva para o Edifício Vroom, o "hospital" de nova jérsei para os criminalmente insanos. Ela passou cerca de três semanas por lá, antes de voltar. Na noite em que ela foi levada, eu me senti triste e culpada. Tinha acabado envolvendo Eva em minha loucura. Então, me sentei e escrevi este poema:

Mulher rinoceronte
aquela que ninguém quer
e todo mundo usou.
Eles dizem que você é louca
porque não é louca o suficiente
para se ajoelhar quando lhe mandam ajoelhar.

Ei, mulherão –
com cicatrizes na cabeça
e cicatrizes no coração
que parecem nunca sarar –
eu vi sua luz
e ela brilhava.

Você deu amor a eles.
Eles cagaram para você.

Você se deu a eles.
Eles lhe deram hollywood.
Eles rosnam para você
porque você sabe como rugir
e o faz com propriedade.

Mulher rinoceronte.
Mãezona num mundo miúdo.
Você fechou os olhos
e o neon girou dentro de sua cabeça
porque estava escuro aqui fora.

Você lê sua bíblia,
mas deus nunca veio.

Seu pai teria amado você,
mas o que os vizinhos iriam dizer.

Eles a odeiam, mama
porque você expõe a loucura deles.
E a crueldade deles.
Eles podem ver nos seus olhos
mil pesadelos
que eles tornaram realidade.

Mulher Negra. Mulher Máá.[54]
Use sua grandeza no peito como um distintivo
porque você fez por merecê-lo.

---

54 NE: No original *Baad* (maau/máá), forma exagerada de *bad* (mau/má). Diz que a pessoa é feroz e atrevida, com personalidade forte, independente e poderosa, que se define integralmente por essas características e se destaca na multidão. Fonte: <https://www.urbandictionary.com/define.php?term=baad>.

Mulher forte. Amazona.
Use suas cicatrizes como joias
porque elas foram compradas com sangue.

Eles a chamam de louca.
E quase a fizeram
acreditar nessa merda.

Eles a chamaram de feia.
E você se escondeu
atrás de você mesma
e chafurdou na vergonha deles.

Mulher rinoceronte –
Este mundo é cego
e de mente fraca
e não consegue ver
como você é linda.

Eu vi sua luz.
E ela brilhava.

Entretanto, a maioria das mulheres se beneficiou do "motim". Nos dias que se seguiram, quase todas foram liberadas ou encaminhadas para algum tipo de programa. O presídio estava praticamente vazio. É estranho como as coisas funcionam. Quando é do interesse do governo, eles colocam as pessoas na prisão por promoverem distúrbios. Mas quando lhes convêm, eles liberam essas pessoas pelo mesmo motivo. Depois daquilo, a porta externa de minha jaula ficou o tempo todo fechada. Não foi uma grande privação no final, já que, na verdade, aquela porta sempre passou a maior parte do tempo fechada.

Um dia eles me levaram uma grande quantidade de vagem. (Eles cultivavam boa parte da comida na casa de detenção. Os homens trabalhavam no plantio.) "Toma, queremos que você debulhe isso aqui."

"Quanto vocês vão me pagar?", perguntei.

"Nós não pagamos nada a nenhum preso, mas se debulhar essa vagem, vamos deixar sua porta aberta enquanto você trabalha."

"Eu não trabalho de graça. E não vou ser escrava de ninguém. Você não sabia que a escravidão foi proibida?"

"Não", disse a guarda: "você está errada. A escravidão foi proibida, exceto nos presídios. A escravidão é legal nos presídios".

Fui pesquisar e descobri que ela estava certa. A Décima Terceira Emenda à Constituição Americana diz:

> Nem escravidão, nem servidão involuntária, exceto como punição por um crime pelo qual a parte tenha sido devidamente condenada, deve existir nos Estados Unidos ou em qualquer lugar sujeito à sua jurisdição.

Bem, isso explicava muita coisa. Explicava por que cadeias e prisões por todo o país estão lotadas de pessoas Negras e pessoas do Terceiro Mundo, por que tantos Negros não conseguem emprego e são obrigados a sobreviver da melhor maneira que podem e conhecem. Mas quando se está na prisão, há muito trabalho e, se você se recusa a trabalhar, eles te dão uma surra e te jogam no buraco. Se todos os estados tivessem que pagar pela mão de obra dos trabalhos forçados de presos, os salários chegariam a bilhões. Só as placas de carro equivaleriam a milhões. Quando Jimmy Carter foi governador da Geórgia, ele levou uma mulher Negra da prisão para limpar a casa do governo e tomar conta de Amy.[55] Presídio é um negócio rentável. É uma forma de perpetuar a escravidão legalmente. Em todos os estados, mais e mais presídios estão sendo construídos e outros tantos estão sendo projetados. Mas para quem? Eles certamente não planejam colocar pessoas brancas neles. Os presídios fazem parte dessa guerra genocida do governo contra os Negros e as pessoas do Terceiro Mundo.

Em 19 de julho de 1973, eu fui levada para Nova Iorque para ser processada por uma acusação de roubo a banco no Queens em um tribunal federal do Brooklyn. A viagem parecia um desenho animado surrealista. Devia haver pelo menos doze carros em nossa carreata, e tinha um carro da polícia estadual de nova jérsei parado em cada saída da rodovia. Todos os carros estavam com as luzes e sirenes ligadas. Um helicóptero nos acompanhava. E os porcos do carro em que eu estava eram cômicos. A cada ponto eles diziam algo como "Pelo menos chegamos na rodovia." "Pelo menos chegamos na ponte." "Pelo menos chegamos em Nova Iorque." "Pelo menos chegamos no tribunal."

Sempre que passávamos por um carro de polícia, eles acenavam e às vezes erguiam os punhos. Quando a polícia de

55 NE: Mary Prince, uma jovem afro-americana, havia sido condenada à prisão perpétua pela morte de um homem na cidade de Lumpkin, na Geórgia. Na época tinha 25 anos e sempre se disse inocente. Uma vez presa, Mary passou a fazer parte de um programa que recrutava presidiários para trabalhar na residência do governador do estado em diversas funções. No final de 1970, Mary Prince foi selecionada por Rosalynn Carter – esposa do então governador da Geórgia, Jimmy Carter – para cuidar de sua filha de três anos de idade, Amy, na residência do governador. Sua relação com a criança e os seus pais foi das melhores, o que fez com que, uma vez mais, Mary fosse convocada anos depois (vinda da mesma prisão para onde retornara ao final do mandato do governador) para servi-los na Casa Branca, onde os Carter passaram a viver após a eleição de Jimmy Carter à presidência dos Estados Unidos. A primeira-dama acreditava piamente na inocência de sua babá, e anos depois seu caso foi reexaminado e Mary Prince obteve perdão judicial. Fonte: BROWER, Kate Andersen. *Por dentro da Casa Branca*: as histórias privadas da residência mais famosa do mundo. São Paulo: Planeta, 2016.

jérsei foi substituída pela de Nova Iorque na ponte para Staten Island, eles trocaram apertos de mãos e trocaram entre eles o gesto que simboliza poder. Eles até se chamaram de "irmão." "Este é meu irmão policial, fulano de tal." Eles agiam como se estivessem em alguma missão perigosa na Rússia. Na verdade, eles estavam com medo. O medo que os brancos sentem de Negros com armas nunca deixará de me surpreender. Provavelmente porque eles pensam no que fariam se estivessem em nosso lugar. Especialmente a polícia, que já fez tanta sujeira com os Negros – sua consciência culpada lhes diz que devem temer. Quando os Negros se organizarem seriamente e pegarem em armas para lutar por nossa libertação, muitos brancos cairão mortos em razão de seus próprios medos e culpas.

Em setembro, fui transferida da casa de detenção e enterrada no porão do presídio do condado de middlesex, supostamente devido à sua proximidade do tribunal do condado onde o julgamento de nova jérsei estava agendado para começar em 1° de outubro. Eu fui a primeira e última mulher a ser encarcerada naquele presídio. Ali sempre foi uma prisão para homens.

Quando eu cheguei, me deram uma manta de cavalo, suja e áspera, e um lençol. Achando que eles pudessem ter se confundido, pedi outro lençol. "É só isso aí mesmo", me disseram.

"Eu não posso dormir com essa coisa imunda em cima de mim. Preciso de outro lençol."

"Lamento."

"Por que eu só vou receber um lençol?"

"É só isso mesmo que os homens recebem. Só damos um porque eles podem se enforcar."

"Eles podem se enforcar tão facilmente com um como com dois lençóis", argumentei.

"Lamento."

Para mim, dormir com aquela coisa imunda, com só um lençol, estava fora de questão. Eu gritei, berrei, exigi que ligassem para minha advogada, e disse à guarda que da próxima vez que ela entrasse na minha jaula eu iria enrolar o lençol no pescoço dela. Finalmente, ela me deu outro lençol.

Mesmo que eu escrevesse cem páginas descrevendo o porão do presídio do condado de middlesex, seria impossível fazer alguém visualizá-lo. Era uma grande cela cinza-esverdeada. O teto era coberto por todo tipo de canos, alguns pequenos, outros enormes, alguns secos, outros com vazamentos. Não havia luz natural, e os carcereiros se recusavam a abrir as pequenas janelas que ficavam perto do teto. A temperatura média era 35 graus. Era infestado de formigas e lacraias. Eu nunca tinha visto uma lacraia antes e elas me faziam morrer de medo. Elas eram enormes monstros albinos e deslizavam por cima de todo o meu corpo.[56]

---

56 Em 11 de dezembro de 1978, o advogado Lennox Hinds, em nome da Conferência Nacional de Advogados Negros, da Aliança Nacional contra o Racismo e da Comissão para Justiça Racial da Igreja Unida de Cristo, enviou uma petição à Comissão de Direitos Humanos das Nações Unidas alegando um "padrão consistente de flagrantes... violações dos direitos humanos e liberdades fundamentais de certas classes de prisioneiros nos Estados Unidos por conta de sua raça, status econômico e crenças políticas". Em resposta à petição, sete juristas internacionais visitaram vários prisioneiros de 3 a 20 de agosto de 1979 e relataram suas conclusões. "Eles listaram quatro categorias de prisioneiros, a primeira delas formada por prisioneiros políticos, definidos como uma classe de vítimas de má conduta do FBI por meio da estratégia do Cointelpro e outras formas de conduta governamental ilegal que, como ativistas políticos, foram seletivamente alvo de provocações, falsas detenções, aprisionamento, fabricação de provas e processos criminais espúrios. Esta classe é exemplificada por pelo menos: Os Dez de Wilmington, Os Três de Charlotte, Assata Shakur, Sundiata Acoli, Imari Obadele e outros acusados da República da Nova África, David Rice, Ed Poindexter, Elmer 'Geronimo' Pratt, Richard Marshall, Russell Means, Ted Means e outros acusados do Movimento Indígena Americano." Eles consideraram meu caso na seção do relatório acerca do confinamento solitário: "Um dos piores casos é o de ASSATA SHAKUR, que passou mais de vinte meses em confinamento solitário em duas diferentes prisões para homens, sujeita a condições totalmente inadequadas para qualquer prisioneiro. Muito mais meses foram passados em confinamento solitário em prisões mistas ou de mulheres. Atualmente, após um prolongado litígio, ela está confinada na Casa Correcional para Mulheres, em Clinton, em segurança máxima. Ela nunca foi, em nenhuma ocasião, punida por qualquer infração às regras da prisão que pudesse, de alguma forma, justificar tratamento tão cruel ou incomum."

Guardas mulheres foram plantadas na porta de minha cela 24 horas por dia. O trabalho delas era ficar lá sentadas olhando para dentro da cela e para mim. Elas acompanhavam todos os meus movimentos. No primeiro dia, encostei a cama na parede, para ficar longe da vigilância da guarda e ter um pouco de privacidade enquanto estivesse dormindo. As guardas me mandaram colocar a cama no meio da cela. Eu me recusei. No dia seguinte, homens vieram e pregaram a cama no centro da cela. Elas espiavam até pela janela do banheiro quando eu estava no vaso ou no chuveiro. Quando cobria o olho mágico com uma toalha ou uniforme, elas me mandavam tirar e ameaçavam me deixar sem nenhuma toalha e uniforme se eu continuasse a tapar a janela. Eu não dizia nada, apenas as ignorava. Depois de um tempo, elas desistiram. Um mês depois, uma das sargentos disse que eu tinha permissão para cobrir a janela quando usasse o banheiro, mas por três minutos apenas.

A cela era iluminada por doze lâmpadas fluorescentes de quase dois metros de comprimento que me cegavam. Quando me preparei para dormir na primeira noite, pedi à guarda para apagar as luzes. Ela se recusou. "Não consigo te ver se a luz não estiver acesa."

"Como assim, não consegue me ver? Dá para você ver tudo na cela."

"Lamento."

Elas me mantiveram sob aquelas luzes fortíssimas por vários dias. Eu me sentia como se estivesse ficando cega. Estava vendo tudo em duplos ou triplos. Quando Evelyn, minha advogada, me visitou, eu reclamei. Finalmente, depois de Evelyn tê-los acusado de tortura, passaram a apagar as luzes às 11 da noite. Mas a cada dez ou quinze minutos elas iluminavam a cela com um refletor enorme.

E então, o julgamento começou. Primeiro, as petições foram apresentadas. Quase todas as nossas reivindicações foram negadas. Todas as acusações, concedidas. Então, a seleção do júri começou perante o juiz John E. Bachman.

Quando eles apresentaram o primeiro júri, pensei que ia ter um ataque cardíaco. Havia apenas alguns Negros salpicados aqui e ali, aquilo parecia mais uma turba de linchadores do que um júri. A maioria dos jurados nos encarou abertamente como se fossem nos matar se pudessem. Metade disse achar que éramos culpados. A outra metade, embora não tenham dito claramente, respondiam às perguntas como se acreditassem que provavelmente fôssemos culpados. Eu estava convencida de que alguns deles mentiram deliberadamente apenas para serem selecionados para compor o júri e nos condenarem. Muitos dos poucos Negros pediram desculpas alegando dificuldades. Eles tinham filhos, famílias, empregos e simplesmente não podiam se dar ao luxo de participar de um longo julgamento. Se houve alguém profundamente triste algum dia, este alguém era eu.

"Façam alguma coisa", eu não parava de dizer aos advogados. "Façam alguma coisa!"

"O que podemos fazer?", eles respondiam. "Estamos fazendo o melhor que podemos."

Era verdade, mas eu não conseguia aceitar. Era sobre a minha vida que eles estavam falando. Devo ter enchido a paciência deles.

"Protestem, façam objeções", eu dizia a eles.

"Nosso protesto já foi registrado."

"Então protestem de novo, mesmo assim." Eu estava indignada, encalacrada e perdida. Sempre que alguém do júri dizia algo que revelava preconceito generalizado, o juiz tentava mascarar o fato. O pobre Ray Brown, um dos advogados de defesa, foi o que mais sofreu comigo.

"Eu quero que você proteste."

"Com base em quê?", perguntava ele.

"Você não está vendo? O juiz está fazendo perguntas tendenciosas."

"Mas o juiz tem permissão legal para fazer perguntas tendenciosas durante a seleção do júri."

"Mas proteste mesmo assim." Eu não sabia nada sobre direito na época. Nunca tinha sequer visto um julgamento. Eu simplesmente não conseguia entender como o juiz podia ser tão descaradamente preconceituoso a favor da acusação sem que pudéssemos ter alguma reação.

"Por que vocês não são como o Perry Mason?",[57] brinquei.

"Você alguma vez viu Perry Mason defendendo um réu Negro?", devolveu o advogado Ray Brown.

Sundiata era um salvador de vidas. Ele ficava tentando me acalmar e me explicava o que estava por vir. Racionalmente, eu entendia o que ele dizia, mas continuava agitada.

"Não podemos permitir que eles armem assim pra cima da gente", eu dizia, tendo uma ideia louca atrás da outra. Sundiata pacientemente explicava por que nenhuma de minhas fantásticas ideias funcionaria. Depois de um tempo participando de meu próprio linchamento legal, me convenci de que Sundiata e eu devíamos demitir os advogados e nós mesmos nos defendermos. Dessa forma, não ficaríamos presos àquelas regras estúpidas e poderíamos dizer o que quiséssemos.

---

57 NE: Advogado fictício criado pelo escritor estadunidense Erle Stanley Gardner, mais conhecido pela série de TV com seu nome, exibida pela CBS entre 1957 e 1966. Nos 86 livros de Gardner e quase 300 episódios da série para TV, além de filmes, programas de rádio e uma revista em quadrinhos, Perry Mason sempre aceitava casos muito difíceis, em que uma pessoa era acusada injustamente de um assassinato. Cobrando pouco e até custeando as investigações, Mason sempre conseguia estabelecer a inocência do cliente encontrando o verdadeiro assassino. Fonte: <https://en.wikipedia.org/wiki/Perry_Mason>.

"Não é verdade", disse Sundiata. "Mesmo que você faça sua própria defesa, ainda assim estará sujeita às regras deles."

"Como é que eu vou saber essas regras? Eu não sou advogada. E ainda assim tenho o direito constitucional de me defender."

"É verdade, mas mesmo assim você tem que agir de acordo com as regras ou eles podem te amarrar e amordaçar. Veja o que eles fizeram com o Bobby Seale."[58]

Toda vez que eu olhava para os membros do júri, eu argumentava novamente. Mas eu também sabia que não entendia nada de leis e era difícil me imaginar realmente me defendendo. Evelyn estava sempre repetindo o velho clichê de que uma pessoa que faz sua própria defesa tem um tolo como advogado.

Conforme íamos nos aproximando do fim da seleção do júri, eu ficava cada vez mais transtornada. Então, um dia, um garoto que não teria mais de vinte anos estava sendo examinado como potencial membro do júri. Ele entregou o jogo. O juiz perguntou se ele tinha uma opinião sobre o caso e ele disse: "Eles dizem que ela é culpada." O juiz quis saber mais e ele deixou escapar tudo. Os candidatos a jurados estavam conversando sobre o caso na sala do júri, apesar de terem sido orientados a não fazê-lo. O juiz perguntou o que eles diziam.

"Eles dizem que ela é culpada."

"Apenas a Sra. Chesimard?", perguntou o juiz.

---

58 NE: Em 1969, Bobby Seale (1936-), cofundador do Partido dos Panteras Negras, foi indiciado por sua participação nos protestos na Convenção Nacional Democrata de 1968 em Chicago, junto com sete outros réus. No que ficou conhecido como o julgamento dos Oito de Chicago, Seale teve o direito de advogar em causa própria negado pelo juiz Julius Hoffman, que também ordenou que Seale fosse amarrado e amordaçado durante o processo no tribunal. Seale foi condenado por 16 acusações de desacato e sentenciado a quatro anos de prisão. Fonte: ASANTE, Molefi Kete; MAZAMA, Ama (ed.). *Encyclopedia of Black studies*. California: Sage, 2005.

"Eles estão dizendo que eles são Negros, e culpados."

Naquele momento, todos os advogados estavam de pé, falando a mil por hora. Eles exigiam uma investigação completa do que estava acontecendo na sala do júri. Eles queriam fazer mais perguntas ao jurado. Eles queriam que os jurados com quem ele conversou fossem interrogados.

O juiz imediatamente percebeu que o garoto tinha mexido num vespeiro. Ele fez o que pôde para conter a situação, mas a situação tinha saído de controle. Ele finalmente concordou em conduzir uma investigação imparcial. Dessa vez, quando interrogou os jurados, teve o cuidado de minimizar a gravidade do que estava acontecendo na sala do júri. Mas os outros jurados confirmaram o que o garoto tinha contado. Nossos advogados apresentaram um requerimento pedindo que o júri fosse selecionado em outro condado porque não teríamos um julgamento justo em Middlesex. O juiz designado para o caso, não o Juiz Bachman, deveria deliberar sobre a petição. Enquanto isso, o julgamento foi suspenso.

Evelyn me informou sobre a decisão. O juiz designado averiguou que era de fato verdade, que não poderíamos ter um julgamento justo no Condado de Middlesex. O júri seria escolhido no Condado de Morris. "Onde é isso?", perguntei a Evelyn. Ela disse que não tinha a menor ideia. Então, Ray Brown chegou.

"Onde é que fica esse tal de Condado de Morris?", perguntei a ele.

"Bem", ele disse, "eu vou explicar". O Condado de Morris é quase totalmente branco, com pouquíssimos Negros, e ainda menos hispânicos e asiáticos.

"O que isso quer dizer? Que há 10% de Negros? 5%? Ou o quê?"

"Muito menos que isso."

"Um júri formado por seus pares", disse Evelyn amarga.

"O que podemos fazer?", perguntei.

"Só nos resta aguardar."

"Não podemos transferir o julgamento para outro lugar onde haja mais Negros?"

"Podemos tentar, mas não fique muito animada."

Comecei a voltar para a terra, e rápido.

O julgamento foi adiado por cerca de um mês, até janeiro, porque eles precisavam de tempo para assegurar a prisão em Morristown, no Condado de Morris.

"Talvez", pensei, "os advogados encontrem algo para ajudar até lá". Eu realmente não esperava muita coisa, mas parecia um truque tão óbvio, uma manobra tão óbvia, para garantir que não recebêssemos um julgamento justo por um júri formado por nossos pares, que pensei que talvez algo pudesse ser feito a respeito. Fui ingênua naquela época. Teoricamente eu sabia, mas ainda não tinha visto o suficiente para aceitar o fato de que não havia absolutamente nenhuma justiça para os Negros na amérika. Eu ainda tinha um resto de esperança. Mas eles pegaram algo que deveria nos ajudar e usaram contra nós. Eles se valeram da lei para desrespeitar a lei.

"Agora, tudo o que temos que fazer", pensei, "é obter fatos e números e provar que eles estão tentando nos negar um julgamento justo". Eu não sabia de nada!

CAPÍTULO 4

Os anos finais do ensino fundamental[59] tinham suas vantagens e desvantagens. Eram uma etapa mais impessoal e muito mais confusa do que os anos iniciais do ensino fundamental, mas me permitiram circular mais e mudar algumas aulas, e eu gostava disso. Geralmente, minhas matérias me entediavam, à exceção de inglês, história e um amor recém-descoberto pelo trabalho com cerâmica. A Parsons Junior High School no Queens era quase toda branca. Vários alunos Negros tinham sido colocados nas turmas de reforço ou nas turmas dos "burros", como dizíamos. Para mim, era sempre impressionante notar que as crianças que eram tão inteligentes na rua estavam sempre nas turmas dos burros.

Nos anos finais do fundamental todo mundo estava saindo com alguém. Quando as meninas se juntavam para conversar, o assunto era sempre meninos: quem era bonito, quem estava saindo com quem, quem era novo etc., etc. Um menino bonito era alto, magro, mas bem-feito de corpo, e geralmente tinha a pele clara. Um menino

---

59 NE: *Junior High School* (ou *Middle School*) nos EUA, antigo ginásio no Brasil. Os anos iniciais (*Elementary School*) são o antigo primário.

era considerado excelente se, além da pele clara, tivesse olhos de cores diferentes. Olhos castanhos e verdes eram os mais apreciados. Se um garoto fosse popular ou bom em esportes, ele também teria suas chances, mas no geral os garotos dos quais falávamos eram altos, não muito escuros e boa-pinta.

Um dos meus primeiros admiradores foi um menino chamado Joe. Ele era novo em nossa vizinhança, vindo do Sul ou algo assim, porque todo mundo dizia que ele era caipira. Ele era bem escuro e tinha o corpo longilíneo com pernas curtas. Ele gostava de mim e, no início, acho que eu meio que gostava dele também. E aí todo mundo começou a me encarnar, dizendo que ele era meu namorado e que ele parecia um sapo preto por causa de suas pernas tão curtas. Naquela época, eu morria de preocupação com o que as pessoas achavam de mim. Eu queria desesperadamente fazer parte do grupo e não queria que ninguém zombasse de mim. Então, sempre que alguém dizia que eu gostava do Joe, eu negava até o fim e passava a ser quem mais debochava dele, mas comigo Joe era muito doce. Toda vez que me via, ele sorria e falava alguma coisa legal. No dia dos namorados, ele me deu um cartão grande e bonito, e doces. Um dia, na primavera, ouvi alguém me chamar do lado de fora da janela do meu quarto. Era o Joe. Rapidamente, ele deixou uma flor no parapeito e saiu correndo. Todo dia depois disso ele fez a mesma coisa. Quando eu o via na rua, eu sorria. Eu ficava realmente tocada pelas flores. Então, um dia minha mãe o viu na janela deixando a flor no peitoril.

"Você diz praquele garoto para ficar longe dessa janela", ela disse. "Agora ele coloca flores na janela, depois – você sabe – vai tentar entrar por ela." Mas mesmo ela tinha achado aquilo bonitinho. Quando vi, ela já tinha contado para todas as amigas. Ainda que eu ficasse envergonhada, aquilo fazia também com que eu me achasse interessante. Nenhum menino tinha prestado tanta atenção em mim até então, e eu adorava aquilo.

Um dia, eu estava voltando do mercado e vi o Joe. Ele começou a andar do meu lado. Ele era meio tímido e nunca tinha me dito nada além de "Você está bonita" ou "Você está linda". Naquele dia, nós tentamos conversar enquanto caminhávamos. Então, de repente, ele disse: "Quer sair comigo? Quero que você seja minha garota." De certa forma, fiquei chocada. Ele realmente achava que eu sairia com ele e arruinaria minha reputação para sempre?

"Não", respondi.

"Não?", ele repetiu. "Por que não?"

Eu não sabia o que dizer. Minha língua ficou pesada, presa, e comecei a gaguejar. Não saía nada da minha boca. "Por que não?", ele perguntou novamente. Eu balbuciava e gaguejava, e então, com franqueza glacial, disse: "Porque você é muito preto e feio." Nunca vou me esquecer da cara dele. Ele me olhou com um ódio tão frio que fiquei atordoada. Imediatamente, me arrependi do que tinha dito, mas não tinha como retirar o que falei. Ele olhou para mim como se me desprezasse mais do que a qualquer outra pessoa na face da terra. Eu me senti tão feia, suja e depravada. Eu tremia. Por semanas, talvez meses, fui assombrada pelo que aconteceu naquele dia, pelo veneno que saiu de minha boca. O ódio sarcástico em seu rosto toda vez que o vi depois disso me fez entender que não havia nada que eu pudesse fazer para compensar aquilo. Tudo o que eu podia fazer era mudar a mim mesma. Não por ele, mas por mim. E eu mudei. Depois daquilo, eu nunca mais disse "Preto" e "feio" na mesma frase e nunca mais pensei assim. Claro que eu não tinha como me livrar dos efeitos de tantos anos de auto-ódio e lavagem cerebral em tão curto espaço de tempo, mas já era um começo. E embora eu ainda me importasse muito com o que as pessoas achavam de mim, depois daquele incidente sempre tentei manter minhas posições, defendendo o que eu sentia ou pensava, deixando de ser apenas um robô. Nem sempre tive sucesso, mas tentava demais.

Em geral, quando eu era pequena, as notícias não pareciam reais. Na verdade, minha visão de mundo era como uma história em quadrinhos: na China eles comiam biscoitos da sorte e os homens usavam tranças; na África, viviam em cabanas, usavam ossos no nariz e eram canibais; na Amérika do Sul, usavam chapéus grandes, dormiam no meio do dia, bebiam muito rum e dançavam o chá-chá-chá. O único lugar, além dos Estados Unidos, sobre o qual eu poderia falar com alguma proximidade da realidade era a Europa. E minha percepção da Europa era quase tão irreal quanto. O primeiro presidente de que me lembro foi Eisenhower, e mesmo ele não parecia real. Minha mãe dizia que tudo o que ele fazia era jogar golfe. Quando ele fazia discurso na TV, mudávamos de canal, e se ele estivesse nos outros também, nós desligávamos a TV.

Só as notícias que tinham relação com os Negros tinham algum impacto sobre mim. E parecia que a cada ano as notícias pioravam. A primeira das notícias verdadeiramente ruins de que me lembro veio de Montgomery, no Alabama. Foi quando ouvi sobre Martin Luther King pela primeira vez. Rosa Parks tinha sido presa por se recusar a ceder seu lugar no ônibus a uma mulher branca. Os Negros boicotaram os ônibus. Foi uma batalha sórdida. Os Negros foram hostilizados e atacados e, se bem me lembro, a casa de Martin Luther King foi atacada com uma bomba. E aí aconteceu

Little Rock.[60] Lembro sempre daquelas hordas feias e assustadoras de brancos atacando aquelas criancinhas que eram quase da minha idade. Quando saíram as notícias sobre Little Rock, na minha casa daria para ouvir um alfinete caindo. Estávamos horrorizados. De vez em quando, com o tempo, alguém falava alguma coisa, mas geralmente ficávamos ali sentados, perdidos em nossos próprios pensamentos. Acho que não havia o que dizer. E a cada ano eu me sentava em frente àquele tubo de imagem, vendo meu povo ser atacado por turbas de brancos, sendo mordido por cães, sendo espancado e atacado pela polícia com esguichos de água, sendo preso e assassinado. E aí as notícias pareciam reais demais.

Quanto mais velha eu ia ficando, mais eu me transformava em quem eu sou. Minha mãe e meu padrasto estavam cheios de problemas. Viviam brigando feito cão e gato. Nesse aspecto, eles eram como muitos outros Negros. Estavam sendo perseguidos em seus trabalhos, na sociedade, e descontavam suas frustrações um no outro. Para piorar as coisas, ela era professora e ele trabalhava nos correios: ela tinha curso superior e ele não. Eu entendo que se um homem Negro e uma mulher Negra conseguem ser bem sucedidos no casamento na amérika é porque conseguiram um milagre. Porque tudo está contra eles. Serem pobres, por si só, já representa um obstáculo. A maioria de suas discussões é sobre dinheiro.

---

60 NE: Em 1957, em Little Rock (capital do Arkansas), segregacionistas, apoiados pela Guarda Nacional enviada pelo governador do estado, protestaram violentamente contra o programa de extinção das escolas segregadas, impedindo o acesso à Central High School dos primeiros nove estudantes negros nela matriculados. O prefeito de Little Rock pediu ajuda ao presidente, que mandou uma divisão do Exército para garantir o ingresso desses estudantes na escola. O ano letivo que se seguiu foi muito tenso, com violências físicas e verbais contra os alunos negros, e culminando com o fechamento das escolas públicas de ensino médio, por ordem do governador, para impedir a integração. Fonte: <https://en.wikipedia.org/wiki/Little_Rock_Nine>.

É difícil ser amoroso e carinhoso quando você não consegue pagar as contas e não sabe de onde virá o próximo dólar. E o modelo de família no qual se espelhavam só fazia piorar a situação. Isso está mudando um pouco agora, mas quando eu era criança, todo homem branco na televisão conseguia sustentar sua família sem nenhuma tensão específica. Sua esposa não precisava trabalhar. O trabalho dela era ficar em casa e cuidar das crianças. Os Negros aceitavam e seguiam esse modelo de comportamento, ainda que este tivesse muito pouco a ver com a realidade de sua vida e sobrevivência.

Enquanto meus pais passavam por suas mudanças, eu também vivia as minhas. Eu estava na idade de questionar tudo. O mundo estava começando a ter cada vez mais impacto sobre mim. Eu era curiosa e queria experimentar tudo. Nos fins de semana, sempre que podia, eu dava minhas saídas. Ia ao cinema ou à biblioteca, mas minha atividade favorita era andar de metrô e ônibus. Eu pegava qualquer metrô ou ônibus, circulava até cansar e depois descia em qualquer parada e ficava passeando. Às vezes eu conversava com as pessoas ou jogava handebol com jovens da minha idade. Outras vezes eu apenas andava e olhava. Fui a todos os tipos de bairros – brancos, Negros, porto-riquenhos, e a Chinatown também. Mas o Harlem era o meu favorito. Eu estava fascinada com a vida nas ruas. Sempre tentava descobrir o que estava acontecendo. Tudo era tão colorido e agitado. Homens parados na esquina bebendo, meninos jogando basquete, traficantes para cima e para baixo nas ruas, se amontoando e fazendo negócios. Era a terra dos livros de sonhos,[61] quitinetes e John-

61 NE: "Os livros de sonhos eram publicações usadas como bíblias para jogadores de números [semelhantes ao jogo do bicho] no Harlem. Esses livros enciclopédicos interpretavam os sonhos atribuindo números de três dígitos a diferentes símbolos e a quase toda imagem ou experiência que pudesse aparecer em um sonho. Os sonhos eram muito importantes para os apostadores, assim como têm um significado profundo na cultura negra norte-americana. Muitos

nie Walker Red Label. Eu adorava o comércio. Do mercado na Park Avenue às gordurosas lanchonetes de peixe frito, das lojas que vendiam doces e cigarros baratos, e sabe-se lá o que mais. Eu andava, olhava e pensava. O mundo para mim era um grande ponto de interrogação, e a maior questão de todas era onde eu me encaixava.

Sempre chegava tarde em casa e me encrencava. Era como uma espécie de doença. Nunca conseguia chegar em casa na hora certa. Eu saía com as melhores intenções, mas assim que chegava à rua, era como se eu entrasse em um transe. Esquecia completamente da hora até que fosse tarde demais. Muitas vezes, quando eu percebia que estava escurecendo, não sabia onde estava, muito menos como voltar para casa. Minha mãe conversava comigo, me batia, me sacudia, me castigava, mas nada adiantava. Eu era um caso perdido. Estava fugindo de casa e não me dava conta disso. E uma coisa sempre levava à outra. Eu estava me tornando uma mentirosa fantástica. Assim que chegava perto de casa, começava a inventar histórias. Olhando para trás agora, sei que minha mãe deve ter desejado me estrangular quando ouvia aquelas invenções absurdas, mas na época eu as achava brilhantes. À medida que os problemas de minha família se intensificavam, passei a fugir consciente, em vez de inconscientemente.

A primeira vez que fugi, fui para a casa da Evelyn. Ela não estava lá, e então adormeci nas escadas. Quando ela

Negros acreditavam que, quando sonhavam com algo específico, os espíritos os abençoavam com um determinado número para jogar. Esta era uma forma fundamental de os números estarem intrinsecamente conectados à esperança dos Negros de terem um futuro melhor, de se aproximarem da realização do sonho americano." Fonte: DAVIS, Bridgett M. *The Daily Lottery Was Originally a Harlem Game. Then Albany Wanted In*. Disponível em: <https://www.nytimes.com/2019/02/27/nyregion/numbers-harlem-new-york-lottery.html>. Acesso em: 29 abr. 2022.

chegou, achou que eu fosse algum tipo de vagabundo bêbado, e passou direto por mim, indo para seu apartamento. Voltei no dia seguinte e ela conversou comigo, bancou a psicóloga e conselheira de família, e me mandou para casa. Funcionou por um tempo, mas as coisas estavam caóticas. Minha mãe e eu não conseguíamos concordar em nada, e eu era tão teimosa e obstinada quanto ela. E mesmo quando eu tentava agir corretamente, parecia que nada que eu fizesse a deixaria feliz. E quando minha mãe e meu padrasto brigavam, quase voando um no outro, eu ficava insana e simplesmente pegava meu casaco e saía. Algumas vezes, eu simplesmente não voltava.

Às vezes, fugir era divertido e excitante. Outras, era penoso, frio e solitário. O que eu aprendi com isso, no entanto, foi a sobreviver. Estar lá fora, cara a cara com o lado mais obsceno da vida, era como viver em uma montanha-russa, tudo se voltando contra você numa velocidade vertiginosa. Foi uma senhora experiência e, quando penso, vejo como tive sorte. Tantas coisas poderiam ter acontecido comigo, e quase aconteceram.

Na primeira vez que fugi, eu tinha apenas a roupa do corpo e algum dinheiro. Eu andava de metrô e dormia nos corredores, até que não aguentei mais. Então comecei a conversar com as pessoas. Uma das primeiras pessoas que conheci foi um menino chamado David. Eu disse a ele que minha mãe estava no hospital e que eu não tinha mais ninguém em Nova Iorque e que estava com medo de ficar em casa sozinha. Ele me levou para sua casa, e contamos a mesma história à mãe dele. Ela disse que tudo bem, eu podia dormir lá naquela noite. Eles moravam no conjunto habitacional Farragut Projects, no Brooklyn. David deu uma volta comigo e me apresentou a todos os seus amigos. A gente se deu bem até a noite. E aí foi uma guerra – uma sessão de luta livre que durou a noite toda. Quando não estava me atacando, ele estava implorando, suplicando e inventando mil argumentos para eu dar para ele. Eu disse que tinha medo de engravidar. Ele saiu e voltou com um pote grande de vaselina e me disse que, se eu a usasse, eu não engravidaria. Eu era boba, mas nem tanto. Eu disse a ele para ir para o inferno, e a briga continuou. Depois de um dia ou dois na casa de David, eu estava pronta para seguir em frente. Além disso, sua mãe já estava ficando desconfiada.

Minha amizade seguinte foi com uma menina. Eu não aguentaria mais nenhum outro David. Tina morava em Fort Greene, no Brooklyn, com a mãe e o irmão, em uma *brownstone house*.[62] Era uma casa velha e precária, e metade dela parecia estar condenada. Absolutamente nada naquela casa estava em ordem. Havia cômodos com todo tipo de lixo, empilhado quase até o teto: mesas, cadeiras, toca-discos, rádios antigos. Contei a mesma história para a mãe de Tina e ela foi um doce de pessoa. Eu poderia ficar lá o tempo que quisesse, ela disse. Na verdade, ela disse que "adorava ficar no meio de gente jovem". E não estava mentindo. Durante todo o dia uma procissão de pessoas entrava e saía daquela casa, e a maioria delas era jovem. Quando a mãe de Tina viu que eu não tinha roupas, ela disse: "A gente vai ter que ir às compras." Lembro-me de pensar em como ela

62 NT: *Brownstone* é um arenito marrom que já foi material de construção popular. O termo também é usado nos Estados Unidos para se referir a uma casa de cidade, ou a qualquer um de vários materiais esteticamente semelhantes, com coloração marrom. As edificações que viraram estilo arquitetônico caracterizam-se por serem geminadas, verticalizadas, situadas em terrenos longos e estreitos. Há imóveis assim que contam com mais de um apartamento, com pessoas diferentes morando, após serem divididos em espaços menores. Fontes: <https://en.wikipedia.org/wiki/Brownstone>, <https://www.arthurcasas.com/pt/projetos/brownstone-house/> e <https://www.brickunderground.com/blog/what_you_need_to_know_before_buying_an_apartment_in_a_brownstone>.

era legal, disposta a gastar dinheiro comigo, uma estranha. Na manhã seguinte, fomos à Fulton Street.

"Bem", ela disse, "agora quero que você vá com a Tina na A&S[63] e escolha o que quiser; eu vou estar aqui, na lanchonete. É só lembrar onde as coisas estão".

Lá fomos nós, Tina e eu. Eu parecia um pinto no lixo de tão feliz; minhas roupas estavam meio que fora de moda. Quando entramos na loja, comecei a pegar as coisas e me preparei para experimentá-las.

"Fica esperta", disse Tina. "Você sabe o seu tamanho?"

"Sim", eu disse. "Por quê?"

"Vamos só pegar as coisas e sair daqui. Se você gosta de algo, basta dizer. Não fica pegando, vestindo e carregando essas coisas."

"Tá bem", eu disse, achando-a estranha. Eu gostei de uma saia xadrez, com um alfinete grande, e uma blusa e suéter combinando.

"Combina com essa também", disse Tina, apontando para uma blusa branca. "Agora faz o que eu mandar. Veste aqui."

"Vestir o quê?", eu disse, olhando para baixo.

"Calma, tolinha!", Tina sussurrou. "Fica só olhando pra frente e me ajuda a puxar essa coisa". Ela já tinha subido a saia até o meio das minhas coxas. Finalmente, terminamos de subir a saia e a prendemos sob a minha própria saia. "Ok, vamos sair daqui", disse Tina. "Espera um minuto. Enrola essa saia em cima, ela está caindo, e não olha pra baixo!" Eu estava fora de mim de tanto medo, mas comecei a puxar a saia.

"Não a sua saia, idiota", Tina sussurrou. "A que está por baixo dela."

---

63 NT: Loja de departamentos de Nova Iorque fundada em 1865 e posteriormente comprada pela Macy's.

Bem, eu estava andando e puxando a saia, e tentando parecer natural. Se alguém me observasse a distância, daria boas risadas. E ainda assim conseguimos sair da loja. Eu achava que a qualquer momento a polícia ia chegar e arrebentar com a gente. A mãe de Tina ainda estava sentada no mesmo lugar, tomando seu refrigerante.

"E aí?", ela perguntou à Tina.

"Ela está bem", disse Tina. "Ela não sabe nada, mas ficou de boa." Eu achei que fosse desmaiar. A mãe de todo mundo que eu conhecia daria uma coça nos filhos só de pensar que eles estivessem roubando. Isso era certamente algo novo para mim. Eu fiquei só olhando para a mãe de Tina. Ela deve ter-me visto olhando também, porque me disse: "Isso mesmo, eu roubo e meus filhos roubam também. Eles estão tentando tirar a minha casa. Estão tentando tomar tudo que é meu. Tenho que sobreviver da melhor maneira que conheço. Mas isso não é propriamente roubo; é apenas um desconto. Você precisa de um desconto, do tamanho dessas lojas. Chamamos isso de 'cinco dedos de desconto'." E começou a rir.

Quando voltamos para casa, ela disse: "OK, vamos ver todas as lindas roupas que vocês pegaram." Tina tirou as blusas e o suéter de algum lugar e eu tirei a saia de debaixo da minha outra saia. "Só isso?"

"Sim", disse Tina. "Ela não sabe fazer nada, e a gente tava demorando muito."

"E não pegaram nenhuma roupa de baixo?", a mãe de Tina perguntou.

"Não."

"Bem, toma aqui", disse, nos dando algum dinheiro. "Vão na loja de um dólar e comprem alguma coisa. E não quero que vocês peguem nada lá, tão ouvindo? Eu não criei filhos pra estarem metidos com lojas de um dólar, tá entendido?"

"Sim." E saímos.

"A gente vai te ensinar como fazer", disse Tina quando voltávamos da loja. Eu apenas olhava para ela. Minha cabeça estava rodando. E aí fui ficando satisfeita com o que tinha acontecido. Tínhamos conseguido. Superamos as dificuldades. A ideia dos cinco dedos de desconto estava começando a me interessar. E era muito fácil.

Naquela noite, vesti minhas roupas novas e fui dar uma volta com Tina e o irmão dela. Ele era meio calado, com cara de mau, mas depois vi que era legal. Estávamos indo a uma festa no conjunto habitacional Fort Greene Project. Paramos para comprar batata frita e uma garrafa de vinho Thunderbird. Na festa, Tina me apresentou a Tyrone. Foi amor à primeira vista. Achei ele o menino mais lindo do mundo. Tyrone era o chefão dos gângsteres conhecidos como Fort Greene Chaplains, e eu achei isso tão romântico, como *Amor, sublime amor*.[64] Nós nos sentamos no corredor e ficamos tomando vinho e fumando. Eu já tinha fumado antes, mas nunca tinha bebido vinho. Tinha música tocando, pouca luz, e eu me sentia beeeeeeemmm. Eles estavam tocando aquelas músicas lentas antigas como "Wind", "Gloria", "In the Still of the Night", "Sunday Kind of Love". Nós entramos e começamos a dançar. Eu estava apaixonada e dançando nas nuvens, girando pela pista de dança. Eu rodopiava, girava e, de repente, eu estava lá fora, agarrada num banco como se tentasse salvar minha querida vida, bêbada como um gambá e muitíssimo enjoada. Quando finalmente consegui ficar de pé, Tyrone foi andando comigo para a casa de Tina. Andamos todo o caminho de mãos dadas, e ele ficou todo bobo por ter me dado um beijo de boa noite,

---

64 NT: Musical romântico de 1961, vencedor do Oscar de melhor filme em 1962.

apesar de eu nunca ser capaz de entender como ele pôde aguentar minha boca com gosto de vômito.

Acordei na manhã seguinte me sentindo como se elefantes tivessem dançado o Watusi[65] na minha testa, e como se eu estivesse andando em minhas pálpebras. A mãe de Tina queria que eu fosse a algum lugar com ela. Eu me levantei, tomei banho e me arrumei. "Que tipo de joia você gosta?", ela me perguntou.

"Não sei", eu disse. "Acho que gosto de rubis porque é a pedra do meu signo."

"Ah, não! Você parece uma garota feita estritamente para diamantes."

"Sério?", perguntei, lisonjeada.

"Ah, sim, diamantes são os melhores amigos de uma garota. E eu vou te mostrar como conseguir alguns." Ela passou a manhã e boa parte da tarde me mostrando como fazer aquilo. "Você não tem com o que se preocupar", me dizia. "Mesmo se eles te pegarem não podem fazer nada, você é uma criança." Eu deveria ir a uma loja e falar bem, apropriadamente. Teria que perguntar o preço de tudo e dizer ao vendedor que meu pai tinha me dado oitenta dólares para gastar, mas que eu tinha também algum dinheiro meu. Tina e seu irmão entrariam na loja, criariam uma distração qualquer, e enquanto todos estivessem olhando para eles, eu deveria colocar os maiores brincos que conseguisse na boca, embaixo da minha língua. Depois, eu deveria falar alguma coisa para o vendedor e sair da loja calmamente. Havia mais algumas partes do plano, mas não lembro mais. Ela me fez treinar falar com coisas embaixo da língua.

---

65 NT: Dança solo que teve breve popularidade nos anos 1960 nos Estados Unidos. Foi uma das danças mais populares da época. Fonte: <https://en.wikipedia.org/wiki/Watusi_(dance)>.

Quando chegamos à loja, eu pensei que fosse morrer de tanto medo. Agi como se não conhecesse Tina e seu irmão, e agi como o planejado. A loja estava bem cheia e iniciei minha encenação. O medo era tanto que parecia que eu sentia ondas de calor no corpo. De início, parecia que o vendedor não estava interessado em me atender, mas quando contei a ele sobre os oitenta dólares e meu dinheiro extra, ele se apressou e foi puxando bandejas. Eu pegava os brincos e perguntava: "Você acha que ela vai gostar desses? Ou vai gostar mais desses?" Aí, de repente, Tina e o irmão entraram na loja correndo. Eles estavam rindo muito alto, correndo um atrás do outro e se agarrando. Quase esqueci o que tinha que fazer de tão entretida que fiquei olhando para os dois. Então me lembrei e, quando vi que ninguém estava olhando, peguei os maiores brincos que vi e os coloquei na boca. "Não encontrei nada que seja realmente do gosto de mamãe", eu disse. "Talvez eu volte mais tarde." Comecei a caminhar para a porta. Eu tinha certeza de que aquele homem ia me chamar de volta.

"Senhorita", alguém chamou. Tive vontade de me jogar no chão. Olhei pelo canto do olho e vi que era outro vendedor chamando outra pessoa. Saí da loja, virei uma esquina e corri. Eu já estava na metade do caminho da casa de Tina quando eles me alcançaram. Os brincos ainda estavam na minha boca.

"Conseguiu?", Tina me perguntou. Olhei para ela quase como se não a conhecesse. "Você pegou ou não?", perguntou de novo, com impaciência. E então, cuspi os brincos na minha mão.

"Uau", disse a mãe de Tina, "são lindos, gostei deles pra mim". Afinal, os brincos eram para orelhas furadas e as minhas não eram. "Vende pra mim", disse a mãe de Tina. "Te dou vinte dólares por eles."

"Fechado", eu disse a ela. Fiquei feliz da vida por ter conseguido vinte dólares. Eu não dava a mínima para brincos de diamante e precisava de algum dinheiro para ir embora e tentar encontrar um emprego. Estava convencida de que não tinha nascido para roubar.

Aquela noite saímos para comemorar. A mãe de Tina me deu vinte dólares e mais dois dólares extras pelo bom trabalho, além de um vestido dourado e sapatos pretos lindos. Eu estava vestida da forma mais limpa e saudável possível e todos nós tínhamos algum dinheiro nos bolsos e estávamos prontos para "fazer aquilo". Procuramos Tyrone, mas ele não estava em casa. Andamos por todo o conjunto habitacional até encontrá-lo. Ele estava na casa de uns tais gêmeos, Jessie e James, ou algo assim. Eles foram todos para o andar de baixo, parece que para uma reunião. Todo mundo disse que eles iam brigar. Eles estavam em guerra com uma outra gangue, os Bishops, e um de seus membros tinha sido esculachado pelos Bishops. Finalmente, a reunião terminou e Tyrone veio e ficou com a gente. Mas não foi a mesma coisa. Ele passou a noite toda falando sobre o que ele ia fazer com os Bishops. E quando ele não estava falando sobre isso, estava falando das brigas que teve antes, brigas de gangue, brigas na escola, rodas de briga etc. Parecia que a vida dele era brigar.

"Por quê?", fiquei pensando. "Por que ele gosta tanto de briga?" Eu estava com a pergunta na ponta da língua, mas não consegui perguntar. Eu tentei imaginar o futuro, Sra. Tyrone de tal, e os filhos. E eu, fazendo sua marmita, enquanto ele ia brigar com os Bishops. De alguma maneira, notava que a imagem não era animadora. Eu estava cansada daquela aventura. Estava cansada de tanta aventura e pronta para ir para casa. Quaisquer que fossem as consequências!

CAPÍTULO 5

"Vamos lá, Chesimard, arrume suas coisas. Você está sendo transferida."

"Transferida? Para onde?"

"Você vai descobrir quando chegar lá."

"Então, gostaria de ligar para a minha advogada."

"Você pode ligar para sua advogada quando você estiver lá."

Fiquei tentando descobrir para onde estavam me levando. A continuação do julgamento de jérsei, após a mudança de local para Morristown, ainda levaria um mês. Talvez estivessem me transferindo antes do tempo. Talvez estivessem me levando de volta para a casa de detenção. Na verdade, eu não estava muito preocupada. Qualquer lugar era melhor do que aquele porão da cadeia do condado de middlesex. O xerife chegou com um pedaço de papel na mão.

"Para onde estou indo?", eu perguntei a ele.

"Eu tenho um mandado federal para você", ele disse, sacudindo o papel. "Você está sendo entregue à custódia do governo federal."

"Para quê?"

"Eu não sei. Você vai ter que perguntar aos federais."

Minha transferência abrupta de um presídio para outro, sem nenhuma informação a meus advogados ou qualquer explicação para mim, era um cenário que se repetiria com frequência nos anos seguintes.

Depois que nossa requisição de mudança de local do Condado de Middlesex foi concedida, em outubro de 1973, fui reenviada para o porão do presídio do condado de middlesex, onde achei que permaneceria até o julgamento recomeçar, no Condado de Morris, em 4 de janeiro de 1974. Evelyn imediatamente partiu para a ação, entrando em contato com o Projeto de Júri[66] nacional, para investigar o nível de racismo no Condado de Morris, e preparando uma série de moções que ela previa que teriam que ser feitas frente à korte do condado de morris. Além disso, ela trabalhava continuamente numa petição para me remover do confinamento solitário no presídio do condado de middlesex, que na época estava sob a jurisdição do tribunal do distrito federal de nova jérsei. O argumento subjacente à petição – de que esse tipo de confinamento tinha destruído minha capacidade de participar adequadamente da preparação para meu julgamento – teve que se apoiar em dados psicológicos e no parecer de especialistas. Evelyn estava tentando encontrar psicólogos e sociólogos dispostos a fornecerem pareceres profissionais em apoio à petição. Ela tentava também localizar um patologista forense, um especialista em balística, um químico forense e outros especialistas que precisávamos para o julgamento, enquanto tentava levantar dinheiro para pagá-los.

Eu estava ciente de que havia duas acusações pendentes contra mim por supostos assaltos a bancos. Evelyn tinha sido informada de que os julgamentos por essas acusações seguiriam o julgamento em jérsei. Uma das acusações era

---

66 NT: Projeto universitário de pesquisa de sentenças racistas, vide modelo da NYU: <https://civiljuryproject.law.nyu.edu>.

por um assalto a banco no Bronx ocorrido em setembro de 1972. Eu tinha sido indiciada por esse crime junto com Kamau, Avon White e outros na korte federal, num distrito ao sul de Nova Iorque, localizado na Foley Square, na Baixa Manhattan.

Eu sabia que Evelyn tinha feito uma petição perante o juiz do distrito sul, gagliardi, para que o julgamento fosse adiado para depois do término do julgamento em jérsei. Sabendo eu que a petição tinha sido concedida, não associei a transferência para Nova Iorque ao julgamento por assalto a banco. Eu estava errada.

A viagem foi a mesma procissão interminável de carros de alta segurança. E, como sempre, gostei do passeio. Apenas andar da porta do presídio até o carro já me fez bem – tinha tanto tempo que eu não via a luz do dia ou respirava ar fresco. Olhei para as árvores, a grama e o céu como se visse tudo aquilo pela primeira vez. O dia estava gloriosamente lindo.

Quando os federais me disseram que estavam me levando para Nova Iorque para ser julgada, eu não entendi nada, mas tinha certeza de que Evelyn resolveria tudo. Não havia a menor possibilidade de aceitarmos que o julgamento acontecesse no tribunal federal. A menos que eles nos dessem tempo para nos prepararmos e cancelassem o julgamento de jérsei. Evelyn não tinha como lidar com ambos os julgamentos ao mesmo tempo. Ela estava trabalhando tanto que eu não conseguia acompanhar tudo o que ela estava fazendo.

Eu sabia que tínhamos chegado a algum lugar no Queens, mas não sabia aonde. Não havia nenhum tribunal na direção que seguimos. O carro chegou a uma ponte onde os porcos estavam estacionados, apontando rifles e espingardas. Do outro lado da ponte havia mais policiais.

"Onde nós estamos? Que lugar é esse?"

"Você agora está em Rikers Island. Este será seu novo lar por um tempo", disse o oficial.

"Isso nunca será o meu lar."

Olhei em volta enquanto eles aguardavam autorização para passar pelo portão. Havia uns prédios enormes e feios à nossa frente, não velhos ou caindo aos pedaços, como eu tinha imaginado quando pensei em como seria em Rikers Island,[67] mas ainda assim tinham aparência institucional.

"Todos esses prédios são prisões?", perguntei.

"Sim", disse o oficial. "Tudo cadeia. Tem muito criminoso no mundo."

"Nem todo mundo que está preso é criminoso", eu disse a ele. "E tem um monte de criminoso prendendo pessoas. Tem uma gangue na Casa Branca."

O oficial apenas grunhiu. O carro se dirigiu a um moderno edifício de tijolos. Não havia grades como as antigas, apenas combinações de grades de janelas e venezianas. Fui levada para uma grande sala de triagem e trancada em uma das pequenas celas laterais, vazia, exceto por alguns bancos e um banheiro imundo. Depois de uma longa espera, fui levada para colher digitais e ser fotografada. Fui devolvida à cela e depois fui chamada novamente para preencher formulários. Logo me irritei com os formulários: eu havia deixado a linha para "endereço" em branco.

"Onde você mora?"

"Não moro em lugar nenhum. Estou na cadeia. E presa há seis meses."

"Bem, onde você morava antes?"

"Eu não lembro." E não era mentira. Eu me lembrava do lugar, mas não conseguia nem começar a dar o endereço.

---

67 NT: Considerada uma das colônias penitenciárias mais violentas dos EUA, em 2019 a população carcerária era 90% de negros e latinos. Fonte: <https://brasil.elpais.com/brasil/2019/11/29/internacional/1575030835_301657.html>.

Enquanto fiquei me escondendo, adquiri o hábito de nunca lembrar de endereços. Usava pontos de referência para lembrar de um lugar, e nunca tive dificuldade para achar um local em que já tivesse estado, mas mesmo que fosse lá centenas de vezes eu nunca registrava o endereço.

"Bem, onde sua mãe mora?"

"Por quê?"

"Nós precisamos de um endereço."

"Não moro com minha mãe há anos."

"Bem, me dá o endereço mesmo assim."

"Não sei se minha mãe gostaria que você tivesse o endereço dela. Tenho que perguntar a ela."

A guarda insistiu, mas aquela linha ficou em branco. A guarda era uma mulher Negra com um cabelo Black. E tinha uma outra, perto dela, com uma peruca torta. Era Negra também. Na verdade, a maioria das guardas que eu tinha visto até então era Negra. Eu logo descobri que a esmagadora maioria das guardas no presídio feminino em Rikers era Negra. Mas quando elas abriam a boca e expressavam suas opiniões, não dava para reconhecê-las. Mas essa é outra história.

Depois de esperar o que me pareceu serem horas, elas trouxeram um monte de mulheres. Foi maravilhoso. Elas eram pessoas reais, vivas, conversando e rindo. Fazia muito tempo que eu nem ao menos ouvia uma conversa. Fiquei lá, sentada, olhando para elas. Sei que devo ter parecido louca, olhando daquele jeito, mas eu simplesmente não conseguia evitar. Eu estava maravilhada. E, também, eu mal conseguia falar. Quando alguém perguntava meu nome, balbuciava algo e gaguejava. Minha voz saía tão baixa que a todo instante me pediam para repetir. Essa era uma das coisas que sempre acontecia comigo depois de longos períodos de isolamento: eu esquecia como se falava.

A próxima fase foi me despir e ser revistada. Havia dois grupos de mulheres: aquelas que voltavam da korte e aquelas que, como eu, eram novas admissões. Fomos orientadas a entrar nas pequenas cabines e tirar toda a nossa roupa. Depois nos disseram para ficar de costas, para agachar, para passar os dedos por nossos cabelos, para levantar nossos pés e para abrir nossas bocas. Isso era para todo mundo. O passo seguinte era apenas para as novas admissões. Fomos colocadas em chuveiros sem cortinas, nos disseram para tomar banho e depois nos deram um troço que disseram que era para passarmos nos cabelos e pelos pubianos, e nos enxaguarmos.

"Para que é isso?", perguntei.

"É para piolhos e chatos",[68] disse a guarda. Foi humilhante. A última etapa era a "revista". Todas as mulheres que entravam naquele prédio tinham que passar por esse processo, mesmo que não tivessem ido a nenhum outro lugar além da korte. Joan Bird e Afeni Shakur tinham me falado a respeito depois de terem sido soltas sob fiança no caso dos 21 Panteras. Quando elas me falaram, eu fiquei horrorizada.

"Você tá querendo dizer que eles realmente enfiam as mãos dentro de você para te revistar?", perguntei.

"Aham", responderam elas. Toda mulher que já esteve presa em Alcatraz, ou na antiga casa de detenção, sabe disso. As mulheres chamavam de "dedada" ou, mais vulgarmente, de "foda de dedo".

"O que acontece se você não deixar?", perguntei a Afeni.

"Eles te trancam no buraco e não te deixam sair até que você permita a revista íntima."

---

68 NE: Chato é uma espécie de piolho pubiano.

Pensei em recusar a revista, mas com toda certeza não queria ir para o buraco. Eu não aguentava mais a solitária. A "revista íntima" foi tão humilhante e nojenta quanto eu imaginava. Você se sentava na beira de uma mesa, a enfermeira mantinha suas pernas abertas, depois enfiava um dedo em sua vagina e remexia lá dentro. Ela usava uma luva de plástico. Algumas tentavam enfiar um dedo em sua vagina e outro no reto, ao mesmo tempo. De qualquer maneira, eu até esbocei uma reação. Tive vontade de socar aquela enfermeira até cansar. E depois de tudo, as guardas tiveram a cara de pau de me dizerem que tinha havido um erro e que um médico teria que me examinar mais detidamente. Eu estava com muito nojo. Ele era um homem de aparência imunda que parecia mais um mendigo do que um médico. Ele tossiu em cima de mim sem sequer tapar a boca, e suas unhas pareciam as de um trabalhador de minas de carvão. A única coisa boa é que ele foi bem rápido. Ele listou um mundo de doenças em meu ouvido com a rapidez de um leiloeiro e perguntou se eu tive alguma delas. E aí me fez um exame em um minuto, colheu meu sangue e pronto.

Fui mantida na sala de triagem por um longo tempo depois de todos terem saído. Então, uma guarda um tanto simpática, com uma cicatriz no nariz e na boca, me levou para a minha cela. Seguimos por um corredor que parecia ter uma milha de comprimento até um outro onde havia uma guarda sentada dentro de uma cela de vidro. Botões, maçanetas e luzes decoravam a gaiola. Parecia o interior de algum tipo de nave espacial.

"Abre a cinco", disse a guarda que me levava.

Houve um barulho estrondoso, depois um zumbido e depois nada.

"Agora pode ir."

"Ir para onde?", perguntei.

"'E só seguir direto nesse corredor e a porta vai estar aberta. Você vai ver logo."

O corredor era comprido. Quando cheguei à cela, a luz se acendeu. Quando entrei, a porta deslizou e se fechou atrás de mim. Parecia coisa de filme de ficção científica. Os longos corredores, a porta deslizante, o painel de controle. "Cadeia espacial", pensei alto. Dentro da cela, tinha uma cama de ferro, uma pia suja, uma privada sem assento e um rolo de papel higiênico. Eu estava cansada e só queria dormir.

"Estou apagando a luz agora", uma voz disse no microfone. A luz se apagou, mas outra luz amarela ficou acesa.

"Apaga a outra luz também, por favor", gritei para a guarda.

De novo, veio uma voz do microfone. "A luz deve ficar acesa. Ela é para sua própria proteção."

Ela ficou acesa e eu fui dormir.

Manhã! As portas deslizam e se abrem.

"Café da manhã, senhoras!", informou o microfone. Era cedo, mas eu estava ansiosa para me vestir e circular um pouco. A primeira coisa que percebi foi o cheiro. Todas as prisões pelas quais passei fediam. Elas têm um cheiro diferente de qualquer outro na terra. Cheiram a sangue, suor, chulé, feridas abertas e, se a miséria tivesse um cheiro, cheiram como a miséria. As paredes da cela eram cobertas de obscenidades e declarações de amor. "Apache ama Carmen"; "Linda e Fulaninho"; "Índia e Rosa – amor verdadeiro, sempre". Da janela, eu podia ver um pequeno pátio pavimentado com grama crescendo entre as rachaduras na calçada e depois outro prédio alto.

Algumas mulheres estavam na sala de convivência, mas a maioria permaneceu em suas celas, que eram áridas, exceto pelas coisas escritas nas paredes com pasta de dentes. Na cadeia, a pasta de dentes tem várias funções, inclusive a de colar fotos na parede. Algumas celas eram "arrumadas" com fotos de revistas penduradas nas paredes e uma manta de tricô ou crochê na cama. As roupas, em caixas de papelão, ficavam no chão. As mulheres pareciam más e pálidas. Elas me olhavam com um vago interesse apenas e logo se voltavam para suas questões. Eram todas Negras ou hispânicas.

Tomei um banho e passei o resto da manhã andando de um lado para o outro. Algumas mulheres eram corpulentas, com mãos e pés inchados. Outras tinham aparência bem estranha. Uma estava sentada em uma cadeira, com os olhos sonolentos, rindo sozinha, bem baixinho. Havia um grupo de mulheres em uma mesa jogando espadas. Elas me perguntaram se eu queria jogar e, como nunca tinha ouvido falar do jogo, se ofereceram para me ensinar. Aprendi que era como o jogo de uíste, só que as espadas eram sempre trunfos. Então, chegou a hora do encarceramento novamente, o segundo do dia. O primeiro foi depois do café da manhã.

Havia duas mulheres, uma de cada lado de minha cela, que ficavam trancadas nas suas celas o dia todo. "Vocês não querem sair?", perguntei estupidamente. Elas riram com vontade.

"Não", disse uma delas, "eu gosto de ficar aqui". Quando ela parou de rir, me disse que estava "trancada". O que significava que ela ficaria trancada na cela até ser atendida pelo Conselho.

"O que é o Conselho?", perguntei.

"É o Conselho Disciplinar. Quando você comete uma infração eles te trancam até que você seja atendida pelo Conselho."

"Depois eles te deixam sair?"

"Às vezes, mas nós estamos indo para a PSA."

"O que é isso?"

"É o buraco, a solitária. Aqui é onde você fica antes de te levarem ao Conselho; então, depois disso, se eles acharem que você não passou tempo suficiente aqui, eles te mandam para a PSA." (PSA é a área de segregação punitiva:[69] solitária.)

"Então vocês não ficam nessa parte o tempo todo?"

"Não. Nós já estamos cumprindo pena. Só tivemos que vir para cá porque roubamos a medicação. Roubamos quase tudo do carro de remédios e tomamos. Coke quase teve uma overdose. É por isso que estamos aqui. Essa parte é pra quem cometeu infrações ou pra gente doida."

"Gente doida?"

"Sim!", respondeu a que se chamava Coke. "Essa parte aqui é cheia de malucas. Como você veio parar aqui?"

"Eu não sei. Cheguei ontem e eles me colocaram aqui."

"Você entrou por homicídio?"

"Homicídio?"

"Sim, homicídio. Você está aqui por assassinato?"

"Eu tenho uma acusação de homicídio em nova jérsei, mas estou aqui para um julgamento por assalto a banco."

"Deve ser por isso que eles te colocaram aqui", especularam elas. "Provavelmente vão te transferir logo." Elas fizeram milhares de perguntas.

"Quem você matou?"

"Eu não matei ninguém."

"Bem, quem eles dizem que você matou?"

"Um tira, policial do estado de nova jérsei."

"Que merda. O negócio vai ficar feio pra você. Num foi você mesmo não?"

"Não."

"Você tem acusação de assalto a banco também. Você roubou o banco? Quanto você faturou?"

---

69 NE: *Punitive segregation area* em inglês.

"Eu não faturei dinheiro nenhum porque não roubei banco nenhum."

"É? Então foi seu namorado que roubou e colocou a culpa em você?"

"Não, eu não tenho namorado."

"Ah, então você gosta de garotas?", elas riram. "Você é bem bonitinha. Quer ficar comigo?", umas delas brincou. "Já ficou com mulher antes?"

"Não, nunca."

"Você tem mais alguma acusação?"

"Sim, tem outra de assalto a banco."

"Nesse você participou?"

"Não!"

"Nossa! Caramba, eles te ferraram toda!", disse a que se chamava Delores. "Por que eles estão tentando te enquadrar desse jeito?"

"Porque eu sou uma revolucionária. Eles dizem que eu sou do Exército de Libertação Negra."

"É mesmo! Eu conheço você. Você é aquela garota que estava no jornal. Eu li sobre você. Sim! Como é seu nome?"

"Assata, Assata Shakur, mas meu nome de escrava é JoAnne Chesimard."

"Sim, é você mesmo. Nunca imaginei te conhecer. Tudo bem?"

"É mesmo", disse Coke, "eu vi sua foto na TV, mas agora você tá diferente".

"Como?", perguntei.

"Quando vi sua foto, pensei que você fosse muito maior, e muito mais preta também."

"Sério?", eu ri. Era algo que eu sempre ouvia. Sempre me diziam que pensavam que eu era maior, mais preta e mais feia. Quando eu perguntava às pessoas como elas achavam que eu era, me descreviam alguém com cerca de um metro e oitenta, com cerca de cem quilos, de pele muito escura e de aparência selvagem.

"No jornal tava que você era muito perigosa, então pensei que você devia ser toda ruim, e tal. E agora você tá aqui, essa coisa pequenininha."

Perguntei a elas por que estavam presas. No decorrer dos dias, eu aprenderia um vocabulário totalmente novo. *Jostling* (empurrar) era furtar carteiras; *boosting* (levantar) era furtar em lojas; *juggling paper* (malabares com papel) era passar cheques sem fundos, e *dragging* ou *playing drag* (arrastar) era trapacear.

Mais tarde naquela noite, uma mulher que tinha acabado de voltar da korte me disse que Phyllis queria que eu fosse ao ginásio esportivo às 8h30min. Fiquei radiante. Tinha ouvido dizer que Simba estava por lá, mas achei que eles poderiam transferi-la para garantir que não ficássemos juntas. O ginásio era grande. Havia mulheres jogando handebol e basquete, dançando ou apenas sentadas nas arquibancadas conversando. Finalmente, atrás de um grupo de mulheres, vi Simba. Nós nos abraçamos e apenas nos sentamos, tentando expressar em palavras tudo o que estava em nossos corações. Tanta coisa tinha acontecido desde a última vez que nos vimos. Éramos próximas quando éramos do Partido dos Panteras Negras. Moramos juntas por um tempo. Ela sempre foi uma irmã verdadeiramente pé no chão, com um coração de ouro. Ela me contou sobre seu caso, sobre os camaradas com os quais tinha contato e, também, que estava grávida. Homey foi o apelido que deu a seu amado, o pai do bebê, Kakuyan Olugbala. Ele era um lindo irmão revolucionário e foi assassinado pela polícia de Nova Iorque. Kakuyan e eu ficamos bem próximos quando fomos da filial do Partido dos Panteras Negras no Harlem. Ele era daqueles irmãos que, nos dias de ideologia lúmpen[70] do Partido dos Panteras Negras, seria chamado de lúmpen. Ele cresceu no Harlem, perto da 116th Street com a 8th Avenue, era um tipo de pessoa descontraída, tranquila, mas um lutador incansável. Ele adorava armas e era um gênio com elas.

Fiquei feliz com a gravidez e triste ao mesmo tempo: sua sentença era de vinte e cinco anos. Embora eu tenha tentado demonstrar alegria, acho que ela percebeu que fiquei preocupada.

"Não se preocupe", ela me disse. "Essas pessoas podem trancar a gente, mas não podem parar a vida, assim como não podem parar a liberdade. Este bebê tinha que nascer, para dar continuidade a nós. Eles mataram Homey e, portanto, esse bebê, como todas as nossas crianças, será nossa esperança para o futuro." Mais tarde, eu pensaria muito nessas palavras.

É DE MANHÃ, cedo. Parece que são quinze para a meia-noite e eu quero dormir. Ouço vagamente meu nome pelo microfone. Alguma coisa sobre a korte. Eles estão me chamando para ir à korte. Apressadamente, saio rolando da cama, tomo banho, me visto, penteio os cabelos e estou pronta para ir. Eles trazem o café da manhã no carro de comida. Não aguento nem olhar, muito menos comer.

"OK, senhoras do tribunal, hora de ir para a sala de triagem", geme o microfone. É muito cedo para isso. A vontade é de arrancar aquilo do teto. Vou cambaleando para a sala de triagem, ainda não totalmente acordada. São 7h20 da

---

70 NE: Ao contrário do pensamento marxista tradicional (para o qual o lúmpen é uma camada do proletariado destituída de recursos econômicos e de consciência de classe), os teóricos do Partido dos Panteras Negras defenderam o potencial revolucionário do lúmpen Negro afro-americano. Fonte: <https://libcom.org/files/lumpenizationblackpanthers.pdf>.

manhã. Passo três horas sentada ali. Finalmente, os oficiais aparecem. Agora eles querem que eu me apresse. Um deles me acorrenta. Primeiro ele põe uma algema nos meus pés, depois passa uma corrente em volta da minha cintura, prende as algemas à corrente e algema minhas mãos. Mal consigo andar. Ou me sacudir.

Korte, opaca, cinza, verde opaca. Eles estão me colocando no curral.[71] Não sei por que eles chamam aquilo de curral, embora eu tenha muitas vezes especulado.

"Visita de advogado", um dos oficiais anuncia enquanto abre as grades para eu sair.

Vamos para o final do corredor. Evelyn está resfolegando e bufando. Ela sempre resfolega e bufa quando está brava. Em alguns minutos, sei que ela começará a andar e a bater os pés.

"Eles estão tentando nos forçar a ir a julgamento imediatamente", ela disse. "Você sabe que tenho estado ocupada, redigindo petições para a corte federal."

"Como assim, korte federal? Não estamos na korte federal?"

"Sim, mas se o juiz negar nosso pedido de adiamento, quero estar pronta para ir direto para a corte de apelação."

"Como assim?" Para mim, era tudo grego.

"É onde apelamos se o juiz emitir opinião desfavorável."

Continuamos conversando. Evelyn tentava me explicar e eu tentava explicar a ela que não podíamos ir a julgamento. "Não há como você estar pronta para ir a julgamento agora, neste momento." Eu explodo.

"Eu sei, eu sei", respondeu Evelyn.

---

71 NT: Uma grande cela onde os prisioneiros ficam detidos até serem levados a julgamento.

Eu continuo descontrolada e delirante enquanto Evelyn tenta me explicar as leis. Eles nos chamaram na korte. O juiz é o gagliardi. Ele se parece exatamente com o que ele é: um brankelo racista do cão. Kamau entra no tribunal. Fico muito feliz de vê-lo. Ele envelheceu. Traz no rosto um sorriso irônico, mas sob esse sorriso vê-se um rosto faminto. Fico tentando imaginar o que ele estaria pensando. Bob Bloom, advogado de Kamau, está de pé, falando. Ele está pedindo um adiamento. Tudo o que ele diz é lógico e faz sentido. Evelyn se levanta e começa a falar. Ela está falando a mais pura e absoluta verdade. O juiz olha para o teto. Pressinto o resultado da audiência e continuo me virando para olhar o público. Rostos amigáveis e familiares sorriem para mim. Eu poderia olhá-los para sempre. O juiz nega nosso pedido de adiamento. O juiz nega todas as nossas petições. Eu queria gritar: "Cão imundo, porco asqueroso, você não é um juiz. É só mais um promotor."

Olho para o promotor. Ele é presunçoso. Sua cara é irreal – como um pôster. Ele parece um cartaz de guerra de 1940. John Q. Public. Fico olhando para ele. Ninguém conseguiria ser mais brega. Ele é como um fantasma vindo do passado. Estou convencida de que ele não sabe que estamos em 1973. Os advogados pedem permissão para fazerem uma reunião conjunta, o juiz autoriza, mas que seja breve. Os advogados arquitetam a estratégia das apelações.

"Quais são nossas chances com essa apelação?", pergunto.

"Há uma chance", disse Evelyn. "Pequena, talvez, mas uma chance. Se os tribunais estiverem interessados em justiça, então é claro que vão apoiar nossa posição." Todos nós sabemos o quão incerto tudo pode ser.

QUANDO VOLTAMOS à korte, cinco dias depois, tinha nevado. As árvores estavam nuas e cobertas de gelo e, embora eu não goste de inverno, era uma bela visão. Assim que cheguei à korte, Evelyn estava lá para me dizer que o tribunal de apelação tinha negado todos os nossos recursos, e que gagliardi estava falando em proceder com o julgamento naquele dia.

"Só quero que você entenda que não há como eu te defender adequadamente em tão curto espaço de tempo. Não tive tempo de preparar as moções de pré-julgamento, não recebi prova material nem sequer tive tempo de pensar em uma defesa apropriada porque não consegui ter acesso aos autos processuais. Eu só quero que você saiba disso."

"Eu sei", eu disse a ela, "e sei que você está fazendo o melhor que pode".

"De qualquer forma", Evelyn disse, "se o pior acontecer, você vai ter uma questão sólida para a apelação".

Era uma imagem deprimente. Estavam claramente armando para nós. Fomos perante o juiz. Mais uma vez, ele foi arrogante e beligerante, determinado a nos forçar a ir a julgamento imediatamente. Novamente, ela pediu o adiamento ao juiz, mas seus argumentos não foram ouvidos. Ele decidiu que poderíamos ter uma conferência conjunta mais tarde, mas o julgamento começaria imediatamente.

Quando saímos do tribunal, Akilah estava no corredor com Ksissay, a filha de dois anos de Kamau. Quando ele passou por ela, a criança estendeu os braços para ele. Kamau deu dois passos na direção dela e os oficiais, então, pularam sobre ele e começaram a espancá-lo. Fui para cima dos oficiais e tentei puxá-los. Em um instante, uma briga infernal se alastrou pelo corredor. Por fim, os oficiais sacaram suas armas e nos forçaram a deitar no chão com os braços abertos. Permanecemos deitados ali enquanto eles socavam nossas costas, nos chutavam e nos algemavam com as mãos para trás. Akilah correu para contar a todos o que estava acontecendo, enquanto Ksissay gritava histericamente. Jamais esquecerei os gritos desesperados daquela criança enquanto via o pai ser brutalmente espancado.

Depois da briga, os oficiais foram cruéis e vingativos. Eles fizeram de tudo para nos provocar e assediar. Os jornais noticiaram que nós é que os havíamos atacado.

Kamau e eu decidimos que não deixaríamos que passassem por cima de nós assim tão facilmente. O tal julgamento foi um erro judiciário tão flagrante que nem mesmo contaria com nossa presença. E tampouco queríamos que Evelyn e Bob Bloom participassem.

"Apenas sentem lá e não digam nada", dissemos a eles. "Nós é que vamos falar." E foi o que fizemos.

Na sessão seguinte da korte, gagliardi perguntou aos advogados se eles estavam prontos para começar a escolha do júri. Ambos declararam que, visto que para eles seria impossível nos representarem adequadamente, tínhamos solicitado a eles que permanecessem "mudos".

"Está bem, então, vamos continuar com ou sem vocês", rugiu o juiz. "Tragam o júri."

Assim que o corpo de jurados entrou no salão da korte, Kamau e eu começamos a contar a eles o que estava acontecendo. Dissemos ao júri que aquele juiz havia sido nomeado por Nixon e que ele estava nos perseguindo por causa de nossas crenças políticas, e que ele era o mesmo juiz que tinha acabado de conceder a Mitchell e Stans, os réus de Watergate – os quais, diferente de nós, não tinham um mínimo de razões válidas para a postergação do prazo – um adiamento prolongado. Depois de um tempo, o juiz ordenou que fôssemos retirados do salão do tribunal. A seleção do júri continuou apenas com a participação do juiz e do promotor. De vez em quando o juiz enviava os oficiais de volta para nos perguntarem se iriamos "nos comportar".

"Claro", dizíamos aos oficiais.

De volta ao salão do tribunal, então, nos "comportamos". Novamente, contamos ao júri o que estava acontecendo e que o juiz estava tentando nos ferrar. Assim que começamos a falar, o juiz ordenou que nos retirassem de lá. Sempre que estávamos prestes a ser expulsos, os oficiais disputavam as posições mais próximas de nós e a oportunidade de nos agarrar, torcer nossas mãos atrás de nossas costas e nos socar. Para evitar ser maltratada, assim que o juiz dizia: "Retirem a ré do salão", eu dizia: "A ré se retirará sozinha." Na maioria das vezes funcionava, mas um dia os oficiais estavam tão fissurados que pularam em cima de mim e começaram a me brutalizar ali mesmo, em plena korte. Evelyn saltou como se estivesse pronta para lutar, e ficou entre eles e eu, com um braço esticado para mantê-los afastados.

Ela se queixou ao juiz. Meu braço e minha mão ainda não estavam totalmente recuperados e eu ainda estava parcialmente paralisada. Os comentários de Evelyn fizeram com que os oficiais fossem ainda mais cruéis. Eles ficaram tão brutais que toda a audiência começou a gritar. Enquanto os oficiais me levavam para fora da korte, os espectadores gritavam: "Armação, armação." O juiz ordenou que fossem retirados de lá. Enquanto eu era levada escada abaixo, podia ouvir a comoção. As pessoas cantavam, gritavam e berravam. Os oficiais, eu soube depois, espancaram alguns deles. Estava sentada no curral, perdida em meus pensamentos, quando eles trouxeram uma mulher e um homem brancos pelo corredor, e colocaram a mulher na cela comigo. Olhei para ela sem muito interesse.

"Assata", ela disse, "estou tão feliz de ter finalmente conhecido você. Mas nunca pensei que seria desse jeito",

Olhei para ela sem expressão.

"Meu nome é Natalie Rosenstein. Eu estava lá em cima. Era uma das pessoas na audiência quando eles começaram a empurrar, sacudir e bater nas pessoas."

"O quê?", eu disse. "Você está brincando!"

"Não. Nós não saímos rápido o suficiente, então, eles prenderam a gente", ela disse, se referindo a ela e ao homem branco.

"Qual foi a acusação contra vocês?"

"Obstrução de justiça."

Depois disso, Kamau e eu fomos banidos de lá, colocados em uma sala gelada ao lado, onde um alto-falante foi instalado para que ouvíssemos o julgamento. No começo, eles fecharam a porta. Antes, a queríamos aberta porque estava muito frio e o calor do resto do prédio podia ajudar. Então, começamos a desfrutar da privacidade. Era bom poder conversar sem ninguém nos vigiando a cada movimento. Como sabíamos que a qualquer momento abririam a porta, para nos vigiar, a mantínhamos aberta.

"Deixa entrar um pouco do aquecimento. Está um gelo aqui."

"A porta vai ficar fechada." Depois de um tempo eles a trancaram.

Uma das primeiras coisas que Kamau e eu discutimos foi sobre o Islã. Ele já era muçulmano há algum tempo e vivia isso profundamente. Estava seriamente tentando me convencer a me converter e a me tornar uma muçulmana ativa e praticante. Eu sempre disse que se eu tinha alguma religião era o Islã, mas nunca fui praticante. Por causa de Elijah Muhammad e Malcolm X, a influência muçulmana sobre nossa luta era muito forte, mas sempre foi difícil para mim aceitar a ideia de um deus todo-poderoso, que tudo vê e que tudo sabe. Além disso, eu pensava, como poderiam esperar que eu amasse e adorasse um deus cujo "plano mestre" incluía a escravização, a tortura e o assassinato de Negros?

Kamau argumentava que o Islã era uma religião justa, que se opunha à opressão. "A opressão é pior que o massacre", disse, citando o Alcorão. "Um muçulmano de verdade é um autêntico revolucionário. Não há contradição em ser muçulmano e revolucionário." Eu não sabia muito sobre o assunto, mas concordei em buscar mais informações. Os rituais muçulmanos eram realizados regularmente em Rikers Island, e Simba e eu começamos a participar.

Conversar com Kamau foi muito bom para mim. A solitária tinha me feito realmente mal. Eu tinha me fechado dentro de mim e esquecido como me relacionar de maneira aberta com as pessoas. Passamos dias inteiros rindo e conversando enquanto ouvíamos as maluquices que aconteciam no salão. A cada dia nos aproximávamos mais, até que um dia ficou claro para nós dois que nossa relação estava mudando. Estava se tornando física. Começamos a nos tocar e a nos abraçar, e um era o oásis do outro. Por alguns dias, a questão do sexo estava lá. Então, um dia, conversamos sobre o assunto. Sim, era possível. Mas, pensei: e as consequências? Gravidez era certamente uma possibilidade. Eu poderia pegar prisão perpétua. Kamau também ia ficar na prisão por um bom tempo. A criança não teria mãe nem pai.

Kamau disse: "Se você engravidar e tiver um filho, a criança será cuidada. Nossa gente não vai deixá-la crescer ao léu como erva daninha." Fiquei pensando no assunto. Sim, era verdade, mas a criança sofreria. "Todas as nossas crianças sofrem", disse Kamau. "Não podemos garantir a nossos filhos um futuro num mundo como esse. A luta é a única coisa garantida no futuro das nossas crianças. Essa pode ser sua última chance de ter um filho."

"Tenho que pensar", eu disse a ele. Minha mente estava gritando. Quem cuidaria do meu bebê? Pensei no que Simba tinha dito sobre nossas crianças serem nossa esperança para o futuro. Eu nunca quis ter filho. Desde adolescente, sempre disse que o mundo era horrível demais para trazer outro ser humano para cá. E uma criança Negra. Nossas crianças vivem, no mínimo, frustradas. Com o nariz colado nas vitrines, desejando. E, pior, vemos nossos filhos morrerem de overdose ou opressão, abatidos pela polícia ou consumidos numa cadeia. Minha cabeça rodava. O que minha mãe, avó e bisavó pensaram quando trouxeram seus bebês a este mundo? O que minhas ancestrais pensaram quando trouxeram seus bebês a este mundo, para depois vê-los açoitados e violados, comprados e vendidos? Eu pensei e pensei. Quantas crianças Negras são afastadas de seus pais? Quantas são criadas por avós e avôs? Eu mesma não tinha ficado com meus avós até que minha mãe terminasse os estudos e tivesse como se sustentar? Lembrei-me de todas as discussões que tive. "Sou revolucionária", eu dizia. "Não tenho tempo para ficar em casa e ter filhos."

"Você acha que é uma máquina?", um irmão me perguntou. "Você acha que veio ao mundo para lutar e nada mais?"

Pensei no que Zayd sempre me dizia: "Enquanto estiver viva, amiga, é melhor que viva."

"Eu gosto da vida", disse a mim mesma. "Vou viver o máximo que puder e o mais plenamente possível até morrer. E não vou permitir que esses parasitas, esses opressores, esses suínos racistas gananciosos me façam matar meus filhos em minha mente, antes mesmo de nascerem. Vou viver e vou amar Kamau e, se dessa união vier uma criança, vou ficar muito feliz. Porque nossos filhos são nosso futuro e acredito no futuro e na força e retidão de nossa luta."

Eu estava pronta para o que quer que acontecesse. Relaxei e deixei que a natureza seguisse seu curso.

Quando havia alguma coisa importante acontecendo na korte, nós ouvíamos. Mas, normalmente, o que quer que estivesse acontecendo acabava sendo uma conversa chata que não dava em nada. Os advogados têm o hábito de transformar dez palavras em cem e não dizer mais nada no processo. O julgamento foi como algo saído da imaginação de algum dramaturgo. Nós dizíamos que era um "show de vaudeville".[72] Evelyn e Bob, depois de registrarem seus protestos diários, emudeciam. O juiz rugia e resmungava. Os porcos latiam como cães perversos. As "testemunhas" mentiam como loucas. Os jurados (que tinham sido escolhidos exclusivamente pela promotoria) olhavam e ouviam sem esboçar qualquer reação. Havia dois jurados Negros e, embora tivéssemos pouca esperança de sermos absolvidos, colocamos a microscópica esperança que tínhamos neles. Embora não tivéssemos apresentado defesa, não tivéssemos participado do julgamento, pensamos que havia uma pequena chance de eles não seguirem o programa. Os Negros, geralmente, não são tão manipuláveis quanto os brancos quando o assunto é o tal sistema judiciário.

Todo o processo do tribunal começou a pesar em mim. Na metade do tempo, eu não comia, porque geralmente serviam carne de porco no almoço e, às vezes, no jantar também. O café da manhã estava fora de cogitação. Nunca consegui descobrir o que era aquilo que nos davam para comer. Eu chamava de "ensopado de monstros". Eu estava sempre morrendo de frio e não tinha casaco. Minha

---

72 NT: Gênero de entretenimento de variedades predominante nos Estados Unidos e no Canadá do início dos anos 1880 ao início dos anos 1930. Incluía concertos, apresentações de cantores populares, "circos de horror", museus baratos e literatura burlesca. Fonte: <https://en.wikipedia.org/wiki/Vaudeville>.

mãe me levou um, mas dei para Simba. Ela estava grávida e precisava mais do que eu. Uma noite, quando voltei da korte, comecei a me sentir muito mal, como se estivessem me enfiando uma faca na cintura. Eu mal conseguia respirar. Fui ao médico do presídio e o diagnóstico foi pleurite. Quando o juiz soube que eu estava doente e não poderia ir ao tribunal, ele deu um faniquito. Agiu como se eu tivesse ficado doente só para atrasar o julgamento. Quando voltei ao médico do presídio, ele estava nervoso e abalado.

"Eles não param de me ligar para saberem de você", ele disse. "Eles querem você de volta ao tribunal imediatamente. Eles querem saber o quão rápido eu posso mandar você de volta para lá."

"Quem não para de te ligar?", perguntei.

"Todo mundo. Pessoas. Tenho que te mandar de volta para o tribunal o mais rápido possível."

E foi exatamente o que ele fez.

Todos os dias eles nos levavam para a korte. E todos os dias, assim que o júri chegava, começávamos a contar a eles o que estava acontecendo, que estávamos sendo forçados a julgamento sem termos tido tempo para preparar uma defesa. E, todos os dias, o juiz mandava nos retirar da korte e nos acusava de desacato. Era cômico.

"O que você vai fazer?", eu perguntava a ele, depois de ser acusada de desacato pela centésima vez. "Vai me prender? Me trancar?"

Um dia, quando o juiz estava particularmente louco e os oficiais particularmente brutais, Evelyn simplesmente não aguentou mais.

"Eu não vou ficar sentada aqui assistindo a esse espetáculo", ela disse. "Se vossa excelência não vai me deixar defender minha cliente, não há razão de eu estar aqui." E com isso, ela se levantou e foi saindo.

"Volte aqui", gritou o juiz. "Eu ordeno que você volte e se sente."

Evelyn continuou andando.

"Se você não voltar e se sentar, vou acusá-la de desacato."

Evelyn foi andando e saindo da korte. O juiz a acusou de desacato. (Em 1975, depois de todos os recursos, inclusive à suprema korte dos estados unidos, terem sido negados, ela cumpriu os dez dias de pena em segurança máxima no presídio feminino do condado de westchester.)

O julgamento logo terminou e esperamos pacientemente pelo veredito. Evelyn e Bob nos prepararam. "Não esperem nada além do pior. Há uma chance, mas é ínfima." Kamau e eu ficamos aguardando a condenação. Passou um dia de deliberação do júri. Passaram dois dias. O júri parecia estar levando uma eternidade. Ficamos especulando sobre o motivo de tanta demora. Era um caso simples. Não houve interrogatório de testemunhas nem apresentação de defesa. Kamau e eu passamos o tempo envoltos em afeto, saboreando nossos últimos momentos juntos.

Na manhã seguinte, Evelyn e Bob entraram, em meio a risos. "O júri está num impasse", eles continuavam rindo. "Gagliardi está prestes a obter um empate. Eles vão nos chamar ao tribunal em alguns minutos. Só queríamos dar a boa notícia a vocês." Dez minutos depois estávamos na korte. O juiz estava sombriamente agradecendo e dissolvendo o júri. Os oficiais pareciam querer briga. O promotor parecia querer chorar. Descobrimos mais tarde que um único jurado Negro tinha se recusado a nos condenar. Ele tinha nos ouvido. A cara do gagliardi me deu um grande prazer. Olhei para ele e sorri com meu sorriso mais significativo. Ele ficou vermelho e desviou o olhar.

Mais tarde, nos encontramos com os advogados. Ainda estávamos zonzos e em estado de choque. "O que isso significa? Eles vão nos julgar de novo?"

"Eles vão julgar vocês novamente, e logo", Evelyn nos disse. "O novo julgamento começa na segunda-feira."

Kamau e eu nos olhamos. Estávamos cansados de tudo aquilo, mas em êxtase porque íamos ter mais tempo juntos.

"Vai ser o mesmo juiz?"

"Não", disse Bob. "Eles têm que designar um novo."

Evelyn tinha sido contagiada por nossa alegria mas, como sempre, ela pensava primeiro no trabalho. "Temos que montar uma estratégia para o julgamento." Sentar-se naquele tribunal dia após dia e assistir àquele fiasco nos permitiu uma coisa. Pudemos ver e analisar o caso deles. "Sinto que agora estamos prontos para ir a julgamento."

"Eles não têm um caso", disse Bob. "Eu não consigo entender sequer como têm uma acusação."

"Nós conseguimos", Kamau e eu dissemos.

"O caso deles é totalmente absurdo", disse Evelyn.

"Nós sabemos", Kamau e eu fizemos coro de novo.

"As testemunhas deles são tão falsas quanto notas de três dólares", disse Evelyn.

"Nós sabemos."

"Eles não têm uma única peça de evidência física", resmungou Evelyn. "Não têm fotografia, nem digitais, nem testemunhas, nem nada."

"Nós sabemos", Kamau e eu entoamos em uníssono.

"Eles não poderiam ter evidência alguma", eu disse. "Nós não estávamos lá."

"Bem, disso eu sei", disse Evelyn indignada. "A questão não é essa."

Bob e Kamau pareciam perplexos. Evelyn e eu apenas nos entreolhamos e sorrimos com cumplicidade. Tínhamos descoberto em nova jérsei como "evidências" poderiam surgir do nada e outras evidências desaparecerem.

Evelyn e eu temos uma relação muito próxima. A gente se ama intensamente e se dá maravilhosamente bem. Na maior parte do tempo! Mas quando discutimos ou discordamos é um horror. Uma fica indignada por a outra não concordar ou entender seu ponto de vista, e aí nos sentimos traídas, ficamos furiosas. Além de não sermos as pessoas de temperamento mais ameno do mundo. Acrescente a isso a tremenda pressão sob a qual ambas estávamos e você terá os ingredientes para uma explosão.

Durante uma de nossas reuniões de estratégia, Evelyn e eu batemos de frente. Por mais que tentássemos, não conseguíamos chegar a nenhum acordo. Depois de um tempo, não estávamos nem nos comunicando mais. Passou a ser uma questão de quem tinha a última palavra e a decisão final.

"A advogada sou eu", gritava ela. "Eu sei o que estou fazendo! Se você não vai me ouvir, então, qual o sentido de você me ter fazendo sua defesa?"

"Eu sou a cliente", eu gritava de volta. "Sou eu que vou passar vinte e cinco anos na prisão se você estiver errada."

"O que você está dizendo é que não confia em mim ou em meu parecer", disse Evelyn. Nossa discussão só piorava. Com o tempo, nos agredíamos verbalmente sem pensar no que falávamos.

"Eu não preciso desta merda", explodiu Evelyn. "Pra que que eu vou te defender? Você não tem um pingo de juízo."

"Você não precisa me defender se não quiser", respondi. "Dispenso seus favores."

"Você precisa de todos os favores possíveis", rebateu Evelyn.

"Sim, mas não vindos de você. Eu posso me defender sozinha tão bem quanto com você."

"Eu quero é ver você se defender. Eu não preciso dessa merda."

"E vou mesmo. Eu também não preciso de você."

"Isso, vá em frente e faça esta bosta de defesa, então", gritou Evelyn.

"Faço sim."

Após a discussão, eu estava cansada e vazia. Toda a tensão foi drenada de meu corpo. Eu ainda estava brava, mas estava arrependida também. Evelyn provavelmente estava certa, e eu provavelmente estava louca. É tão difícil trabalhar com alguém que seja tão próximo da gente. É como ter como seu advogado sua mãe, sua esposa ou seu marido. Fica muito difícil ser objetiva. Às vezes, as questões pessoais acabam interferindo. Eu não sabia se estava sendo uma adulta sã ou uma criança rebelde.

Quando voltamos à korte, logo percebi que Evelyn ainda estava com raiva de mim. Eu realmente tinha intenção de fazer as pazes, mas sua postura fria me fez recuar e ficar brava de novo.

"A sua decisão se mantém?", ela perguntou com frieza.

"Sim", respondi secamente.

"Excelência", ela disse ao novo juiz, "gostaria de ser liberada do processo. A Srta. Shakur deseja constituir outro advogado."

"Isso é verdade?", me perguntou o juiz.

"Sim. Vou fazer minha própria defesa." Pouco depois ela já estava fora do caso.

Enquanto estava sentada no curral, me sentindo estúpida e teimosa, o guarda trouxe um defensor público. Gagliardi o tinha designado porque ele não gostava do comportamento da Evelyn. Eu disse que não queria que ele me representasse, que eu mesma me representaria, e que o juiz o tinha designado para meu caso.

"O que você fazia antes de ser defensor público?"

Ele me disse que "em certa ocasião" ele tinha sido promotor. A conversa parou aí. Eu preferia ter um crocodilo como meu advogado. Nem lembro do nome dele, mas ficou lá na condição de meu suposto advogado durante os dois julgamentos, mesmo comigo me recusando a me dirigir a ele.

Como estava fazendo minha própria defesa, eu tinha direito a um advogado como consultor. Todo mundo sugeria advogados, mas a maioria era de esquerdistas brancos. Eu queria, se possível, uma mulher Negra. Mas não bastava ser qualquer advogada Negra. Tinha que ser alguém que estivesse em sintonia com a política da luta pela Libertação Negra.

Um dos nomes que me indicaram foi o de Flo (Florence) Kennedy. Ela era uma advogada Negra que era muito ativa no movimento feminino, bem conhecida no circuito de palestras de costa a costa, e mais reconhecida como ativista política e feminista do que como advogada. Ela se encaixava perfeitamente. Ela era exatamente o que eu queria.

Algumas pessoas desaprovaram a escolha.

"Mas, Assata", diziam, "ela não é advogada de tribunal. Flo não é advogada criminal. Você precisa das duas coisas, alguém que possa te orientar corretamente". Eu estava irredutível. "Ela é rebelde; ela é extravagante e excêntrica; ela vai assustar o júri."

"Ela não pode ser mais assustadora do que esse caso", eu rebatia. "Além disso, eu não preciso de advogada criminal porque este não é um processo criminal. Eu preciso de uma advogada política."

Eu estava de péssimo humor e determinada a lidar com o caso da maneira que eu achasse conveniente. Eu não tinha expectativa de que fosse um processo justo! Este caso parecia um capítulo da série "Além da imaginação"[73] e eu estava convencida de que não poderia ser tratado como um julgamento criminal normal e ordinário. Eu estava determinada a usar esse caso para expor as trapaças e as desonestidades do governo. Foi marcada uma reunião entre Flo e eu. Flo me alertou repetidamente sobre sua inexperiência com julgamentos.

"Sabe, querida, há anos não entro num tribunal para acompanhar o julgamento de um caso."

"Eu não ligo", eu disse. "Você é uma mulher do mundo; você conhece a realidade, e isso me basta."

Flo concordou em ser minha conselheira legal. E eu estava pronta para ir a julgamento.

---

73 NT: O título original era *The Twilight Zone*. A série foi exibida entre 1959 e 1964 e apresentava histórias que misturavam terror, ficção científica, drama, comédia e superstição com finais surpreendentes.

CAPÍTULO 6

Minha mãe e meu padrasto se separaram e minha mãe, minha irmã e eu nos mudamos para um novo apartamento num complexo residencial no bairro South Jamaica, perto do New York Boulevard e do Foch Boulevard. De um lado ficavam os conjuntos habitacionais e do outro, a cooperativa[74] onde morávamos, mas eles pareciam iguais para mim. Comparado ao Jamaica, Parsons Gardens, onde morávamos, era um pequeno ponto preto. South Jamaica, Jamaica, Hollis, Bricktown, St. Albans, Springfield Gardens, South Ozone etc., foram agrupados para formar uma cidade Negra. Vivendo no bairro Jamaica, você só via um rosto branco quando ia fazer compras na Jamaica Avenue ou quando o corretor de seguros aparecia. Ao mesmo tempo, a Jamaica era toda branca. Os Negros se mudaram para a Ilha para escapar dos guetos do Harlem e do Brooklyn. Eles compraram casas

---

74 NE: Co-op ou cooperativa é um tipo de habitação muito comum e característico da cidade de Nova Iorque. Em uma habitação dessa natureza, uma empresa cooperativa é a proprietária de um prédio de apartamentos que é administrado por um conselho de administração eleito por acionistas. Os acionistas recebem um certificado de ações e um contrato de arrendamento para ocupar um apartamento específico no edifício. Assim, os proprietários de apartamentos cooperativos (que são, na verdade, inquilinos e não proprietários) são tecnicamente acionistas de uma corporação, à qual o prédio pertence, e não proprietários diretos de bens imóveis.

antigas a preços exorbitantes, apenas para descobrirem que, dentro de alguns anos, seus bairros "agradáveis" haviam se transformado naqueles lugares com altos índices de criminalidade, consumo e tráfico de drogas e extrema pobreza, justo do que eles haviam fugido.

Eu adorava morar no Jamaica, e estava começando a entrar no ritmo do lugar e aprendendo a me virar por ali quando minha mãe e eu tivemos uma de nossas terríveis discussões. Nem me lembro do motivo da briga, mas eu era cabeça dura, teimosa, e tive a impressão de que havia sofrido uma grave injustiça. No dia seguinte, me levantei, catei minhas roupas e fui direto para o Village. Acreditava-se que Greenwich Village era onde viviam artistas, músicos e todo tipo de gente estranha. Eu estava fascinada com a ideia de *beatniks*[75] e boêmios, embora nunca tivesse conhecido nenhum deles. Eu achava que, se eu pertencia a algum lugar, só podia ser ao Village.

Fiquei andando com minha mala até ficar exausta. Lembro-me de observar que as pessoas de lá não eram tão diferentes das outras. Encontrei um lugar para deixar minha mala e passei o resto do dia indo de porta em porta perguntando às pessoas se elas tinham algum trabalho disponível. A maioria nem olhava para mim, apenas me dava um categórico não. No final do dia, eu estava cansada, desgostosa e faminta. Eu não tinha onde morar nem a menor ideia do que fazer. Fui pegar minha mala, mas o local estava fechado. Depois disso, perambulei sem rumo até chegar a um pequeno parque. Sentei-me em um banco, morta de cansaço e

---

75 NE: Tendência cultural surgida logo após a Segunda Guerra Mundial, em Nova Iorque, tendo como núcleo o movimento literário *Beat*, que reunia jovens inconformistas. O termo *beat* era usado pela comunidade Negra local no sentido de esgotado, exausto, mas foi apropriado pelo escritor Jack Kerouac com as conotações de otimismo, beatitude, hedonismo para designar a "geração Beat". Fonte: <https://en.wikipedia.org/wiki/Beat_Generation>.

sem condição de dar mais um passo sequer. Depois de um tempo, um cara branco baixinho com umas espinhas no rosto se sentou ao meu lado e começou a falar. Não entendi metade do que ele dizia, mas ele parecia legal. Quando me perguntou se eu queria ir ao restaurante do outro lado da rua com ele, aceitei com prazer. Eu estava morrendo de fome. Era um restaurante italiano e o cheiro que vinha de lá era divino. Pedi comida para um batalhão. O cara falou sobre um monte de gente que eu não conhecia e sobre o trabalho dele. Ele ficava dizendo que as pessoas em seu trabalho estavam conspirando para ele ser demitido.

"Trabalhei lá durante oito anos e eles nem me deram aviso prévio." Ele me contou várias vezes que a empresa para a qual trabalhava tinha roubado duas de suas invenções e as patenteado e que, quando tentou ser pago por elas e obter crédito por suas ideias, a empresa tentou se livrar dele.

"Eles fizeram o quê?", perguntei.

"Eles fizeram de tudo. Roubaram meus arquivos e meus papéis e então começaram a espalhar boatos sobre mim." Ele disse que era engenheiro de alguma coisa. "Eu nunca deveria ter confiado neles", ele ficava repetindo. "A gente não pode confiar em ninguém."

Quando a comida chegou, comi como se estivesse tirando a barriga da miséria. "Não tá sentindo um gosto estranho nessa comida?", perguntou o cara. Provei mais um pouco e estava boa.

"Não tem nada de errado com a minha", eu disse a ele.

"Tem alguma coisa errada com essa comida", ele disse bem alto. "O que eles fizeram com minha comida?"

O garçom se aproximou e tentou acalmá-lo. "Não sei o que houve", disse o garçom, "mas se quiser, posso trazer outro prato". Embora tenha dito que estava melhor, o cara ainda estava achando o gosto um pouco esquisito. Para mudar de assunto, contei a ele uma história triste sobre minha mãe, que eu disse estar no hospital, e que eu não tinha onde ficar.

"Ah, você pode ficar na minha casa", ele disse. Então, percebendo meu olhar, ele acrescentou: "Tenho uma cama extra."

"Sem rolo?"

"Sem rolo", prometeu. Ele pagou a conta e saímos.

Seu apartamento era um minúsculo quarto e sala com uma cozinha suja e um tapete verde mofado. A sala de estar era arrumada e sem graça. Havia um sofá marrom comum que se transformava em cama. Pedi a ele algo para vestir e me joguei na cama. Ele continuou falando, mas fechei os olhos e fingi que dormia. Depois de um tempo, ele foi para o quarto e apagou a luz. Acordei durante a noite para ir ao banheiro, tropeçando desorientada até finalmente encontrá-lo. Quando saí, fui à cozinha pegar água. Quando eu estava lá, o cara apareceu. Ele estava vermelho e bufando.

"O que você está procurando?"

"Água."

"Ah, não está não", ele gritou. "Você está fuçando a casa toda procurando alguma coisa."

"O quê?", perguntei. "Você está louco."

"Ah, não, minha querida, isso é o que eles querem que eu pense. Não sou nem um pouco louco. O que você estava procurando? Quem te mandou aqui? Você não encontrou nada, não é? Bem, pode dizer a eles que não inventei mais nada para eles roubarem."

"Eu não sei do que você está falando. Ninguém me mandou a lugar nenhum e eu não estava procurando nada."

"Ah, não! Você estava apenas dando um pequeno passeio ao luar. Você acha que sou algum idiota? Eu te trouxe da rua, fui legal, e agora você tenta me enganar. Eles realmente me pegaram dessa vez. Nunca pensei que eles mandariam uma **nigger**. Uma espiã **nigger**."

"Sua mãe que é uma **nigger**", eu disse a ele, "e você é um louco filho da puta". Eu ia colocando minha roupa enquanto xingava ele.

"Espiã. Espiã", ele repetia.

"Espiã é a sua mãe, e eu quero que você se dane."

Bati a porta e saí com o dia amanhecendo ainda. O sol estava começando a sair. Andei até encontrar uma farmácia aberta e pedi chá e um muffin inglês. Comprei pasta de dente, escova de dente e alguma maquiagem para parecer mais velha. Eu ia conseguir um trabalho de qualquer jeito. Peguei minha mala, achei um banheiro para me lavar, troquei de roupa e guardei a mala novamente. Comprei alguns jornais. Dessa vez eu seria metódica na busca.

Vi um anúncio de garçonete e balconista. Aquilo era algo que eu sabia que poderia fazer. O lugar era no centro do Brooklyn. Peguei o primeiro trem para aquela direção e cheguei lá por volta das 8h30 da manhã. A cafeteria ficava em um prédio de uma fábrica e era exclusivamente para os operários de lá. O gerente tinha cabelo preto e branco e era grande, gordo e desleixado. Ele não estava muito animado para me contratar, no início, então contei a ele uma história triste sobre ter vindo do Sul para ajudar minha mãe, que estava no hospital, e que precisava de um emprego o mais rápido possível. Por fim, depois de me olhar de cima a baixo, ele me contratou e disse que eu poderia começar logo, imediatamente. Eu ria de orelha a orelha.

Eu deveria passar a manhã preparando saladas, sanduíches e outras coisas para o almoço. Mas por volta das dez, apareceu um bando de homens para tomar café. O gerente me fez correr como louca, tostando pão, derretendo manteiga e atendendo os pedidos.

"Mais rápido, anda", ele ficava me dizendo. Toda vez que ele me dizia para ir mais rápido eu até tentava, até me parecer que não era humanamente possível alguém se mover mais rápido que aquilo. Então, notei que ele estava sempre se roçando em mim. Suas mãos estavam sempre "acidentalmente" tocando meu traseiro. Eu afastava a mão dele, mas parecia que isso o atiçava ainda mais . Toda vez que eu me inclinava para pegar alguma coisa no *freezer* ou nas prateleiras da despensa, ele tentava passar as mãos pelo meu vestido. Depois de um tempo, comecei a bater nas mãos dele. Isso também parecia agitá-lo mais. Por fim, eu disse a ele, de forma amável e tranquila: "Você poderia, por favor, manter suas mãos longe de mim? Você poderia mantê-las só pra você?"

"Do que é que 'cê tá falando?", ele disse, fingindo surpresa. "Eu não te fiz nada."

À medida que o dia passava, ele foi aumentando seus gritos comigo. "Dá pra ser mais rápida?", ele gritava. "Mexe esse rabo." Ele parou de passar a mão em mim por um tempo, mas cerca de uma hora depois lá estava ele, fazendo a mesma coisa. Ele agia como se fosse algum tipo de piada ou algo assim. Eu não estava achando a menor graça naquilo. O horário do almoço foi supermovimentado e eu estava sendo super-rápida. Depois do almoço, começamos a nos preparar para o café da tarde, e depois começamos a nos preparar para o jantar. O jantar era das 16h30 às 18h30, e às 19h era a hora de fechar. Quando chegou a hora do jantar, eu estava morta e arrasada. Eu precisava demais daquele trabalho, mas o gerente estava me deixando louca, passando a mão em mim o tempo todo. Quando eu dizia para ele parar, ele ria, jogava as mãos para o alto e dizia: "Que que eu fiz? Que que eu tô fazendo?" Ele, então, começou com um novo "truque". Ele puxava o elástico da minha calcinha por cima do uniforme e soltava, como se fosse um elástico arrebentando.

“Para!”, gritei. “Chega!”

“Parar o quê? Que que eu fiz?”

Ao final do jantar eu já sabia que não aguentaria mais aquilo. Por mais que eu precisasse daquele trabalho, eu não podia mais aguentar as mãos daquele porco nojento em mim. Pouco antes de sair, eu disse a ele.

“Olha, se você não consegue manter suas mãos longe de mim, eu me demito. Eu não aguento mais.”

“Como assim, se demitir? Eu que estou mandando você embora. Você é uma lerda e não sabe tratar seu chefe. Agora, se manda daqui.”

“É só me dar meu dinheiro que eu vou embora.”

“Não vou te dar merda nenhuma”, ele disse, “porque você não fez merda nenhuma hoje”.

“Olha aqui, o senhor vai me dar meu dinheiro, sim. Eu trabalhei muito e quero receber.”

“Volta no final da semana.”

“Não, eu quero meu dinheiro agora. Eu preciso dele agora.”

“Você não vai receber nada agora, já disse. Volta no final da semana.”

“Não, você vai me dar meu dinheiro agora; eu quero meu dinheiro!”

“Bem, você não vai ter.”

“Vou chamar a polícia, então”, blefei.

“Eu que vou mandar a polícia atrás de você”, ele disse, “se não sumir daqui agora”.

“É melhor você me pagar”, repeti, com cara de louca e pronta para voar na carteira dele.

Algumas pessoas da fábrica apareceram e ficaram nos fundos assistindo.

"Fala baixo", ele disse, agindo como se fosse cooperar e me dar o dinheiro. "Vamos fazer assim. Vamos lá atrás agora e eu te pago um dia extra. Vou te deixar continuar trabalhando aqui e, se você for boazinha, te dou até um dinheiro extra."

"Não vou com você merda nenhuma. Só quero meu dinheiro!"

"Escuta, pra que tudo isso?", ele perguntou, colocando as mãos no meu ombro. Eu estava fervendo e a ponto de explodir.

"Tira a mão de mim", gritei. "Você não vai querer que todo mundo aqui saiba o tipo de cão que você é. Bem, eu vou contar pra todo mundo. Se você não me der meu dinheiro, eu vou fazer você desejar ter me dado. Eu vou falar pra todo mundo quem você é." Comecei a ir em direção aonde as pessoas estavam trabalhando, na fábrica.

"Tá bem, tá bem", ele disse. "Toma aqui a merda do seu dinheiro. Agora some da minha frente."

As pessoas que estavam de pé foram se aproximando para ver o que estava acontecendo. O homem foi ao caixa e contou meu dinheiro. Eu estava morta de cansaço e me sentindo uma idiota, mas ao mesmo tempo me sentia bem por dentro. Eu continuava na mesma, mas estava treze dólares mais rica e me respeitava o suficiente para não deixar que nenhum velho branco lascivo ficasse apalpando meu corpo.

Juntando tudo, eu tinha dinheiro suficiente para alugar um quarto de hotel barato. Peguei minha mala e fiz o registro em um hotel. Acho que foi no Albert. Depois de pendurar minhas roupas e tomar um banho, decidi comer alguma coisa. Lá embaixo, no saguão, havia uma Negra grande e alta, toda bem-vestida. Ela tinha cabelos pretos com mechas prateadas, longos cílios postiços e muita maquiagem.

"Nossa, olha que bebê!", ela disse, olhando diretamente para mim. "Por favor, me diga como você veio parar nessa pocilga? Você tá vindo do Alabama, amor? Para onde você tá indo, querida?"

Eu apenas olhei para ela.

"Você fala, que-ri-da? Você sabe falar? Para onde você está indo, meu bem?"

"Estou indo comer", eu disse, um tanto cabreira.

"Onde você vai comer, amor?"

"Eu não sei."

"Bem, vem comigo, meu bem. Podemos comer juntas. Estou morrendo de fome."

Eu só olhava para ela.

"Bem, vamos, amor. Você não quer que eu morra de inanição, agora, quer? Você gosta de comida chinesa?"

"Sim", eu disse a ela, me perguntando por que ela estava toda interessada em mim e como ela sabia que eu era nova no hotel. Andamos até chegar a um restaurante chinês. Ela falou o tempo todo, sem parar. De repente, lembrei que meu dinheiro era muito pouco. Minha intenção era comer um cachorro-quente ou algo assim.

"Olha", eu disse a ela, "eu não tenho dinheiro suficiente para comer aqui. Esse lugar parece caro e eu estou bem dura. Talvez uma outra vez eu volte aqui com você".

"Escuta, amor", ela disse, "eu não te arrastei até aqui para comer sozinha. Eu odeio comer sozinha, então você vai ter que aturar minha companhia. Pelo visto vou ter que bancar o raio de seu jantar já que é uma dura".

Eu estava extremamente grata. A Srta. Shirley (era como ela se apresentava) falava pelos cotovelos. Ela soava sofisticada e caipira ao mesmo tempo. Ela era da Geórgia, mas já estava em Nova Iorque há muito tempo. Ela tinha morado no Village por muito tempo, também, embora tenha dito que era uma cigana. Eu pedi algo como *chop suey*,[76] que era a coisa mais barata do cardápio.

"O que você está tentando fazer, meu bem?", ela disse. "Quer fazer eu me sentir mal? Olha, você senta aí com os ouvidos abertos e deixa o pedido por minha conta." Ela pediu tudo quanto foi comida e quando chegou, era um banquete. Tinha tanta comida que mal conseguimos terminar.

"Agora melhorou, querida. Agora a Mamãe aqui pode se juntar aos vivos." O garçom veio perguntar se queríamos mais alguma coisa.

"Se eu não puder ter você", disse a Srta. Shirley com uma piscadela, "gostaria de pedir a conta".

O garçom, um chinês magro e alto, ficou vermelho e saiu apressado. Essa é ousada, lembro de ter pensado.

"Vai ficar quanto tempo no hotel?", Srta. Shirley perguntou.

"Até amanhã."

"E o que você vai fazer depois disso?"

"Vou conseguir outro trabalho", eu disse a ela. E aí contei a ela sobre meu trabalho na cafeteria. Ela morreu de rir.

"Bem, querida", ela perguntou, "do que você tanto foge ou para onde você está tentando fugir?"

Contei a ela a história triste sobre minha mãe no hospital.

"Você realmente espera que eu acredite nessa trapalhada?"

Eu jurei de pé junto que era verdade.

"Eu não sou boba, querida, e estou nas ruas há tempo suficiente para saber que você está fugindo de alguma coisa, e se você não quer me contar, isso é problema seu. Mas gostei de você e vou tentar te ajudar, se possível." Eu estava agradecida e não sabia o que dizer, e por isso não disse nada.

---

76 NE: Prato da culinária chinesa: guisado de carnes e legumes, servido geralmente com arroz.

"Olha, tenho um amigo que trabalha na Bleecker Street. Ele está querendo ter um tempo para dar umas voltas com uma amiga, mas ele não quer perder o emprego. Você poderia trabalhar no lugar dele até ele voltar."

"Tudo bem", eu disse. Eu estava topando qualquer coisa – quer dizer, quase. Fomos ao café e um cara branco e magro veio falar com a gente.

"Sentem-se e fiquem à vontade. Eu já volto."

Ficamos em uma pequena mesa redonda.

"Gostariam de um espresso?", o rapaz perguntou.

"Certamente", disse a Srta. Shirley. Ele levou duas xícaras pequenininhas com uma coisa preta. Eu tomei um gole e quase me engasguei. A Srta. Shirley rachou de rir. "Bem, vejo que você ainda não foi iniciada. Vou ter que fazer alguma coisa sobre sua educação."

Combinei de ficar no trabalho do cara por quatro dias e ele me mostrou o que eu tinha de fazer. "Se você se esquecer de alguma coisa, ou se tiver alguma dúvida, é só perguntar ao marujo", disse, apontando para um homem com os braços cheios de tatuagens. Era para eu começar a trabalhar na tarde seguinte às 16h. E ainda não sabia como ia pagar o aluguel do hotel nos próximos dias porque eu não receberia pelo meu trabalho no café até que o cara voltasse da folga. Contei à Srta. Shirley sobre minha preocupação.

"Eu vou falar com o Freddie", ela disse, "e ver se ele dá um crédito à minha amiguinha. Se não, você pode vir para meu apartamento e dormir no chão". Voltamos para o hotel e falamos com o Freddie. Ele não quis me dar crédito nenhum. A Srta. Shirley continuou pechinchando.

"Quanto dinheiro você tem?", ela perguntou.

"Quinze dólares."

"Bem, me dá dez e eu te empresto o restante para você alugar um quarto por uma semana."

Eu dei o dinheiro a ela e Freddie disse que eu tinha que mudar de quarto, o que para mim era melhor. O quarto era minúsculo, mas pelo menos tinha um banheiro e eu tinha onde ficar pelo resto da semana. Eu estava muito grata à Srta. Shirley.

"Bem", ela me disse, "tenha uma boa noite de sono. Mami tem que ir trabalhar".

"Onde a senhora trabalha?"

"Em qualquer lugar que tiver que ser", ela disse. "Onde eu puder."

Eu estava morta de cansaço e a cama parecia um oásis. Acordei na tarde do dia seguinte. Era quase uma hora. Tomei um banho, me vesti e saí para procurar alguma coisa para comer. Depois, voltei ao hotel e bati na porta da Srta. Shirley. Ela abriu a porta com uma navalha na mão. Quase desmaiei. Ela estava se barbeando. A Srta. Shirley era um homem. Quando viu minha reação, rolou de rir.

"Você tem muito que aprender, docinho. Tem muito que aprender." Ficamos as duas lá, às gargalhadas. De alguma maneira, aquilo tudo era muito engraçado.

Fui trabalhar no início da tarde. O trabalho não era ruim e eu podia comer tudo o que quisesse, o que significava que eu não precisaria gastar com a janta. As gorjetas não eram muitas, mas deu para viver com elas até a chegada do cara.

Qualquer mulher Negra, praticamente em qualquer lugar da amérika, pode falar sobre ser abordada, cercada e assediada por homens brancos. Muitos consideram todas as mulheres Negras potenciais prostitutas. No Village, esse fenômeno era dez vezes pior do que em outros lugares. Era quase impossível ir de uma esquina à outra sem que um homem branco assobiasse para você, te seguisse ou sacudisse o bolso com dinheiro. Certa manhã, no parque, conheci um casal, mais ou menos da minha idade, do Harlem, que tinha fugido de casa e agora morava em um quarto no Village. Contei a eles que eu também tinha fugido e nos tornamos camaradas instantaneamente. Começamos uma discussão sobre o fato de os homens brancos estarem sempre abordando as mulheres Negras.

"Sim", riram, "mas temos uma boa pra eles".

"Sério?", perguntei.

"Sério. Damos logo um jeito neles."

"Como?", perguntei. Eles, então, me contaram. Eles tinham um golpe chamado *Murphy game*.[77] Eles me contaram como funcionava e eu ri muito. Achei que era um esquema brilhante.

"Quer tentar? Eu sei que os brancos se amarram em você."

Eu estava ansiosa para tentar aquele novo esquema porque era dinheiro "grande" e eu poderia pagar a Srta. Shirley e ter um lugar de verdade para mim. Na primeira noite, depois do trabalho, encontrei Pat e Ronnie no parque. Pat e eu éramos a isca e Ronnie nos dava cobertura. Tínhamos que andar separados em lados diferentes da rua para que pudéssemos nos ver. Eu estava arrumada e maquiada para parecer mais velha. Uns cinco minutos depois de começarmos a andar, um homem branco se aproximou de mim. Ele disse que gostava do jeito que eu andava e que queria me levar a um lugar.

"Estou indo para uma festa", eu disse a ele. "Vai ser uma baita festa."

"É? Que tipo de festa que vai ser?"

"Que tipo de festa que você gostaria que fosse?"

"Uma festa para dois", ele disse.

---

77 NE: Um tipo de *confidence trick* (armadilha de confiança), golpe em que a vítima paga por alguma coisa que não recebe, frequentemente algum valor ou sexo. Segundo algumas fontes, o nome "Murphy" viria de um homem que criou o golpe ou de uma mulher fictícia usada para atrair as vítimas. Fonte: <https://www.lexico.com/en/definition/murphy_game>.

"Conheço um lugar com quartos privados bem legais e não muito caros. É um clube privado. Você tem que ficar sócio primeiro."

"Quanto custa?"

"Quinze pelo quarto, quinze para entrar no clube e quinze para a babá."

"Você não parece ter idade para já ter filho."

"A babá é para minha irmãzinha."

Discutimos o preço. Ele achou muito alto. Fiquei dizendo que ele estava fazendo um ótimo negócio e que, ao se associar, ele seria membro por um ano e poderia ir lá sempre que quisesse para ter alguma diversão. Finalmente, ele concordou em pagar. Quando chegamos ao prédio, eu disse a ele que me desse o dinheiro para eu subir e pagar as pessoas.

"Aliás", eu disse, "você poderia me dizer no que trabalha? Essas pessoas são muito chatas sobre quem aceitam no clube".

"Eu trabalho num banco." Estava claro que ele estava mentindo.

"Eu já volto. Não sai daqui."

Subi as escadas correndo e abri a porta que dava para o telhado. Cuidadosamente, entrei e fechei a porta. E então, fui passando de um telhado para o outro, cerca de dez, até chegar ao prédio em que eu deveria entrar e descer. Tentei abrir a porta. Nada. Estava trancada. Fui para o telhado seguinte. Por sorte, a porta abriu. Desci as escadas correndo e saí próxima à esquina onde o homem estava. Apressadamente, fui ao encontro de Pat e Ronnie.

"Como foi?", eles perguntaram.

"Mamão com açúcar", respondi.

"OK, vamos pegar mais um." Eu estava com medo de tentar com outro porque estava com medo de topar com o homem novamente.

"Podemos ir lá para perto da 14th Street. Temos outro prédio no esquema lá."

"Tá bem", eu disse a eles, "mas vamos checar o prédio primeiro." Expliquei a eles sobre a porta que não abriu. Chegamos ao novo lugar, conferimos tudo, e depois fomos para a 14th Street. Em uns vinte minutos Pat e eu já tínhamos cada uma um peixe. Fiquei morrendo de medo de tropeçarmos uma na outra. Eu apressei meu cara para o prédio, peguei o dinheiro e corri para o ponto de encontro. Eu esperei e esperei. Pareceu uma eternidade até eles chegarem. Pat tinha me visto com meu cara e teve o bom senso de ir para outro prédio. Estávamos na maior vibração.

"Viu como é fácil?", perguntou Pat.

"Sim, moleza."

Dividimos o dinheiro. Cada um ficou com US$45. Corri para o hotel. Encontrei a Srta. Shirley e fomos tomar um drinque no quarto dela. Eu estava me sentindo uma milionária. Eu tinha o dinheiro que ganhei trabalhando no café e mais os US$45. Fiz as contas e paguei o que devia à Srta. Shirley.

"Bem, garota, eu sei que você não tem nenhum tio rico. Como você conseguiu todo esse dinheiro?"

Contei tudo a ela. Estava me achando tão esperta.

"Garota, 'cê tá doida? Sabe o que um homem desses vai te fazer se te encontrar na rua? Menina, essa gente na rua está cagando pra você. A rua vai te engolir viva. Querida, eu sei do que eu tô falando. Você está fugida, não é?"

"Sim", eu disse a ela. "Eu fugi."

"Eu saquei logo. Bem, querida, não posso te fazer voltar pra casa. Se eu tentasse, você fugiria de novo, mas você está desperdiçando seu tempo e sua vida aqui. Essas pessoas não estão nem aí pra você. Elas só querem sugar o seu sangue. Você é uma menina inteligente. O que você precisa fazer é voltar pra casa e terminar seus estudos."

"Eu nunca vou voltar para casa."

"Bem, se você insiste em ficar aqui nas ruas, é melhor começar a agir com mais cautela. Nunca deixe ninguém te usar e te fazer de boba. E se um desses homens fosse louco e subisse atrás de você? E se a outra porta estivesse trancada e você não conseguisse sair? Onde estava sua tal cobertura? Você tá me dizendo que vai arriscar sua vida por quinze dólares? Menina, esse Village não é de brincadeira. Tem uns homens bem loucos por aqui, que estão matando garotas como você e um deles arranca os peitinhos delas. Menina, até onde eu sei, tudo o que esse garoto Ronnie quer é ser cafetão. Ele não fez nada para ganhar esse dinheiro. É melhor você começar a usar sua cabeça."

Dava para ver que a Srta. Shirley sabia do que estava falando. "Mas o que que eu vou fazer, Srta. Shirley? A senhora sabe como está difícil conseguir um trabalho."

"Não se preocupe, querida, eu vou pensar em alguma coisa."

No dia seguinte, quando eu desci para o vestíbulo, Freddie estava atrás do balcão. "Ouvi dizer que você está procurando trabalho", ele disse.

"Aham."

"Você sabe alguma coisa sobre trabalho de bar?"

"Não", eu disse a ele.

"Bem, vai lá nesse lugar, Tony's, na 3rd Street, e pede pra falar com um cara chamado Chuck. Diz que fui eu que te mandei."

"Obrigada. Muito obrigada!" Eu fui ao Tony's e falei com o Chuck. "Você tem alguma vaga?", perguntei a ele.

"Claro, sempre temos vagas para garotas sagazes como você." Ele riu. "Você sabe como funciona aqui?"

"Não."

"Quinze dólares por noite e você ganha 25 centavos por cada drinque e um dólar por cada garrafa de champanhe."

Eu olhei para ele sem entender.

"Seu trabalho é ficar sentada, bem linda, mantendo os clientes felizes e consumindo. Você trabalha das oito da noite às quatro da manhã, a hora que fecha. O que você faz depois desse horário não é da nossa conta. Apenas não faça seus negócios na casa."

"Sim", respondi cautelosa. "Bem, então, vejo você hoje à noite."

Quando voltei para o hotel, eu contei à Srta. Shirley sobre meu novo trabalho. "OK, querida, mas tenha muito cuidado. Tem um monte de gente doida por aí. E continue procurando um emprego de verdade para você poder estudar à noite. Agora, vamos subir pra eu te mostrar como você arruma essa cara. Isso está horrível."

Às dez para as oito, eu já estava no Tony's. Chuck estava lá e me apresentou à garçonete, que se chamava Joyce. "Vem cá um minuto, querida", ela disse se encaminhando para o final do balcão. Fui junto.

"Você gosta de *whiskey sour*?"[78]

"Acho que sim. Nunca tomei."

"Aconteça o que acontecer, nunca fique bêbada. Eu vou preparar seus drinques sem uísque. Se chegar um cliente e eu o considerar suspeito, eu te preparo um de verdade. Se você quiser um drinque com uísque, faça o pedido com as mãos postas. Não há muito que eu possa fazer quanto a champanhe. Vou tentar manter a taça dos caras cheia. Mas ela não é muito ruim e as garrafas são pequenas."

"OK. Obrigada."

---

78 NE: Coquetel feito com uísque, suco de limão e açúcar.

Fui para o balcão e me sentei. Minutos depois, chegaram dois caras brancos. Eles se sentaram bem próximos de mim e ficaram olhando em minha direção.

"Aceita um drinque?", um deles perguntou.

"Sim", respondi.

"O que você está tomando?"

"*Whiskey sour.*" E então começou o que pareceu ser um desfile interminável de *whiskey sours* sem uísque. Foram tantos que só o cheiro do troço já me enjoava. De vez em quando eu pedia à garçonete para colocar um pouco de uísque no meu, mas nunca cheguei a beber muito.

A maioria dos clientes era de homens brancos em busca de algum agito. Para mim, muitos deles eram rudes, chatos e assustadores. Eu ficava lá sentada, inventando histórias diferentes para contar a eles, apenas para me divertir. Outro objetivo dessas histórias era fazer com que eles gastassem o máximo possível. Se eu sentisse que o cara ia embarcar numa história triste e gastar algum dinheiro, eu inventava um verdadeiro dramalhão. Outras vezes eu fingia ser uma universitária que estudava na NYU. Isso fazia com que eles fossem menos ousados. Quando eu fingia ser universitária, eu geralmente dizia que cursava matemática porque as pessoas nunca sabem nada de matemática. Mas uma noite, depois que contei a um cara minha história de graduação em matemática, ele me fez algumas perguntas sobre integrais e números imaginários. Eu não tinha a menor ideia do que ele estava falando. Acabei descobrindo que ele era professor de matemática na NYU.

"Eu sei que você está mentindo", ele disse.

"Claro que estou. Quem aqui vai se interessar pela vida de uma garçonete?"

O cara se acabou de rir. "Isso merece um drinque", ele disse. "Traga outra bebida para a dama." Depois disso, o cara (que eu chamava de Mr. Math)[79] de vez em quando aparecia para bater papo. Ele bancava os drinques e ficávamos lá contando piadas.

"Como está indo sua tese?", ele me perguntava.

"Bem", eu respondia. "Estou fazendo um estudo cronológico sobre o significado social de dois mais dois serem quatro."

Eu tinha alguns outros clientes regulares. A maioria ia lá me contar seus problemas. E o problema era sempre com a mulher ou no trabalho. Alguns eram bêbados que apenas queriam companhia para beber, e outros apenas gostavam do desafio de tentar seduzir uma jovem.

Muitas das outras garotas eram prostitutas. As poucas que não eram queriam apenas fazer um dinheiro extra ou eram alcóolatras. A maioria das mulheres era muito legal e protetora comigo. As prostitutas gostavam de mim porque eu sempre mandava uns trampos para elas e me mantinha discreta. Logo fiz amizade com os caras do quarteto de jazz que tocava lá regularmente. Eu sempre adorei jazz, e aí eu aplaudia, gritava para mostrar a eles que eu tinha gostado da música. O pianista e eu ficamos especialmente próximos. Eu dizia que ele era meu irmão mais velho e ele era muito protetor comigo. Quando o bar fechava, ele e talvez um ou dois outros do grupo iam andando comigo até minha casa. Se estivesse chovendo, ele mandava um táxi me levar em casa. A hora de fechar era a mais difícil de todas. Alguns homens achavam que por terem comprado drinques tinham direito a algo além

79 NT: Trocadilho com *math*, de matemática em inglês.

das conversas. Mas Chuck era um bom segurança e conseguia detectar um problema antes que a coisa ficasse séria. Se um cara passasse dos limites, Chuck se aproximava, dizia que eu era irmã de um dos caras da banda e que, se ele não me tratasse com respeito, ele deixaria meu irmão se acertar com ele.

Às vezes, apareciam uns malucos esquisitos por lá. Um cara comprou as calcinhas de quase todas as mulheres que trabalhavam no Tony's, pagando US$15 cada. Perguntei o que ele fazia com elas. Ele riu e disse que pendurou todas pelas paredes do apartamento. Quando contei para uma das outras garotas, ela riu.

"Garota, e você acreditou? Aquele cara leva as calcinhas para casa pra 'pendurar' no nariz. Isso sim. A tara dele é cheirar calcinhas."

Mas todas as mulheres do Tony's tinham que ser cuidadosas. Alguns homens que circulavam por lá eram realmente perigosos. Nas noites com pouco movimento e quando não havia clientes no local, as mulheres contavam histórias horrorosas sobre todos os homens loucos com os quais já tinham cruzado. Eu era alta para minha idade e bem-feita de corpo e, com toda a maquiagem que usava, normalmente passava por alguém de dezoito anos. Eu dizia a todo mundo que tinha dezenove. Os brancos nunca questionavam minha idade, mas os Negros, cedo ou tarde, percebiam que eu era mais nova do que dizia. Alguns deles adivinhavam até que eu estava fugida e aí me chamavam num canto para me incentivar a voltar para casa. Depois de um tempo, todas as mulheres que trabalhavam lá zombavam de mim por eu não ter namorado.

"Essa garota não gosta de homem, nem de mulher. Aqui está uma garota casada com os próprios dedos!"

Quando elas encarnavam em mim, eu tinha vontade de me enfiar num buraco e sumir. Quanto mais envergonhada eu ficava, mais elas riam. Um novo baixista foi trabalhar com a banda e eu tive uma queda instantânea por ele. Eu estava convencida de que estava apaixonada. Em pouco tempo, todo mundo já sabia de meu interesse por ele. Mas o baixista não me dava a menor bola. Eu fazia de tudo para chamar sua atenção, mas ele simplesmente me ignorava. Perto da hora de fechar, sua namorada branca chegava e eles iam embora juntos. Eu tinha ódio dela. Ela parecia tão presunçosa. Num dia de semana, chovia demais lá fora, e o lugar estava vazio. O baixista me disse: "Estou escrevendo uma música para você. Quer ouvir?" Não sei como não desmaiei. Eu estava com um sorriso de orelha a orelha.

"Sim, eu gostaria de ouvir."

Da da da ta ta da da de de
Da da da ta ta da da de de de chave de cadeia!
Da da da ta ta da da de de
Da da da ta ta da da de de de chave de cadeia!

O resto do grupo gritava: "Chave de cadeia, chave de cadeia", e o lugar inteiro veio abaixo, com todo mundo rindo. Eu podia ter morrido de vergonha. Foi o fim da minha paixonite. Mas depois eu também ri, foi engraçado.

Muitos dos homens Negros que eu conheci no Village saíam com mulheres brancas. Alguns deles diziam: "Cara, mina preta num dá pra mim, não. Meu negócio é uma branquinha." Quando eu perguntava o porquê, eles diziam que as mulheres brancas eram mais doces, e as Negras amargas; as mulheres brancas eram mais compreensivas, e as Negras mais exigentes. Uma coisa que realmente me enfurecia era quando eles chamavam as mulheres Negras de safiras.[80] "Você sabe como vocês mulheres **niggas** são. Vocês são safiras, são ruins." Muitos desses caras teriam passado por cima de mim só para terem uma branca.

Às vezes, eu ficava muito cansada de estar no meio de tanta gente mais velha. Eu preferia estar em meu antigo bairro ou saindo com Pat e Ronnie. Uma noite, eles estavam indo para uma festa no centro da cidade. Eu estava louca para estar com gente da minha idade, então, disse ao Chuck que ia folgar aquela noite. Quando chegamos lá, a festa estava sem graça e cansativa, então Pat e Ronnie foram atrás de um baseado. Eles adoravam, mas eu tinha medo. Esperei por eles uma eternidade. Comecei a conversar com um garoto, que parecia muito legal, sobre a chatice da festa. Ele disse que sabia de um festão que aconteceria mais tarde. Esperei Pat e Ronnie voltarem, mas eles nunca voltaram.

"Por que você não vem para a festa comigo?", perguntou o garoto. "Vai ser na minha casa e tenho certeza que você vai curtir."

---

80 NE: Sapphire Stevens era o nome de uma personagem de um programa de rádio (1928-1960, com interrupções), que mais tarde passou para a televisão americana (1950-63), chamado "Amos 'N' Andy". No rádio, todos os artistas envolvidos com a noveleta, criada por dois homens brancos, eram brancos. Mas quando foi adaptada para a TV todos os atores eram negros, embora os produtores e autores continuassem os mesmos. Diz-se que com este programa de TV os estadunidenses "descobriram" que os negros eram cômicos, não como atores, mas como raça. E é neste contexto que surge Sapphire, esposa do personagem George Kingfish Stevens, um espertalhão que vivia de golpes e estava sempre desempregado. A função dramática da esposa era "consertar" o marido, principalmente a partir de virulentos sermões e lições de moral. Assim, seu nome, Sapphire, virou sinônimo de mulher Negra autoritária, matriarca dominadora, exigente, inflexível, amarga, que não se priva de emascular os homens negros e está sempre irritada, raivosa. E este é um termo que ainda hoje permeia certos discursos na sociedade americana. Fonte online: Ferris State University – Jim Crow Museum of Racist Memorabilia, *in*: "The Sapphire Caricature".

Acabei topando. Ele parecia tão legal. Ele morava num conjunto habitacional perto do Harlem espanhol. Quando chegamos à casa dele, não havia ninguém lá. Eu dei meia--volta para sair, mas ele disse que seus amigos estavam todos jogando bola e que chegariam depois. Em pouco tempo, a campainha tocou e realmente chegou um monte de gente. Depois de um minuto, notei que eram todos garotos.

"Com licença", disse o dono da casa. Então, foram todos para um outro cômodo por um tempo. Quando voltaram, estavam sussurrando e conversando baixinho, e aí percebi que eles estavam tramando algo.

"Onde estão as garotas?", perguntei. "Ah, elas estão vindo." Um veio e se sentou perto de mim. Ele colocou a mão na minha perna. Eu saí de perto dele.

"Ah, por favor, boneca, por que você tá fazendo isso?"

"Chega aí, cara", disse um deles. Eu sentia que havia algo errado. Eu não sabia o que eles estavam armando, mas sabia que não era bom. Peguei minha bolsa e meu suéter.

"Eu tenho que ir."

"Não, *baby*, você não vai a lugar nenhum."

"Eu tenho que ir." Fui andando em direção à porta. Um deles me agarrou pelo braço e me puxou de volta.

"Senta esse rabo aí, vadia. A gente tem planos pra você."

E então eu entendi. Eles iam me estuprar. Já tinha ouvido falar dos "bondes", mas nunca pensei que isso poderia acontecer comigo. Fiquei sentada imóvel por um minuto. Então corri em disparada para a porta. Eles tentaram me arrastar e lutei como louca. Mas a luta não durou muito porque num minuto eles me jogaram no chão e me imobilizaram. Eles estavam levantando minha saia e tirando minha blusa. Chorei, gritei.

"Cala a boca, puta", disse um deles, me esbofeteando. Eu implorava para que tivessem piedade de mim. Eu disse a eles que era virgem.

"Há sempre uma primeira vez, querida", debochou alguém. Eu implorei e supliquei. Chorei e chorei. Eu não podia acreditar que eles pudessem ser tão desumanos. Mas eles eram. O garoto que me levou para lá estava discutindo com um outro sobre quem seria o primeiro. Eu não conseguia acreditar. Era um pesadelo. Eles discutiam e agiam como se eu nem fosse humana, como se eu fosse algum tipo de coisa. Eu estava muito assustada e me sentindo traída. Eu tinha confiado naquele garoto. A discussão entre eles foi ficando acalorada. Torci para eles lutarem e se matarem. Continuei implorando que tivessem piedade de mim, suplicando a eles. Eles não me davam atenção. Um deles se aproximou, como se sentisse pena de mim.

"Não se preocupe, belezura, não vai doer. Você vai ver. Você vai gostar."

"OK", ouvi o garoto que me levou dizer, "você pode ser o primeiro, cara", e o outro garoto veio se aproximando de mim. Eu me levantei num pulo e tentei correr, mas estava encurralada. Um deles tentou me segurar e, no processo, derrubou um cinzeiro.

"Cuidado, cara", disse o que morava lá. "Minha mãe vai me matar se a casa ficar bagunçada".

Essa foi a minha deixa. Peguei um vaso e taquei na parede. Peguei um abajur e mais alguma coisa, chorando e gritando ao mesmo tempo.

"Vocês podem me pegar, mas eu vou destruir a casa da mãe dele antes."

O garoto que deveria ser o primeiro saltou para cima de mim, mas errou. Virei a mesa com um chute e derrubei uma planta que estava pendurada.

"Pra trás! Pra trás!", gritei.

O dono da casa segurou o que deveria ser o primeiro.

"Qual é, cara, minha mãe vai me matar."

"Pra trás! Pra trás!", berrei. "Eu vou jogar esse abajur bem no meio daquele espelho." Havia um espelho enorme na parede atrás do sofá. "Tira eles daqui. Tira eles daqui ou eu vou foder com essa casa." Eu estava tremendo e chorando, mas não estava blefando. Eu ia deixar aquela casa num estado que ninguém a reconheceria depois. "Tira eles daqui", eu disse, enquanto derrubava a mesa com outro chute.

"Sai, gente", o garoto disse. "Tem que sair todo mundo daqui. Minha mãe vai ter um ataque."

"Você, sua puta louca", um deles falou para mim. "Que nada, cara, vamos segurar ela, não tem como ela fazer tanto estrago."

"É a casa do cara", um deles disse. "Vambora, chega."

"Tira eles daqui", gritei com toda força dos pulmões.

"Tudo bem", disse um deles. "A gente vai te esperar lá fora, boneca."

Vagarosamente, no que pareceu uma eternidade, eles saíram. Só ficou o garoto que me levou. Eu percebi que ele estava tentando arrumar um jeito de pular em cima de mim.

"Não chega perto de mim. É melhor ficar longe." Eu não sabia o que fazer. Eles estavam todos lá fora esperando por mim. Eu não podia chamar a polícia porque a polícia estava à minha procura.

"Pra trás", eu disse ao garoto que parecia estar tentando se aproximar de mim. "Agora sai de perto da porta." Eu ainda tinha o abajur e mais alguma coisa nas mãos. "Vai lá pra trás", eu disse a ele, indicando os fundos do apartamento, "ou eu quebro sua casa toda". Quando ele se afastou, eu olhei pelo olho mágico. Não tinha ninguém no corredor. "Eles devem estar esperando lá embaixo", pensei. "Tudo bem", gritei, "vai pra porta". Ele se aproximou da porta. "Agora sai no corredor, bate na porta de algum vizinho, e traz um adulto aqui."

"O quê?"

"Você ouviu, otário. E anda logo."

"Não foi ideia minha. Eu não queria fazer aquilo. Eu tive que fazer."

"Não quero ouvir merda nenhuma. Sai agora pra esse maldito corredor ou eu vou revirar sua casa de um jeito que sua mãe nem vai mais acreditar que é a casa dela."

"Por favor", disse o garoto.

"Por favor, o caralho", berrei. "Se você não sair agora e não bater em uma daquelas portas, você pode esquecer da casa da sua mãe."

Ele foi para o corredor. Fechei a porta rápido quando ele saiu e fiquei olhando pelo olho mágico enquanto ele batia em uma porta. Uma senhora atendeu e eu abri a porta e comecei a implorar a ela que me ajudasse.

"Por favor, senhora, me ajuda. Eles estão tentando me pegar", gritei, de novo aos prantos. Eu ainda estava com o abajur na mão. "Por favor, desce comigo até o metrô ou um táxi."

"O que aconteceu, querida?", ela perguntou.

"Eles tentaram me agarrar", gritei.

A mulher olhou para mim e depois para o garoto. "Espere aqui um minuto, querida", ela disse. E então, ela voltou com o marido. "Não se preocupe, agora não vai te acontecer mais nada." Eles desceram comigo e me colocaram num táxi.

Pensei muito naqueles garotos depois daquela noite. Eu os odiava, mas o que eu não conseguia entender era porque eles me odiavam tanto. As pessoas sempre diziam que vivíamos em um mundo cão. Havia todo tipo de gente no mundo e a maioria parecia infeliz. Todo mundo parecia estar em sua própria bolha e poucos pareciam se importar com o próximo. Eu tinha lido uma peça do Sartre. A peça terminava concluindo que o inferno são os outros e, por um tempo, eu concordei.

Naquela época, quando eu estava crescendo, garotos atacarem ou estuprarem meninas em gangues era uma coisa bastante comum. Eles chamavam de *pulling a train* (puxar um trem).[81] Isso não acontecia apenas com um tipo específico de garota. Acontecia com garotas que estavam no lugar errado e na hora errada. Os meninos falavam sobre isso como se fosse uma piada ou um jogo, como se eles "apenas" estivessem por aí se "divertindo". Se acontecesse de uma garota estar no lado errado de um parque, no território errado, ou na rua errada, ela se tornava um alvo. Naquela época, era comum os meninos insultarem e xingarem as garotas na rua. Era comum eles irem para a cama com as garotas e falarem sobre elas como cachorras no dia seguinte. Era comum os meninos negarem que eram os pais de seus bebês. E era comum os garotos baterem e espancarem as garotas quando lhes dava na telha. E então as meninas também ficaram difíceis.

"Se o **nigga** não tem dinheiro, nem precisa vir dar em cima de mim."

"Se o **nigga** não tem carro, tchauzinho."

Quanto mais eu observava como meninos e meninas se comportavam, mais eu lia e mais pensava sobre o assunto, mais eu me convencia de que esse comportamento tinha relação direta com o que foi a escravidão nos Estados Unidos,

---

81 NE: Os termos *playing train* ou *pulling a train* referem-se à prática de violência sexual em que um grupo de homens enfileirados como vagões de trem (um homem após o outro) se revezam no ato sexual com uma mesma mulher. Este ato, conhecido como "gang-bang", e que só há poucos anos passou a ser mais amplamente entendido como um ato criminoso, era considerado por muitos homens como um rito de passagem para homens jovens. Embora os praticantes desse delito argumentem que se trata sempre de sexo consensual, estudos de vários campos vêm evidenciado há anos que este é sempre um crime de estupro coletivo dada a natureza coercitiva do comportamento sexual dos envolvidos, principalmente por muitas vezes envolver mulheres embriagadas, drogadas ou mesmo desacordadas. Fonte: SANDAY, Peggy Reeves. *Fraternity Gang Rape*: Sex, Brotherhood, and Privilege on Campus. NY: New York University Press, 2007.

quando os Negros eram incentivados a descontarem a miséria de suas vidas uns nos outros em vez de descontarem nos escravizadores. Os que se apresentavam como senhores de escravos nos ensinaram que éramos feios, menos que humanos, não inteligentes, e muitos de nós acreditamos. Os Negros se tornaram animais reprodutores: garanhões e éguas. Uma mulher Negra era tida como fácil para qualquer um a qualquer hora: para seu dono ou qualquer convidado seu que a desejasse. O dono de escravos ordenava que ela fosse seis vezes com um reprodutor, sete vezes com outro "garanhão", com o propósito de aumentar seu estoque. Ela era vista como sendo menos que uma mulher. Ela era um cruzamento entre uma prostituta e um burro de carga. Os homens Negros internalizaram a opinião do homem branco sobre as mulheres Negras. E, se você me perguntar, muitos de nós continuam agindo como se ainda estivéssemos na lavoura presos pelo cabresto do suposto senhor ou seu capataz.

Depois do que quase me aconteceu na cidade, fiquei mais cética em relação a todo mundo. Passei a ser mais cuidadosa com certas situações. Eu conversava com homens no Tony's, mas tudo passou a ser cada vez mais "estritamente profissional". Quanto mais eu via a vida nas ruas, mais feia eu a via.

Um dia, enquanto eu andava pela 8th Street, vi uma das amigas de minha tia. Seu nome era Abbie, Addie, ou algo assim, e ela era uma mulher enorme. Virei para o lado na esperança de que ela não me reconhecesse.

"Joey, Joey!", eu a ouvi gritar. Eu continuei andando. Ela continuou gritando. E eu continuei andando. Então, senti quando ela me puxou pelo braço.

"Eu conheço você", ela disse. "Você é a Joey. Sua tia e sua mãe estão muito preocupadas com você."

"Eu não sei do que a senhora está falando", eu disse. "Meu nome é Joyce e eu não conheço a senhora nem ninguém de quem está falando."

"Para com isso, Joey", ela disse. "Você não me engana. Fica aqui comigo enquanto eu ligo para sua tia." Ela segurava meu braço com força. Pensei em fugir, mas ela era grande demais para eu tentar. Ela me levou para um bar e me disse para aguardar no balcão enquanto fazia a ligação. Assim que ela começou a discar, dei uma arrancada para a porta. Ela me pegou no ato, me agarrando com seu punho de aço. "Você não vai a lugar nenhum até que sua tia venha até aqui." Em meia hora, lá estava Evelyn, me fazendo um mundo de perguntas.

"Por onde você anda? O que você anda fazendo? Você está ficando onde? Você está sobrevivendo de quê? Como está fazendo para comer?", ela perguntava, e mais milhares de outras coisas. Evelyn me soava como uma advogada interrogando uma testemunha. Em cerca de uma hora eu desabei e contei tudo a ela. Ela exigiu que eu a levasse ao hotel onde eu estava hospedada. Depois que arrumei minhas coisas, ela falou para o cara da recepção: "Você sabia que tinha uma menina de treze anos hospedada aqui? Eu poderia te processar por contribuir com a delinquência de uma menor." O cara apenas me olhava como se não pudesse acreditar. A vontade foi de me enfiar num buraco. Depois ela ligou lá para o Tony's e disse a mesma coisa. Eu estava morrendo de vergonha, mas de certa forma fiquei feliz por aquilo ter tido um fim. Eu estava ficando cansada das ruas. Estava cansada de ser adulta e queria ser criança novamente.

CAPÍTULO 7

Kamau e eu fomos absolvidos no julgamento por assalto a banco no Distrito Sul de Nova Iorque em 28 de janeiro de 1973 e, no dia seguinte, fui levada de volta a nova jérsei. Quando cheguei ao presídio de morristown, havia um grupo de repórteres e fotógrafos aguardando. Morristown parecia uma cidade pequena dos e.u. O presídio era um prédio feio anexado à korte. Havia algumas outras mulheres na prisão e eu fui mantida longe delas. Eu só as via quando ia ou voltava de minha cela. Todas pareciam ser brancas, mas mais tarde descobri que havia uma Negra. As guardas eram todas mulheres, tão velhas quanto as colinas, e já trabalhavam na prisão fazia uma eternidade.

Havia uma televisão e um rádio na cela, e eu já vinha há tanto tempo sem acesso ao noticiário na televisão, ou mesmo a uma estação de rádio sem estática, que fiquei muito empolgada. E estava viciada em crochê. E a pobre de minha mãe foi a infeliz agraciada com as minhas primeiras "criações". Sendo uma pessoa corajosa e dedicada, ela achava tudo pura genialidade.

Soubemos que havia poucos (ou nenhum) jurados Negros no júri para o novo julgamento. As notícias eram deprimentes. O júri foi selecionado a partir das listas de eleitores registrados e, como os candidatos a cargos públicos raramente representavam os interesses dos Negros e dos pobres, os Negros e os pobres não costumavam votar. Mas por não votarem eles não podiam participar dos júris. Qualquer chance de recebermos algo remotamente parecido com um julgamento justo era ínfima. Decidimos tentar transferir o julgamento para o tribunal federal. A chance de os federais aceitarem era pequena, mas valia a pena tentar. Se o julgamento acontecesse na korte federal de Newark, pelo menos teríamos a garantia de mais alguns jurados Negros no júri.

Houve inúmeras reuniões jurídicas conjuntas, inúmeras sessões de estratégia e inúmeras aparições na korte. Na primeira olhada que dei para o júri do Condado de Morris, fui lançada em uma terrível depressão. Havia apenas dois ou três jurados Negros em cada júri e eles pareciam figurantes de novela. Na verdade, todo o júri parecia ter fugido de uma novela. Eles se vestiam de maneira diferente e tinham um ar totalmente distinto do das pessoas de Nova Iorque. Morristown era considerado um dos dez condados mais ricos do país e, olhando para essas pessoas, eu acreditei. Eu me via tentando explicar para eles o que os pobres Negros das grandes cidades passam. Como aquelas pessoas poderiam entender alguém que se tornou uma revolucionária Negra? Eles tinham tão pouco contra o que se revoltar. Eles tinham comprado todo o estoque de sonho amerikano, e pareciam desconhecer que, para a maioria das pessoas Negras e do Terceiro Mundo, o sonho amerikano é o pesadelo amerikano.

Evelyn e eu tínhamos resolvido nossas diferenças e ela estava de volta ao caso. Ela, Ray Brown e Charles McKinney, advogado de Sundiata, trabalharam duro na petição para transferir o julgamento para a korte federal. Mas, depois de uma audiência, o juiz federal devolveu o caso ao tribunal estadual. Ele nem sequer tinha ouvido nossos argumentos. Então estávamos de volta ao início: escolhendo um júri no Condado de Morris. A seleção do júri se arrastou tediosamente. Sundiata e eu evitávamos dormir ou ter uma crise de nervos rindo e conversando. Só de ver Sundiata todos os dias já era um consolo para mim. Inventávamos todo tipo de joguinhos e piadas, principalmente um tentando adivinhar as respostas que os jurados dariam às perguntas do juiz. Acabamos ficando muito bons nisso. Conseguíamos olhar para uma pessoa e já saber o que ela diria. Alguns nos olhavam com ódio enquanto aguardavam ser chamados, como se mal pudessem esperar para nos declarar culpados. Eles estavam tão certos do que tinha exatamente acontecido. Eles recitavam detalhes e mais detalhes retirados dos jornais e da TV.

"Onde vocês se esconderam naquela noite na rodovia?", eu queria gritar para eles. "Eu não vi vocês lá!"

Outros esboçavam uns sorrisos sonsos para nós, na esperança de que pensássemos que simpatizavam com nosso caso e que assim os deixaríamos no júri. Mas não havia nenhum fanático no salão da korte. Nenhum deles disse ter qualquer preconceito contra Negros.

"Você tem algum amigo Negro?", perguntou o juiz.

"Claro." Mas quando perguntados se já tinham convidado uma pessoa Negra a suas casas ou se já tinham ido à casa de um Negro, a resposta era invariavelmente não. Em um dos corpos de jurados a ser avaliado, o juiz perguntou se já tinham chamado uma pessoa Negra de **nigger**. Todos disseram que não, exceto uma mulher, que disse: "Bem, quando eu era criança, costumávamos dizer 'Eeny, meeny, miny, mão,[82] pegue um **nigger** pelo dedão'." Logo em seguida, muitos deles disseram a mesma coisa. Às vezes, as respostas eram tão falsas que chegavam a ser piada. Exceto que a piada era sobre nós.

Um dia, um homem, sendo interpelado, contou ao juiz o que tinha lido sobre o caso nos jornais e o que ouvira no rádio e na TV. Ele tentou fazer parecer que tinha acabado de cruzar com aquelas notícias e que realmente não estava acompanhando ou prestando muita atenção no caso. Além disso, ele negou que tivesse sido afetado por aquelas notícias.

"Você já leu um livro chamado *Target Blue*?"

Apenas um ou dois dias antes, a equipe de defesa tinha pedido que essa pergunta fosse incluída no processo de seleção do júri. Robert Daley, que já tinha sido relações públicas e diretor de publicidade do Departamento de Polícia de Nova Iorque, escreveu o livro *Target Blue*. Um trecho dele foi "coincidentemente" publicado na *New York Magazine* quase no mesmo dia em que nosso julgamento começaria. Um ou dois capítulos eram sobre o Exército de Libertação Negra. O livro era um amontoado de sensacionalismo, acusações infundadas e mentiras deslavadas. Os poucos fatos contidos nesses dois capítulos foram absurdamente distorcidos. Eu era citada nominalmente. Daley sugeria que eu era responsável pela morte de vários policiais. Ele me chamava de a "alma" do Exército de Libertação Negra, a "mãezona" que "os mantinha lutando e em movimento". Segundo o livro, eu também teria roubado vários bancos e explodido

---

82 NE: No original: *"Eeny, meeny, miny, mo."* Antiga rima infantil inglesa usada para contagem e seleção de pessoas ou coisas. Quase todo o texto em inglês foi mantido pela sonoridade e com a tradução necessária para rimar com dedão. A autora se refere a uma adaptação racista de uma das várias versões da rima infantil, que fala do dedão de um tigre: *"Eeny, meeny, miny, mo, / Catch the tiger by the toe. / If he hollers, Let him go. / Eeny, meeny, miny, mo."* Fonte: <https://en.wikipedia.org/wiki/Eeny,_meeny,_miny,_moe>.

um carro da polícia com uma granada de mão durante uma perseguição policial.

"Você já leu *Target Blue*?", o juiz perguntou.

"É... Sim."

Imediatamente a equipe de defesa encaminhou solicitações ao juiz para que perguntas adicionais fossem feitas.

"Quando você leu este livro?"

"Na verdade, eu estou lendo agora." Ele não só estava lendo o livro, como o trouxe consigo, para a sala do júri. Embora a equipe de defesa tenha pedido uma investigação, o juiz a negou. Era óbvio que o homem tinha levado o livro ao tribunal para mostrá-lo aos outros jurados e provocar discussão entre eles a respeito. Depois de muitas argumentações feitas por nossos advogados, o juiz concordou em dispensar esse jurado e outros membros do júri de quem ele tinha ficado próximo.

Um dia, fui informada de que o partido nazista estava fazendo uma manifestação do lado de fora do tribunal, marchando para cima e para baixo, todos paramentados com suásticas, uniformes marrons e capacetes. Eles carregavam cartazes com os dizeres "Supremacia branca", "Salvem nossa polícia" e "Pena de morte". Outros cartazes traziam apenas declarações racistas. Houve boatos de que uma cruz tinha sido queimada na frente da casa de um de nossos apoiadores. No final do dia, os nazistas quase se atracaram com alguns dos poucos residentes Negros de Morristown.

Muitas pessoas não sabem, mas o que não falta em jérsei são nazistas e Ku Klux Klan. Alguns amigos meus diziam que era o "Sul do Norte". Lou Myers, que mais tarde foi um dos meus advogados neste caso, é do Mississippi. Um dia, com toda a sinceridade, ele me disse que preferia mil vezes julgar um caso no Mississippi do que julgar um caso em jérsei.

EU NÃO CONSEGUIA ENTENDER. Eu estava ficando cada vez mais fraca. Minha energia parecia ter ido pelo ralo. Eu só queria dormir. Eu me repreendia por tentar escapar da realidade em vez de enfrentá-la. Eu tinha visto mulheres na prisão passarem todo o tempo dormindo. Eu temia que o mesmo estivesse acontecendo comigo. Eu me aborrecia com facilidade e reagia a tudo de maneira exagerada. Meus nervos estavam terríveis. Qualquer coisinha me afetava. Tudo o que eu fazia, o dia todo, quando não tinha sessão na korte, era dormir, comer, assistir à televisão e ouvir rádio. Eu estava comendo como se fosse acabar a comida do mundo. Isso também me convenceu de que estava com problema de nervos. Já tinha visto pessoas na prisão ganharem 10, 15, 20, 25 quilos, comendo de nervoso e de tédio. Cheguei ao ponto em que a única expectativa que eu tinha era a hora das refeições. E isso por si só já era lamentável, porque quem já esteve na prisão sabe que a comida é horrível. Mesmo assim eu estava engolindo aquilo como se fosse a comida caseira da minha mãe.

Um dia, ao me sentar para fazer meus exercícios, foi quando de fato suspeitei do que poderia estar acontecendo. Eu mal consegui fazer dez abdominais. Tudo se encaixava. Não ousei ter esperanças, mas, ao mesmo tempo, lá no fundo, eu sabia. Assim como eu certamente sabia meu próprio nome, eu sabia que estava grávida. Mas o que fazer agora? Eu sabia que tinha que consultar um médico, mas o que é que eu ia dizer a ele? Eu já estava presa fazia oito meses e seria realmente esquisito dizer: "Sabe, acho que estou grávida." Queria ter certeza se estava ou não, mas se não estivesse, não queria que o médico soubesse da minha vida. Porque se eu estivesse, seria apenas uma questão de tempo até que todo mundo ficasse sabendo.

A primeira coisa que fiz na manhã seguinte foi me consultar com o médico da prisão. Falei para ele todos os meus sintomas, dando dica atrás de dica. Ele me disse que eu não me preocupasse porque eu estava apenas constipada.

Com o passar do tempo, foi ficando cada vez mais difícil acordar de manhã. Quando as guardas vinham me acordar para ir à korte, eu simplesmente virava para o outro lado e continuava dormindo. Elas faziam de tudo para me tirar da cama. Elas chamavam. Elas ameaçavam. Elas batiam nas grades e qualquer outra coisa que lhes desse na telha.

"Nem pensem em entrar nesta cela", eu falava para elas, com toda a raiva que eu pudesse sentir. "Entra aqui e bota a mão em mim que eu arranco sua cabeça fora." Elas devem ter entendido que eu estava falando sério, porque mantinham distância até que eu acordasse. Eu não me importava com o que pensavam ou falavam, contanto que não colocassem as mãos em mim. Eu queria que me deixassem em paz. Tudo o que eu queria era dormir.

Eu só ia para a korte quando eu acordava, à hora que fosse. O juiz reclamava e reclamava sobre meu atraso e repreendia meus advogados por eu não chegar na hora, mas era inútil. Eu não ligava para o que o juiz dizia, o que as guardas diziam ou qualquer outra pessoa. Tudo o que eu queria era dormir.

Eu disse a Sundiata e a um ou dois advogados que achava que estava grávida. Eles me olharam atônitos, perplexos, como se eu tivesse uma imaginação muito fértil. A cada dia eu me sentia mais e mais estranha. Eu me sentia frágil e doente. Voltei ao médico da prisão, e dei ainda mais dicas. Falei de novo sobre os sintomas. Náuseas, estômago aumentado, enjoo matinal, sono o tempo todo etc. Mas ele não captou nada, e continuou repetindo a coisa de um distúrbio intestinal. Eu não sabia mais o que fazer.

Um dia acordei e mal conseguia me mover. Eu estava me sentindo muito mal e, para piorar, muito tonta. Levantei por um minuto mas logo afundei de novo na cama, e fiquei segurando firme, em desespero. Eles chamaram o médico da prisão. Repeti os sintomas uma vez mais, e dessa vez ele pediu alguns testes. Ele pediu uma amostra da urina. Eu estava certa de que era para o teste de gravidez. Esperei alguns dias por notícias e nada. Então, a enfermeira me pediu mais urina. Eu tinha certeza de que isso significava que o teste de gravidez tinha dado positivo e eles iriam refazer o teste apenas para confirmar. Dei a ela a amostra de urina e esperei.

Quando o médico me chamou ao consultório, eu sabia que ele ia me dizer que eu estava grávida. Em vez disso, ele foi presunçoso e agiu com estupidez. Ficou fazendo comentários maliciosos e entendi logo que ele estava tentando fazer graça com minha situação. Perguntei qual era meu problema e ele repetiu as mesmas bobagens sobre um distúrbio intestinal. E depois me fez algumas perguntas sobre minha vida sexual.

"Vai perguntar à sua mãe sobre a vida sexual dela", eu disse e saí, batendo a porta. Mais tarde naquele dia, Ray Brown e Evelyn vieram me ver. Ray estava de bom humor, e rindo muito.

"Bem, dessa vez você realmente conseguiu. Não sei o que vamos fazer com você. O 'excelentíssimo' vai te repreender feio por ter engravidado durante o julgamento."

"Quer dizer que eu estou mesmo grávida?"

"Estava no relatório do médico para o juiz. Você não sabia?"

"Não", eu disse a ele. "Eu estive no consultório daquele desgraçado de manhã e ele disse que eu estava com um problema no intestino."

"Ele estava de onda com você", disse Ray. "Eles fizeram dois ou três testes de gravidez em você e todos deram positivo. Você está grávida, sim. Eu nem acredito."

Evelyn estava em choque. "Que coisa", ela disse. E depois ficou olhando para o nada por um longo tempo. "Que coisa."

"O juiz Bachman vai ter um troço", disse Ray. "Disseram que o FBI vai abrir uma investigação para descobrir como você engravidou."

"Bem, eles que não tentem vir me fazer perguntas", eu disse a eles. "Vou dizer que esse bebê foi enviado pelo criador Negro para libertar os Negros. Vou dizer que esse bebê é o novo messias Negro, concebido de forma divina, que veio para conduzir nosso povo à liberdade e à justiça e para criar uma nova nação Negra."

Sundiata e McKinney se juntaram a nós. Sundiata estava exultante, tomado pela notícia. Ele ria e espalmava a mão no joelho. "Eu acho lindo", ele repetia. "Eu acho absolutamente lindo." Todo mundo ficou feliz. Eu estava aliviada. Eu não sabia como eles reagiriam.

"É impressionante", disse Evelyn. "Que de todo esse tormento nasça uma nova vida."

Eu também entrei no clima, mas não via a hora de estar sozinha na minha cela para pensar no assunto. O que parecia um sonho remoto estava se tornando realidade. Um bebê. Minha mente estava pulando e dançando.

Passei os dias seguintes quase em transe, num torpor alegre. Uma pessoa estava dentro de mim. Alguém que ia crescer para andar e conversar, amar e rir. Para mim, era o milagre dos milagres. E profundamente espiritual. Os entraves contrários à concepção daquela criança eram tão grandes que eu mal podia crer. E ainda assim, aquilo estava acontecendo. Tudo parecia tão certo, tão bonito, num contexto que era tão feio. Eu estava tomada de emoção. Já estava profundamente apaixonada por essa criança. Já falava com ela, me preocupava com ela, e tentava saber como se sentia, e o que estaria pensando. Eu ficava na minha cela imaginando sua vida, imaginando que tipo de vida teria. Que tipo de pessoas amaria, que valores teria e o que pensaria de toda a loucura que teria à sua volta. Às vezes eu me sentia tão desesperadamente protetora, imaginando quando meu bebê seria chamado de **nigger** pela primeira vez, imaginando quando o horror e a degradação de ser Negro na amérika pairaria sobre meu bebê. Quantos lobos se esconderiam atrás dos arbustos para comer meu filho?

Mas havia tantas coisas felizes sobre as quais eu também pensava. Eu me perguntava quando seria a primeira vez que meu filho se sentaria e apreciaria seriamente a glória de um pôr do sol e se encantaria com as maravilhas da natureza. Ou quando ele ou ela se lambuzaria e lamberia os dedos ao comer uma torta de batata-doce, ou provaria morangos e tomaria limonada. Sempre me intrigou como o mundo podia ser tão bonito e tão feio ao mesmo tempo. Eu desejava, com todo o meu ser, que meu bebê experimentasse os muitos tipos e lados do amor e da amizade, e conhecesse e entendesse o altruísmo e a generosidade, a luta e o sacrifício, a honestidade, a coragem e muitos dos sentimentos que tinham me dado força e feito a minha vida valer a pena. Naqueles dias, eu estava tão sensível que quase perdi de vista o que acontecia à minha volta.

Na vez seguinte que minha mãe me visitou, minha irmã foi com ela. Eu estava tão feliz por ver as duas. Quando digo "ver", é um exagero, porque no presídio de morristown o que há são pequenas janelas pelas quais você e seus visitantes se espiam, e uns buraquinhos que devem ser usados para conversas, mas para se fazer ouvir você tem que gritar.

"Filha, você tá pálida", minha mãe gritou.

"Mamãe, eu estou grávida."

"Como assim, filha?"

"Eu estou grávida, Mami."

Minha mãe sorriu sem graça. Eu repeti e ela começou a rir. "Tá com quantos meses?"

"Não, Mãe, é sério, eu estou grávida."

"Bem, eu também estou", disse minha mãe, dessa vez se acabando de rir. "Acho que é da minha histerectomia."

"Não, Mami", supliquei. "Você não entende. Eu estou grávida. Não é brincadeira."

"Quem é que está brincando, querida? Gravidez é coisa séria", ela disse, se esforçando para não rir, "principalmente quando o bebê nasce de concepção imaculada e deus é o pai". Ela e minha irmã estavam tendo um ataque de riso. "Como você vai chamar o bebê?", perguntou minha irmã. "Jesus?"

Elas simplesmente não paravam. Quanto mais eu insistia que estava grávida, mais elas riam e faziam piada. Mas, finalmente, minha mãe parou de rir.

"Você está mesmo grávida?"

Contei a ela que aconteceu na korte e que Kamau era o pai.

"Como você está?"

"Na verdade, meio esquisita", disse a ela. "Eu não faço quase nada e mesmo assim estou sempre muito cansada."

Na sala de visitas do lado das detentas, não havia cadeiras, então tínhamos que ficar de pé para falar. Eu estava tão cansada que mal conseguia ficar de pé. Sentei-me no chão, encostada na parede atrás de mim para que elas pudessem me ver. Eu não conseguia vê-las, mas ficamos gritando de um lado para o outro até o fim da visita. Quando a visita acabou fui para minha cela e apaguei. Minha mãe foi ao diretor reclamar da recusa em fornecer cadeiras.

No dia seguinte, Evelyn veio me ver. "Sua mãe me ligou ontem à noite, lá de Morristown, assim que saiu daqui. Ela estava morta de preocupação que, depois de tudo que passou, você finalmente tivesse enlouquecido. Eu disse a ela para não se preocupar, e que você realmente está grávida. Acho que ela está em estado de choque. Sua irmã também. Saiu em todos os jornais. Eu trouxe para você ver."

Eu não estava acreditando. Havia até artigos. Lembro que o do *Daily News* de Nova Iorque era especialmente sórdido. Todos os jornais especulavam sobre a paternidade e sobre como eu tinha conseguido engravidar na prisão. Um deles deu a entender que o pai seria um guarda do presídio.

"Estou enjoada, Titia, estou péssima."

"Bem, isso é o que acontece quando você fica grávida. Você tem enjoos matinais e todo tipo de dores estranhas. É assim mesmo."

"Talvez você esteja certa, mas estou sentindo umas dores aqui embaixo", eu disse a ela, apontando para o local das dores. "E mal consigo ficar de pé."

Ela me disse para falar com o médico e eu contei a ela como o médico vinha agindo.

"Bem, vá vê-lo mesmo assim, e peça um exame minucioso. Enquanto isso, vou tentar conseguir uma consulta com um ginecologista particular para você o mais rápido possível. Provavelmente, terei que ir ao tribunal para pedir."

Ela prometeu que faria tudo o que pudesse para conseguir um médico de fora, e eu subi para falar com o médico da prisão.

"Por que você mentiu para mim e me disse toda aquela baboseira sobre distúrbio intestinal?", foi a primeira coisa que perguntei a ele.

"Bem, você mentiu para mim. Eu apenas achei que pudesse fazer o mesmo. De qualquer maneira, você descobriu, como eu sabia que iria acontecer."

Falei para ele sobre minhas dores e ele me examinou.

"Tem alguma coisa errada?", perguntei ansiosamente.

"Há uma possibilidade de você estar em risco de aborto."

"O quê?", gritei, praticamente.

"Há uma possibilidade de que tenha um aborto."

"Eu não quero aborto nenhum", gritei.

"Essa seria provavelmente a melhor opção para você agora, e eu a recomendaria. Mas não era isso que eu estava dizendo. Eu disse que há a possibilidade de você abortar espontaneamente, ter um aborto espontâneo."

"Ah, não!", gemi. "O que você vai fazer?"

"Relaxa. Provavelmente não é nada sério. Não há muito com o que se preocupar."

"Como assim não há muito com o que se preocupar? Eu quero este bebê."

"Bem, eu não posso te forçar a nada, mas meu conselho seria fazer um aborto. Seria melhor para você e para todo mundo."

"Eu não quero saber de aborto nenhum. Mas o que você vai fazer a respeito dessa possibilidade de aborto espontâneo? Não tem alguma coisa que você possa me dar para evitar que eu tenha um? Não tem nada que eu possa tomar para garantir que eu não perca essa criança?"

"Não. Não há nada que eu possa fazer agora. Temos que esperar e ver o que acontece."

"Como assim, esperar e ver o que acontece? Se eu tiver um aborto, aí vai ser tarde demais. Você não pode ligar para um ginecologista?"

"Não. Não há nada que eu possa fazer agora."

"Você quer dizer que não há nada que você vá fazer agora, correto?"

"Entenda como quiser."

"Você não pode pelo menos ligar para um ginecologista vir me ver? Você não é um especialista nessa área."

"Eu não preciso que você me diga quais são minhas especialidades", ele disse com raiva. "Seria melhor para todos os envolvidos que você tivesse um aborto, fosse como fosse."

"Quem são mesmo esses envolvidos?"

"Não se preocupe com isso. Meu conselho é que você vá para sua cela e se deite. Apenas deite-se e descanse sua mente. Apenas se deite e coloque as pernas para o alto. E se você for ao banheiro e vir algo no vaso, não dê descarga. É o seu bebê."

Saí correndo do consultório dele e, quando cheguei à minha cela, me deitei na cama chorando. Eu estava morta de preocupação. Pelo que pude perceber, eles queriam matar meu bebê. Eu não poderia perder esse bebê agora, não agora. Era para ser; esse bebê era a nossa esperança. Nossa esperança para o futuro. Tentei me acalmar. Não queria que o bebê sentisse minha angústia. Por fim, adormeci.

Na manhã seguinte, esperei ansiosamente por Evelyn e Ray Brown. Ray chegou primeiro. Contei a ele o que tinha acontecido.

"Por favor", eu implorei, "consiga um médico em quem a gente possa confiar para me examinar hoje".

"Vou tentar conseguir um o mais rápido que puder", me assegurou Ray. "Vou ter que dar alguns telefonemas e depois tenho que falar com o juiz. Ele está possesso, você sabe. Ele quer retomar o julgamento hoje. Não se preocupe, vai ficar tudo bem."

Ray e Evelyn retornaram cerca de uma hora depois. "Não se preocupe", eles me disseram "o julgamento foi adiado até termos um laudo de nosso médico. O juiz permitiu que você seja examinada por seu próprio ginecologista, e ele está vindo esta tarde, então anime-se". Eles fizeram de tudo para me distrair e me ajudar a me sentir melhor. Naquele dia eu estava me sentindo pior do que todos os dias anteriores.

"O médico é Negro?"

"Não, ele é da Ku Klux Klan", brincou Ray Brown. Eu sentia como se minhas entranhas fossem se espalhar pelo chão a qualquer momento. Ray foi lá fora encontrar o médico e voltou acompanhado de um homem alto, de pele marrom. O homem não tinha a menor pinta de médico. Ele parecia o próprio Mr. Superfly.[83] Ele estava com um casaco de pele comprido, de macacão e com sapatos-plataforma. Mas quando olhei bem no rosto dele, fiquei tranquila. Ele era gentil e muito seguro de si. Ele foi delicado ao me examinar e fiquei verdadeiramente agradecida. Ele fez um mundo de perguntas de maneira cuidadosa e meticulosa. Fiquei realmente impressionada.

"Poderia me dizer seu nome novamente?", perguntei a ele, envergonhada por ter esquecido.

"Claro. Esse é um pedido fácil. Ernest Wyman Garrett." Ele atendia em Newark e havia um ar de Newark nele. Gostei dele na hora. Ele era um daqueles raros profissionais Negros que não perderam contato com a massa de gentes Negras. Ele não tinha o menor traço do discurso burguês afetado e dos maneirismos tão populares entre a classe média Negra.

Eu esperei nervosamente pelo veredito. "Sem dúvida alguma você está grávida. Mas encontrei sangue no canal vaginal, o que pode ser sinal de algum problema. Há uma possibilidade de você estar em risco de aborto. Isso não significa que você terá um aborto espontâneo. As chances de isso não acontecer são boas. As probabilidades e as estatísticas estão a seu favor."

---

83 NE: *Superfly* significa (homem) elegante, estiloso, charmoso; excelente, admirável – de acordo com o livro *African American Slang: A Linguistic Description*, de Maciej Widawski. O termo se tornou bastante popular nos anos 1970 principalmente devido ao estrondoso sucesso do filme *Super Fly*, de 1972, do diretor Gordon Parks Jr. (e estrelado pelo ator Ron O'Neal).

Ele explicou as diferentes possibilidades e o tratamento que estava prescrevendo. Fiz um milhão de perguntas e, quando ele saiu, me sentia muito melhor, só de saber que havia alguém em quem eu podia confiar cuidando de mim e do bebê.

Os dias que se seguiram estão embaçados em minha mente. Dormi na maior parte do tempo. O diretor, o xerife e as autoridades é que não gostaram da ideia de eu ter meu próprio médico. Na cabeça deles, o açougueiro, o médico da cadeia, era bom o suficiente para mim. E o fato de o Dr. Garrett ser Negro os enfurecia. Eles se recusavam a deixá-lo me examinar, a menos que um médico branco, contratado pelo Estado, estivesse presente e, para o laudo a ser enviado ao juiz, apenas o médico branco podia me examinar. Felizmente, ele concordou com o parecer de meu médico. Havia um monte de coisa acontecendo ao meu redor que eu não entendia. Eu estava muito desligada de tudo para tentar. Mas eu percebia que Evelyn e Ray estavam preocupados. Eu queria ajudar, entender a fundo o que estava acontecendo, mas eu simplesmente não tinha energia.

Dois dias depois da primeira visita, Dr. Garrett veio me ver. Quando terminou de me examinar, ele disse: "Assata, não quero te preocupar, mas acho que você deveria ser hospitalizada. Não é nada sério, simplesmente uma medida de precaução. Você não está em condições de prosseguir com um julgamento. Você precisa de algumas semanas de repouso completo. Existe a possibilidade de o juiz tentar te empurrar para o julgamento imediatamente, sem considerar sua condição médica. Assata, não temos como deixar isso acontecer em hipótese alguma. Estou preparado para lutar até o fim por seus direitos, como ser humano, de receber cuidados médicos decentes e pelo direito de seu bebê nascer saudável. Estou fazendo por você o que eu faria por qualquer outra paciente. Você deve ser hospitalizada. Não há um médico responsável no mundo que não vá concordar com isso. E estou preparado para testemunhar em qualquer tribunal que negar a você assistência médica adequada seria o mesmo que cometer um assassinato. Irei, daqui a pouco, apresentar ao juiz um laudo médico sobre sua condição. Farei de tudo para convencê-lo da seriedade dessa situação. Acho que ele vai ouvir a razão. Tenho certeza que o juiz concordará com as conclusões de dois ginecologistas credenciados. Mas se o pior acontecer, e o juiz negar a nossa petição, cuidarei pessoalmente para que essa prisão e o tribunal estejam cercados de pessoas que militem pelo direito à vida já pela manhã."

Eu estava chocada demais para dizer muito mais do que obrigada. Eu estava morrendo de medo por meu bebê, mas sabia que tudo o que podia ser feito estava sendo feito e isso era menos um peso na minha cabeça. Eu me vesti e esperei que fossem me buscar para levar à korte. Eu queria saber o que estava acontecendo. Como eles não foram me buscar, fiquei preocupada. O que estava acontecendo? Por que não me levaram para a korte? Por que estavam demorando tanto? O que iam fazer? Será que iam tentar me levar a julgamento naquele estado? O que estavam planejando?

Evelyn e Ray chegaram altivos e sorridentes. Entendi logo que ia ficar tudo bem. "O que aconteceu? Por que não me levaram para a korte?"

"Você está muito doente para ir ao tribunal." Evelyn riu. "Você nunca ouviu dizer que eles não permitem que mulheres grávidas entrem no tribunal? Eles entendem que gravidez é uma doença e temem que mais pessoas sejam contaminadas. Achamos que seria melhor que você não se deslocasse. Funcionou. Eles vão te levar para um hospital assim que conseguirem arranjar tudo. O Dr. Garrett fez um ótimo trabalho. Depois daquele discurso, não tinha como o juiz te forçar a ir a julgamento nessa condição. O julgamento foi suspenso e Sundiata continuará sendo julgado sozinho."

"O quê?", exclamei. "Mas tínhamos combinado que seriamos julgados juntos. Por que eles não podem esperar até que eu melhore?"

"Então, Assata, você sabe que eles não vão esperar você ter seu filho para julgar Sundiata. Eles dizem que ficar aqui em Morristown está lhes custando uma fortuna."

"Vai ser mais barato se nos julgarem juntos", eu disse. "Bem, posso pelo menos ver o Sundiata e me despedir dele?"

"Vamos tentar", eles disseram, "mas duvidamos que haja tempo para isso ou que o xerife vá permitir".

"Eu vou sentir falta de Sundiata."

"Sim. Nós sabemos."

Horas depois me colocaram numa maca e me levaram para uma ambulância. "Não se preocupe", eu disse ao bebê, "você vai ficar bem".

AMOR

O amor é contrabando no Inferno,
porque o amor é um ácido
que corrói grades.
Mas você, eu, e o amanhã
nos damos as mãos e juramos
que a luta há de se multiplicar.
A serra tem duas lâminas.
A espingarda tem dois canos.
Estamos grávidos de esperança.
Nós somos uma conspiração.

CAPÍTULO 8

Depois do Village, morei com Evelyn na 80th Street, entre Amsterdã e Columbus, em Manhattan. Ela tinha um apartamento com jardim numa *brownstone*. No jardim não crescia nada além de ervas daninhas, e era onde nossos vizinhos atiravam seus lixos. O apartamento era um único cômodo grande que usávamos para dormir, comer e viver; tinha uma cozinha e um banheiro com um vaso sanitário antiquado em cima de uma plataforma e uma caixa d'água suspensa, de modo que precisávamos puxar uma pequena corrente para dar descarga. Evelyn sempre se referia ao apartamento como pocilga. Era muito bem arrumadinho, mas era pequeno demais para duas pessoas, principalmente uma delas sendo eu. Eu era muito desleixada, e Evelyn se esforçava muito para me ensinar a ser limpa e organizada. Em um lugar pequeno como aquele, quando qualquer coisa está fora do lugar parece que passou um furacão. E muitas vezes, depois de um dia cansativo de trabalho, a pobre Evelyn era recebida com um furacão, um tornado e um terremoto ao mesmo tempo. Aos poucos fui aprendendo a manter as coisas com uma aparência vagamente organizada.

O bairro, para mim, era excitante, cheio de personalidade e diferentes sabores e aromas. O Central Park e o Riverside

Park eram próximos, e eu imediatamente me apaixonei por ambos. Havia também muitos museus próximos; passava horas e horas no Museu de História Natural e no Metropolitan Museum of Art. Eram gratuitos na época e cheios de coisas fascinantes. Havia todo tipo de loja para eu explorar e examinar, embora na maioria das vezes eu não tivesse dinheiro. E tudo isso me encantava. E foi quando comecei a realmente enxergar a hierarquia da sociedade amerikana.

A 80th Street, assim como muitas das ruas próximas, estava mudando. A maioria das mudanças, no entanto, ocorreu antes de minha chegada. A maioria dos alemães tinha saído de lá e os Negros e porto-riquenhos estavam chegando ao bairro. Evelyn me contou que quando se mudou para lá era tão seguro que dormia, no verão, com a porta dos fundos aberta e travava apenas a tela da porta. Na 80th Street, acontecia de ter três, quatro, cinco ou mais pessoas amontoadas em um apartamento de um cômodo. Às vezes, os apartamentos eram alugados mobiliados com nada além de uma velha cama murcha, uma cômoda, geladeira e fogão velhos. Em geral, conseguíamos ver tudo isso através das cortinas de plástico finas como papel balançando ao vento. A maioria das pessoas na 80th Street era pobre, embora houvesse um ou outro apartamento reformado que atendia a uma clientela um pouco mais rica, geralmente "pessoas da noite".

A 79th Street era logo atrás da nossa, mas havia um mundo de diferença entre as duas. Era uma rua de classe média-alta. Médicos, advogados e muitos artistas moravam lá. Todos os dias, depois da escola, eu ouvia um cantor de ópera ensaiando. Talvez seja por isso que desenvolvi profunda antipatia por esse gênero musical. Os moradores da 79th nem sonhavam em socializar com os da 80th. Eles reconheciam nossa existência com um misto de graça, medo e aversão. A 81th, entre o Central Park West e a Columbus Avenue, era ainda mais rica. Os saguões eram elegantes e os porteiros se vestiam esplendidamente. Eles eram em sua maioria brancos, nem de leve imaginavam quem seriam as pessoas que moravam a apenas um quarteirão dali.

Mais adiante, em direção ao rio, perto da West End Avenue ou da Riverside Drive, havia um bairro de classe média. Os edifícios eram geralmente antigos, grandiosos e bem conservados. As pessoas que moravam lá eram na maioria brancas, evidentemente, com alguns Negros e casais inter-raciais no meio. O Upper West Side, como o bairro era chamado, era para ser um reduto "liberal". Entretanto, nunca entendi exatamente o que é um "liberal", porque já ouvi "liberais" expressarem todas as opiniões concebíveis sobre todos os assuntos concebíveis. Até onde eu sei, existe a extrema direita, que são cães capitalistas racistas e fascistas, como Ronald Reagan, que não disfarçam, dizem logo quem são. E, no lado oposto, você tem a esquerda, que, presume-se, esteja comprometida com a justiça, a igualdade e os direitos humanos. E em algum lugar entre esses dois pontos estaria o liberal. Pelo que eu saiba, "liberal" é a palavra mais sem sentido do dicionário. A história me mostrou que desde que algumas pessoas brancas de classe média possam viver voluptuosamente, tirar férias na Europa, mandar seus filhos para escolas particulares e colher os benefícios de seus privilégios de pele branca eles são, então, "liberais". Mas quando os tempos ficam difíceis e a grana fica curta, eles tiram a máscara liberal e você pensa que está falando com Adolf Hitler. Eles sentem pena dos chamados desprivilegiados, desde que possam manter seus próprios privilégios.

Às vezes eu andava até o East Side, do outro lado do Central Park. Se a Riverside Drive parecia outra cidade, o East Side parecia outro mundo. Babás inglesas empurravam carrinhos de bebê sofisticados (que eles chamavam de *trams*) no lado leste do Central Park. Os únicos Negros que se via eram os empregados ou aqueles que, como eu, estavam só de passagem. A 5th Avenue, Park Avenue, carros com chofer, diamantes e casacos de pele. O Upper East Side era para os ricaços. Quando eu andava por aquelas ruas, alguns olhavam para mim como se eu fosse um objeto de museu ou algo assim. Uma ou duas vezes, um porteiro chegou a me parar e perguntou aonde eu estava indo. Mas eu continuava andando e admirando a paisagem. Às vezes, eu me divertia entrando em uma das lojas. Eu não conseguia acreditar que havia quem pagasse por aquelas coisas tão caras. Assim que eu entrava, os vendedores vinham logo para cima de mim. Às vezes eu dizia que estava só olhando. Outras vezes, eu dizia que procurava por coisas, tipo, pés de porco em conserva. Normalmente, eles diziam: "O quê? O quê? O quê?" e eu me acabava de rir. Uma vez, entrei em uma mercearia e me perguntaram quem era minha patroa.

Sempre fui louca por arte e fazia questão de visitar qualquer galeria de arte que eu descobrisse. Às vezes eles agiam com arrogância ou nojo. No começo, eu me sentia desconfortável e deslocada. Mas depois de um tempo, sempre que eles se mostravam enojados, eu fazia questão de perguntar o preço de cada uma das peças. Eles ficavam tão vermelhos e bufavam tanto que era cômico. Lembro-me de odiar algumas daquelas pessoas, mas ao mesmo tempo eu queria ser rica como elas. Naquela época, eu pensava que ser rica era a solução para tudo.

A quatro quadras de onde morávamos, havia ainda outro mundo: a 84th Street, entre a Amsterdã e a Columbus. Antes de ser demolido, foi eleito o pior quarteirão da cidade. Quando eu era criança, nunca me ocorreria que as pessoas pudessem viver tão mal. Mofar em alguns daqueles apartamentos era como viver em um caixão. Juro, tinha um prédio que, quando você passava por ele, no verão, fedia tanto que a gente quase caía para trás. Normalmente, eu apenas me sentava nas escadas de qualquer prédio e ficava observando a rua. Tinha sempre alguma coisa acontecendo. Uns homens de touca na cabeça, cobrindo penteados engordurados, ficavam por ali fazendo transações, rindo, conversando e olhando para as mulheres que passavam. Bêbados, brigas e brigas de bêbados. A rua estava sempre viva e fervilhando de gente. A sobrevivência e a vida ficavam expostas, como roupas no varal, para todo mundo ver. Discussões, acordos sujos, miséria e malícia corriam pelas ruas como pus em feridas abertas. Havia algo de horrível e ameaçador naquela rua, mas excitante ainda assim.

Lil-Bit, que frequentava minha escola, morava na 84th. O apelido dela era Lil-Bit, mas eu a chamava de Fruit-fly (Mosca-de-fruta) porque ela adorava frutas. Eu gostava de sua companhia porque ela não se importava de andar; a gente andava por horas, sem se cansar. Um dia, ela me chamou para ir buscar alguma coisa em sua casa. Quando chegamos lá, eu não acreditei. Eu achava que já tinha visto algumas casas pobres antes, mas a dela era campeã. Ela morava em um cubículo verde-ervilha de um cômodo, com as paredes cobertas de baratas de ponta a ponta. Eu não tirava os olhos da Lil-Bit. Ela andava por aquela casa de terror como se aquilo fosse normal. Ela nem tentava matar as baratas. Ela apenas as tirava do caminho. Quando saí de lá, fiquei me coçando por horas.

Quando conheci a mãe de Lil-Bit e me aproximei mais dela e de alguns de seus vizinhos, tive minha primeira lição sobre desesperança. A mãe de Lil-Bit trabalhava em fábricas e lavanderias como passadeira. Mas ela sofreu uma queimadura horrível na mão e estava meio que encostada por causa do acidente de trabalho. Ela vivia um dia de cada vez, e com o dinheiro que aparecesse. Ela estava sempre doente, e às vezes tossia tanto que eu pensava que ela fosse morrer a qualquer momento. Parecia que ela estava sempre cansada ou fraca demais para fazer qualquer coisa. Elas tinham um fogão, mas na maioria das vezes nem cozinhavam. Elas só comiam sanduíches, feitos geralmente de apresuntado com pão branco. A mãe de Lil-Bit nunca ia a lugar algum, exceto à clínica, ao escritório de assistência social ou ao bar da Amsterdã. Às vezes, ficava bêbada e começava a chorar por causa de um homem com quem costumava sair. Ela não sabia de nada que estava acontecendo no mundo nem parecia querer saber. A 84th Street era o mundo dela e outros mundos apenas não existiam. Quando eu estava com Lil-Bit e sua mãe, sentia todo tipo de coisas. Às vezes, nojo e raiva, porque elas aceitavam qualquer coisa e viviam como se estivessem em algum tempo antigo. Outras vezes, eu sentia pena mas, ainda assim, outras vezes eu relaxava e gostava de estar com elas, porque eram tranquilas e pé no chão. Eu só ficava com elas do lado de fora, nas escadas da entrada do prédio. Nunca mais entrei naquela casa.

Mas Evelyn me fez diminuir bastante a frequência de meus passeios. Ela era rigorosa e muito séria. Todos os dias, depois da escola, eu tinha que estar em casa às quatro horas, e ela ligava para casa só para saber se eu tinha chegado com segurança. Evelyn não me queria muito na rua porque, segundo ela, o bairro era perigoso e ela não queria que eu me metesse em confusão. E ela também queria que eu ficasse em casa e fizesse meu dever de casa. Depois da lição, eu lia. Nunca gostei muito de televisão e, além disso, Evelyn tinha uma excelente biblioteca. Aqueles livros para mim eram como comida. Os de ficção e poesia eram meus favoritos, embora eu também gostasse de história e psicologia.

Eu gostava também de ler sobre outros países e sobre todas as diferentes religiões do mundo. Os únicos em que nunca toquei eram os livros de direito dela. Eles eram áridos, chatos, eram grego para mim.

Evelyn era um poço de conhecimento e podia abordar uma vasta gama de assuntos. Estávamos sempre discutindo ou debatendo algum assunto. Por conviver com ela, comecei a me achar descolada, sofisticada e adulta, e que eu sabia de tudo. Ninguém podia me falar nada. Eu era simplesmente superdescolada. Evelyn e eu íamos a museus, galerias de arte e teatro. Na Broadway ou fora da Broadway, ela me apresentava muitas coisas. Comecei a ver filmes como uma forma de arte em vez de apenas entretenimento. Eu estava aprendendo o que e como pedir em restaurantes. E meu vocabulário e controle da língua inglesa estavam se expandindo formidavelmente.

Mas a vida com Evelyn definitivamente tinha seus altos e baixos. Às vezes nos dávamos muito bem e outras era terrível. Evelyn era super-honesta e simplesmente não tolerava minhas mentiras. Eu tentava falar a verdade e ser honesta, mas, às vezes, principalmente se estivesse enrolada com alguma coisa, eu mentia. Eu tinha o hábito de mentir e acabava sendo fácil eu voltar ao antigo padrão. Mas era inútil mentir para Evelyn, porque ela era advogada e me interrogava até que eu inevitavelmente me entregasse. Aos poucos fui perdendo esse hábito, mas isso foi uma longa e constante batalha entre nós.

Nossa situação financeira também tinha seus altos e baixos. Uma semana estávamos "ricas" e na seguinte, "pobres". Evelyn estava determinada a ser uma advogada criminalista e atender em escritório privado. A maioria de seus clientes era de Negros e pobres e na maioria das vezes não tinham dinheiro para pagar por seu serviço. Mas Evelyn os defendia mesmo assim. Ela estava sempre em pé de guerra com uma injustiça qualquer. Eu dizia que ela era "a última mulher raivosa". Mas sempre que alguém a pagava, ficávamos "ricas" e saíamos para comemorar. Durante uma semana ou mais, comíamos bifes e costeletas de cordeiro, íamos a restaurantes, pegávamos táxis. Na semana seguinte, voltávamos a andar de metrô e a comer hambúrgueres. Evelyn era generosa e extravagante, e não tinha cabeça para negócios. Normalmente, eu fazia as compras para nós porque era mais controlada e prática. De vez em quando, eu ficava tentada a me dar um "desconto de cinco dedos", mas Evelyn era tão honesta que acabou passando isso para mim. Eu estava ficando tão boazinha que nem eu me aguentava. Realmente passei por uma forte mudança.

Evelyn tinha grandes planos para o meu futuro. Eu estudava na Junior High School 44, mas Evelyn não estava satisfeita com a educação que eu estava recebendo. A escola J.H.S.44 não era ruim, mas estávamos aprendendo em um ritmo muito mais lento do que na minha escola no Queens. Não me lembro muito da escola, exceto das aulas de música. A maior parte da turma era Negra ou porto-riquenha, e a gente adorava música. Mas odiávamos profundamente a aula de música. A professora falava com a gente como se estivesse falando com um bando de selvagens inferiores, incapazes de apreciar as boas coisas da vida. Ela dava sermões sobre sinfonias, concertos, sonatas e coisas do gênero com voz altiva. Um garoto imitava os gestos e as expressões da professora e a gente ria baixinho enquanto ela tocava alguma coisa. A professora foi ficando cada vez mais irritada, e dizia: "Ouçam! Vocês não conseguem ouvir? Vocês não têm ouvidos? Vocês não conseguem apreciar nada? Estou tentando fazer com que apreciem música e vocês agem como se fossem surdos. Eu quero que parem de falar! Quero que parem de falar e ouçam! Ouviram?" Fomos ficando cada vez mais barulhentos e a professora ficando cada vez mais enojada. Ela gritava e chamava a gente de *hooligans*[84] e ignorantes. E a gente devolvia os insultos.

Nós a odiávamos porque ela achava que a música que ela gostava era superior. Ela não entendia que tínhamos nossa própria música e que adorávamos música. Para ela, não havia nada além de Bach, Beethoven e Mozart. Para ela, éramos incultos e rudes. Para ela, música latina, jazz, *rhythm and blues* eram lixo e nós éramos iguais. Ela era uma racista que negaria isso até a morte. Muitas pessoas não sabem de quantas maneiras o racismo pode se manifestar e de quantas maneiras as pessoas lutam contra ele. Quando penso em quão racista, quão eurocêntrica é nossa suposta educação na amérika, isso dá um nó em minha mente. E quando penso em algumas dessas crianças que foram rotuladas como "causadoras de problemas" e "estudantes problemáticos", percebo que muitos deles eram heróis desconhecidos que lutavam para manterem algum senso de dignidade e autoestima.

Evelyn "sugeriu" veementemente que eu fosse para a Cathedral High School[85] no nono ano. Não fiquei nada feliz com a ideia, pois detestava usar uniforme e as escolas católicas tinham a reputação de serem muito rigorosas. Mas Evelyn continuou sugerindo fortemente e a mensagem foi captada. Eu nem me importava com o fato de ser uma escola católica, já que eu ia à missa regularmente, e naquele ano

---

84 NE: Vândalos, desordeiros. O termo surgiu na Inglaterra, no século XIX, associado a gangues de rua. A partir dos anos 1960, o termo passou a ser associado às ações violentas de algumas torcidas de clubes esportivos. Fonte: <https://pt.wikipedia.org/wiki/Hooliganismo>.

85 NE: *High School* (ou *Senior High School*), nos EUA, corresponde ao ensino médio no Brasil.

eu estava especialmente beata. Fiz o teste e passei, e tudo indicava que eu começaria na Cathedral High School no mês de setembro seguinte. Eu estava até começando a gostar da ideia. Era uma mudança e eu sempre fui uma pessoa que gosta de mudar de cenário.

Eu costumava passar, tanto quanto possível, meus fins de semana com uma de minhas amigas ou com minha mãe. Era legal sair com a Toni e ela sabia de todas as festas. Mas nunca tínhamos conversas profundas, então nunca ficamos muito próximas. Bonnie e eu nos conhecemos através de Toni e iniciamos o que viria a se tornar uma relação de melhores amigas com uma discussão sobre Abraham Lincoln. Discutimos por horas até que a tia de Bonnie disse para calarmos a boca e irmos dormir, já que nenhuma das duas sabia do que estava falando. Bonnie morava no mesmo prédio de minha mãe, e depois daquela noite nos tornamos amigas íntimas e conversávamos sobre todos os assuntos da Terra. Bonnie sabia mais do que eu sobre o que estava acontecendo no mundo e passávamos horas conversando sobre Medgar Evers,[86] *sit-ins*,[87]

---

86 NT: Ativista afro-americano do Movimento dos Direitos Civis do estado do Mississippi, assassinado por um supremacista branco em 1963.

87 NE: Em 1º de fevereiro de 1960, quatro estudantes negros (Ezell Blair Jr., Franklin McCain, Joseph McNeil e David Richmond), com idades entre 17 e 18 anos, realizaram um protesto pacífico na lanchonete Woolworth, no centro da cidade de Greensboro, na Carolina do Norte, para desafiar a política de lanchonetes exclusivas para brancos. Eles compraram vários itens na loja – então de exclusividade de clientes brancos, mas comprar lhes era permitido – e sentaram-se (*sit*) para lanchar no local (*in*), e quando uma garçonete pediu que se retirassem eles, educadamente, se recusaram. Surpresos por não terem sido presos, os estudantes permaneceram sentados por quase uma hora até a loja fechar. Na manhã seguinte, cerca de duas dúzias de estudantes foram à mesma lanchonete, sentaram-se no balcão da lanchonete e repetiram o ato do dia anterior também em protesto à segregação. E os chamados *sit-ins* se espalharam pelo país gerando uma nova onda de protestos de estudantes negros e aliados brancos que viriam a ser de inconteste importância crítica para a realização da revolução dos direitos civis na década de 1960 nos EUA.

viajantes da liberdade[88] etc. Começamos a escrever poesia sobre o amor e sobre os Negros, e às vezes escrevíamos poemas mórbidos sobre ódio e morte. Assim que terminávamos um poema, ligávamos uma para a outra e o líamos. Depois de um tempo, líamos poesia juntas. Dorothy Parker e Edna St. Vincent Millay eram nossos ídolos. Líamos tudo o que tinham escrito e até memorizávamos seus poemas. Depois disso, líamos todos os tipos de poetas. Nós éramos "profundas" e estávamos sempre na biblioteca ou em uma livraria tentando encontrar outro poeta que fosse "profundo" também. Quanto mais líamos, mais escrevíamos. E isso foi bem útil nas ruas. Se não gostássemos de alguém ou se tivéssemos alguma questão e discutíssemos, escrevíamos um poema sobre a pessoa. Inventávamos todo tipo de "*dozens*"[89] e ríamos muito. Éramos jovens e velhas, felizes e tristes ao mesmo tempo.

---

88 NE: Organizados inicialmente pelo Congresso de Igualdade Racial (Core) em 1961, as *Freedom Rides* (viagens da liberdade) eram feitas por grupos inter-raciais, denominados Freedom Riders (viajantes da liberdade), que percorriam o segregado Sul dos EUA de ônibus. Eles tentavam pressionar o Departamento de Justiça do país a fazer cumprirem as leis federais de dessegregação em viagens interestaduais, especialmente em terminais de ônibus e trens. Os passageiros brancos sentavam-se na parte de trás do ônibus e os negros na frente, desafiando as práticas de transporte racistas do Sul. Uma vez no terminal, os Freedom Riders brancos seguiam para a sala de espera "negra", enquanto os Negros tentavam usar as instalações da sala de espera "branca". As *Freedom Rides* foram um dos desdobramentos do movimento de *sit-in*.

89 NT: *Dozens* – também conhecido como "*playing the dozens*", "*sounding*", "*joning*" ou "*woofing*"– é um jogo verbal de insulto e ostentação, envolvendo pelo menos dois participantes e uma audiência, muito comum nas comunidades negras dos EUA. As formulações das *dozens* são praticadas por homens e mulheres em todas as faixas etárias. Os insultos podem ser rimados ou não, embora as versões adultas confiem menos na rima e mais na improvisação. A participação do público é parte integrante já que os observadores fazem o elogio verbal que regula a disputa para uma resolução pacífica ou violenta. As *dozens* podem ser "limpas" ou "sujas", com ou sem palavrões ou obscenidades. Fonte: PALMER, Colin A. (ed.). *Encyclopedia of African-American Culture and History*: the Black experience in the Americas. 2. ed. Detroit: Macmillan Reference USA, 2006.

Geralmente, no verão, eu ia para o Sul visitar meus avós. Quando eles tinham o comércio na praia, eu adorava. Mas eles perderam dois prédios diferentes na praia, ambos destruídos por furacões. Depois que o último foi derrubado, eles começaram a operar um restaurante na Red Cross Street. Às vezes eu gostava de trabalhar no restaurante, mas não era tão divertido quanto trabalhar na praia.

Num dos últimos verões que passei no Sul, a NAACP[90] alugou um prédio a algumas portas do restaurante de meus avós, o que foi uma grande fonte de interesse para mim. Eu estava sempre passando por lá, parava na porta ou entrava discretamente no prédio tentando saber o que acontecia ali. Eu podia ouvi-los falar sobre a integração do Sul através dos movimentos de *sit-ins*, de orações, de cânticos, e sobre a não violência. Eu gostava porque certamente eu queria que a segregação acabasse. Cresci exposta ao lado degradante e desumanizante da segregação. Lembro-me de que, quando viajávamos do norte para o sul e vice-versa, sentíamos realmente o ferrão da segregação com mais intensidade do que em outros momentos. Íamos na estrada por horas sem podermos parar em qualquer lugar. Às vezes, a opção era um posto de gasolina velho e sujo, onde comprávamos gasolina e depois nos diziam que não tínhamos permissão para usar o banheiro velho e sujo porque éramos Negros. Lembro-me claramente de estar agachada no mato, com mosquitos picando minhas nádegas nuas, e minha avó me dando papel higiênico, porque não conseguíamos encontrar um lugar com um banheiro para gente "de cor". Às vezes tínhamos fome, mas não havia lugar para comermos. Outras vezes estávamos com sono e não havia hotel ou motel que nos

---

90 NT: Associação Nacional para o Progresso de Pessoas de Cor (National Association for the Advancement of Colored People).

aceitasse. Se eu somasse todos os banheiros e bebedouros para pessoas "de cor" da minha vida, todos os ônibus ou os vagões regidos pelas "leis Jim Crow" de segregação do regime, e os lugares que me era proibido frequentar, tudo resultaria em uma grande bola de ódio.

Então, quando eu via aquele pessoal da NAACP, estava pronta para fazer tudo o que eles fizessem. Mas eles eram confusos. Um dia eu estava passando pelo escritório e dois homens conversavam sobre não violência e autocontrole. Então, um deles andou pela sala fazendo perguntas a todo mundo.

"O que você faria se te empurrassem?"

"Nada. Continuaria fazendo o que estava fazendo antes."

"O que você faria se te chutassem?"

"Eu rezaria e pediria ao Senhor para perdoá-los por seus pecados."

"O que você faria se cuspissem em você?"

"Eu simplesmente continuaria cantando."

Bem, aquilo já era demais para mim. Eu poderia aguentar alguém me empurrando, batendo, chutando, mas ficar lá parada e deixar algum brankelo cretino cuspir em mim, bem, a simples ideia disso me fazia querer brigar. Para mim, alguém cuspir em você é pior do que te bater, principalmente se for na cara. Eu tentava dizer a mim mesma que apenas me sentaria lá e aguentaria, mas todos os músculos do meu corpo, todos os instintos que eu tinha, se rebelavam contra isso. O homem continuou andando pela sala, fazendo as mesmas perguntas. Quando chegou a minha vez, respondi o mesmo, exceto à pergunta sobre a cuspida.

"Eu não sei", eu disse a ele.

"Como assim, não sabe?"

"Eu simplesmente não sei."

"Bem, irmãzinha, percebe-se que você simplesmente não está pronta. Se você quer sua liberdade, não pode haver sacrifício que seja grande demais."

Todo mundo me olhou como se eu fosse algum tipo de idiota estúpida. Eu me senti mal, mas ainda assim não conseguia me acostumar com a ideia de deixar alguém cuspir em mim. O homem disse que eu não estava pronta, e eu tive que concordar com ele.

Quando penso naqueles dias, sinto tanta admiração e respeito pelo espírito de luta e sacrifício que meu povo exibia. Enfrentando turbas de brancos, mangueiras de água, cães ferozes, a Ku Klux Klan, uma polícia beligerante de cassetete em punho, armados apenas de sua crença na justiça e de seu desejo de liberdade.

Lembro como me sentia naqueles dias. Eu queria ser uma amerikana como qualquer outra amerikana. Eu queria um pedaço da torta de maçã da amérika. Eu acreditava que poderíamos obter nossa liberdade apenas apelando para a consciência dos brancos. Eu acreditava que o Norte estava realmente interessado em integração, direitos civis e direitos iguais para todos. Eu costumava sair dizendo "nosso país", "nosso presidente", "nosso governo". Quando tocava o hino nacional ou quando o juramento de lealdade era proferido, eu ficava em posição de sentido e me sentia orgulhosa. Não sei de que diabos me orgulhava, mas sentia o patriotismo correndo por minhas veias.

Eu acreditava que se o Sul conseguisse apenas ser como o Norte, tudo ficaria bem. Eu acreditava que nós, Negros, estávamos realmente progredindo e que o governo, o presidente, a suprema korte e o congresso nos apoiavam, então não tinha como dar errado. Eu acreditava que a integração era realmente a solução para nossos problemas. Eu acreditava que se os brancos pudessem ir à escola conosco, morar perto de nós, trabalhar ao nosso lado, eles veriam que éramos pessoas realmente boas e deixariam de ter preconceito contra nós. Eu acreditava que a amérika era realmente um país bom, como meus professores diziam na escola: "o melhor país da face da Terra". Cresci acreditando nessas coisas. Acreditava de verdade. E, agora, vinte e tantos anos depois [nos anos 1980], isso parece uma piada de mau gosto.

Ninguém no mundo, ninguém na história, jamais conseguiu sua liberdade apelando para o senso moral das pessoas que os oprimiam. Quando você estuda e realmente entende como funciona o sistema nos Estados Unidos, você vê, claramente, que o movimento pelos direitos civis nunca teria chance de sucesso. Os brancos, sejam do Norte ou do Sul, seja em 1960 ou 1980, se beneficiam da opressão dos Negros. Aqueles que acreditam que o presidente ou o vice-presidente, o congresso e a suprema korte governam o país estão tristemente enganados. O todo-poderoso dólar é rei; aqueles que têm mais dinheiro controlam o país e, através de contribuições de campanha, compram e vendem presidentes, congressistas e juízes, aqueles que aprovam e aplicam as leis que beneficiam seus benfeitores.

Os ricos sempre usaram o racismo para manter o poder. Odiar, discriminar e atacar alguém por causa de suas características raciais é uma das formas de pensar mais primitivas, reacionárias e ignorantes que existem.

Uma guerra entre as raças não ajudaria ninguém nem libertaria ninguém, e deveria ser evitada a todo custo. Mas uma guerra racial unilateral, com os Negros como alvos e os brancos disparando, é ainda pior. Seremos criminalmente negligentes, no entanto, se não lidarmos com o racismo e a violência racista, e se não nos prepararmos para nos defendermos de tudo isso.

ESTRANGEIRO

Tudo que você ama
é de um mundo diferente.
Faminto,
você torce o nariz
para o meu feijão com arroz.

CAPÍTULO 9

Fui levada para o Hospital Roosevelt em Metuchen, nova jérsei, e algemada à cama pelo pé. Dr. Garrett tinha dito que eu estava grávida de um mês. Quando me visitou, ele exigiu que as algemas fossem retiradas imediatamente (com base no princípio elementar de que o tratamento adequado, mental e físico de uma mulher com ameaça de aborto espontâneo não incluía estar acorrentada ao pé de uma cama). Minha estabilidade mental também estava ameaçada pelos guardas que ficavam vinte e quatro horas sentados do lado de fora de meu quarto de hospital com espingardas apontadas para minha cabeça.

Depois de dez dias, recebi alta do hospital apesar das objeções de meu médico, fui levada para o presídio masculino do condado de middlesex e mantida em confinamento solitário de fevereiro a maio de 1974.

No começo, eles não me davam nem leite. Como a carne de porco era servida quase diariamente como proteína-base, comecei a morrer de fome lentamente. (Nos presídios do condado, é assim: um lençol, uma manta, um copo de metal; sua cela é invadida se você tiver luxos, tipo sal.) Eles faziam todo o possível para obstruir os cuidados que o Dr. Garrett estava tentando me proporcionar. Eles contrataram seu próprio médico e insistiam que sempre que meu médico me atendesse o homem deles estivesse presente. Isso limitava bastante o número de visitas do Dr. Garrett porque o médico deles muitas vezes "não podia" ir ao presídio para os exames que tinham sido previamente agendados.

Meus advogados entraram com uma ação contra o estado de nova jérsei no tribunal federal, por maus-tratos médicos e abuso alimentar. Antes da data da audiência, fui extraditada para o estado de Nova Iorque, o que tornou a ação no tribunal federal discutível. Quando voltei a Rikers Island, estava anêmica e desnutrida, de acordo com meu laudo médico de entrada. Nova jérsei vinha me dando suplemento de ferro, mas até o último exame de sangue antes do parto eu estive anêmica.

A dieta gestacional, ou "especial", em Rikers, além da comida normal, era leite em pó, suco e um ovo cozido diariamente. Esta foi minha dieta até eu dar à luz, e as coisas pareciam correr normalmente.

Enquanto isso, os advogados obtiveram outra ordem judicial do tribunal de Nova Iorque permitindo que o Dr. Garrett continuasse me tratando. Na primeira vez que ele foi a Rikers, eu estava na enfermaria. Disseram a ele que a ordem judicial "não era boa" e que ele não podia me ver. Fui deixada em um quarto por três dias com uma mulher que depois souberam estar com tuberculose ativa. Era maio e eles tinham desligado a calefação. Fazia frio novamente e as mulheres que estavam tendo convulsões, abstinência de metadona e uma irmã que disseram ter pneumonia empilharam cobertores em suas camas. A irmã ficou cada vez pior. Finalmente, eles a levaram para o Hospital Elmhurst, onde descobriram que ela estava com tuberculose. Descobri isso mais tarde, quando ela voltou para Rikers, mantida em isolamento, e os médicos usavam máscaras e luvas quando a visitavam.

Eu também tive monilíase,[91] um corrimento vaginal, que se agravou porque os médicos do Hospital Montefiore designados para Rikers não chegavam a um acordo sobre a forma de tratamento. Eles se recusaram a me tratar enquanto o resultado de minha cultura não fosse enviado pelo Hospital Elmhurst. Quando eles receberam o resultado, toda a parte interna de minhas coxas estava em carne viva, e eu mal conseguia andar.

O Hospital Montefiore e a Health and Hospital Corporation foram ao tribunal para impedir que o Dr. Garrett fizesse meu parto. A posição deles era que, já que eu era prisioneira, não era necessário que tivesse o médico de minha escolha. Eles disseram também que ele era "desordeiro" porque, quando conseguia me atender, ele "frequentemente escrevia em meu prontuário", o que eles achavam bastante perturbador. O tribunal acatou. Eu era apenas uma prisioneira!

Entrei em trabalho de parto na manhã do dia 10 de setembro de 1974, às 4 da manhã, na Área 2 da Rikers, onde vinha sendo mantida, na ala psiquiátrica. Saí da cama, tomei banho, trancei meu cabelo e arrumei minhas coisas. Meu trabalho de parto estava suave, uma contração a cada meia hora, que rapidamente se transformou em uma contração a cada quinze minutos. Às 11 da manhã eu tinha certeza de que ia nascer, mas não tinha médico para confirmar e me recusei a ir à enfermaria. Por volta do meio-dia, pedi para ligarem para o Dr. Garrett e eles, de alguma forma, o encontraram. (Ele estava no Hospital Elmhurst tentando convencê-los a deixá-lo fazer meu parto.) Por volta das 15h,

---

91 NE: *Candida albicans* (antes *Monilia albicans*), o fungo que produz a maioria das micoses vaginais, faz parte da flora normal da vagina. A candidíase só se desenvolve quando ocorre algum desequilíbrio local ou geral do organismo, causado por estresse, má alimentação, doenças debilitantes e outros fatores que baixem a resistência e criem um ambiente favorável ao fungo. Fonte: <https://www.gineco.com.br/saude-feminina/doencas-femininas/candidiase-2>.

ele chegou a Rikers e eu fui à enfermaria para encontrá-lo. Ele disse que eu estava com o colo do útero "apagado" e definitivamente em trabalho de parto. Não permiti que os outros médicos de lá me examinassem.

Fui levada para o Hospital Elmhurst acompanhada de batedores. Para mim parecia que havia um milhão de carros da polícia zumbindo em volta do veículo em que eu, uma mulher em trabalho de parto, estava sendo transportada. E todos eles continuaram me acompanhando. No Hospital Elmhurst, na sala de parto. Eles cercaram o hospital.

Havia uma manifestação do lado de fora do Hospital Elmhurst, em apoio a meu direito de escolher o médico que faria meu parto, e Evelyn e o Dr. Garrett deram uma entrevista coletiva no hospital para explicar a situação. Na verdade, havia duas policiais dentro da sala de parto e várias do lado de fora. Eu estava tendo contrações a cada cinco minutos. Por fim, deixei um médico residente me examinar para ver como o trabalho de parto estava progredindo – o que acabou sendo um erro terrível. Quando ele terminou, eu estava sangrando. Depois disso, não havia como eu permitir que um deles me tocasse novamente. Eu disse para eles me trazerem um estetoscópio (para ver se o coração do bebê estava batendo normalmente) e alguns outros instrumentos que eu pudesse precisar, porque, eu disse, "eu mesma vou fazer meu parto".

Vivemos um impasse de algumas horas. Então, uma enfermeira disse para eu andar um pouco para aliviar a dor e ajudar no trabalho de parto. Quando me levantei, fingi que estava caindo (sabendo do medo que eles estavam de sofrerem processos), e os médicos correram para me erguer do chão. Eu sabia que eles estavam preocupados. Falei novamente: "Eu mesma vou fazer o parto desse bebê." Verifiquei o coração do bebê com o estetoscópio. Estava batendo normalmente.

Isso, ou a conferência de imprensa, ou a manifestação do lado de fora do prédio pareceu funcionar. Eles me disseram que se eu assinasse uma declaração eximindo-os de qualquer responsabilidade, eles deixariam o Dr. Garrett fazer meu parto. Assinei, certificando-me de que eles não tinham controle sobre o Dr. Garrett ou sobre qualquer evento relacionado ao meu parto. E assim foi.

Dr. Garrett assumiu tudo, me examinou, ouviu o coração do bebê e, num momento qualquer, estourou minha bolsa. Ele explicou cuidadosamente tudo o que iria acontecer e respondeu todas as minhas perguntas. Ele aplicou um anestésico no colo do útero. Eu não queria Demerol ou uma peridural, mas o bloqueio paracervical parecia OK. A essa altura, eu já estava muito cansada.

Depois disso, eu continuava em trabalho de parto, mas com menos dor. Dormi um pouco. Acordei por volta das três e meia da manhã e senti o bebê descendo e tive a impressão de sentir sua cabeça. Chamei a enfermeira. Ela disse, sem checar, que eu ainda não estava "pronta". Quando insisti, ela olhou e foi correndo procurar o Dr. Garrett. Eles me levaram para a sala de parto, onde ele me deu um anestésico local e fez a episiotomia. Empurrei três vezes, e lá estava ela. Às 4 da manhã, nasceu Kakuya Amala Olugbala Shakur. Eu disse: "Examina ela" (apenas para garantir que ela continuava em segurança). O nascimento em si foi pacífico e bonito – reservado. É muito importante que uma mulher passe pela experiência do parto com pessoas em quem confie.

Mais tarde naquele dia, 11 de setembro, eles ainda não tinham levado a bebê para mim. Dr. Garrett tinha ido para casa dormir e, quando voltou, às 18h daquele dia, eu ainda não tinha visto minha filha. Ele lembrou a eles que a criança tinha que mamar. E eles responderam que ele não havia "escrito uma prescrição" para amamentação. Finalmente, eles a levaram até mim e eu a amamentei a cada quatro horas – outra experiência incrivelmente linda. As enfermeiras do berçário foram muito simpáticas e gentis e me mantiveram informada sobre a condição da bebê. Mas a equipe do D-11, a ala psiquiátrica onde eu estava, em uma sala pequena, sob vigilância, era outra história.

Eles me permitiam apenas um banho por dia. Não permitiam escova de dentes ou creme dental, apenas antisséptico bucal. Eles não forneciam, um amigo não poderia levar e o presídio não permitia. Tive que implorar por um sutiã quando estava amamentando. O presídio se recusava a deixarem me levar um meu. Muitos médicos desconhecidos tentaram me examinar para apressar minha alta e se livrarem de mim. Cheguei a quase brigar fisicamente com alguns deles porque recusei que me examinassem. E por fim, eles me deram alta mesmo assim, sem o consentimento de meu médico. O Comissário Correcional, Benjamin Malcolm, assinou um documento assumindo toda a responsabilidade por minha liberação.

Eles me colocaram em uma ambulância, me algemaram a uma maca e me levaram de volta à Casa de Detenção para Mulheres em Rikers Island. Eles me levaram direto para a enfermaria e disseram: "Você tem que ficar aqui para ser examinada." Fiquei profundamente deprimida por ter me separado tão abruptamente de minha bebê. Eu disse: "Eu não quero ficar aqui. Eu não vou ser examinada aqui. Podem me mandar para a solitária, para qualquer lugar. Não me importo. Eu só preciso ficar sozinha em algum lugar. Apenas me deixem em paz."

Não foi bem o que fizeram. Quando me recusei a fazer o exame, eu saí da enfermaria e eles chamaram o esquadrão de brutamontes (várias policiais enormes). Todas elas pularam em cima de mim e começaram a me bater. Elas me colocaram no chão – depois meus braços e pernas foram acorrentados. Elas me arrastaram pelas correntes até a solitária e só pararam quando uma enfermeira pediu que, por favor, parassem. Elas então me colocaram em um colchão e o arrastaram. Elas me levaram para a sala de observação e me deixaram com as mãos e os pés algemados. Eu não tinha absorventes íntimos, nem meios de me lavar. As algemas cortaram minha pele (as cicatrizes ainda são visíveis) e meus pulsos estavam sangrando. Mais tarde descobri que havia recebido uma infração por ter dado um tapa na cara de uma oficial enquanto elas me batiam.

Continuei me recusando a passar pelo exame médico deles. Finalmente, me levaram absorventes. Fui deixada em um colchão, no chão, sem cama e sem chuveiro, por duas semanas. Continuei a recusar todos os cuidados médicos deles, insistindo que o Dr. Garrett me examinasse. Eu me recusei a comer, então, eventualmente, meus seios, que estavam cheios de leite, pararam de doer. Eles ofereceram médicos de todos os tipos e medicamentos (principalmente tranquilizantes). Eles mandaram o psiquiatra, que teve a coragem de perguntar se eu estava deprimida. O Conselho de Disciplina se reuniu em frente à minha cela e me deu uma sentença adicional de catorze dias na solitária. Todas as outras prisioneiras foram retiradas de lá. Naquele período, eu ainda recusava a maior parte da comida. Eu estava tão fraca que desmaiei algumas vezes. Na época, era também o período do Ramadã, quando é proibido comer até que o sol se ponha durante duas semanas inteiras. Eu comia apenas uma vez por dia, quando era algo que dava para comer, e nos primeiros dias não comi absolutamente nada.

Depois de duas semanas, eles disseram: "Se você concordar com a inspeção vaginal, pode ir para o seu andar." Concordei e fui para o meu andar. No dia seguinte, o capitão foi até minha cela e me informou que eles haviam decidido me trancar novamente por recusar um exame físico completo da equipe médica designada para o presídio de Rikers, vinda do Hospital Montefiore. O que aconteceu foi que, quando voltei para o meu andar, eles tinham me dito que foi permitido ao Dr. Garrett me examinar e que ele estava lá, em Rikers Island, e que minha advogada tinha ido ao tribunal e tinham autorizado que eu fosse examinada pelo Dr. Garrett. Então eu esperei. Apareceu um médico branco e disse que para ser atendida por meu médico, primeiro eu teria que ser atendida e examinada por ele. Eu recusei. Então eles trouxeram um médico negro, que me cumprimentou com um "**Hey, soul sister.**"[92] Ele era bem sorrateiro. Eu o recusei também. Então, o Dr. Garrett foi forçado a ir embora e fui mandada de volta para a solitária. Eles me ameaçaram com segregação administrativa, então me sentei no chão e me recusei a sair de lá quando minha sentença na solitária terminou. Eles me deram uma infração e uma advertência verbal e disseram que a inspeção vaginal seria suficiente. E então, no dia seguinte, eles me trancaram novamente.

Daquela vez, fiquei trancada na cela por um mês. Continuei rejeitando a maior parte da comida. Eles me deixavam tomar banho quando bem entendiam. Em um dado momento comecei uma greve de fome, e depois de alguns dias na cela minúscula adoeci. Eu me perguntava por quanto tempo mais eu aguentaria.

---

92 NE: Literalmente: "Ei, irmã de alma." A expressão *soul sister* entrou em uso na década de 1950, nos EUA, significando garota ou mulher Negra. A expressão pode ter se originado do uso de *soul* designando a experiência de ser Negro afro-americano e suas expressões culturais: *soul music, soul food, soul man* etc. Fonte: <https://www.merriam-webster.com/dictionary/soul%20 sister>, <https://pancocojams.blogspot.com/2011/12/the-changing-definition-of-soul-sister.html>.

Evelyn tinha entrado com um pedido de *habeas corpus* perante o tribunal federal do Brooklyn contra o comissário Malcolm e Essie Murph, superintendente da Casa de Detenção de Mulheres em Rikers, para forçá-los a me liberar da segregação punitiva. Eu deveria comparecer à korte para a audiência, mas não sabia a data. Então, um agente me disse: "Sua audiência no tribunal foi adiada. E sua advogada aconselha: consulte um médico." Era mentira. Mas acreditei. Fui examinada pelos médicos da prisão segundo o que pensei ser o conselho de Evelyn.

Então não fiquei mais trancafiada. Apenas na cadeia. E separada de minha filha.

RESTOS – O QUE RESTA

Após as grades e os portões
e a degradação,
O que resta?

Após as ocupações e as paralisações
e as travas contratuais,[93]
O que resta?

Assim, após as correntes que se enredam
no cérebro de alguém,
Após as grades que emperram
nos corações de homens e mulheres,
O que resta?

---

93 NE: No original: *After the lock ins and the lock outs and the lock ups*. A autora faz um jogo de palavras: *lock ins* (ocupações sindicais: invasões de estabelecimentos por trabalhadores, a fim de paralisar suas atividades normais), *lock outs* (paralisações patronais: promovidas pelos proprietários das empresas para defender seus interesses) e *lock ups* (travas contratuais: cláusulas que protegem os interesses de um dos lados contratantes).

Após as lágrimas e decepções,
Após o isolamento solitário,
Após o pulso cortado e a forca pesada,
O que resta?

Assim, após os beijos restritos
e a fossa profunda
Após o ludibriador ter sido ludibriado
O que resta?

Após as rações e os capangas
e o gás lacrimogênio,
Após os touros e os currais
e tanta merda,[94]
O que resta?

Como se, após saber que deus
não é de confiança,
Após saber que o psiquiatra
é um traficante,
que a palavra é um chicote
e que o distintivo é uma bala,
O que resta?

Após saber que os mortos
ainda caminham,
Após descobrir que o silêncio
é eloquente,

---

94 NE: No original: *After the bulls and the bull pens and the bull shit.* Os touros ou *bulls* seriam os policiais ou carcereiros que cuidam dos *bull pens*, os chamados currais num tribunal onde ficam os réus em julgamento. *Bullshit* (literalmente: fezes de touro) tem o mesmo uso rude dos equivalentes em português.

que dentro e fora
são só uma ilusão,
O que resta?

Quer dizer, onde está o sol?
Onde estão os braços dela e
onde estão os beijos dela?
Há marcas de batom em meu travesseiro –
estou procurando.
O que resta?

Ou seja, nada é imutável
e nada é abstrato.
A asa de uma borboleta
não pode levantar voo.
O pé em meu pescoço é parte
de um corpo.
A canção que eu canto é parte
de um eco.
O que resta?

Ou seja, amar é específico.
Minha mente é uma metralhadora?
Meu coração é uma serra?
Posso tornar a liberdade real? Sim!
O que resta?

Estou no topo e no fundo
de uma hierarquia inferior
Sou uma amante da terra
há muito tempo.
Sou apaixonada por
fracassados e gargalhadas.

Sou apaixonada por
liberdade e crianças.

O amor é minha espada
E a verdade é minha bússola.
O que resta?

CAPÍTULO 10

Os vários anos do ensino médio que se seguiram passaram sem intercorrências. Como eu estava passando os fins de semana com minha mãe, ficamos mais próximas. Com dezessete anos, no entanto, decidi largar a escola, arrumar um emprego e morar sozinha.

Minha entrada no mundo do trabalho foi um choque de realidade. Eu nem sabia o que significava a maioria dos anúncios de emprego nos classificados. Auditor, redator, contas a receber, operador eram como palavras estrangeiras para mim.

Todos os dias eu saía à rua vestindo minhas melhores roupas com "cara de escritório" e com um par de torturantes sapatos de salto alto. Todos os dias eu voltava para casa mais frustrada do que no dia anterior. Eu não sabia fazer nada, não tinha experiência, e ainda por cima era Negra. Por fim, paguei a uma agência uma ou duas semanas de salário pelo privilégio de conseguir um desses empregos monótonos, entediantes e de 95 dólares por semana. Eu era uma daquelas escravas que pagam um quinto de seu salário em impostos, um pouco mais para a previdência social, outros 5 dólares mensais para o sindicato, e com o resto não dava nem para morrer.

Parecia que todo o mundo era feito de coisas que eu não podia pagar. Depois de pagar o aluguel de meu quarto mobiliado, gastar com transporte e comida, o dinheiro só dava para comprar um sanduíche de vento. A sorte era que eu não tinha muito tempo para me divertir. Eu estudava à noite, então, eu saía do meu trabalho chato e ia para a escola chata para diagramar frases, memorizar bobagens me preparando para receber um diploma do ensino médio que não valia nada no mercado de trabalho. Minha vida estava sendo gasta revirando papéis sem sentido que não tinham nada a ver com viver. Eu não estava fazendo nada de positivo. Eu não estava fazendo nada, criando ou contribuindo com nada. Depois de um tempo, a vontade era de dizer para eles pegarem seus papéis e o emprego e socarem tudo onde bem entendessem.

Mas no início eu não era assim. Depois de semanas procurando emprego, eu estava grata por ter conseguido um. Não pensei em salários baixos, condições indecentes de trabalho, nenhum benefício médico, apenas uma semana de férias. Eu estava simplesmente feliz por estar trabalhando. Eu me identificava com o trabalho e falava "nossa" empresa e dizia às pessoas o que "nós" fabricávamos. Eu não recebia nem dois centavos para o almoço e falava como se fosse a dona do lugar. Lembro que uma vez trabalhei num lugar que fazia *trailers*. Meu trabalho era lidar com papelada. Eu disse a uma das amigas de minha tia que ela deveria comprar um daqueles *trailers*. Ela me olhou como se eu fosse louca. "Por quê?", ela perguntou. "Eles vão me dar algum desconto?" Eu me senti tão estúpida. E ali a ficha caiu. Eles não davam desconto nem para mim, e eu estava trabalhando lá.

Quanto mais eu trabalhava nesses lugares, menos paciência eu tinha. Em geral, eu não queria nem ouvir aquelas coisas cafonas de escritório. Eu não aguentava ficar ouvindo fofocas sobre chefes, disse me disse, quem estava saindo com quem. Depois de um tempo, eu ficava praticamente sozinha, e quando não estava ocupada, enfiava um livro entre alguns documentos e ficava lendo. Isso foi em meados dos anos 1960 e os jornais estavam cheios de histórias sobre protestos.

Na época, eu realmente não sabia o que pensar sobre essas manifestações. A única coisa que me lembro é que eu queria que os manifestantes vencessem. No escritório, havia um grupo de secretárias que trabalhavam para o presidente ou os vice-presidentes. Elas desprezavam quem trabalhava no escritório geral e nos tratavam como se fôssemos nada. Um dia, eu estava no banheiro quando chegou uma das secretárias. Ela estava borrifando laquê em um coque francês que parecia uma pedra de tão duro. Ela começou a falar sobre amenidades. Fiquei surpresa porque ela nunca tinha falado comigo. Ela começou, então, a falar sobre os protestos, que era "lamentável" que "aquela gente" fosse tão estúpida e burra por fazerem protestos porque estavam destruindo seus próprios bairros e queimando suas próprias casas. Eu não disse nada. Ela insistiu: "Eu disse, não é lamentável? Não é?" Eu não sabia o que dizer. Era verdade que os Negros estavam queimando bairros Negros, mas eu não sabia como lidar com a questão. Ela continuou insistindo. Por fim, eu disse: "Sim", e saí.

Eu tive raiva de mim mesma. Não queria ter concordado com ela, mas não sabia mais o que dizer. Passei metade da noite pensando até que me veio a resposta. Dias depois, o assunto voltou à tona. Dessa vez, todo o grupo de secretárias da recepção, que se davam com a gerente, entrou no escritório geral. Antes que elas tivessem chance de dizer qualquer coisa depois de "protesto", eu já estava pronta para elas. "Como assim, queimando as próprias casas? Aquelas casas não são deles. Eles não são donos de loja nenhuma. Fizeram muito bem em queimar aquelas lojas, porque eles estavam sendo roubados por elas!" Elas ficaram boquiabertas.

Depois disso, a gerente começou a pegar no meu pé. Brancos de todo tipo começaram a pedir minha opinião sobre os protestos, e eu fiz questão de não desapontá-los. Eu sabia que não ia demorar para me mandarem embora. Eu só não pedi as contas porque não tinha para onde ir nem tinha nada em vista. Quando finalmente me demitiram, fiquei aliviada.

POR LERMOS MUITA ficção e poesia, minha amiga Bonnie e eu pensávamos que éramos intelectuais. Nenhuma das duas tinha terminado o ensino médio, mas frequentávamos um lugar na Broadway chamado West End, vestidas com o que acreditávamos serem nossas melhores vestimentas de intelectuais. Era um daqueles lugares tipicamente acadêmicos, com sanduíches de pastrami e jarros de cerveja preta. Ficávamos sentadas tentando parecer "profundas" até que alguém se sentasse e conversasse conosco. Depois de um tempo, fizemos amizade com alguns estudantes africanos da Columbia University.

Eu adorava ouvir os africanos. Eles eram intensos, sérios e tinham tanta dignidade. Fui apresentada aos costumes africanos e eles passavam horas explicando os vários aspectos de suas culturas. Bonnie perguntava sobre as cerimônias de casamento porque ela morria de vontade de se casar. Eu perguntava sobre a comida porque eu adorava frango ao caril, ensopado de amendoim (frango com molho de amendoim) e pão de milho cozido na boca do fogão. Você pegava um pedacinho, fazia uma bola, mergulhava o polegar no meio e virava uma colher para preencher com molho e comer. Isso realmente me fazia pensar no quanto nos fizeram mal. Sabemos tudo sobre espaguete, rolinhos primavera e crepes suzette, mas não sabemos nada sobre nossa própria comida. Quando eu era pequena, se alguém tivesse me perguntado o que os africanos comiam, eu teria respondido: "Gente!"

Um dia, o assunto foi o Vietnã. Isso foi por volta de 1964 e o movimento contra a guerra ainda não era tão forte. Alguém perguntou o que eu achava. Eu não fazia a menor ideia. Naquela época, a única coisa que eu lia nos jornais eram as manchetes, notícias sobre crimes, quadrinhos ou o horóscopo. Eu disse: "Está tudo bem, acho." De repente, houve um completo silêncio. "Você poderia explicar, irmã, o que você quer dizer com 'está tudo bem, acho'?", perguntou o irmão, me arremedando. Eu disse algo como "Você sabe, a guerra que estamos lutando por lá, né, pela democracia". Ficou claro, pelas expressões à minha volta, que eu tinha dito a coisa errada. O irmão com quem eu estava parecia querer desaparecer dali. "Quem está lutando pela democracia?", perguntou alguém. "Nós estamos. Os Estados Unidos." E então, para completar, acrescentei: "Você sabe, eles estão lá lutando contra o comunismo. Lutando pela democracia." O irmão colou as mãos na cabeça, como se estivesse com dor. Eu sabia que tinha dito algo errado, mas não conseguia descobrir o quê. Certa de que eu não tinha sido incisiva o suficiente, continuei repetindo tudo o que tinha ouvido na televisão. Balbuciando. O que só piorou as coisas.

Quando terminei, o irmão perguntou se eu sabia alguma coisa sobre a história do Vietnã. Eu não sabia. Ele me contou. Ele me explicou a colonização francesa, a exploração, a brutalidade, a fome e o analfabetismo; a longa luta travada e vencida no Norte e o envolvimento dos e.u. apoiando um governo ilegítimo depois que os franceses levaram um chute na bunda.

O irmão falava de nomes, lugares e eventos como se ele fosse do Vietnã, ou algo assim. E eu ali, boquiaberta. Ele sabia tudo aquilo, e nem era estudante de história. Eu não estava acreditando que aquele africano, que nem morava nos e.u. ou na Ásia, sabia mais do que eu, que tinha amigos e vizinhos que estavam lutando naquela guerra.

Ele, então, definiu o papel do governo dos e.u., que estava na guerra por dinheiro, para defender os interesses das corporações dos e.u. e para estabelecer bases militares. Eu não sabia se acreditava nele ou não. Eu nunca tinha ouvido falar de nada daquilo. "E a democracia?", perguntei a ele. "Você não acredita em democracia?" "Sim", ele disse, mas o governo que os e.u. estavam apoiando não era uma democracia e, sim, uma ditadura sanguinária. Ele começou a jogar um monte de nomes e datas em cima de mim e eu não tinha como responder. E ele lá, falando sobre o governo dos e.u. como quem fala de um criminoso. Eu simplesmente não conseguia me alinhar com aquilo. Mas minha cabeça estava explodindo.

Apesar disso, continuei dizendo a primeira coisa que me veio à cabeça: que os e.u. estavam lutando contra comunistas porque eles queriam se apoderar de tudo. Quando alguém me perguntou o que era comunismo, abri a boca para responder e me dei conta, então, de que não fazia a menor ideia. Minha imagem de comunista era a de um desenho animado: um espião com um sobretudo e um chapéu pretos meio que escondendo o rosto, se esquivando pelos cantos. Na escola, fomos ensinados que os comunistas trabalhavam em minas de sal, que não eram livres, que todo mundo usava as mesmas roupas e que ninguém era dono de nada. Os africanos rolaram de rir.

Eu me senti uma autêntica palhaça. Um deles explicou que o comunismo era um sistema político-econômico, mas eu já não ouvia mais. Eu estava apenas me afundando. Eu vinha repetindo tudo aquilo como se soubesse do que estava falando. Eu sabia que não tinha ideia do que era comunismo e ainda assim eu era totalmente contra. Como uma criança que é levada a acreditar em bicho-papão. Você não sabe o que diabos é o bicho-papão, mas você o odeia e tem medo dele.

Nunca me esqueci daquele dia. Somos ensinados desde cedo a sermos contra os comunistas, mas a maioria de nós não tem a menor ideia do que seja o comunismo. Só um idiota permite que outra pessoa lhe diga quem é seu inimigo. Comecei a lembrar de todas as coisas estúpidas que as pessoas me diziam quando eu era pequena. "Não confie em antilhanos porque eles te apunhalam pelas costas." "Não confie nos africanos porque eles pensam que são melhores que nós." "Não fique andando com porto-riquenhos, porque eles são amigos apenas deles mesmos e ainda se juntam contra você."

Aprendi, por experiência própria, que tudo eram mentiras contadas por pessoas estúpidas, mas nunca pensei que eu pudesse ser tão facilmente levada a ser contra algo que eu não entendia. Esse deve ser um dos mais básicos princípios da vida: decida sempre quem são seus inimigos, e nunca deixe que seus inimigos escolham seus inimigos por você.

Depois disso, comecei a ler sobre o que estava acontecendo no Vietnã. O que os africanos disseram era verdade. Havia também artigos sobre o exército dos e.u. no Vietnã, seu envolvimento em torturar e forçar as mulheres vietnamitas a venderem seus corpos para sobreviver.

Eu estava tão confusa. Aquilo simplesmente não fazia sentido para mim. "Nosso governo não poderia fazer algo tão ruim assim", eu disse a Bonnie. Tinha que haver alguma outra informação. Eu nem conseguia entender o que "nós" estávamos fazendo lá, para início de conversa. Eles disseram que era um tipo de tratado, mas não fazia o menor sentido. Num dado momento, fiquei tão enojada que eu disse que não iria mais ler as notícias.

"Ignorância é uma bênção", disse Bonnie.

"O cacete", respondi. Eu com toda certeza não queria mais ser tão ignorante quanto antes. Quando você não sabe o que está acontecendo no mundo, está definitivamente em desvantagem. Decidi que continuaria tentando acompanhar o que estava acontecendo, mas ainda não conseguia acreditar que os e.u. estavam fazendo todas as coisas ruins que eu estava lendo nos jornais.

"Como assim você não acredita?", perguntou Bonnie. "Basta ver o que eles estão fazendo com você."

A diferença entre os africanos e os outros amigos com os quais eu andava naquele verão era alarmante. Lembro-me de um dia na praia. Todo mundo estava rindo à toa. Era tempo de festa. Um guarda-sol multicolorido plantado desafiadoramente contra a brisa. Cangas e toalhas de praia com estampas bobas coloriam a praia, junto a latas de refrigerante e garrafas de Bacardi e Johnnie Walker Black Label. Homens Negros de aparência saudável, usando chapéus de marinheiro com as abas arriadas e suéteres universitários com as mangas cortadas, baús de gelo e outras coisas do gênero. Um sistema de som externo improvisado foi instalado e Martha e as Vandellas cantarolavam ao fundo.

Eu estava insistindo na leitura de James Baldwin[95] mesmo lutando com o vento que insistia em virar as páginas.

---

95 NE: Autor e ativista dos direitos civis, James Baldwin nasceu no Harlem, Nova Iorque, em 1924. Iniciou a carreira de escritor no final dos anos 1940 e ganhou fama internacional após a publicação de seu ensaio mais famoso, *The Fire Next Time*, em 1963. Grande parte de sua escrita, tanto ficção quanto não ficção, é autobiográfica. Baldwin deixou o Harlem e foi viver em Paris aos 24 anos. Escrevendo sobre raça e sexualidade (incluindo homossexualidade) – tendo se tornado a principal voz literária do movimento pelos direitos civis – foi uma figura inspiradora para o emergente movimento pelos direitos gays. Baldwin publicou 22 livros, entre eles seis romances, uma coleção de contos, duas peças, várias coleções de ensaios, um livro infantil, um roteiro de filme e *Jimmy's Blues* (1985), um livreto de poemas. Na última década de sua vida, lecionou em várias faculdades e universidades norte-americanas. Baldwin morreu na França em 30 de novembro de 1987. Fonte: PALMER, Colin A. (ed.). *Encyclopedia of African-American Culture and History*: the Black experience in the Americas. 2. ed. Detroit: Macmillan Reference USA, 2006.

Delas vinham vozes angustiadas gritando e choramingando. Guetos comprimidos ameaçavam explodir. Pobreza, fogo e enxofre borbulhavam em um caldo letal, mas as "gentes bonitas" se recusavam a me deixar ler em paz. Minha amiga insistia em me "arranjar" um encontro com um "Cara Perfeito", que acabou se revelando um ególatra, que desfilava com uma sunga com monograma, roupão felpudo combinando e toalha com monograma formando o conjuntinho. O tal Cara Perfeito consentiu em me agraciar com sua companhia. Sua aparência e modos me diziam que deveria ser grata porque ele era definitivamente o acontecimento da praia. Seu carro era um MG conversível vermelho, morava em Esplanade Gardens e seu trabalho era de gerente assistente em algum banco no centro da cidade. Ele era bakana desde seu gravador de rolo até sua TV em cores, e também seu "cobertor de solteiro" gasto, sobre o qual me falou maliciosamente.

Ele tomava conhaque Remy Martin e Harvey's Bristol Cream, usava uma colônia de que não consegui pronunciar o nome e esperei, ansiosamente, que ele me dissesse sua marca de pasta de dente. Ele continuava falando sobre suas bugigangas e símbolos de *status*. "Olha só, esse filho da puta monogramado", pensei comigo mesma. Ele era presunçoso e insinuante. Uma versão Negra de "Solteiro Sabe-Tudo",[96] ou algo assim. Queria voltar a James Baldwin, mas estava cercada por um grupo de pessoas que falavam alto demais, parecendo e pensando um pouco como o Cara Perfeito. Eles falavam sobre Karmann Ghias, Porsches, Corvettes e outros carros considerados "*in*".

A conversa continuou então sobre cooperativas e complexos residenciais em arranha-céus. Um jovem, que já

96 NT: Aqui, provavelmente, a autora faz uma mistura de referências a duas séries de TV da época. No original escreveu "Bachelor knows best" e as séries existentes eram "Father knows best" (Papai Sabe-Tudo, no Brasil) e "Bachelor Father".

tinha mencionado mais de uma vez que era contador, nos falou das vantagens de comprar "propriedades" na Ilha. Um corretor disse que vendia seguros na Ilha e retirou alguns cartões de visita de um pequeno estojo prateado que ele "por coincidência tinha à mão" em sua sacola de praia. Uma professora ruiva, que estava de olho no contador, disse que sempre quis uma casa na Ilha com uma grande cozinha. Depois que as conversas sobre a Ilha se esgotaram, a conversa passou a ser sobre lugares a se visitar. Os restaurantes franceses e mexicanos estavam definitivamente na moda, com um restaurante que vendia cinquenta tipos diferentes de crepes sendo uma unanimidade entre os presentes. Um dos homens, que era um cafetão da pobreza, disse que transferiu seus escritórios para o bar e restaurante Red Rooster. Alguém, rindo, perguntou se ele não tinha medo de entrar no Harlem "com todos aqueles **niggas**". Todo mundo tinha um restaurante favorito no topo de algum prédio no centro da cidade. Eles não falaram sobre a comida, apenas sobre a paisagem. O Cara Perfeito disse que tinha uma chave da Playboy e que costumava comer no Playboy Club.

Sorrio inquieta, me sentindo deslocada. Toda aquela conversa fez minha cabeça doer. Alguns irmãos da fraternidade me convidaram para dançar. Um deles disse que eu parecia uma garota Delta. "Como é uma garota Delta?", perguntei. "Assim como você, só que de maiô". O Cara Perfeito lançou um olhar para eles. Eu estava captando trechos de conversas ao meu redor. Falavam sobre doações, programas de combate à pobreza e políticas democráticas. E também sobre a NFL[97] e a temporada de futebol americano. Falavam ainda sobre as lojas Bergdorf Goodman, Bloomingdale's e Saks

97 NT: National Football League: liga nacional de futebol americano.

na 5th Avenue. Sobre lanchas e iates, que nenhum deles possuía, mas que todos desejavam.

O uísque rolava como água e as lanchas se transformaram em iates. Todo mundo era simplesmente louco pelas ilhas: Jamaica, Bermuda, Nassau. Todos eram tão chiques. Fiquei tão cansada do assunto que queria enviá-los para algum lugar com a ajuda de um pé – o meu! Era uma desgraça. Assistentes sociais falando de seus clientes como se fossem cachorros, professores que não gostavam de ensinar. Um oficial de justiça reclamando dos perigos de sua profissão. Um bando de adoradores do dinheiro fazendo pose uns para os outros. Alguém me perguntou se minhas coisas estavam organizadas. "Que coisas?", quis saber. Caminhei até a casa para me afastar de tudo. Algumas mulheres estavam no banheiro fumando maconha e secando os cabelos com o secador. Procurei aspirinas em minha bolsa. "Onde você comprou seu maiô?", me perguntou uma delas. Não queria dizer que foi na Klein's, mas acabei respondendo mesmo assim. "Eles têm umas coisas boas, às vezes", ela disse sem convicção, já me descartando como se eu não servisse mais. Elas voltaram a falar de pessoas e cabelos. Estavam se maquiando para parecerem bonecas Barbie Negras na praia.

Voltei para fora me sentindo como se eu fosse de outro planeta. Eu me sentia sozinha e sisuda. Alguma coisa estava acontecendo comigo, uma mudança já de algum tempo. Eu queria ser realista. Eu era a única mulher Negra ali fazendo tudo errado, que não sabia como seria o amanhã, e vivendo na corda bamba? Não tinha como mentir sobre tudo o que tinha passado e tudo o que tinha visto, nem queria tentar. Queria ajudar a libertar o gueto, e não fugir dele, deixando meu povo para trás. Não queria fazer caras e bocas para ninguém. Queria alguém com quem eu me identificasse e pudesse conversar sobre coisas muito sérias.

A festa já era. Peguei minha toalha de praia e meu livro e calmamente me aproximei um pouco do mar. Olhando para o oceano, imaginei quantas pessoas foram enterradas ali, escravos de outra era. Não estava muito certa do que fosse liberdade, mas sabia muito bem o que não era. Como foi que nos tornamos tão tolos, me perguntei. Voltei a James Baldwin. Não dava a mínima se Sag Harbor[98] caísse no esquecimento. Eu e James Baldwin estávamos nos comunicando. Sua ficção é mais real do que aquela realidade.

MINHA PACIÊNCIA era zero. Eu não queria esperar que as coisas acontecessem. Eu queria viver o momento. Eu estava faminta, com fome de vida, mas ao mesmo tempo a cada dia ia ficando mais cínica. Eu queria ir a todos os lugares, fazer tudo e ser tudo, tudo ao mesmo tempo. Eu queria experimentar tudo, saber como era tudo. Eu tinha muitas ideias conflitantes em zigue-zague rolando ao mesmo tempo em minha cabeça. Um dia, estava feliz por estar viva, jovem e em movimento. No dia seguinte, me sentia como se o mundo estivesse acabando. Tudo em minha vida era incerto, intenso e inacabado. Nada acontecia calmamente. Nada era como eu achava que seria quando eu era pequena.

Meus amigos estavam morrendo de overdose e indo para o exército. Minhas amigas tiveram filhos e pareciam e soavam como velhas. Velhinhos simpáticos sentados no parque não eram velhinhos simpáticos coisíssima nenhuma, estavam ocupados se masturbando debaixo do jornal. Passei a não acreditar em mais nada. Parecia que todo o mundo estava em algum tipo de pacote, o pacote de drogas,

---

98 NT: Vila incorporada ao condado de Suffolk, Nova Iorque, nas cidades de East Hampton e Southampton, no leste de Long Island.

o pacote de uísque de papel marrom, o pacote de jesus, o pacote do amor, o pacote do sexo, o pacote do sucesso, e nenhum desses pacotes estava fazendo bem a ninguém. Eu estava procurando o meu próprio pacote, quase sem sucesso. Continuei procurando mesmo assim, correndo, me mexendo e circulando até ficar em frangalhos. Um dia eu estava no centro da cidade saindo com meus amigos *hippie, blippie* (*Black hippie*). Na noite seguinte, eu estava na cidade com o pessoal da pesada. Mas nada parecia ser real, sabe? Os mesmos caras que falavam macio e cheiravam cocaína em notas de 50 dólares em um dia tentavam filar algo ou imploravam por um empréstimo no dia seguinte. Até os espertalhões mais bem-sucedidos pareciam ser meros lacaios e potenciais bodes expiatórios da máfia. Meus amigos do centro da cidade não eram muito melhores. Na melhor das hipóteses, muitos deles eram profissionais da arte de escapar dos problemas da comunidade Negra ou da comunidade branca. Alguns deles tentaram escapar pelas drogas, tropeçando em mundos que não existiam em algum tipo de odisseia no espaço interior. Mas no caso deles as drogas não eram totalmente autodestrutivas, embora eu conheça pelo menos uma pessoa que escapou para fora desse mundo e não voltou. Mas através de meus amigos *hippies/blippies* passei a me ligar em muitas coisas. Conheci poetas como Allen Ginsberg, Sylvia Plath, Ferlinghetti, todo tipo de romancistas, música, comida etc. Não me identifiquei com tudo, mas meus horizontes se expandiram bastante.

Minha crescente impaciência com os **Negroes** pequeno-burgueses em ascensão chegou ao ápice quando fui trabalhar numa agência de empregos para Negros. Evelyn me conseguiu trabalho lá como datilógrafa. A agência ficava no

Rockafella[99] Center, no mesmo prédio da Johnson Publications, editores das revistas *Ebony* e *Jet*.[100] Fiquei feliz à beça por conseguir o emprego, pois estava cansada de trabalhar para brancos. As pessoas no escritório eram agradáveis e a atmosfera completamente livre de tensão. O chefe era bastante decente, e eu tinha um bom relacionamento com ele e sua secretária, a quem eu me reportava. No começo, eu estava animada, feliz por estar perto de tantos Negros que pareciam estar muito bem de vida. Estavam todos em busca do sucesso, galgando degraus. Homens e mulheres Negros, cheios de diplomas e pastas executivas, entravam e saíam do local. Eles eram perspicazes, estavam sempre muito bem-vestidos e conversavam sobre programas de treinamento de executivos juniores, programas de combate à pobreza etc. Alguns deles falavam daquelas companhias como se fossem presidir o conselho de administração em cinco anos.

De vez em quando, eu almoçava com um jovem que trabalhava na Johnson Publications. Mas sempre acabávamos discutindo. Principalmente por causa da revista *Ebony*. Na metade do tempo, na seção de moda, eles mostravam uns vestidos de noite superelaborados que custavam milhares de dólares. Quando perguntava a ele quem eram as Negras que poderiam pagar por aqueles vestidos e se eles seriam usados para ir ao bar da esquina, ele se ofendia. Ele era um daqueles Negros que pensavam que você é livre se puder entrar em uma loja e comprar coisas caras. Eu dizia a ele que a única mulher Negra que podia pagar por aqueles vestidos era a mulher do Johnson, e ele se sentia ainda mais insultado. Ele me dizia que tudo estava mudando, que tudo estava muito

---

99 NT: Referência irônica ao Rockefeller Center, importante complexo comercial de Nova Iorque.

100 NT: Duas importantes revistas negras dos EUA, cujos nomes, em português, equivaleriam a algo como *Ébano* e *Carvão*, em referência à cor negra.

melhor. Eu dizia que se as coisas estavam tão melhores, como é que toda vez que uma pessoa Negra conseguia um bom emprego, ou era gerente ou algo assim, isso virava notícia e matéria na *Ebony*. Nossa relação terminou abruptamente quando ele me acusou de sempre tentar inferiorizar os Negros e fazer parecer que não tínhamos nada. Eu encerrei o assunto xingando-o de tudo e pronto.

Aqueles Negros viviam como se o preconceito não existisse e como se tudo o que precisássemos fazer fosse estudar para, então, sermos presidentes do mundo. Na agência, estávamos trabalhando duro na organização de uma conferência sobre igualdade de oportunidades. A ideia era fazer com que universitários Negros recém-formados de todo o país participassem de entrevistas com representantes das principais empresas da amérika. Quase todas as grandes corporações estavam envolvidas, e os formandos pagavam uma taxa expressiva, mais as despesas de transporte e hotel, para participarem da conferência. Funcionava assim: os candidatos elaboravam seus currículos e os representantes das empresas escolhiam quem entrevistar. Foi um evento grande e luxuoso em um importante hotel de Nova Iorque, com a suíte da cobertura e alguns andares mais baixos alugados para a conferência. Eu estava certa de que centenas desses jovens Negros "qualificados" seriam contratados. Fiquei orgulhosa de ter ajudado na organização da conferência. Durou alguns dias e, quando acabou, eu estava pronta para ir para algum lugar e chorar bastante.

Alguns desses graduados Negros gastaram centenas de dólares para irem à conferência e não conseguiram uma entrevista. Os únicos com que as empresas queriam falar eram os formados em matemática, ciências, engenharia e gestão de negócios. Algumas empresas só queriam entrevistar graduados em categorias muito especializadas, como engenharia de petróleo ou engenharia geológica. Como a maioria se formava em áreas como inglês, história, sociologia etc., não tinha a menor chance.

Fiquei chocada e chateada. Após a conferência, saí com um dos "executivos" Negros que tinha conhecido na agência. "Eu não entendo", eu ficava dizendo a ele. "Por que essas empresas pagam todo esse dinheiro para participar da conferência se não estão realmente interessadas em contratar ninguém? Não faz o menor sentido."

"Faz muito sentido, se você parar para pensar."

"Como? Não consigo entender."

"Escuta", prosseguiu ele, "o governo diz que, para que essas empresas mantenham seus contratos, elas precisam pelo menos fazer um esforço para procurar 'profissionais negros qualificados'. A lei não diz que eles têm que contratar alguém. A lei diz que eles só precisam procurar".

Eu fiquei furiosa. Eles usaram a pobre burra aqui do mesmo jeito como usam um traficante de drogas para conspirar contra os seus. Eu fiz parte da trama e não sabia. Alguns Negros foram contratados, mas no geral era tudo uma grande farsa, para fazer tudo parecer bonito no papel. Meu amigo e eu ficamos estupidamente bêbados, cantando músicas antigas das Shirelles na Lexington Avenue, e com ele me contando sobre o quão canalhas os chefes eram e sobre os processos e as traições da máquina do partido democrático e me dizendo como eu ia conseguir outro emprego como dançarina no banheiro feminino.

Cerca de uma semana depois, fiz um currículo, me apresentei como formada e fui contratada como assistente de marketing. Eu não acreditava em nada e não ia seguir regras de ninguém, apenas as minhas. Fui demitida daquele emprego algumas semanas depois, consegui outro emprego da mesma forma e fui demitida também. Eu não me importava.

Eu ia lidar com eles assim como eles lidavam com a gente. Uma vez consegui um emprego como contadora. Eu não sabia nada sobre o assunto, mas depois que consegui o emprego, comprei alguns livros de "contabilidade fácil" e, quando não entendia algo, dizia a eles que usávamos um sistema diferente no último lugar onde eu tinha trabalhado.

O trabalho envolvia muito dinheiro e por isso eu tinha que assinar um termo de responsabilidade. E quando é assim, eles fazem uma verificação de seus antecedentes. O trabalho não era muito ruim e o chefe era legal. Foi uma excelente maneira de aprender contabilidade e sobre o negócio de seguros. Eu sabia que eles me demitiriam assim que o relatório chegasse, mas não me importei. Um dia, meu chefe jogou um relatório de detetive na minha mesa. Tinha o meu nome nele. Engoli em seco, sabendo que seria meu último dia. Quanto mais eu lia, mais surpresa ficava. O relatório verificou tudo o que eu tinha dito: "A pessoa estudou na escola de ensino médio tal...", "... formou-se em tal e tal faculdade", "trabalhou em tal e tal lugar". Eles relataram até que eu morava em uma rua tranquila e arborizada e que conversaram com meus vizinhos e descobriram que eu era uma pessoa legal. Eu me acabei de rir durante todo o caminho para casa. Tudo é mentira na amérika, e o que mantém isso é que muitas pessoas acreditam na mentira.

Mas eu estava cada vez mais impaciente e meu gênio era terrível. Nunca me furtava em dizer às pessoas o que eu pensava delas, e até eu me surpreendia com minha franqueza. Bonnie sempre me dizia: "Vai devagar, você está pegando pesado, a conta chega." Ela era quase tão agitada e louca quanto eu. Víamos as coisas acontecendo e na mesma hora transformávamos em piada. O mundo parecia ser tão grande e fixo e não conseguíamos pensar em nada que pudesse mudar isso. Bonnie me incentivava a parar de mentir sobre ter feito faculdade e ir estudar de verdade. "Se você é inteligente o bastante para enganá-los, então é inteligente o bastante para jogar o jogo deles." Eu sabia que o que ela dizia fazia sentido, mas eu odiei meus últimos dias no ensino médio e não tinha vontade de estudar mais nada.

A única outra pessoa que ficava na minha cola e me incentivava a voltar a estudar era meu amigo do Quênia. Acabamos ficando amigos de verdade. E nos gostávamos muito mais como amigos do que como amantes. Ele estudava economia em Long Island, e nos víamos muito pouco. Às vezes, no fim de semana, saíamos juntos. Ele era uma das poucas pessoas que eu conhecia que levava quase tudo o que fazia na vida a sério, e não conversava apenas sobre seu mundinho, mas sobre o mundo inteiro. Uma vez, combinamos de sair no fim de semana. Acho que o combinado era irmos ouvir alguém tocar no clube de Count Basie. Meu apartamento parecia que tinha sido atravessado por um furacão, e eu estava tentando sair sem deixá-lo entrar. De alguma forma, ele conseguiu dar uma olhada lá dentro. "Não, não vamos a lugar nenhum", ele disse. "Como você consegue viver desse jeito? Se sua casa é assim, imagino como deve ser sua cabeça."

Fiquei envergonhada, mas tive que admitir que ele estava certo. Eu jogava tudo de qualquer jeito, roupas espalhadas pela casa toda. Um caos. Ele sugeriu que, em vez de sair, me ajudaria a fazer uma limpeza e a organizar as coisas. "Você ficará bem se apenas se organizar. Você consegue fazer quase tudo o que quiser se você se organizar." Resolvi que ele estava certo. Era hora de colocar alguma ordem em minha vida. Estava na hora de assumir o controle. A vida era como um ônibus: você podia ser um passageiro, e apenas seguir viagem, ou podia ser o motorista. Eu não tinha a menor ideia de aonde queria ir, mas sabia que queria dirigir. Decidi que a primeira coisa que faria seria voltar a estudar. Voltei a morar com minha mãe, em seu novo apartamento em Flushing, no Queens.

CULTURA

devo confessar que valsas
não me emocionam.
não tenho simpatia
por sinfonias.
acho que cantarolei o Blues
cedo demais,
e passei muitas madrugadas
ao relento me lamentando com a chuva.

CAPÍTULO 11

Em 19 de julho de 1973, enquanto eu ainda estava na casa de detenção do condado de middlesex, fui levada para a korte distrital dos e.u. do distrito leste de Nova Iorque, no Brooklyn, que tem jurisdição sobre todos os crimes federais cometidos nos condados do Brooklyn e Queens. Fui levada para lá por mandado federal para ser arrolada em uma acusação na qual Andrew Jackson e eu éramos acusados de termos assaltado um banco no condado do Queens em 23 de agosto de 1971. Embora houvesse muitas acusações contra mim em todo o estado de Nova Iorque de que eu não tinha conhecimento durante aquele verão, esta certamente não poderia ser esquecida, porque a foto tirada pela câmera de segurança do banco, de uma mulher assaltando o banco com uma arma, foi colocada em cartazes de procurados, colados em todas as estações de metrô, bancos e agências de correios, e exposta em anúncios de jornais de página inteira. Eles ganharam as ruas em 24 de agosto de 1971 e permaneceram afixados mesmo depois de minha prisão, em 2 de maio de 1973.

Abaixo da foto estava o nome Joanne Deborah Chesimard. No topo dela estavam as palavras "PROCURADA POR ASSALTO A BANCO: recompensa de dez mil dólares".

Depois que os federais tiraram uma foto minha e colheram minhas digitais, fui denunciada, aleguei inocência, e retornei à casa de detenção no mesmo dia. Não ouvi mais nada sobre essa acusação até 1º de janeiro de 1975, quando os federais me levaram de volta à korte do distrito leste. Só que daquela vez era para me fotografar.

O promotor entrou com uma petição para que eu fosse fotografada no mesmo ângulo, usando o mesmo tipo de óculos, peruca e vestido da mulher que foi fotografada pelas câmeras do banco durante o assalto. O juiz, um notório porco racista, certamente concedeu. Eu decidi me recusar. Para mim, as razões eram óbvias. Se você colocar uma roupa de macaco em alguém, essa pessoa vai acabar parecendo um macaco. Além disso, alguém me falou de um truque do FBI. Eles tiram uma foto sua no mesmo ângulo da foto do banco e sobrepõem uma transparência da foto do banco sobre ela. Se você der o azar de ter dois olhos, um nariz e lábios, mais ou menos no mesmo lugar, você acaba se parecendo com o ladrão do banco, independentemente de sua aparência. Quando fui denunciada, permiti que me fotografassem como quisessem, e isso, para mim, foi mais que o suficiente.

Entramos no salão da korte. O juiz estava no banco. O salão tinha sido reorganizado. Agentes do FBI, com câmeras, estavam de pé em cima das mesas. Um grupo de oficiais federais estava zanzando por ali nervosamente como moscas em volta de carniça. Eles estavam prontos para a ação. Evelyn se levantou e disse o que tinha a dizer. O juiz ignorou o que ela estava dizendo e ordenou que eu fosse fotografada. Eu me recusei, externando minhas objeções o mais forte que podia. Em um piscar de olhos, os oficiais e os agentes do FBI estavam rastejando sobre mim. Eles pareciam querer arrancar minha cabeça fora. O juiz ordenou que eu fosse fotografada, ali, naquele momento, e que fosse usada toda a força necessária para tirar as fotos como o FBI desejasse.

O FBI, os oficiais e eu acabamos no chão do salão do tribunal, todos por cima de mim. Ouvia Evelyn ao fundo. "Que conste nos autos que os oficiais estão torcendo os braços de minha cliente atrás das costas." "Que conste nos autos que os oficiais estão sufocando minha cliente." "Que conste nos autos que há cinco oficiais maltratando minha cliente." Evelyn continuou protestando, enquanto os oficiais me torciam, me sacudiam, estrangulavam, me chutavam e literalmente tentavam me bater até que eu me rendesse. O ataque continuou, enquanto Evelyn continuava registrando todos os golpes nos autos. Finalmente acabou. Os oficiais me levaram de volta ao curral. Deitei no banco como uma boneca de pano cujo enchimento salta para fora, me sentindo como se tivesse acabado de ser pisoteada por uma manada de búfalos.

Evelyn chegou para uma visita de advogada. Ela parecia tão cansada quanto eu.

"Aquilo foi inacreditável", exclamou ela. "Como está seu braço? Você está bem?"

"Mais ou menos", disse a ela. Meu corpo estava doendo e meu braço ruim, dormente. Olhei com admiração para Evelyn pensando no quanto ela vinha sendo legal comigo. Pensei no quão difícil deve ter sido para ela assistir ao que estava acontecendo e, então, calmamente, registrar nos autos. Estava impressionada com seu autocontrole. Ela insistiu que uma enfermeira fosse chamada para me examinar.

"Você ouviu aquela merda?", ela me perguntou.

"Sim, ouvi."

"Mal posso esperar pela transcrição da gravação da audiência. Se eles não apagarem, acho que teremos esses idiotas bem registrados. Se eles não apagarem, conseguimos tirar o estúpido idiota do caso." Evelyn parecia triunfante e desafiadora, como se tivesse acabado de meter o pé na bunda de alguém.

"De que diabos você está falando?", eu quis saber.

"Você não ouviu? Ele disse, em plena audiência, que te considerava culpada. Ele admitiu parcialidade durante a gravação. Você não ouviu?"

"Acho que eu estava meio ocupada na hora... O que isso quer dizer?"

"Isso significa que poderemos nos livrar daquela besta. Qualquer pessoa há de ser melhor que ele. Esse juiz está disposto a te mandar para a forca e vai fazer tudo que for possível para te julgar e condenar. Se formos forçadas a ir a julgamento com ele, temo que a única chance que teremos será em um tribunal de apelações."

"Eu realmente espero que eles não apaguem a gravação."

Evelyn e eu ficamos lá especulando sobre as chances de a gravação ser alterada. Evelyn achava que o juiz era burro demais para se dar conta do que disse. Enquanto eu achava que ele iria examinar a transcrição e, então, alterá-la. Evelyn achava que o juiz era racista e arrogante demais para se preocupar com a gravação. Acabou que ela é quem estava certa. Ela apresentou uma petição, com base na transcrição, para que o juiz fosse retirado do caso. Depois do que pareceu ser uma eternidade, o juiz foi removido e um novo foi designado.

Mas antes de eu ir a julgamento neste caso, os poderes instituídos decidiram que eu deveria ser julgada primeiro por um caso de sequestro estadual na suprema korte do brooklyn. Eu estava sendo acusada de sequestrar um traficante de drogas e exigir resgate, em 28 de dezembro de 1972. Evelyn era minha advogada e havia dois corréus. Um deles era Rema Olugbala (Melvin Kearney), um membro do Exército de Libertação Negra a quem eu conhecia bem. O outro corréu era um irmão jovem chamado Ronald Myers. Os movimentos de pré-julgamento foram permeados por uma aura de paranoia. Minha. Ninguém que eu conhecia tinha ouvido falar de Ronald Myers, e ninguém entendia por que ele tinha sido escalado para essa armação especificamente. Na verdade, eu me perguntava se ele tinha sido plantado ali. Estava tudo muito estranho.

Finalmente, tivemos uma conferência conjunta, obtida através de ordem judicial. Perguntei a Rema sobre Ronald Myers. Rema me disse que, pelo que sabia, Ron era apenas um irmão que teve a infelicidade de ser enquadrado conosco: era na verdade uma vítima inocente. Mas tudo naquele caso era tão estranho que eu não conseguia entender. Foi organizada uma conferência jurídica conjunta entre Ronald Myers, seu advogado, um jovem advogado Negro chamado James Carroll, Evelyn e eu. No minuto em que vi esse irmão, muitas de minhas suspeitas desapareceram.

Ele tinha 19 anos, mas aparentava 16. Tinha um jeito quieto, suave e honesto que eu não achava que nenhum agente da polícia pudesse simular. Ele parecia estar tão perplexo e perdido quanto nós. Ao ouvi-lo falar, sentia uma espécie de proteção maternal em relação a ele. Nós éramos revolucionários, supostamente preparados para essas coisas. Durante anos, estávamos pregando e denunciando conspirações dos porcos para matar e encarcerar ativistas políticos Negros. Mas olhando para aquele jovem Negro de olhos doces, a coisa parecia muito mais horrível. Aqueles eram dias muito cínicos, e tínhamos desenvolvido atitudes muito cínicas para lidar com tudo aquilo. Tínhamos nos tornado mestres em contar piadas amargas e raivosas sobre justiça, igualdade e "liberdade democrática", mas ver esse irmão despertou em nós, os ditos veteranos, um tal sentimento de justa indignação que acabamos todos contagiados por uma súbita explosão de energia. Examinei o material da perícia e os registros policiais incansavelmente. Rema estava tenso, misterioso e determinado, ao seu modo. Sabíamos que o Estado estava disposto a nos pegar e estávamos mais determinados do que nunca a não permitir.

As guardas vieram e reviraram toda a minha cela. Estava claro que elas estavam procurando algo, subindo nas cadeiras, de quatro no chão; elas me lembravam cadelas de caça. Pareciam desesperadas. Tentei especular sobre o que procuravam. Uma das guardas Negras, que era quase decente, me olhou de um jeito esquisito. Outra guarda, que sempre tinha sido hostil, tinha um ar presunçoso. Logo depois que saíram de minha cela, tentei pescar o que estava acontecendo. Até que descobri. Rema Olugbala estava morto. Saltou para a morte enquanto tentava escapar da casa de detenção do Brooklyn. A corda improvisada que ele estava usando para descer do lado de fora se rompeu. Eu estava estarrecida demais para fazer alguma coisa. Ou dizer alguma coisa. Algumas irmãs me ajudaram a arrumar minha cela. Não havia o que dizer. Mais um homem Negro tinha morrido tentando ser livre. Estava tudo fervendo dentro de mim. Eu tinha que fazer alguma coisa, e muitas de minhas opções pareciam absurdas.

Não era o que eu gostaria de ter feito. Eu não disse metade do que queria dizer. Mas acho que foi o melhor que eu poderia fazer naquele momento. Escrevi um poema.

PARA REMA OLUGBALA – SANGUE NOVO

Eles acham que mataram você.
Mas vi você ontem,
parado com as mãos nos bolsos

esperando a hora certa para se jogar.
Eu vi seu sorriso de "foda-se", sangue nos olhos,
o coração pulsando liberdade
Sangue novo!

Eles acham que mataram você.
Mas vi você ontem
lá na quadra.
Pele Negra, suada, brilhante,
lançando sua bola bombástica
no aro certeiro.
Na próxima, não vai mais ter jogo
porque você não tá aqui pra brincadeira.

Eles acham que mataram você.
Mas vi você ontem
encostado na parede,
músculos arrebentando as correntes,
olhos absorvendo verdades.
Que saem pelos lábios.
Coração aprendendo a amar.
Cabeça aprendendo a quem odiar.
Sangue pronto para fluir
rumo à liberdade.
Sangue novo!

Os de sangue novo não têm sangue a perder
em seringa alguma, em nenhum chão de bar,
em nenhuma terra estranha
retardando a liberdade de outros de sangue novo.
Não precisamos de nenhum sangue cansado.
Nem de sangue anêmico. Nem de coágulos
em nosso novo corpo.

Eles acham que mataram você.
Mas vi você ontem.
Todos os de sangue novo
devem doar sangue pra você.
Tudo sangue bom.
Tudo sangue rico.
Tudo sangue quente
correndo por suas veias
rumo ao amanhã.

Quando voltamos à korte, estremeci ao ver as cadeiras vazias. De ombros arriados, apática, pensei em Rema, completamente desligada do que estava sendo dito. As conversas eram sobre essa audiência e aquela audiência e essa petição e outra, e nenhuma delas fazia o menor sentido para mim. Mas Evelyn estava no caso, sem deixar passar nada, citando todas as suas objeções a serem "inseridas nos autos". Eu estava morta de tédio, completamente alheia, até que o processo de seleção do júri começou.

Havia dois promotores: um gordo, extremamente feio, com cara de linchador, e outro magro, barbudo, com cara de lobisomem, meio jovem. Eu nem lembro dos nomes deles. O nome do juiz era William Thompson e ele era um homem Negro, o que me surpreendeu. Acho que eles designaram o caso para ele porque tinham tanta certeza de que seríamos condenados e imaginaram que um juiz Negro daria pelo menos a ilusão de justiça. Thompson se portava como um personagem, e raramente se sentava no banco, andando continuamente pelo salão da korte. Embora ele claramente não pudesse, nem com muita imaginação, ser acusado de atuar a nosso favor – não seria nada bom para a sua carreira política se fôssemos absolvidos –, o salão do tribunal do júri não estava com aquela atmosfera intensa de linchamentos com que geralmente nos deparávamos.

O processo de seleção do júri realmente me marcou. Se há alguém que possa escrever um livro que ensine um advogado Negro a escolher um corpo de jurados, eliminando os hostis, racistas e preconceituosos, essa pessoa com certeza é Evelyn. Eu ficava fascinada observando o que ela fazia. Ela era toda doçura quando começava a inquirir os jurados. A princípio, quase todos os jurados brancos começaram dizendo que não eram preconceituosos. Quando Evelyn terminava de fazer as perguntas, descobríamos que não tinham amigos ou vizinhos Negros, que se oporiam se seus filhos se casassem com uma pessoa Negra, ou que já tinham se referido aos Negros como **niggers** ou qualquer outro termo pejorativo. Depois de um tempo, vários brancos pediram para ser dispensados antes mesmo que Evelyn lhes fizesse qualquer pergunta. A maioria deles preferiu ser dispensada a ter seus sentimentos em relação às pessoas Negras, aos militantes Negros e aos Panteras Negras questionados e explorados. Quando você pensa no fato de que o réu Negro médio que está sendo julgado só pode fazer algumas poucas perguntas superficiais aos potenciais jurados, você entende por que tantos Negros acabam na prisão. Mesmo com Evelyn se desdobrando na seleção do júri, foi uma batalha longa e difícil. Mas, ao final, conseguimos colocar quatro ou cinco pessoas Negras no júri, um feito notável em qualquer lugar da amérika, exceto em Washington D.C. O promotor ainda teve a cara de pau de pedir recusas peremptórias extras na tentativa de eliminar alguns dos membros do júri.

A coisa mais difícil para mim era manter a boca fechada no salão da korte, ficar quieta e sofrer em silêncio. Ciente disso, Evelyn consentiu graciosamente que eu atuasse junto à defesa em meu caso. Embora ela permanecesse cética em relação à minha capacidade de interrogar testemunhas importantes, ela concordou que seria uma excelente ideia eu fazer a fala de abertura. Finalmente, depois de dias escrevendo o texto sob a fraca luz noturna da cela, eu o li para os presentes. Eu estava morrendo de nervoso, já que nunca gostei de falar em público, mas fiz o melhor que pude para externar ao júri um pouco do que estava sentindo:

Juiz Thompson, Irmãos e Irmãs, homens e mulheres do júri.

Decidi atuar junto à minha equipe de defesa e fazer esta fala de abertura, não porque tenha ilusões sobre minhas habilidades jurídicas, mas, sim, porque há coisas que tenho que dizer a vocês. Passei muitos dias e noites atrás das grades pensando sobre esse julgamento, esse ultraje. E, em minha cabeça, só alguém que tenha sido tão intimamente vítima dessa loucura quanto eu pode saber do que estou falando. E se vocês acham que estou nervosa, vocês estão cobertos de razão. É apenas porque sei que esse momento nunca mais se repetirá e que muita coisa depende dele. Tenho que ler esta declaração para vocês porque temo que, se não o fizer, eu esqueça metade do que tenho a dizer. Por favor, tentem ser pacientes comigo.

Esta não será uma fala de abertura convencional. Primeiro porque não sou advogada, e o que aconteceu comigo, e o que aconteceu com Ronald Myers, não surgiu do nada. Há uma longa série de eventos e atitudes que nos trouxeram até aqui.

Quando estávamos nesta sala de audiências, durante o processo de seleção do júri, ouvi o juiz Thompson falar sobre o sistema de justiça amerikano. Ele falou sobre presunção de inocência; ele falou sobre igualdade e justiça. Suas palavras eram como um sonho lindo em um mundo lindo. Mas estou aguardando julgamento há dois anos e meio. E a justiça, a meu ver, não tem sido o sonho amerikano. Tem sido o pesadelo amerikano. Houve um tempo em que eu quis acreditar que havia justiça neste país. Mas a realidade chegou derrubando e destruindo todos os meus devaneios. Enquanto aguardava julgamento, virei Ph.D. em justiça ou, melhor dizendo, na falta dela.

Sentei-me ao lado de uma mulher grávida que estava cumprindo pena de 90 dias por ter pegado uma caixa de fraldas Pampers enquanto via na TV o perdão ser concedido a um presidente que tinha roubado milhões de dólares e que tinha sido responsável pela morte de milhares de seres humanos. Para quê? Pela paz com honra? Nixon foi perdoado sem nunca ter sido julgado ou considerado culpado de um crime, ou ter passado um dia na cadeia. Quem mais poderia cometer alguns dos crimes mais horrendos e destrutivos da história e receber 200 mil dólares de dinheiro público por ano? O presidente Ford declarou que perdoou Nixon porque a família deste último já havia sofrido o bastante. Bem, e os milhares de famílias cujos filhos perderam suas vidas no Vietnã? E os milhões de pessoas condenadas à pobreza desde o nascimento, a viverem como animais e a trabalharem como cães? E as famílias que têm filhos e filhas na cadeia, que não podem pagar fiança ou mesmo advogados para seus filhos? Cadê a justiça para essas pessoas?

Que tipo de justiça é esse?

Onde o pobre vai para a prisão e o rico fica solto.

Onde as testemunhas são alugadas, compradas ou subornadas.

Onde a evidência é produzida ou forjada.

Onde as pessoas são julgadas não por ações criminosas, mas por suas convicções políticas.

Onde estava a justiça para os homens da penitenciária de Attica?

Onde estava a justiça para Medgar Evers, Fred Hampton, e Clifford Glover?

Onde estava a justiça para os Rosenbergs?

E onde está a justiça para os Nativos Americanos que tão presunçosamente chamamos de Índios?

Não estou sendo julgada aqui porque sou criminosa ou porque cometi algum crime. Nunca em minha vida fui condenada por um crime. Ronald Myers não está sendo julgado porque cometeu um crime. Ele tinha 19 anos de idade quando se entregou à polícia, depois de ver sua foto nos jornais. Ele achou que a polícia logo perceberia o erro. Estive com Ronald Myers pela primeira vez há cerca de oito meses na sala de conferência dos advogados. Foi um encontro perturbador, algo que espero que nunca mais me aconteça. Fiquei chocada ao ver o quão jovem ele era. E seja qual for o resultado deste julgamento, sentirei sempre uma amargura pelo que aconteceu a Ronald Myers e pelo que aconteceu comigo.

Não acho que seja apenas obra do acaso que estejamos sendo julgados, aqui. Este caso é apenas mais um exemplo do que está acontecendo neste país. Ao longo da história da amérika, as pessoas têm sido presas por suas crenças políticas e acusadas de atos criminosos para justificar essas prisões.

Aqueles que ousaram denunciar as injustiças neste país, Negros e brancos, pagaram caro por sua coragem, muitas vezes com suas próprias vidas. Marcus Garvey, Stokely Carmichael, Angela Davis, os Rosenbergs e Lolita Lebron foram todos acusados de crimes por causa de suas convicções políticas. Martin Luther King foi preso inúmeras vezes por liderar manifestações não violentas. Por que, vocês provavelmente devem estar se perguntando, esse governo ia querer colocar a mim ou a Ronald Myers na cadeia? Para mim, a resposta é muito simples: pela mesma razão por que este governo colocou na cadeia todos aqueles que defenderam a liberdade, aqueles que disseram me dê liberdade ou me dê a morte.

Durante o processo prévio à fase de seleção de jurados, questionamos os senhores sobre a palavra "militante". Havia uma razão para isso. No final dos anos 60 e início dos 70, este país estava em convulsão. Havia um forte movimento popular contra a guerra, contra o racismo, nas universidades, nas ruas e nas comunidades Negra e porto-riquenha. Este governo, as agências policiais locais, o FBI e a CIA iniciaram uma guerra pesada contra as pessoas que consideravam militantes. Só agora estamos descobrindo, com as investigações do FBI e da CIA, o quão extensos e criminosos eram seus métodos e ainda o são. Da mesma forma como as bruxas foram queimadas em Salem, este governo começou uma caça às bruxas atrás de pessoas que considerava "militantes".

Um número incontável de pessoas foram mortas ou presas. Os Berrigans, os 7 de Chicago, os 21 Panteras, Bobby Seale e milhares de manifestantes antiguerra foram todos vítimas dessa justiça de caça às bruxas. Talvez alguns de vocês estejam dizendo a si mesmos: nenhum governo faria isso. Bem, tudo o que vocês precisam fazer é verificar a história deste país, olhar ao redor e ver o que está acontecendo hoje. Tudo o que vocês precisam fazer é se perguntar: quem controla o governo? E quem são as vítimas desse controle?

Desde que chegaram a este tribunal, vocês ouviram o nome Exército de Libertação Negra ser mencionado várias vezes. Foi perguntado aos selecionados para o júri o que leram, viram na televisão, e qual opinião tinham sobre o ELN. Muitos de vocês declararam que entendiam que o Exército de Libertação Negra era uma organização militante. Vocês disseram que o que leram ou ouviram veio da grande mídia. As principais redes de TV e rádio, o *Times*, o *Post* e o *Daily News*. Eu li as mesmas matérias que vocês leram. Assisti aos mesmos programas de notícias que vocês assistiram. Em se tratando de mídia, aprendi a não acreditar em nada do que ouço e só na metade do que vejo. Mas posso lhes dizer, se eu fosse apenas uma cidadã qualquer e se não estivesse atenta, eu leria essas matérias e chegaria à mesma conclusão: que JoAnne Chesimard, Ronald Myers e todas as outras pessoas chamadas de militantes eram um bando de maníacos fanáticos que odiavam brancos e policiais, uns pistoleiros, surtados, fanáticos que lutavam em prol de alguma causa abstrata e equivocada.

Mas 1% das pessoas neste país controla 70% da riqueza. E é nesse 1% que estão os chefes das grandes corporações, que controlam as políticas da mídia e determinam o que vocês e eu ouvimos no rádio, lemos nos jornais, assistimos na televisão. É mais importante para nós pensarmos sobre de onde a mídia obtém suas informações. Do departamento de polícia ou do promotor. Nenhum grande jornal ou estação de televisão jamais fez a meus advogados ou a mim sequer uma pergunta sobre qualquer coisa. As pessoas são julgadas e condenadas nos jornais e na televisão antes mesmo de irem a um tribunal. Uma pessoa acusada de roubar um carro se torna pela mídia membro de quadrilha internacional de roubo de automóveis. Um homem é acusado de participar de uma briga de bêbados e as manchetes dizem "Maníaco enlouquecido perde o controle".

Nos anos 1970, a mídia criou uma manchete de primeira página feita para vender jornais: o Exército de Libertação Negra. Segundo eles, o ELN estava por toda parte. Quase tudo que acontecia era atribuído ao Exército de Libertação Negra. Manchetes sensacionalistas vendem jornais. A mídia molda a opinião pública e os resultados são geralmente trágicos.

Antes de fazerem o juramento como jurados, vocês foram questionados sobre seus conhecimentos acerca da natureza do Exército de Libertação Negra ou sobre o que ele representa. Entretanto, muitos de vocês disseram que acreditavam que o Exército de Libertação Negra era uma organização "militante". Eu gostaria de falar um pouco sobre isso. O Exército de Libertação Negra não é uma organização: ele vai além disso. É um conceito, um movimento popular, uma ideia. Muitas pessoas diferentes disseram e fizeram muitas coisas diferentes em nome do Exército de Libertação Negra.

A ideia de um Exército de Libertação Negra emergiu das condições nas comunidades Negras: condições de pobreza, moradia indecente, desemprego em massa, assistência médica precária e educação de baixa qualidade. A ideia surgiu porque as pessoas Negras não são livres ou iguais neste país. Porque 90% dos homens e mulheres nas prisões deste país são Negros e do Terceiro Mundo. Porque crianças de 10 anos de idade são assassinadas em nossas ruas. Porque as drogas saturaram nossas comunidades, se valendo da desilusão e da frustração de nossos filhos. O conceito do ELN surgiu por causa da opressão política, social e econômica do povo Negro neste país. E onde houver opressão, haverá resistência. O ELN faz parte desse movimento de resistência. O Exército de Libertação Negra representa liberdade e justiça para todas as pessoas.

Enquanto as grandes empresas obtêm lucros enormes e isentos de impostos, os impostos que as pessoas que trabalham pagam todos os dias disparam. Enquanto os políticos viajam gratuitamente ao redor do mundo, esses mesmos políticos reduzem o auxílio-refeição para os pobres. Enquanto os políticos aumentam seus salários, milhões de pessoas estão sendo demitidas. Esta cidade está à beira da falência e, no entanto, centenas de milhares de dólares estão sendo gastos neste julgamento. Não entendo um governo tão disposto a gastar milhões de dólares em armas, a explorar o espaço sideral, até o planeta Júpiter, e ao mesmo tempo fechar creches e postos de bombeiros.

Eu li a Declaração de Independência e tenho grande admiração por este trecho:

"Consideramos estas verdades evidentes por si mesmas, que todos os homens são criados iguais, que são dotados pelo Criador de certos Direitos inalienáveis, entre os quais estão a Vida, a Liberdade e a busca da Felicidade. Que, para assegurar tais direitos, Governos são instituídos entre os Homens, derivando seus justos poderes do consentimento dos governados; que, sempre que qualquer Forma de Governo se torne destrutiva de tais fins, é Direito do Povo alterá-la ou aboli-la e instituir novo Governo, estabelecendo seus fundamentos em tais princípios, e organizando-lhe os poderes da forma que lhe pareça mais provável ultimar sua Segurança e Felicidade."[101]

Essas palavras são especialmente significativas no ano do bicentenário deste país. Eu gostaria de ajudar a tornar este mundo melhor para a minha filha e para todas as crianças deste mundo; para todos os homens e as mulheres deste mundo.

Mas vocês entendem que não é o ELN que está sendo julgado aqui. Sou eu que estou em julgamento aqui. Ronald Myers está em julgamento aqui. E a acusação é de sequestro e assalto à mão armada, onde a suposta vítima é traficante de drogas, vendedor de heroína, um homem chamado James Freeman.

Vivemos em Nova Iorque, e é impossível não ver o horror, a degradação e a dor associada ao vício em heroína. Muitos de vocês já viram o número impressionante de vidas jovens sugadas pelo esquecimento, pelas mortes em vida devido ao uso de drogas. Muitos de vocês viram mães desamparadas vendo seus filhos se transformarem em meros esqueletos, nos quais elas não podiam mais confiar. E viram os sonhos, o potencial de toda uma geração de jovens se esvair, no buraco sem fundo de uma agulha. E essas vítimas também fazem suas vítimas: o número incontável de pessoas que foram assaltadas, vandalizadas e roubadas por vampiros fabricados pelas drogas, que não se importam com nada além de seu veneno.

Mostraremos a vocês que James Freeman é um mentiroso. Mostraremos que as outras testemunhas de acusação são todas

---

101 NE: Versão em português de parte do documento de 1776, extraída do livro *Declaração de Independência: uma história global*, de David Armitage (São Paulo: Companhia das Letras, 2011).

amigos, parentes, amantes ou funcionários de James Freeman e que são mentirosas. Vocês verão por si mesmos que essas pessoas conspiraram e foram treinadas.

Homens e mulheres do júri, vidas humanas são questões sérias. Eu já lhes disse que não tenho fé nesse sistema de justiça e, acreditem, não tenho. Eu já vi demais. Se a tal da justiça existisse, eu não estaria aqui falando com vocês agora. Vocês foram escolhidos para serem os representantes da justiça. Vocês e apenas vocês. Vocês disseram que poderiam julgar este caso com base em evidências. O que estou dizendo agora não é evidência. O que o promotor diz não é evidência. Vocês podem ou não concordar com minhas convicções políticas. Elas não estão em julgamento aqui. Eu me referi a elas apenas para ajudá-los a entender o contexto político e emocional deste caso que chega a vocês.

Embora este tribunal nos considere pares, muitos de vocês são de origens diferentes e tiveram aprendizados e experiências de vida distintos. É importante que vocês compreendam algumas dessas diferenças. Só peço que vocês ouçam atentamente. Apenas ouçam, não apenas o que essas testemunhas dizem, mas como dizem.

Nossas vidas não são mais ou menos preciosas que as suas. Pedimos apenas que vocês sejam tão abertos e justos quanto gostariam que nós fôssemos, se estivéssemos sentados na cabine do júri, determinando sua culpa ou inocência. Nossas vidas e as vidas que nos cercam dependem da justiça de vocês. Obrigada.

Quando a acusação começou a apresentar o caso, uma testemunha após a outra se manifestou. Não me lembro quantas eram, mas foi um desfile sem fim. O julgamento foi um circo. O caso cuidadosamente planejado e cuidadosamente ensaiado do FBI e da polícia local de Nova Iorque começou a desmoronar a partir do momento em que as testemunhas eram interrogadas. A promotoria estava tão desesperada para obter uma condenação nesse caso que recorreu a artifícios estúpidos e teatrais que saíram pela culatra. Uma testemunha, outro traficante de drogas, foi mancando até o banco das testemunhas com o "auxílio" de uma bengala, parecendo estar a dois passos do túmulo. Quando perguntado sobre a origem de seus "ferimentos", ele afirmou que havia se ferido há muitos anos, na época do "sequestro". Ele e o promotor devem ter se esquecido que, poucos dias antes, ele havia entrado no salão da korte para me reconhecer em uma audiência de identificação, parecendo perfeitamente saudável. Sob interrogatório, ele foi forçado a admitir que havia entrado na korte apenas alguns dias antes sem mancar e sem o "auxílio" de sua bengala. Ele foi a única testemunha que alegou que poderia certamente me identificar, porque "eu passava fins de semana na casa dele". Mas ele não sabia a cor dos meus olhos.

A suposta testemunha principal, James Freeman, a suposta "vítima", contou um verdadeiro dramalhão sobre seu sequestro e a ingestão forçada de drogas durante o crime. A promotoria minimizou levemente o fato de Freeman ser um traficante de drogas condenado. Sabíamos que ele era ligado ao FBI de alguma forma, mas só depois que ele foi interrogado por James Carroll, advogado de Ronald Myers, surgiu a imagem real de conluio entre ele e o FBI. Freeman confessou que era um informante pago pelo FBI. Quando perguntado se ele havia sido pago pelo FBI para me incriminar, ele disse que "não podia falar sobre o assunto".

No final do caso deles, nossas petições para um veredicto de rejeição da acusação foram negadas e, então, apresentamos nossa defesa. Evelyn e Martha Pitts, uma grande amiga minha, trabalharam sem parar. Como não podíamos pagar investigadores, elas fizeram todo o trabalho de campo. Martha, uma enfermeira, investigou a acusação de Freeman, de ter sido drogado. Evelyn correu como louca depois que a korte passou a negligenciar as testemunhas que prestariam depoimento. Quase tudo aquilo me parecia inútil, já que eu não conseguia imaginar como alguém poderia encontrar testemunhas de defesa em um caso armado. Quando chamamos nossa primeira testemunha, Evelyn parecia confiante, e esfregava as mãos.

"Pegamos eles dessa vez", disse sorrindo. "A terra usada para encobrir seus rastros não foi suficiente."

E não foi mesmo. Registros oficiais da Autoridade Estadual Reguladora de Bebidas provaram que o bar era de propriedade de outra pessoa, e não da testemunha que afirmou ser o proprietário. O verdadeiro proprietário declarou que tinha fechado o bar antes do suposto sequestro, que o visitava todos os dias durante o período em que teria abrigado o "sequestro", que trancava a porta quando saía e que não tinha dado permissão a ninguém para usá-lo. O bar já estava fechado fazia um ano antes do suposto crime. A conclusão irrefutável e óbvia era que, de fato, não havia bar, nem "cena" do suposto crime e, portanto, nenhum crime. Registros médicos oficiais e testemunho de médico especializado mostraram que o estômago de Freeman continha apenas algumas aspirinas, enfraquecendo seu depoimento de que havia sido drogado com alguns medicamentos que não conseguia identificar, que foi forçado a engoli-los e que ficou desacordado por algumas horas.

Assim, em 8 de dezembro de 1975, após quatro meses de julgamento, o júri absolveu Ronald Myers e eu.

CAPÍTULO 12

Quando entrei na Manhattan Community College,[102] pretendia realmente me formar em administração de empresas e, em seguida, me formar em *marketing* ou publicidade. Em vez disso, fiz apenas um curso de negócios. História, psicologia e sociologia me interessavam mais do que aprender a vender algo a alguém.

Eu realmente tive muita sorte. Tinha voltado a estudar em um momento em que a luta e a atividade estavam crescendo, quando a consciência Negra e o nacionalismo estavam em ascensão. Tive sorte também na faculdade.

A Manhattan Community College tinha uma porcentagem muito alta de estudantes Negros e do Terceiro Mundo, mais de 50%. O nível de atividades era alto, tanto dentro quanto fora do campus. A Golden Drums, uma organização Negra do campus, cujo presidente era Henry Jackson, um irmão disciplinado e de princípios, pressionava por mais cursos sobre questões Negras, mais professores Negros, e por programas mais adequados às necessidades dos estudantes Negros e à consciência cultural. Eles ofereciam lá

---

102 NE: Instituição pública de ensino que oferece cursos superiores equivalentes à graduação tecnológica brasileira.

vários programas sobre dança africana, desenho e muito mais. Através do boca a boca ou pelos quadros de avisos, sabíamos de concertos, peças de teatro, leituras de poesia etc. O grupo The Last Poets, um grupo de jovens poetas Negros, me arrebatou. Sempre pensei a poesia como uma concepção europeia, mas esse grupo declamava em ritmos africanos, cantava ao ritmo dos tambores africanos e falava de revolução. Quando saíamos do lugar em que se reuniam na 125th Street – acho que se chamava Blue Guerrilla – saíamos tão motivados e energizados que nem percebíamos a longa viagem de metrô na volta para casa.

Antes de voltar a estudar, eu estava me esfolando, mas agora eu estava voando. Estava aprendendo e mudando todos os dias. Até a imagem que eu tinha de mim mesma estava mudando, assim como meu conceito de beleza. Um dia, um amigo me perguntou por que eu não usava meu cabelo no estilo Black, natural. Honestamente, isso nunca tinha me ocorrido. Naquele tempo, não se usava tanto o Black. Mas quanto mais eu pensava no assunto, mais eu me animava. Eu sempre odiei usar pente quente no cabelo – orelhas queimadas, fumaça para todo lado e o mau cheiro do seu próprio cabelo queimando. Passei várias noites tentando dormir com bobes no cabelo, amarrados com lenços superapertados, parecendo mais uma tortura. Ir à praia era um problema, pegar chuva nem pensar, uma noite de amor apaixonado nas noites quentes de verão era preocupante, caso tivesse que acordar cedo depois para ir trabalhar. Tudo por medo de que meu cabelo "voltasse". Voltar para onde? Voltar para o inferno ou para a África. O tal permanente era pior ainda: tinha que ficar sentadinha, bem calma, enquanto a soda cáustica penetrava em meu cérebro. Tufos de cabelo caindo. E o sentimento de que os cabelos em sua cabeça eram de outra pessoa.

E então me dei conta de toda uma nova geração de mulheres Negras escondidas sob perucas. Com vergonha de seus próprios cabelos – ou do que tivesse sobrado deles. Era triste e lamentável. Naquela época, meu cabelo estava todo danificado de produtos químicos, mas a cabeleireira dizia que era "relaxamento".[103] Para torná-lo natural tive que cortar toda a parte alisada. Eu mesma cortei, e depois fiquei horas debaixo do chuveiro, tentando fazer o alisamento desaparecer. Finalmente, meu cabelo estava livre. No metrô no dia seguinte, as pessoas ficaram me olhando, mas meus amigos na faculdade foram solidários e encorajadores. As pessoas têm razão quando dizem que você não é o que traz na cabeça, mas o que tem na cabeça. Você pode ser uma pessoa de pensamento revolucionário e alisar o cabelo. E você pode ter o cabelo Black e trair os Negros. Mas para mim, seu jeito de se vestir e sua aparência sempre refletirão o que você tem a dizer sobre si mesmo. Quando você usa o cabelo de uma certa maneira ou um certo tipo de roupa, está dizendo alguma coisa sobre você mesmo. Quando você passa a vida inteira fritando e abusando de seus cabelos para que pareçam com os de outra raça de pessoas você está, então, fazendo uma declaração, e ela é clara. Não me interessa se é alisamento encaracolado, *mega hair* amarrado[104] ou o que seja, você está, sim, fazendo uma declaração.

---

103 NE: "Relaxamento" é uma técnica de alisamento para cabelos crespos e cacheados.

104 NE: No original, *latex locks*. A autora parece referir-se ao fio de elástico para costura, usado para fazer alongamento capilar (*mega hair*) amarrando as mechas artificiais ao cabelo natural, técnica patenteada na década de 1950 por uma cabeleireira negra estadunidense. Fonte: <https://www.dazeddigital.com/beauty/head/article/49010/1/hair-extensions-human-synthetic-clip-in-weave-glue-trend>.

Era uma simples questão de afirmação para mim. Esta sou eu e esta é a aparência que eu gosto. É isso que eu acho bonito. Você pode passar a vida inteira descobrindo penteados de estilo Afro, há tantos por aí e muitos mais, criativos e naturais, a serem inventados. Para mim, foi importante não só por eu me sentir bem, mas também por causa do mundo em que eu vivia. Em um país que tenta negar completamente a imagem das pessoas Negras, nos dizendo constantemente que não somos nada, que nossa cultura não é nada, eu sentia e ainda sinto que precisamos constantemente fazer afirmações positivas sobre nós mesmos. Nosso desejo de sermos livres precisa se manifestar em tudo o que somos e fazemos. Nós aceitamos em demasia um estilo de vida negativo e uma cultura negativa e temos que agir conscientemente para nos livrarmos dessa influência negativa. Talvez em outro momento, quando todos forem iguais e livres, não seja relevante como alguém se penteia, se veste ou mesmo sua aparência. Então, não haverá nenhum opressor para imitarmos ou deixarmos de imitar. Mas, agora, acho importante que pareçamos e nos sintamos mulheres e homens Negros fortes e orgulhosos que olham para a África em busca de orientação.

Eu tinha pouco tempo de faculdade quando um irmão, na aula de matemática, me falou sobre os Golden Drums. Depois de algumas reuniões, colei neles. Eles me chamavam de irmã, gostavam de me ver nas reuniões, queriam saber como eu estava nos estudos e se preocupavam de verdade com minha pessoa.

O tema de uma das muitas palestras programadas pelos Drums era sobre um escravo que havia tramado, planejado e lutado por sua liberdade. Bem aqui na amérika. Até então, meu único conhecimento sobre a história dos africanos na amérika era sobre George Washington Carver[105] e seus experimentos com amendoins e sobre a *Underground Railroad.*[106] Harriet Tubman[107] sempre foi minha heroína, e simbolizava tudo o que era resistência Negra para mim. Mas nunca tinha me ocorrido que centenas de pessoas Negras se uniram para lutar por liberdade. No dia em que aprendi sobre Nat Turner,[108] fui afetada tão profundamente que chegou a ser físico. A adrenalina era tanta que eu mal conseguia me conter.

---

105 NT: Professor e cientista norte-americano nascido escravo no Missouri. Notabilizou-se como grande botânico e, em seu laboratório, desenvolveu mais de 300 produtos à base de amendoim, como pastas alimentícias, papel, creme de barbear, material de revestimento, sabão etc. Graças a suas descobertas, novas indústrias foram criadas no Sul dos Estados Unidos, gerando empregos para milhares de trabalhadores. Fonte: LOPES, Nei (org.). *Enciclopédia brasileira da diáspora africana,* 4. ed. Rio de Janeiro: Pallas, 2011.

106 NE: A "ferrovia subterrânea" era uma rede secreta de cooperação, atuante nos Estados Unidos até 1861, com o objetivo de ajudar trabalhadores escravizados a escaparem do cativeiro e buscarem refúgio nos estados livres do Norte ou no Canadá. Seus integrantes mantinham "estações", esconderijos temporários onde os fugitivos dispunham de alimentação e ajuda financeira, enquanto experientes "condutores", quase sempre também escravizados fugidos, encaminhavam os "passageiros" para a liberdade. Os dois mais famosos condutores foram Josiah Henson e Harriet Tubman. Fonte: LOPES, Nei (org.). *Enciclopédia brasileira da diáspora africana,* 4. ed. Rio de Janeiro: Pallas, 2011.

107 NE: Militante antiescravista norte-americana. Desde 1849, ano em que fugiu de uma fazenda de Maryland, onde era cativa, participou ativamente da *Underground Railroad,* conseguindo fazer com que mais de 300 fugitivos da escravidão encontrassem refúgio nos estados do Norte e no Canadá. Durante a Guerra de Secessão, serviu como espiã da União em meio ao exército da Confederação. Fonte: LOPES, Nei (org.). *Enciclopédia brasileira da diáspora africana,* 4. ed. Rio de Janeiro: Pallas, 2011.

108 NE: Líder de uma revolta de escravizados no condado de Southampton, Virgínia, nos Estados Unidos. Em fevereiro de 1831, Turner começou a planejar sua revolta e, em 22 de agosto, com seus seguidores, matou seu patrão e toda a família. Nas 24 horas seguintes, cerca de 60 brancos foram mortos no condado. Capturado em 30 de outubro, Turner foi enforcado em 11 de novembro, após sumaríssimo julgamento. A repressão que se seguiu vitimou mais de 100 escravos. Fonte: LOPES, Nei (org.). *Enciclopédia brasileira da diáspora africana,* 4. ed. Rio de Janeiro: Pallas, 2011.

Revirei todos os livros de minha mãe. Não encontrei o nome Nat Turner em nenhum deles.

Cresci acreditando que não houve resistência por parte dos escravos. Lembro da vergonha que sentia quando se falava sobre escravidão na escola. Os professores faziam parecer que os Negros não tinham nada a ver com a "abolição" oficial da escravatura. Os brancos é que nos tinham libertado.

Depois disso, ninguém mais me via sem um livro nas mãos. Eu lia de tudo, de J. A. Rogers a Julius Lester. De Sonia Sanchez a Haki Madhubuti (Don L. Lee). Via peças de dramaturgos Negros como Amiri Baraka e Ed Bullins. Foi maravilhoso. Um mundo totalmente novo se abriu para mim. Eu também estava conhecendo muitas irmãs e irmãos cujo nível de consciência era muito maior que o meu – pessoas Negras que adquiriram conhecimento não só lendo, mas também participando da luta, e que falavam também sobre Denmark Vesey, Gabriel Prosser, Cinque, bem como de Nat Turner, porque haviam se esforçado para aprender sobre nossa história e nossa luta.

Muitos de nós temos ideias equivocadas sobre a história Negra na amérika. O que nos é ensinado na rede pública de ensino é geralmente incorreto, distorcido e repleto de mentiras deslavadas. Entre as mentiras mais comuns estão as de que Lincoln libertou os escravos, que a Guerra Civil foi para libertar os escravos e que a história do povo Negro na amérika consistiu em um progresso lento, mas constante, e que as coisas foram melhorando pouco a pouco. A crença nesses mitos pode nos levar a cometer erros graves ao analisarmos nossa situação atual e ao planejarmos ações futuras.

Abraham Lincoln não era de forma alguma amigo dos Negros. A preocupação dele com nossa situação era mínima. Em sua famosa resposta ao editor Horace Greeley em agosto de 1862, declarou ele abertamente:

> Meu objetivo primordial nessa luta é salvar a União, e não salvar ou destruir a escravidão. Se eu pudesse salvar a União sem libertar nenhum escravo, eu o faria, e se pudesse salvá-la libertando alguns e deixando outros para lá, eu também o faria.

Lincoln foi eleito presidente em 1860. Imediatamente depois, a Carolina do Sul realizou uma convenção onde se decidiu por unanimidade, via voto, que o estado sairia da União. Antes mesmo de ele ser empossado, Flórida, Geórgia, Alabama, Mississippi, Louisiana e Texas fizeram o mesmo. Em seu discurso de posse em 4 de março de 1861, Lincoln disse que a escravidão era legal sob a constituição e que ele não tinha o direito nem a intenção de aboli-la. Ele prometeu também fazer cumprir a Lei do Escravo Fugitivo, que permitia aos proprietários de escravos do Sul "recuperarem" seus escravos fugidos nos estados do Norte. O que a lei realmente fez foi dar a qualquer homem branco com um "certificado de propriedade" o direito de sequestrar qualquer homem, mulher ou criança Negra "livre" no Norte e forçá-los à escravidão. Por causa dessa posição, Lincoln recebeu muitas críticas dos abolicionistas negros. Ford Douglas, um escravo fugido que acompanhou Frederick Douglass[109] em suas excursões antiescravidão no Oeste, criticou a posição de Lincoln, dizendo:

---

109 NE: Abolicionista norte-americano nascido escravo em Maryland. Aos 21 anos, fugiu para a liberdade, e, em 1845, já como representante da American Anti-Slavery Society, viajou à Inglaterra em campanha abolicionista. De volta, fundou o jornal *The North Star*, cujo lema era: "O direito não tem sexo, a verdade não tem cor; Deus é o pai de todos e todos somos irmãos." A esse periódico, seguiu-se o *Frederick Douglass' Paper*, com um novo lema: "Todos os direitos para todos." Durante o período da Reconstrução, Douglass desenvolveu intensa militância pelos direitos civis, e, após 1890, foi embaixador dos Estados Unidos no governo do Haiti. Fonte: LOPES, Nei (org.). *Enciclopédia brasileira da diáspora africana*, 4. ed. Rio de Janeiro: Pallas, 2011.

> No que diz respeito à revogação da Lei do Escravo Fugitivo, Abraham Lincoln defende a mesma posição que o antigo Partido Whig[110] defendeu em 1852. [...] Aqui temos então Abraham Lincoln a favor da implementação da infame Lei do Escravo Fugitivo, que não apenas derruba a liberdade de todo homem negro nos Estados Unidos, mas virtualmente a liberdade de todo homem branco também, pois, de acordo com essa lei, não há um homem submetido a ela que não possa ser preso hoje pelo simples testemunho de outro homem, e, depois de um julgamento "ex parte",[111] ser rapidamente escravizado e acorrentado.

Em 12 de abril de 1861, tropas do Sul dispararam contra Fort Sumter, na Carolina do Sul, iniciando assim a Guerra Civil. A resposta dos nortistas foi eletrizante. Milhões de pessoas até então indiferentes ou desinteressadas na questão da secessão do Sul passaram imediatamente a defender a União. Mas o entusiasmo durou pouco. Eles já viam os trabalhadores Negros no Norte como concorrentes a seus empregos, e os nortistas brancos, por medo de perderem ainda mais empregos para os Negros, recusavam-se a se alistar em número suficiente para o Norte vencer a guerra. Quando o projeto de lei foi promulgado, dezenas de milhares de trabalhadores brancos na cidade de Nova Iorque saíram às ruas e espancaram brutalmente e assassinaram todos os Negros que conseguiram encontrar. Estima-se que entre quatrocentos e mil Negros foram mortos como resultado

---

110 NE: Partido conservador que foi um dos principais partidos atuantes nos Estados Unidos, em meados do século XIX.

111 NT: Termo jurídico latino que significa "em nome de". Uma decisão *ex parte* é aquela decidida por um juiz sem exigir que todas as partes na disputa estejam presentes.

dos chamados tumultos de Nova Iorque.[112] Rebeliões e o assassinato de Negros também ocorreram em outras cidades do Norte.

Lincoln se opôs originalmente aos Negros que lutavam na Guerra Civil, afirmando:

> Admito que a escravidão está na raiz da rebelião e, pelo menos, em sua condição sine qua non. [...] Eu também admito que a emancipação pode nos ajudar na Europa. [...] Admito, ainda, que ajudaria um tanto no Norte, embora não tanto, receio, quanto vocês e aqueles que representam imaginam. [...] E então, inquestionavelmente, isso enfraqueceria os Rebeldes ao afastar seus trabalhadores, o que é de grande importância; mas não estou certo de que poderíamos fazer muito com os Negros. Se tivéssemos que armá-los, temo que em poucas semanas as armas estariam nas mãos dos Rebeldes. (História da Raça Negra na América,[113] Vol. II, p. 265)

Os brancos do Norte ficaram mais do que felizes com a perspectiva de enviar Negros para a guerra. Um verso popular publicado nos jornais da época refletia o sentimento de muitos nortistas:

> *Alguns dizem que é uma vergonha*
> *Fazer os* **niggers** *lutarem*

112 NT: Os tumultos da cidade de Nova Iorque, ocorridos em julho de 1863, às vezes chamados de motins de Manhattan e conhecidos na época como Draft Week, eram violentos distúrbios na Baixa Manhattan, amplamente considerados como a culminância do descontentamento da classe trabalhadora branca com as novas leis aprovadas pelo Congresso convocando homens para a Guerra Civil Americana. Estes distúrbios continuam sendo a maior perturbação urbana civil e racialmente motivada da história dos Estados Unidos. Fonte: <https://en.wikipedia.org/wiki/New_York_City_draft_riots>.

113 NT: Escrito por George W. Williams, no fim do século XIX, abrange em dois volumes o período de 1619 a 1800.

E que o negócio de ser morto
Pertence somente aos brancos
Mas quanto a mim do fundo da alma,
Tão liberais que somos,
Vou deixar Sambo[114] *ser morto em meu lugar*
Em todos os dias do ano.

Somente em 1863 Lincoln de fato emitiu a Proclamação de Emancipação.[115] Mas o documento teve muito pouco efeito imediato. Libertava apenas os escravos dos estados Confederados; os de estados leais à União continuariam cativos. Lincoln claramente não acreditava que os Negros pudessem viver nos e.u. como cidadãos iguais. Nos debates entre Lincoln e Stephen Douglas, o primeiro declarou:

> Se todo o poder da terra me fosse dado, eu não saberia o que fazer com a instituição existente. Meu primeiro impulso seria libertar todos os escravos e enviá-los para a Libéria – para sua terra natal. Mas um momento de reflexão me convenceria de que, seja qual for a grande esperança [...] que possa haver nisso, a longo prazo sua execução repentina seria impossível. [...] E então? Libertá-los todos e mantê-los entre nós como subordinados? É certo que isso melhoraria suas condições? Eu acho que não manteria ninguém como escravo, de jeito nenhum, mas o ponto não está claro o suficiente para eu denunciar as pessoas. O que fazer? Libertá-los e torná-los política e socialmente nossos iguais? Meus próprios sentimentos não admitem isso, e, mesmo se admitissem, sabemos bem que os da grande maioria de brancos também não admitirão.

---

114 NT: Sambo ou Zambo é um termo depreciativo usado para designar uma pessoa de origem indígena nos EUA e, em alguns países, também misturada com origem africana.

115 NT: Algo como a "abolição da escravatura" no Brasil.

Lincoln acreditava piamente na exportação massiva de Negros para qualquer lugar. Em 1865, no final da guerra, ele pediu ao General Butler que explorasse a possibilidade de usar a marinha para transportar os Negros para o Haiti ou para outras áreas do Caribe e da América do Sul.

É importante entender também que o propósito da Guerra Civil não era libertar os escravos. Foi uma guerra entre dois sistemas econômicos, pelo poder e controle dos e.u. travada por duas facções distintas da classe dominante: brancos ricos do Sul proprietários de escravos e brancos ricos industriais do Norte. A batalha foi entre uma economia escravista do sistema de *plantation*[116] e uma economia da indústria manufatureira.

Uma revolução industrial estava ocorrendo nos anos anteriores à Guerra Civil. Invenções como o descaroçador de algodão, o telégrafo, os navios a vapor e os trens a vapor mudaram completamente os métodos de manufatura, transporte, mineração, comunicações, agricultura e comércio. A quantidade de mercadorias produzidas não era mais determinada pelo número de pessoas trabalhando no processo, mas pela capacidade das máquinas. A amérika não era mais um país que produzisse matérias-primas para os países industrializados da Europa. Em 1860, o censo informou que 1.385.000 pessoas estavam empregadas na indústria e que um sexto de toda a população era diretamente sustentado pela indústria. O número ficou muito maior quando vendedores, trabalhadores da área de transporte e comerciantes foram adicionados.

---

116 NE: Propriedade rural, geralmente latifúndio, usada para a produção em massa de monoculturas para exportação. Nas Américas e na África, a partir do século XVI, a economia de *plantation* esteve associada ao trabalho escravo. Fonte: <https://en.wikipedia.org/wiki/Plantation>.

Quando os centros manufatureiros começaram a crescer, os imigrantes europeus foram importados como fonte de mão de obra barata. Mais de cinco milhões entraram nos e.u. entre 1820 e 1860. Embora o Sul tivesse muitos cotonifícios funcionando, as fábricas eram pequenas e seus números cresciam lentamente. Em 1850, o valor dos bens manufaturados produzidos nos estados "livres" do Norte era quatro vezes maior do que a produção dos estados "escravos" do Sul. E com o crescimento da indústria, veio a crise econômica e a ameaça de colapso industrial.

Embora tenha havido crises econômicas no passado, as pessoas geralmente viviam em fazendas e as depressões econômicas não criavam uma dificuldade tão grande para as massas. Porém, com muitas pessoas vivendo nas cidades, crises econômicas significavam desemprego e nenhuma maneira de pagar por comida, roupas e moradia. A primeira grande depressão ocorreu em 1825, seguida por outras em 1829, 1837, 1847 e uma mais grave em 1856. A recessão em 1857 quase destruiu completamente o movimento operário inicial. A pobreza nas cidades do Norte e do Sul era tremenda. Trapos, sujeira, miséria, fome eram palavras usadas para descrever os guetos do século XIX.

Para resolver os problemas nas cidades industriais, muitos pediram reformas como a abolição da prisão para devedores, o fim das leis que impediam os homens brancos que não possuíam propriedades de votar, educação gratuita, direito à greve, o fim do trabalho infantil, jornada de trabalho de dez horas e concessão de terras no Oeste para pessoas pobres das cidades. As grandes empresas propuseram a expansão do capitalismo e da indústria para outras partes do país. E foi aí que os capitalistas do Norte entraram em conflito com os proprietários de escravos do Sul.

Os capitalistas do Norte queriam que os novos estados entrassem na União como estados "livres". Os donos de escravos queriam que os novos estados entrassem como estados "escravos". Para manter um equilíbrio de poder, o Norte e o Sul firmaram vários compromissos. O principal deles foi o Compromisso de Missouri. Os capitalistas do Norte temiam que os donos de escravos abrissem fábricas e produzissem bens mais baratos porque não tinham que pagar pela mão de obra. Os trabalhadores brancos tinham medo de perder o emprego por causa da escravidão. Os proprietários de *plantations* do Sul, evidentemente, queriam que o sistema de escravidão se expandisse por todo o país.

Todas as diferenças entre o Norte e o Sul eram de ordem econômica, e não moral. Para que os capitalistas controlassem a economia e o sistema político, o sistema escravista tinha que ser derrotado.

Em 1856, o recém-nascido partido republicano lançou Abraham Lincoln, um ex-*whig*, como seu primeiro candidato à presidência. Ele perdeu. Em 1860, ele voltou a concorrer com uma forte plataforma de três pontos:

1. Eliminar a escravidão dos territórios.
2. Estabelecer altas tarifas de proteção.[117]
3. Promulgar uma lei para bens inalienáveis, dando uma fazenda de tamanho médio gratuitamente a quem quisesse cultivar a terra.

---

117 NT: Tarifas promulgadas com o objetivo de proteger a indústria doméstica. Visam fazer com que os bens importados custem mais do que bens equivalentes produzidos no mercado interno, aumentando assim as vendas de bens produzidos no mercado e apoiando a indústria local.

A plataforma foi projetada para atrair capitalistas ricos do Norte, trabalhadores brancos pobres, agricultores e abolicionistas. Apenas para uma pequena parcela da população a abolição da escravatura era uma questão moral, e a esmagadora maioria das pessoas brancas que a apoiaram ou que lutaram no exército da União o fizeram porque acreditavam que era em benefício próprio, e não por amor ou preocupação com as pessoas Negras.

EU ESTAVA GRADUALMENTE ficando mais ativa. Comecei a controlar minha vida. Antes de voltar a estudar, eu sabia que não queria ser uma intelectual e passar a vida entre livros e em bibliotecas sem saber o que acontecia nas ruas. A teoria sem prática é tão incompleta quanto a prática sem teoria. As duas têm que caminhar juntas. Eu estava determinada a fazer as duas coisas.

Minha principal forma de aprender sobre as coisas era ouvindo as pessoas. Os estudantes Negros da Manhattan Community College pertenciam a todo tipo de organização. Havia Muçulmanos Negros, Garveyistas,[118] a Organização da Unidade Afro-Americana de Malcolm X (OAAU),[119] membros de várias organizações comunitárias e culturais e alguns jovens turcos da NAACP. Nós nos reuníamos e conversávamos sobre tudo que fosse possível. Eu ouvia muito mais do que falava, mas fazia perguntas sobre tudo que não entendia. Às vezes, as discussões e os debates ficavam tão quentes que iam até as onze horas, quando as aulas noturnas acabavam e o prédio era fechado.

---

118 NT: Membros do Garveyismo, aspecto do nacionalismo negro que se refere às políticas econômicas, raciais e sociais de Marcus Garvey, fundador da UNIA-ACL – Associação Universal para o Progresso Negro. Fonte: <https://en.wikipedia.org/wiki/Garveyism>.

119 NT: Organization of Afro-American Unity (OAAU), em inglês.

Uma das primeiras organizações que visitei foi um grupo Garveyista que tinha um grande salão na 125th Street. Eu tinha acabado de ler um livro sobre Marcus Garvey. Na verdade, eu tinha acabado de saber que ele existia. Era uma vergonha. Ele tinha liderado um dos movimentos mais fortes do povo Negro na amérika e eu nunca tinha ouvido falar nele até a idade adulta. Um dos irmãos, que fazia uns estudos lá, me convidou para uma reunião.

A reunião foi no andar de cima. Parecia que havia centenas de cadeiras na sala. Cheguei um pouco mais cedo e não tinha quase ninguém. Avistei o irmão que me convidou, que me apresentou a umas 10 ou 15 pessoas que já estavam lá. Ficamos em um pequeno grupo conversando e esperando os outros chegarem. Eles nunca chegaram. Estava óbvio que todos se conheciam e frequentavam essas reuniões havia muito tempo. Depois de um tempo, um orador subiu ao púlpito. Ele me deu as boas-vindas à reunião e depois fez um discurso apaixonado. Um após o outro se levantou e todos fizeram discursos como se estivessem conversando com uma sala cheia de pessoas. Os outros aplaudiam alto. Achei triste. Eles eram pessoas tão agradáveis, tão sinceras, mas o círculo deles foi ficando tão pequeno que eles passaram a discursar uns para os outros.

NENHUM MOVIMENTO PODE SOBREVIVER a menos que esteja constantemente crescendo e mudando com o passar do tempo. Se não está crescendo, está estagnado e, sem o apoio da população, nenhum movimento de libertação sobrevive, por mais correta que seja sua análise da conjuntura. É por isso que o trabalho político e a organização são tão importantes. Se as questões que preocupam as pessoas não forem abordadas com proposições positivas, não há como obter apoio delas. A primeira coisa que o inimigo tenta fazer é isolar os revolucionários das massas, tornando-nos monstros horríveis e hediondos para que nosso povo nos odeie.

Só ouvimos falar das chamadas lideranças responsáveis, as que são "responsáveis" segundo nossos opressores. Da mesma forma como quase não ouvimos falar dos homens e mulheres Negros que lutaram duro e incansavelmente ao longo de nossa história, também não ouvimos falar de nossos heróis de hoje.

As escolas que frequentamos são reflexos da sociedade que as criou. Ninguém vai lhe dar a educação necessária para derrubá-los. Ninguém vai lhe ensinar sua verdadeira história, ensinar sobre seus verdadeiros heróis, se eles souberem que esse conhecimento poderá libertá-lo. As escolas na amérika estão interessadas em fazer lavagem cerebral nas pessoas com amerikanismos, dando-lhes um pouco de educação e treinando-as nas habilidades necessárias para ocupar as posições que o sistema capitalista exige. Enquanto esperarmos que as escolas da amérika nos eduquem, permaneceremos ignorantes.

Os pais da seção de Ocean Hill-Brownsville, no Brooklyn, assim como os pais Negros de Nova Iorque naquela época, estavam pressionando pelo controle das escolas em suas comunidades. Eles queriam participar das escolhas sobre o que era ensinado a seus filhos, sobre as decisões administrativas das escolas e sobre os educadores de seus filhos. Eles queriam que os conselhos escolares locais tivessem autonomia para contratar e demitir professores em seus distritos, mas o conselho de educação da cidade e a Federação Americana de Professores não permitiam.

Nós – um grupo enorme de estudantes da Manhattan Community College – fomos de metrô para uma passeata convocada pelos pais de Ocean Hill-Brownsville. Assim que saímos do trem, encontramos alguns estudantes da CCNY.[120] Parecia que o trem inteiro estava indo para a passeata, e era exatamente o tipo de protesto que eu gosto.

Um mar vibrante de rostos Negros. Orgulhosos, vivos, raivosos, disciplinados, ativos e, acima de tudo, com a irmandade fraternal que eu amava. Vários pais falaram para a multidão, junto com o diretor Negro que os pais insistiam que fosse contratado. Uma professora Negra, com a cabeça envolta em uma *galee*,[121] falou sobre a importância de nós Negros controlarmos nossas escolas. Ela fazia gestos largos balançando os braços enquanto falava. Todo mundo adorou o que ela disse. Estávamos todos entusiasmados com a atmosfera. Parecia que uma dança cinética se movia no ar.

Quando acabou, eu não queria ir para casa. Não há muitas experiências que proporcionem esse sentimento tão bom e prazeroso, que faz a gente se sentir purificado e revigorado, como quando lutamos por nossa liberdade.

Muitos de nós percebemos que assumir o controle de nossos bairros era o primeiro passo em direção à libertação. Ficamos lá na estação do metrô ainda tomados pela experiência. Um trem veio, mas não embarcamos. Primeiro, assumiríamos o controle das escolas; então assumiríamos o controle dos hospitais; assumiríamos o controle das faculdades, dos conjuntos habitacionais etc., etc. Teríamos empregos, centros de assistência social e agências municipais, estaduais e federais controlados pela comunidade.

---

120 NT: City College da City University of New York, uma faculdade pública do sistema City University of New York.

121 NE: Possivelmente trata-se do *gèlé* iorubá, o turbante usado pelas mulheres na Nigéria. No Brasil, é o "pano de cabeça" do Candomblé. Fonte: <https://educayoruba.com/gele-pano-de-cabeca-a-coroa-da-mulher-negra-i/>.

"Me diz uma coisa", alguém disse. "Onde vocês vão conseguir dinheiro para fazer tudo isso?"

"Vamos assumir o controle comunitário dos bancos", respondeu alguém.

"Então é melhor vocês assumirem o controle do exército também, porque esses bancos não vão deixar vocês pegarem o dinheiro deles assim, com tanta facilidade."

"Vamos assumir o controle das instituições políticas em nossa comunidade. Depois, assumimos o controle das cadeiras do congresso, do senado, do conselho da cidade, do gabinete do prefeito e de todos os outros escritórios que pudermos controlar. Vamos assumir o controle dos escritórios políticos para conseguirmos destinar o dinheiro às pessoas que precisam."

"Vocês estão sonhando e delirando", alguém disse. "Você pode controlar as instituições sociais e as políticas, mas, se não controlar as instituições econômicas e militares, nada feito."

Ficamos todos quietos, pensativos.

"Bem, o que vamos fazer então? Ficar de braços cruzados, sem fazer nada?"

"Lutar pelo controle da comunidade é apenas o primeiro passo. O alcance disso é limitado. O que você precisa é de uma revolução."

Todo mundo começou a comentar sobre o que o irmão tinha acabado de falar. Estávamos todos confusos, mas entusiasmados. Essa era a coisa que eu adorava naquele tempo. Estávamos vivos, empolgados e acreditávamos que um dia seríamos livres. Para nós, não era uma questão de se seríamos ou não. A questão era como seríamos.

Sempre começávamos conversando sobre reforma e terminávamos falando em revolução. Quanto mais conversávamos, mais ficávamos certos de que uma reforma não resolveria muita coisa. Há muito eu já não acreditava mais que a reforma pudesse funcionar, mas a revolução era um grande ponto de interrogação. Eu acreditava, de todo o coração, que era possível. Eu só não sabia como.

EU JÁ TINHA ouvido bastante sobre a República da Nova Áfrika e prometi a mim mesma que procuraria me informar sobre ela. O Governo Provisório da República da Nova Áfrika advogava o estabelecimento de uma nação Negra separada dos e.u., que seria composta pelo que é hoje a Carolina do Sul, Geórgia, Alabama, Mississippi e Louisiana. Na época, eu achava o grupo um tanto impetuoso e esquisito, mas me sentia bem com eles, e a ideia de uma nação Negra me agradava.

Na primeira vez que participei de um evento da República da Nova Áfrika, me embriaguei da atmosfera e gostei da audácia leve de tudo aquilo. O ambiente era alegre e meio carnavalesco. Um grupo de irmãos batucava nos tambores mensagens em Watusi, Zulu e Iorubá. Grupos de irmãs e irmãos dançavam ao ritmo da terra-mãe até suas peles reluzirem de suor. Discursos eram tecidos entre canções e poemas. Vibrantes irmãs e irmãos, com seus monumentais cabelos Afros e trajes africanos esvoaçantes, circulavam cheios de orgulho pelos corredores. Irmãos carecas, usando botas de combate e uniformes militares com galão de pele de leopardo, ficavam por ali de braços cruzados, com ar de perigosos. Garotinhas correndo e rindo, suas cabeças envoltas em *galees*, garotinhos vestindo minúsculos *dashikis*.[122] Pessoas se chamando de nomes como Jamal, Malik, Kisha ou Aiesha. O cheiro de sândalo e de coco flutuava pelo ar. Bandeiras vermelhas, pretas e verdes pendiam das vigas ao lado de

---

122 NT: Traje colorido para homens e mulheres usado principalmente na África Ocidental.

pôsteres de Malcolm e Marcus Garvey. Homens jovens de aparência séria, vestindo jeans e jaquetas verde-exército, distribuíam panfletos. Irmãs e irmãos de aparência exótica, enfeitados de vermelho, preto e verde, sentavam-se atrás de mesas cobertas de feltro e vendiam incenso, brincos de miçangas e vários outros itens.

"Paz, irmã", disse uma voz. "Você quer ser uma cidadã?" "O quê?", perguntei, sem a menor ideia do que ela estava falando.

"Uma cidadã", ela repetiu. "Você quer ser uma cidadã da República da Nova Áfrika?"

"Como eu me torno uma cidadã?"

"Fácil. Só tem que assinar seu nome no livro de cidadãos."

"Só isso?"

"Sim. Você quer um nome?"

"Um nome?"

"Sim, irmã, um nome. Se você quiser um nome africano, é só pedir para aquele irmão ali te dar um."

O irmão para quem ela apontou estava usando um longo *hubba*[123] com calça combinando e um chapéu do tipo fez[124] que também combinava. Ele usava vários colares feitos de miçangas, ossos, conchas e pedaços de madeira. Ele usava um brinco na orelha esquerda e tinha o rosto tenso de tão concentrado, as veias na testa latejavam.

Sem pensar duas vezes, fui lá mudar meu nome. O irmão olhou para mim, fez algumas perguntas das quais não me lembro e começou a chacoalhar um vasilhame furiosamente.

---

123 NE: Provavelmente *jubba,* traje formal masculino muçulmano: casaco comprido, de mangas longas, aberto na frente, usado sobre túnica longa (*tobe*) ou sobre calça e camisa.

124 NE: Também chamado tarbuche: chapéu sem aba, feito em tecido geralmente vermelho, que substituiu o turbante e se tornou símbolo da adesão ao islamismo no século XIX.

Ele jogou o conteúdo, uns búzios, em um pano macio. Depois de uma longa e concentrada mirada nas conchas, e depois de olhar para mim algumas vezes, o irmão decidiu que meu nome seria Ybumi Oladele. Ele soletrou e eu escrevi o nome, e aí voltei correndo à mesa da irmã e me tornei cidadã da República da Nova Áfrika. Ybumi Oladele. Soava bem, pensei. Suave e musical, com uma sonoridade meio feliz. Eu guardei meu nome novo em minha carteira e continuei curtindo a atmosfera, viajando na ideia de uma nação Negra na Babilônia, uma nação de pessoas Negras bem no meio da barriga da besta. Imaginando jovens Negros florescendo e sendo nutridos nas escolas Negras, ensinados por professores que os amariam e que os ensinariam a se amar. No controle de suas vidas, de suas instituições, trabalhando juntos na construção de uma sociedade humana, pondo fim ao longo legado de sofrimento da população Negra nas mãos da amérika. Minha mente viajou com a ideia e em um minuto eu estava imaginando ônibus vermelhos, pretos e verdes, prédios de apartamentos com motivos africanos, programas de televisão Negros e filmes que refletiam a real qualidade da vida Negra, em vez da real qualidade do racismo branco. Imaginei tudo, desde cidades chamadas Malcolmville e Nova Lumumba a uma recepção para líderes revolucionários do mundo todo na Casa Negra. Eu com certeza gostava da ideia de uma nação Negra, mas não considerava essa uma solução verdadeiramente viável. Naquela época, a ideia parecia muito improvável. Acho que, na época, ter um nome africano parecia um pouco absurdo também. Contei a meus amigos, falei sobre o nome durante uns dias, mas depois esqueci o assunto completamente.

SOMENTE ANOS MAIS TARDE – depois da faculdade, de mais ativismo revolucionário e do casamento –, comecei a pensar seriamente em mudar meu nome. O nome JoAnne estava começando a me irritar. Eu tinha mudado muito e mudado para uma onda diferente, sentia que era uma outra pessoa. Soava tão estranho quando as pessoas me chamavam de JoAnne. Não tinha realmente nada a ver comigo. Eu não me via mais como JoAnne, ou Negra, ou amerikana. Eu me via como uma mulher africana. Da hora em que penteava meus cabelos de manhã, até o momento em que me deitava para dormir, com Mingus[125] ao fundo, me sentia uma mulher africana e me alegrava com isso. Minha grande pintura abstrata em preto e branco, que parecia mancha de tinta, foi substituída por pinturas de pessoas Negras e pôsteres revolucionários. Minha vida se tornou uma vida africana, tudo à minha volta passou a ter um toque africano, meu espírito passou a ter um brilho africano. Das pinturas em minhas paredes às grandes e gordas almofadas pelo chão, do incenso queimando no ar à música que dançava pelos aposentos, toda a minha vida estava se movendo em ritmos africanos. Minha mente, meu coração e minha alma voltaram para a África, mas meu nome ainda estava encalhado em algum lugar da Europa. JoAnne era muito ruim, mas pelo menos tinha sido escolhido por minha mãe. Quanto a Chesimard, bem, eu só poderia chegar a uma conclusão. Alguém chamado Chesimard tinha sido dono dos ancestrais de meu ex-marido. Chesimard, como a maioria dos outros sobrenomes que os Negros usam hoje em dia, era o nome do "sinhozinho". Os negros só deixaram de ser a Mary do Sr. Johnson e o Paul do Sr. Jackson, para serem Mary Johnson e Paul Jackson. Às vezes, antes de adormecer, eu ficava na cama pensando nisso, imaginando quantos escravos

---

125 NT: Charles Mingus, contrabaixista, compositor e ocasionalmente pianista de jazz. Conhecido também por seu ativismo contra a injustiça racial.

Chesimard teve na Martinica e com que frequência ele os espancava. Eu ficava olhando para o teto e pensava em quantas mulheres Negras Chesimard teria estuprado, quantos bebês Negros ele teria feito e quantas pessoas Negras teriam morrido por sua culpa.

Então, com aquele nome não dava mais. Pensei em Ybumi Oladele, mas havia um problema. Eu não sabia o que o nome significava. Meu novo nome tinha que significar algo realmente especial para mim. Naquela época, distribuíam pequenos panfletos com uma lista de nomes e seus significados, mas não vi nada que eu gostasse. A maioria dos nomes tinha a ver com flores, canções, pássaros ou coisas assim. Outros significavam nascida numa quinta-feira, fiel, leal ou até coisas como lágrimas, ou tolinha, ou aquela que sorri. Os nomes das mulheres eram muito diferentes dos dos homens, que significavam coisas como forte, guerreiro, homem de ferro, corajoso etc. Eu queria um nome que tivesse alguma relação com luta, com a libertação de nosso povo. Decidi que seria Assata Olugbala Shakur. Assata significa "Aquela que luta", Olugbala significa "Amor pelas pessoas", e eu peguei o nome Shakur por respeito a Zayd e à família de Zayd. Shakur significa "o agradecido".

NO INÍCIO, a sociedade Golden Drums concentrava seus esforços na cultura e na história Negras. Mas depois de um tempo, começamos a avaliar nosso papel como estudantes. Não queríamos ser gravadores, retendo toda e qualquer informação, fatos ou mentiras que nos contavam para depois reproduzirmos tudo nos exames. Começamos a conversar sobre uma educação que fosse relevante para nós, como pessoas Negras, e que pudéssemos levar para nossas comunidades. Não queríamos aprender latim ou grego clássico.

Queríamos aprender coisas que pudéssemos usar para ajudar a libertar nosso povo.

Uma de nossas primeiras batalhas centrava-se no diretório acadêmico. Éramos quase todos da classe trabalhadora ou de famílias pobres, e queríamos um diretório que atendesse a nossas necessidades. Não precisávamos de um diretório puxa-saco da administração em troca de favores e boas notas. Queríamos uma gestão estudantil que apoiasse um programa de Estudos Negros, mais docentes Negros e Negras e outras demandas Negras. Assim, a Golden Drums Society e a Students for Democratic Society (SDS)[126] formaram uma chapa única e ganharam de lavada.

Logo entendemos que ter o controle do diretório acadêmico não era suficiente. Não tínhamos um poder real. Aprovávamos resoluções e apresentávamos propostas que a administração negava prontamente. O único poder que tínhamos era sobre o orçamento do diretório. Em vez de convidar "acadêmicos" ou políticos reacionários para fazer palestras, convidamos o grupo Young Lords,[127] ou o Partido dos Panteras Negras, ou algum outro grupo que estivesse dizendo algo relevante.

Uma de nossas propostas era que os estudantes trabalhassem durante o verão em programas de reforço escolar para crianças com problemas de leitura e matemática. Nossa ideia era ter algumas crianças designadas para cada

---

126 NT: Estudantes por uma Sociedade Democrática, organização nacional de ativistas estudantis nos Estados Unidos durante a década de 1960, uma das principais representações da Nova Esquerda.

127 NT: Jovens Senhores em tradução literal, organização de direitos civis e humanos, fundada por José Cha Cha Jimenez em Chicago. A missão do grupo era lutar pelo fortalecimento e pela autonomia comunitários para porto-riquenhos, latinos e colonizados ("Terceiro Mundo"). Suas táticas incluem educação em massa, apuração da informação, programas comunitários, ocupações e confronto direto. A organização era alvo do Cointelpro. Fonte: <https://en.wikipedia.org/wiki/Young_Lords>.

aluno-professor. Seria uma forma de cada criança receber a atenção individual que precisasse. O currículo acadêmico deveria ser complementado com cursos que melhorassem a autoestima dos estudantes e dessem a eles uma noção correta de sua própria história. Alunos-professores trabalhariam em parceria com os pais, iriam às casas das crianças e criariam uma espécie de acampamento diurno, oferecendo esportes, passeios, artesanato etc. Vários docentes Negros nos ajudaram com a proposta, rejeitada assim que foi submetida.

A administração alegou que não tinha dinheiro. Uma pequena investigação nas finanças, com a ajuda de alguns docentes Negros e brancos preocupados, revelou que o reitor da faculdade estava morando de graça em uma casa, que o dinheiro dos contribuintes servia também para pagar seu motorista e sua empregada doméstica, e que o dinheiro das mensalidades dos alunos, que não tinha sido gasto em anos anteriores, estava sendo investido no mercado de ações. Um quadro financeiro bastante estranho estava emergindo. Depois que informamos alguns resultados de nossa investigação à administração, soubemos que tinham encontrado dinheiro para nosso projeto.

Como estudante-professora, eu ensinava leitura e matemática pela manhã e artes e ofícios à tarde. As turmas da manhã eram pequenas, enquanto as da tarde eram maiores, juntando vários grupos da manhã. O currículo incluía história Negra, dança e percussão, educação física, artes e ofícios, além de leitura e matemática. Fazíamos passeios toda sexta-feira à tarde.

Minha mãe achava que eu ensinar leitura e escrita era uma piada. Minha ortografia é terrível, e minhas habilidades em matemática são limitadas a dois e dois são quatro. Para me preparar para as aulas diárias, eu tinha que estudar tanto quanto as crianças. Eu ficava extremamente impactada com meus alunos. Em nossas conversas, ficava óbvio o quão brilhantes eles eram, mas suas notas em leitura e matemática eram muito baixas. Havia uma contradição tão grande entre a inteligência que eles exibiam nas aulas e as notas dos testes que eu não sabia por onde começar. Os livros-texto que tínhamos para trabalhar eram tipo as revistas *Seleções*,[128] que não tinham a menor chance de serem usados por mim. Eu não queria nem ler aquelas coisas, e tinha certeza absoluta de que meus alunos também não iam querer usar aquilo. Então, todos os dias, eu pegava o vocabulário daqueles livros e escrevia uma pequena história, algo que pudesse interessar aos alunos, datilografava e fazia cópias no mimeógrafo. Eu levava todos os tipos de livros para a escola para eles lerem, e quando eles se interessavam por algum livro, eles liam até a hora de irem para casa. Eu estava aprendendo tanto quanto as crianças. Eu achava opressivo ser a professora o tempo todo, então, eu sempre promovia um rodízio. Todo mundo tinha que ser professor por um tempo. Isso era ótimo também para a disciplina, pois se alguém fizesse bagunça em sua aula, você era livre para fazer o mesmo depois. Ninguém queria bagunça em suas aulas, então, todo mundo era mais ou menos legal.

Para ensinar, cada um de nós tinha que preparar sua aula e saber do que estava falando. Um dos meninos de minha turma trabalhava tanto nas lições que ele simplesmente acabava comigo. Não sei onde ele está hoje, ou o que está fazendo, mas se ele não for professor é uma pena porque ele seria um ótimo profissional da educação. Ele recortava figuras e até inventava jogos de matemática para jogarmos. Minha aula à tarde era geralmente cansativa. Argila, tinta,

---

128 NE: Título brasileiro da revista estadunidense *Reader's Digest*, que apresenta em cada número uma série de artigos originais ou adaptados de outras publicações, anedotas, colunas sobre temas variados e resumos de livros.

papel machê em tudo e em todos, principalmente em mim. Nos primeiros dias daquela aula, eu só queria sair dali e ir para algum lugar e chorar muito. No primeiro dia da aula de artes e ofícios, eu não tinha nada realmente preparado, então pedi a eles que se desenhassem. Quando vi os desenhos, fiquei fraca. Todos os alunos eram Negros, mas os desenhos retratavam muitas crianças brancas de cabelos loiros e olhos azuis. Fiquei horrorizada. Fui para casa e vasculhei todas as revistas onde encontrei fotos de pessoas Negras. Cheguei cedo no dia seguinte e enchi as paredes com fotos de Negros. Conversamos sobre o conceito de beleza. Conversamos sobre todos os diferentes tipos de beleza do mundo e sobre todos os diferentes tipos de flores do mundo. E depois conversamos sobre os diferentes tipos de beleza que as pessoas têm e sobre a beleza das pessoas Negras. Conversamos sobre nossos lábios e nossos narizes. Fizemos máscaras africanas com argila e papel machê, esculturas africanas, pintamos pessoas Negras, bairros Negros. No verão, eu já notava uma mudança. As crianças estavam mudando, e eu também. Estávamos nos sentindo confortáveis em nossas peles e uns com os outros.

Eu estava tão envolvida no trabalho na escola que não tinha tempo para quase mais nada. Se um aluno não fosse à aula, eu ia à casa dele naquele mesmo dia querendo saber o porquê. Eu chegava em casa e passava horas reescrevendo uma história ou me preparando para o dia seguinte. Quase sempre, minha mãe me encontrava dormindo com um livro nas mãos e todas as luzes acesas. Eu adorava trabalhar com as crianças e adorava ensinar. Minha mãe me ajudava à beça e fomos ficando cada vez mais próximas. Pensei em ser professora, mas depois desisti.

Pela primeira vez, compreendi o que minha mãe tinha passado todos aqueles anos tentando lecionar nas escolas de Nova Iorque. Muitos dos diretores escolares ficam presos a burocracias e por isso fazem o mesmo com os professores. Eles se preocupam mais com o que os professores escrevem em seus diários de classe do que com o que eles realmente ensinam em sala de aula. Minha mãe trabalhou em um ambiente onde os professores brancos frequentemente tinham atitudes hostis e condescendentes com as crianças Negras, e onde alguns professores se viam mais como cuidadores de animais do que professores.

Por mais que eu adorasse trabalhar com crianças, eu sabia que nunca poderia participar de um tipo de ensino tradicional. Eu jamais ensinaria uma criança Negra a fazer o juramento de lealdade ou a pensar que George Washington era maravilhoso ou qualquer outra besteira desse tipo.

Naquele outono, o nível das atividades no campus foi muito além do que tínhamos sonhado. Um grande número de estudantes se envolveu no movimento antiguerra. Parecia que não havia tempo suficiente para acompanhar todas as coisas que aconteciam. Eu estava na manifestação dos trabalhadores da construção civil num dia e no outro marchava com mães beneficiárias dos programas assistenciais do governo. Nós participávamos de tudo – greves de aluguel,[129] protestos, ocupação do prédio do governo no Harlem, o que quer que fosse. Se apoiássemos a causa, tentávamos dar apoio efetivo de alguma forma. Quanto mais ativa eu me tornava, mais eu gostava. Era como um remédio, me curando, me tornando inteira. Eu estava em casa. Pela primeira vez, parecia que minha vida tinha um sentido real. Para todo lado que eu olhasse, havia Negros lutando,

---

129 NT: Uma greve de aluguel é um método de protesto comumente empregado contra grandes proprietários. Nela, um grupo de inquilinos se reúne e concorda em não fazer o pagamento em massa até que uma lista específica de demandas seja atendida pelo proprietário.

porto-riquenhos lutando. Era lindo. Eu amo os Negros, independente do que estejam fazendo, mas quando os Negros estão lutando é quando, para mim, são ainda mais lindos.

Como sempre, eu estava à toda. Minha energia simplesmente não conseguia parar de dançar. Eu tinha sido arrebatada pelo som da luta, e só desejava dançar. Eu nunca ficava entediada ou solitária, e os irmãos e as irmãs que se tornaram meus amigos foram tão lindos comigo. Eu mencionaria seus nomes aqui, mas do jeito que as coisas estão hoje, seria apenas uma forma de levar o FBI ou a CIA até suas portas.

Havia vários grupos comunistas no campus. Na época, eu não fazia a menor ideia de que existiam tantos tipos diferentes de comunistas e socialistas. Eu tinha sofrido uma lavagem cerebral tão profunda que achava que todos os comunistas eram iguais, embora houvesse marxistas, leninistas, maoístas, trotskistas etc. A maioria dos chamados comunistas que conheci não pertencia a nenhum partido, apenas seguia a filosofia do comunismo. A maioria seguia linhas políticas e agendas muito diferentes, e se já era difícil para eles chegarem a um acordo sobre questões simples, imagine como seria pensarem juntos uma "ação comunista".

Fiquei surpresa ao saber que havia vários tipos diferentes de países capitalistas e diferentes tipos de países comunistas. Eu ouvia falar tanto de "bloco comunista" e "por trás da cortina de ferro" na mídia que tinha a impressão de que esses países eram tudo uma coisa só. Embora fossem todos socialistas, a Alemanha Oriental,[130] a Bulgária, Cuba e a Coreia do Norte eram tão diferentes quanto a noite e o dia. Todos têm histórias diferentes, culturas diferentes e

130 NT: A queda do Muro de Berlim só veio a acontecer um ano depois da primeira publicação deste livro.

maneiras diferentes de aplicar a teoria socialista, embora tenham o mesmo sistema econômico e sistemas políticos semelhantes. Não canso de me surpreender com o fato de tantas pessoas serem levadas a odiar gente que nunca lhes fez mal. É só mencionar a palavra "comunista" e muitos desses idiotas vermelhos, brancos e azuis[131] ficam prontos para matar.

Eu não era contra o comunismo, mas também não posso dizer que fosse a favor. No começo, eu o via com desconfiança, como uma invenção do homem branco, até ler obras de revolucionários africanos e estudar os movimentos de libertação africanos. Os revolucionários na África entendiam que a questão da libertação africana não era apenas uma questão de raça, que mesmo que conseguissem se livrar dos colonialistas brancos, se não se livrassem da estrutura econômica capitalista, os colonialistas brancos seriam simplesmente substituídos por neocolonialistas Negros. Não havia um único movimento de libertação na África que não estivesse lutando pelo socialismo. Na verdade, não havia um único movimento de libertação em todo o mundo que estivesse lutando pelo capitalismo. A coisa toda se resumia a uma equação simples: qualquer coisa que tenha algum tipo de valor é feita, extraída, cultivada, produzida e processada pelos trabalhadores. Então, por que os trabalhadores não devem possuir coletivamente essa riqueza? Por que os trabalhadores não podem possuir e controlar seus próprios recursos? O capitalismo significava que os empresários ricos possuíam a riqueza, enquanto o socialismo significava que a riqueza pertencia às pessoas que a produziam.

Entrei em discussões acaloradas com irmãs ou irmãos que alegavam que a opressão do povo Negro era apenas

---

131 NT: Presumível referência às cores da bandeira dos EUA.

uma questão de raça. E argumentava que havia opressores Negros e brancos. É por isso que havia Negros apoiando Nixon, Reagan ou outros conservadores. Os Negros com dinheiro sempre tenderam a apoiar os candidatos que acreditavam que iriam proteger seus interesses financeiros. Eu acho que não é preciso ser muito inteligente para entender que os Negros são oprimidos por causa da classe e da raça, porque somos pobres e porque somos Negros. Quando alguém começava a falar da ascensão social do Negro, isso me tirava do sério. Toda vez que se fala em ascensão, o que está sendo dito é que há um topo e uma base, uma classe alta e uma classe baixa, uma classe rica e uma classe pobre. Enquanto houver um sistema com um topo e uma base, os Negros sempre acabarão por baixo, porque somos os mais fáceis alvos da discriminação. É por isso que eu não conseguia vislumbrar a luta dentro do sistema. Tanto o partido democrático quanto o republicano são controlados por milionários. Eles estão interessados em se manter no poder, enquanto eu estava interessada em tirar o poder deles. Eles estavam interessados em apoiar ditaduras fascistas na América do Sul e Central, enquanto eu queria vê-las derrubadas. Eles estavam interessados em apoiar regimes racistas e fascistas na África, enquanto eu estava interessada em vê-los derrubados. Eles estavam interessados em derrotar os vietcongues e eu estava interessada em vê-los conquistar sua libertação. Um pôster do massacre em My Lai, em que aparecem mulheres e crianças amontoadas formando uma pilha, com seus corpos crivados de balas, ficava pendurado em minha parede como um lembrete constante da brutalidade no mundo.

Não havia na Manhattan Community College um único curso sobre a história porto-riquenha. As irmãs e os irmãos porto-riquenhos que sabiam o que estava acontecendo se tornaram nossos professores. Sempre me dei com porto-riquenhos, mas nem sabia que Porto Rico era uma colônia. Eles nos contaram sobre a longa e valente luta contra os primeiros colonizadores espanhóis e depois, mais tarde, contra o governo dos e.u., e sobre seus heróis revolucionários, os Cinco Porto-riquenhos – Lolita Lebron, Rafael Miranda, Andrés Cordero, Irving Flores e Oscar Collazo –, que passaram, cada um deles, mais de um quarto de século atrás das grades lutando pela independência de Porto Rico. Quando entendemos um pouco a história de um povo, seus heróis, suas dificuldades e seus sacrifícios, é mais fácil lutar com eles e apoiar sua luta. Para muitas pessoas neste país, as pessoas que moram em outros lugares não têm rostos. E é assim que o governo dos e.u. quer que seja. Eles acreditam que, se as pessoas não tiverem rostos e o país não tiver uma forma, os amerikanos não protestarão quando enviarem os fuzileiros navais para eliminá-los.

Eu tinha começado a me considerar socialista, mas não conseguia me ver de nenhum modo fazendo parte dos grupos socialistas com os quais tive contato. Eu adorava ouvir o que diziam, aprender e discutir com eles, mas não havia a menor chance de eu vir a fazer parte do grupo. Por uma única razão: eu não suportava as atitudes paternalistas e condescendentes de algumas pessoas brancas desses grupos. Alguns membros mais velhos achavam que, porque estavam na luta pelo socialismo fazia muito tempo, tinham todas as respostas para os problemas dos Negros e conheciam todos os aspectos da luta pela libertação Negra. Eu não conseguia aceitar a ideia do grande pai branco na terra, já bastava o grande pai branco no céu. Eu estava disposta e pronta para aprender tudo o que pudesse com eles, mas com certeza não estava pronta para aceitá-los como líderes da luta de Libertação Negra. Alguns pensavam que tinham o monopólio de Marx e agiam como se os únicos especialistas do mundo em socialismo viessem da Europa. Eles geralmente não davam importância às contribuições teóricas e práticas dos revolucionários do Terceiro Mundo, como Fidel Castro, Ho Chi Minh, Agostinho Neto e outros líderes dos movimentos de libertação.

Outra coisa que ia contra meus princípios era a arrogância e o dogmatismo que eu encontrava em alguns desses grupos.

Um membro de um deles me disse que, se eu estivesse mesmo preocupada com a libertação dos Negros, deveria largar a faculdade e arranjar um emprego em uma fábrica, e que se eu quisesse acabar com o sistema, teria que trabalhar em uma fábrica para organizar os trabalhadores. Quando perguntei por que ele não estava trabalhando em uma fábrica e organizando os trabalhadores, ele disse que continuava na faculdade para conseguir organizar os estudantes. Eu disse a ele que eu também estava trabalhando para organizar os estudantes e que estava certa de que os trabalhadores podiam se organizar sozinhos, não precisavam de nenhum universitário para fazer isso por eles. Alguns desses grupos inventavam teorias intelectuais abstratas, totalmente desprovidas de aplicação prática, e juravam que tinham respostas para todos os problemas do mundo. Eles atacavam os vietnamitas por participarem das negociações de paz em Paris, alegando que, ao negociar, os vietcongues estavam se vendendo aos e.u. Acho que eles se ofendiam quando eu perguntava a eles como um grupo de garotos brancos e flácidos, que não conseguiam lutar nem para salvar a própria pele, tinha a audácia de achar que podia dizer ao povo vietnamita como fazer suas coisas.

A arrogância era um dos principais fatores que mantinham a esquerda branca tão faccionada. Eu percebia que, em vez de lutarem juntos contra um inimigo comum, eles perdiam tempo brigando entre si sobre quem tinha a direção certa a seguir.

Embora respeitasse o trabalho e as posições políticas de muitos grupos de esquerda, eu sentia que era necessário que os Negros se juntassem para organizarmos nossas próprias estruturas e nosso próprio partido político revolucionário. A base da amizade é o respeito. Visto que grande parte da esquerda branca entendia que era papel deles organizar, educar, recrutar e dirigir os revolucionários Negros, eu não via ali qualquer possibilidade de uma amizade de fato. Eu sentia, e ainda sinto, que é necessário que os revolucionários Negros se juntem, para analisar nossa história, nossa condição atual, para definirmos a nós mesmos e a nossa luta. A autodeterminação Negra é um direito básico, e se não tivermos o direito de determinar nossos destinos, quem o fará? Acredito que para conquistar nossa libertação devemos partir de um princípio de poder e de unidade e que um partido revolucionário Negro, conduzido por lideranças revolucionárias Negras, é essencial. Eu acredito na união com os revolucionários brancos em prol da luta contra um inimigo comum, mas eu estava convencida de que essa união deveria ter como base o poder e a unidade, e não a fraqueza e a unidade a qualquer custo.

À MINHA MAMA

À minha mama,
que engoliu o sonho amerikano
e se engasgou.

À minha mama,
cujos sonhos se atracaram –
e morreram.

Que vê,
mas não aguenta enxergar.
Um vulcão que engole a própria lava.

À minha mama, que não conseguiu fazer
do inferno o paraíso
e se culpa por isso.
Que sempre viu
refletido em seu espelho
um patinho feio.

À minha mama,
que não pede nada a ninguém
porque não se vê em condições de retribuir.
Que acha que seu dinheiro fala
mais alto do que sua feminilidade.

À minha mama **butchfcm**,[132]
que sempre
deu conta de tudo.
Que nunca se entregou
a um sono tranquilo
pensando "ele vai cuidar de tudo."
Que fez tantos planos
que às vezes parecia estar contra si mesma.

À minha doce, tímida, mama.
Que fica desconfortável com as pessoas

132 NT: Junção dos termos *butch* e *femme*, usados por lésbicas para atribuir ou reconhecer uma expressão de gênero masculina (*butch*) ou feminina (*femme*) com seus traços, comportamentos, estilos, autopercepção etc. Os termos foram fundados em comunidades lésbicas no século XX. Fonte: <https://en.wikipedia.org/wiki/Butch_and_femme>.

porque não sabe
ser falsa,
e teme ser autêntica.

Que ansiava por jardins esculpidos.
E cuja planta doméstica
morre lentamente no peitoril da janela.

Fomos todos infectados
por uma doença
que pode ser rastreada
até os leilões de escravos.
Você não deve se culpar
pelo que nos fizeram.
Só os fortes enlouquecem.
Os fracos apenas seguem o fluxo.

E o que eu achava que era crueldade,
entendo agora que era medo
que mãos, mais fortes que as suas,
e mais brancas que as suas,
estrangulariam minha vida jovem
até o esquecimento.

Mama, tenho orgulho de você.
Olho para você
e vejo a força de nossa gente.
Vi sua batalha
no escuro;
enquanto o mundo golpeava suas costas,
arrastando sua caça
Até nossa toca.

Pega suas panelas e frigideiras
para cozinhar.
O esfregão em uma mão.
O lápis na outra,
corrigindo meu dever de casa
com seu amor.

Os feridos não têm culpa.
Deixe-a cair sobre os que ferem.

Deixe o passado para trás
é este o lugar dele –
e venha comigo
em direção ao amanhã.
Eu amo você, mama
porque você é linda,
e eu sou vida que brotou de você:
parte árvore, parte erva-daninha, parte flor.

Minhas raízes são profundas.
Fui bem nutrida.

CAPÍTULO 13

Estou na aula quando fico sabendo. Choques elétricos percorrem minhas costas como acontece quando estou prestes a enlouquecer temporariamente. No trem, indo para a cidade, estou pronta para um tumulto. Estou tendo pesadelos acordada no metrô, me imaginando abrindo fendas com um facão em lençóis brancos. Derramo o sangue dos Ku Klux Klan. Você quer parecer um fantasma, você quer parecer um fantasma, minha mente segue repetindo, você quer parecer um fantasma, bem, eu vou te ajudar. Sentada no metrô, fantasias sangrentas. Eu olho para fora de meu pesadelo. Ninguém está se movendo. Todo mundo grita. Todo mundo está com o rosto congelado. O trem está diminuindo a velocidade. Todos olham para a porta, tensos. 125th Street. Eu estou indo para uma manifestação. Quero matar um.

Martin Luther King foi assassinado.

A rua me acorda. Ainda não há sangue. Todo mundo está se posicionando. O vento traz rumores. As pessoas estão esperando. As ruas estão alvoroçadas. Os tanques estão vindo. Os nativos estão inquietos. Os tanques vão acalmar os nativos. Os tanques estão vindo. Eu me sinto absurda e impotente.

Quem eu vou atacar? Onde tem um George Lincoln Rockwell?[133] Estou pronta para matar um. Ele não vai conseguir pronunciar mais de duas sílabas. Ele não está aqui. Apenas os rumores, o barulho dos tanques e a espera. As vitrines das lojas estão cheias de merda. Você não pode substituir Martin Luther King por merda na vitrine da loja. Quebrar vitrines para mim não vai adiantar. Já passei dessa fase. Eu quero sangue. Os tanques estão esperando para esmagar a resistência, reprimir a revolta. Vem à minha cabeça: eu quero vencer. Eu não quero me rebelar, eu quero vencer. A revolução não será televisionada no jornal das seis. Tenho que me preparar. Revolução. A palavra me mantém em movimento.

Estou de novo no metrô. Ninguém olha para ninguém. Acho que menstruei. O suor escorre por minhas pernas. Vou para casa. Minha mãe está aliviada por me ver. Ela sabe que sou meio louca. A televisão está molhada com lágrimas de crocodilo. REBELIÃO, FILHOS REBELDES, BIRRAS, REBELIÃO, REVOLUÇÃO. Eu gosto da palavra.

Os ceifadores sombrios estão agitados. Relatórios sobre os nativos. Eles estão animados. É disso que as notícias são feitas. Estamos nos olhando. Discursos apaixonados incendeiam suas línguas, fazendo com que cinzas amargas caiam de nossas bocas. Ficamos ali sentados. Penso em revolução. A Revolução. Abstrata. Tônica. Cansei de ver nossa derrota. Eles matam nossos líderes e depois nos matam porque protestamos. Protesto. Protesto. Revolução. Se ela existir, quero encontrá-la. Boletins. Mais boletins. Cansei de boletins. Eu quero balas.

QUANDO EU ESTAVA indo para a CCNY, depois que me formei na Manhattan Community College, decidi me casar.

---

133 NT: Fundador do Partido Nazista nos EUA, organizou manifestação contra a marcha de Luther King em 1963 pelos direitos civis.

Meu marido era politicamente consciente, inteligente e decente, e nossa relação era frenética, aguda e carregada de emoção. Eu tinha acreditado que o compromisso que os dois tinham com a luta pela libertação Negra nos proporcionaria um "casamento divino". Eu passava a maior parte do tempo na faculdade, nas reuniões ou nas manifestações, e sempre que estava em casa, geralmente ficava com a cara enfiada num livro qualquer. Era impensável me permitir passar mais de cinco minutos fazendo coisas mundanas, como arrumar a casa ou lavar a louça. Para complicar mais as coisas, as ideias de meu marido sobre casamento vinham principalmente da vida de seus pais, onde a mãe era a dona de casa e o pai, o provedor. Espaguete era a única coisa que eu sabia cozinhar, e ele ficou profundamente chocado ao descobrir que eu não tinha nenhuma das habilidades domésticas de sua mãe. Depois de um tempo, ficou claro para mim que eu estava tão pronta para me casar quanto para criar asas e voar. Então, depois de um ano confuso e infeliz, decidimos que éramos melhores como amigos do que como cônjuges, e terminamos.

Decidi ir para a Califórnia. Ficava cada vez mais claro para mim que, embora fosse importante que os estudantes participassem da luta, nenhuma revolução bem-sucedida foi liderada apenas por estudantes. Lutar por questões estudantis tinha estreitado minhas perspectivas e me deixado um tanto bitolada. Eu queria expandir essa luta para a comunidade Negra. Naquela época, a Califórnia, principalmente a *Bay area*, era onde tudo acontecia. Alguns de meus professores favoritos estavam indo para o Oeste no verão e se ofereceram para arranjar um lugar para eu ficar. Como sempre, eu estava muito dura, mas aí um amigo me deu dinheiro para a viagem, e ainda sobrou um troco para cobrir alguns gastos.

Meus amigos encontraram um lugar para mim em Berkeley, o local mais radical e progressista em que eu já tinha estado. Havia cartazes revolucionários por toda parte, junto com os "murais de pessoas". As fachadas dos bancos e de outros edifícios oficiais estavam cobertas com tapumes por causa dos protestos e brigas de rua relacionados ao caso que ficou conhecido como "People's Park Struggles".[134] *Estrelas vermelhas* e o *Livro vermelho de Mao* eram vendidos nas esquinas, e as cooperativas de alimentos vendiam comida saudável a preços baratos. Os coletivos eram dedicados à sobrevivência, à luta e ao ensino. Eu ficava impressionada com as soluções informais encontradas por eles para lidar com os problemas que enfrentavam, e me inscrevi nas aulas de habilidades práticas que ministravam (impressão e diagramação, primeiros socorros etc.).

Havia livros e panfletos nas livrarias de São Francisco e de Berkeley que eu nunca tinha visto em Nova Iorque e, pela primeira vez, li a teoria da guerra de guerrilhas urbanas, conforme delineada por Che Guevara, Carlos Marighella e os Tupamaros. Eu estava ciente do imperialismo no Vietnã ou no Camboja. A extensão do imperialismo dos e.u. nas Américas do Sul e Central me surpreendeu. O governo dos e.u. tinha invadido mais de quinze países por lá, não uma ou duas vezes, mas, em alguns casos, mais de dez vezes, e os movimentos de guerrilha travaram luta armada na maioria deles. Ler sobre a guerra de guerrilhas na América do Sul e no Vietnã era uma coisa, mas pensar em guerra de guerrilhas nos e.u. era outra.

Naquela época, as pessoas usavam a palavra "revolução" apenas porque era a palavra do momento. Mas muitas vezes falavam, na verdade, de mudança ou algum tipo de progresso

---

134 NE: Confrontos entre estudantes e a polícia ocorridos em 1969.

vago. Para alguns, revolução seria uma nação Negra separada, enquanto outros pensavam a revolução Negra como parte de uma global, maior, empreendida por brancos, hispânicos, orientais, Nativos Americanos e Negros. Malcolm dizia que significava derramamento de sangue por terras. Para mim, a luta revolucionária do povo Negro tinha que ser contra o racismo, o capitalismo, o imperialismo, o sexismo e pela liberdade real sob um governo socialista. Mas a realidade para alcançá-la parecia muito distante.

Em Berkeley e São Francisco, a revolução não parecia estar tão distante. Um monte de radicais brancos, hippies, chicanos,[135] Negros e asiáticos já estavam a postos. Mas eu não tinha esquecido dos operários, dos *rednecks*, do Cinturão Bíblico[136] e dos chamados amerikanos médios que elegeram Nixon. Eu não conseguia imaginar a "nova esquerda" conversando e muito menos organizando essas pessoas, e tentando fazê-las mudarem de ideia. Decidi que a única maneira de encontrar algumas respostas seria continuar estudando e lutando. Eu não sabia como metade do que eu estava estudando se encaixava naquilo, mas imaginava que algum dia tudo aquilo poderia me ser útil. Eu li sobre guerra de guerrilhas e luta clandestina sem ter a menor ideia de que um dia eu estaria na clandestinidade. É meio engraçado quando penso nisso, porque ter lido todas aquelas coisas provavelmente salvou minha vida um milhão de vezes.

Como parte de minhas aulas de primeiros socorros, trabalhei como assistente de um médico voluntário uma vez por

---

135 NE: Termo usado para designar uma pessoa mexicana nascida nos EUA. Era originalmente um insulto; no final da década de 1960 é ressignificado e passa a ser usado como um termo de autoidentificação e orgulho pela comunidade mexicana nos EUA. Fonte: DALZELL, Tom (ed.). *The Routledge Dictionary of Modern American Slang and Unconventional English*. Nova Iorque: Taylor & Francis, 2009.

136 NE: Grande região do Sul dos EUA fortemente dominada, na vida cotidiana e na política, pelo cristianismo protestante conservador.

semana em Alcatraz. Na época, o local tinha sido ocupado por Nativos Americanos que protestavam contra uma longa série de tratados quebrados, políticas genocidas e exploração racista. Alcatraz simbolizava a força e a dignidade dos índios, bem como sua determinação em lutar para preservar suas tradições culturais. Eu gostava de tudo lá, menos da viagem. O médico era um fanático por motocicletas que insistia em zunir pela Golden Gate naquela coisa, e eu na garupa, morrendo de medo de cair. Quando chegávamos ao outro lado, pulávamos em um barquinho frágil, com água nos pés, e nos arrastávamos pela baía até a ilha. Quando chegávamos lá, eu me sentia como se já tivesse trabalhado o dia todo.

A primeira coisa que me chamou a atenção foi o espírito das pessoas. Eu sentia um orgulho tremendo, uma determinação tremenda e uma calma tremenda, da hora em que desembarcava na ilha até a hora de ir embora. Havia Nativos Americanos de toda a América do Norte, incluindo o Canadá, de diferentes tribos e origens. Havia jovens e velhos. Os bebezinhos se remexiam nos braços de suas mães, e um velho senhor que passou muitos anos na prisão de Alcatraz disse que, quando chegou à ilha, pegou uma marreta e destruiu a cela em que tinha sido trancado, deixando-a em escombros. A prisão, uma das mais infames e sádicas de todos os tempos, pairava ao fundo.

Havia muitas nações indígenas diferentes, cada uma com sua cultura, suas riquezas, suas tradições religiosas, suas história e seu folclore. Todos gostavam de ensinar, uns aos outros, suas histórias e culturas. Eu estava surpresa por saber que os Nativos Americanos tinham sido criados nas cidades e não sabiam nada sobre si mesmos. Nesse sentido, eles eram muito parecidos com os Negros. Muitos deles eram da costa Oeste, então, falei para eles sobre o Museu do Índio e o Museu de História Natural, em Nova Iorque.

De repente, parei. Eu me perguntei como me sentiria entrando em algum museu e vendo as casas e os artefatos roubados de meu povo, presos em alguma sala de exposições. Enquanto falava, percebi que a maior parte da "história" que aprendi sobre os Índios provavelmente eram mentiras inventadas pelo homem branco.

Só mais tarde, por exemplo, soube que o ato de escalpelar era um antigo costume europeu. No século XVIII, o estado de Massachusetts pagava o equivalente a 60 dólares pelo couro cabeludo e a Pensilvânia pagava 134 dólares. Só mais de 100 anos depois, em resposta ao genocídio maciço perpetrado pelos homens brancos, os Índios passaram a escalpelar. Nenhuma das pequenas exposições dos museus exibindo tendas e cocares de penas mencionavam como homens, mulheres e crianças eram abatidos em Wounded Knee[137] ou como o exército dos e.u. tinha propositalmente dado aos índios cobertores infectados com varíola. Enquanto ouvia aquelas irmãs e aqueles irmãos em Alcatraz, compreen di que a verdadeira história de qualquer povo oprimido é impossível de ser encontrada nos livros de história.

Serei sempre grata por ter tido a oportunidade de visitar Alcatraz. Nunca vou me esquecer da tranquila confiança dos Índios enquanto calmamente cuidavam de suas vidas, mesmo estando sob constante ameaça de invasão do FBI e dos militares dos e.u. Eles não se encaixavam em nenhuma de minhas noções preconcebidas ou nas imagens estereotipadas exibidas na TV e nos filmes. Eles foram bem abertos comigo e, depois de um tempo, conversamos sobre luta

137 NT: Massacre de Nativos dos EUA ocorrido em 29 de dezembro de 1890, perto de Wounded Knee Creek na Reserva Indígena de Pine Ridge, pertencente ao povo Dakota, no estado da Dakota do Sul, Estados Unidos. Foi a última batalha das Guerras Indígenas. Fonte: <https://en.wikipedia.org/wiki/Wounded_Knee_Massacre>.

em geral. Eles tinham problemas muito parecidos com os nossos: educação, organização das pessoas para a luta e trabalho de conscientização. Eles, sem dúvida nenhuma, tinham o mesmo inimigo e as coisas iam muito mal para eles também, ou estavam ainda piores. Eles disseram para eu ir conhecer Akwesasne quando voltasse para Nova Iorque. Era um território que eles tinham libertado na fronteira entre Nova Iorque e Canadá. E eu disse a eles que, se algum dia fossem a Nova Iorque, poderiam me visitar e conhecer o Harlem. "Certo. Quando você vai libertar o Harlem?", eles perguntaram.

HAVIA UM MILHÃO de grupos na *Bay area* que eu queria conhecer. Eram tantas atividades que eu precisaria de vinte e oito horas por dia para acompanhar tudo. Uma pessoa que estudava comigo me botou em contato com os Brown Berets, um grupo chicano começado fazia pouco tempo na Califórnia e no Texas. Foi um encontro breve, já que o irmão com quem eu tinha o compromisso tinha outros afazeres. Ele falou um pouco das questões daquele momento e do trabalho geral. Sempre pensei que o movimento chicano fosse rural, e não urbano. Muitas das informações que recebíamos era sobre a luta dos trabalhadores rurais chicanos e pessoas como César Chávez lutando para organizá-los e abolir as condições de vida insuportáveis e os salários de escravos aos quais eram obrigados a se submeter. Eu não tinha conhecimento de que os chicanos da cidade lutavam contra o desemprego, a brutalidade policial e as escolas de baixa qualidade, exatamente como os Negros. Da mesma forma que o Partido dos Panteras Negras tentava organizar e politizar as gangues de rua em Chicago, os Brown Berets também tentavam politizar gangues de rua chicanas em Los Angeles. O irmão me contou também que eles vinham trabalhando muito no caso dos sete irmãos chicanos que foram acusados de matar um policial de São Francisco, caso conhecido como Los Siete de las Razas. (Eles foram, posteriormente, absolvidos.) Eu queria explorar esse caso um pouco mais porque vinha percebendo o mesmo padrão em todos os lugares – irmãs e irmãos sendo trancafiados em todo o país, acusados de matar os porcos ou de conspirar para tal. Mas o irmão precisou ir. Combinamos de nos encontrarmos outra vez, mas isso nunca aconteceu.

Red Guard [guarda vermelha], o próximo grupo que tentei conhecer, reunia jovens irmãos e irmãs revolucionários que estavam na luta na Chinatown de São Francisco. Eu estava especialmente ansiosa para encontrá-los, porque era muito difícil obter informações sobre eles no Leste. A costa Oeste tem a maior população asiática do país e eu realmente queria ter uma ideia mais realista do que se passava nas comunidades asiáticas. Muitas pessoas pensam que os asiáticos não sofrem racismo, quc são profissionais liberais e empresários, sem saberem que muitos são pobres e oprimidos.

Encontrar a Red Guard não era nada fácil. Metade das pessoas que encontrei nunca tinha ouvido falar deles, e a outra metade tinha um conhecimento mínimo de quem eles eram e de como viviam. Alguém me deu um endereço e, como eu não conhecia nada por ali, consegui que um irmão me levasse de carro até Chinatown para tentar encontrar a sede deles. Acabamos nos perdendo e nunca encontramos o endereço. Então, acabamos indo comer em um restaurante chinês e entramos em um grande debate. Para início de conversa, ele não conseguia entender por que uma mulher Negra queria se relacionar com revolucionários chineses: "Só os Negros é que vão libertar os Negros; esses chineses só se preocupam com eles mesmos. Só querem saber deles mesmo, e do que acontece na China." Eu disse a ele que achava que havia muitos de nós na mesma situação e que a única maneira de sairmos disso era nos unirmos e quebrarmos as correntes. O irmão olhou para mim como se eu estivesse de papo furado. Algumas leis da revolução são tão simples que parecem inviáveis. As pessoas pensam que para que as coisas funcionem elas têm que ser complicadas, mas muitas vezes a verdade é o oposto. Normalmente alcançamos o sucesso colocando em prática as verdades simples que conhecemos. A base de qualquer luta é a união das pessoas para lutarem contra um inimigo comum.

Quando finalmente consegui me encontrar com alguns irmãos da Red Guard, foi por acaso e um tanto embaraçoso. Eu tinha ido ao parque com uma irmã e alguns irmãos da União dos Estudantes Negros. Estávamos trocando experiências, conversando sobre política e fumando um baseado. O dia estava azul e bonito, e estávamos lá, relaxados, tomando sol, totalmente despreocupados, ouvindo um pouco de rock que tocava em algum lugar. Eu tinha levado uma pilha de folhetos e jornais de Nova Iorque para dar a eles. Estávamos todos muito à vontade, descontraídos quando, de repente, um bando de porcos partiu para cima de um grupo de hippies e começou a bater neles sem piedade, desferindo muitos chutes e pauladas. Estávamos todos tão chapados que ficamos ali sentados assistindo, como se aquilo fosse um filme ou algo assim. Quando finalmente conseguimos ensaiar algum protesto, os porcos já estavam levando os hippies.

Dois irmãos asiáticos se aproximaram de nós e apontaram para os jornais.

"É melhor vocês se livrarem disso antes que os porcos vejam", disse um deles. "Tão vindo mais aí. Se vocês tiverem alguma erva, é melhor vocês se mandarem daqui, e rápido."

Nós éramos a imagem da confusão, enfiando páginas de jornal debaixo de nossas roupas e em nossas bolsas. O irmão asiático guiou nossa procissão um tanto atordoada para fora do parque.

"Vocês precisam de carona?"

"Sim, seria legal."

"Pra onde?"

"Ah, qualquer lugar. Qualquer lugar longe daqui", respondeu algum de nós. Estávamos muito chapados para tomarmos qualquer decisão. Entramos em um jipe mal-ajambrado. Eles disseram que nos levariam até a Shattuck Street. No caminho, começamos a conversar sobre os porcos espancando os hippies. Aquela imagem ainda ardia na mente de todos nós.

"Que viagem", disse um dos irmãos da BSU,[138] numa fala arrastada. "Você viu o que os porcos fizeram? Achei que eles iam matar aqueles caras."

Eu ainda estava chapada, me sentindo bem atordoada e estranha demais para falar.

"É por isso que precisamos de uma revolução", dizia a irmã. "Eles pensam que podem fazer o que quiserem."

"Como aquela merda começou?", alguém perguntou aos irmãos asiáticos.

"Foi uma confusão qualquer por causa de um documento de identidade ou algo assim. O que eles queriam era perturbar alguém. Sorte eles não terem visto vocês primeiro."

Ficamos todos em silêncio por um minuto, nos imaginando sendo espancados e levados para a prisão.

"Que bom que eles não viram os folhetos", disse o outro irmão asiático. "Eles com certeza teriam perturbado vocês."

---

138 NT: Black Students Union (União dos Estudantes Negros).

A irmã, que obviamente estava furiosa, começou a falar de política. Todo mundo meio que entrou na conversa, falando sobre a situação da comunidade Negra, a luta dos estudantes Negros e a porcaria geral que era a amérika. Todo mundo estava na discussão, todo mundo se apresentando como ativista político e revolucionário.

"Vocês são do movimento?", um dos irmãos asiáticos perguntou. Todo mundo aproveitou a oportunidade para dizer que sim, apresentando as credenciais e nomeando suas respectivas organizações.

"É isso aí", eles disseram.

Eles disseram que eram da Red Guard e que estavam organizando uma espécie de fórum sobre a revolução na China. No meu estado confuso, com a língua presa, pela intoxicação por maconha, tentei dizer a eles que vinha tentando entrar em contato com a organização deles porque queria saber mais a respeito. O irmão mais falante estendeu a mão por baixo do assento e me entregou um folheto com a data e a hora do fórum.

"Apareçam lá, venham conhecer a gente", ele disse. "Guarde isso num lugar onde você não perca", disse numa referência direta ao meu estado de consciência confuso e desarticulado. "Vocês devem ter muito cuidado com essa erva, principalmente quando estiverem com folhetos ou jornais. Muitos bons camaradas foram pegos assim."

"Pois é", disse o outro. "Vocês precisam estar alertas para lidar com essa situação. Vocês têm que ter disciplina e estar sempre prontos para lidar com o inimigo."

No final, agradecemos e nos despedimos dos irmãos da Red Guard em meio a uma saraivada de "É isso aí" e "Poder para o povo". Evitando cuidadosamente nos olharmos, vagamos sem rumo, procurando um lugar onde pudéssemos nos sentar e colocar nossas cabeças no lugar. Eu estava me sentindo culpada e estúpida, tola e politicamente atrasada. Estava envergonhada por estar cambaleando pelas ruas em plena luz do dia, sem controle total de minhas faculdades, chapada demais para lidar com a realidade e quanto mais para mudá-la. Fiquei me perguntando o que os irmãos da Red Guard teriam pensado de nós, sentados ali em um estupor, tendo que ser literalmente levados para fora do parque. Era óbvio que minha vida estava uma bagunça e que precisava me organizar. Se eu quisesse me chamar de revolucionária, tinha que fazer por merecer o título. Ouvi alguém dizer que os revolucionários se entorpeciam com a revolução e que essa era a melhor onda do mundo. "Vou ver qual é a dessa onda", eu disse em voz alta. "Hã? O que você disse?" "Nada", respondi. "Só estava pensando alto." "Ah", alguém disse, "Saquei".

Paramos em uma cafeteria e tomamos um chá. Estávamos todos meio constrangidos e perdidos em nossos próprios pensamentos. Por fim, nos despedimos e seguimos caminhos separados. Fui andando em direção ao lugar onde eu estava hospedada, pensando o que eu teria que fazer para me tornar quem eu precisava ser. Revolução é mudança, e o primeiro passo dessa mudança se dá em você.

A MAIS IMPORTANTE organização de minha lista era a sede do Partido dos Panteras Negras, em Oakland. Eu tinha um grande respeito pelos Panteras e tinha sido fortemente influenciada por eles, assim como quase todos de minha idade que eu conhecia. Toda vez que ouvíamos falar de Huey Newton e Bobby Seale enfrentando a estrutura de poder, batíamos as mãos e dizíamos: "Sim!" No que me dizia respeito, os Panteras eram fo-da! O Partido era mais que foda, era audácia pura. Terem a ousadia de adentrar o Senado da Califórnia carregando rifles, para exigir que os

Negros tivessem o direito de portar armas e o direito à autodefesa, me fez parar e olhar bem atentamente para eles. E quanto mais política eu me tornava, mais os apreciava. Os Panteras não tentavam posar de intelectuais, discursando sobre a burguesia nacional, o complexo industrial militar, a classe dominante reacionária. Eles simplesmente chamavam um porco de porco. Eles não ficavam falando do repressivo exército nacional ou dos aparelhos repressivos do Estado. Eles chamavam a polícia racista de porcos e cães racistas.

Uma das coisas mais importantes que o Partido fez foi deixar bem claro quem era o inimigo: não eram as pessoas brancas, mas sim os opressores capitalistas e imperialistas. Eles tiraram a luta de libertação Negra de um contexto nacional e a colocaram em um contexto internacional. O Partido apoiou lutas e governos revolucionários no mundo todo, e insistiam para que os e.u. saíssem da África, da Ásia, da América Latina e do gueto também. Conheci alguns Panteras em Nova Iorque nas palestras que eles fizeram a nosso convite na Manhattan Community College. Eu tinha comigo mesma o compromisso de passar em qualquer escritório do Partido dos Panteras Negras de Nova Iorque e oferecer ajuda para o que quer que eles precisassem. Eu ficava feliz em ajudar. Quase não abria minha boca. Só olhava, ouvia e trabalhava. Alguns camaradas perguntavam por que eu não entrava para o Partido. "Um dia, provavelmente, eu entro", era sempre minha resposta.

Quando ouvi no rádio que os Panteras de Nova Iorque tinham sido presos em uma emboscada, fiquei furiosa. As tais acusações de conspiração eram tão estúpidas que nem um tolo acreditaria. A polícia teve a audácia de acusá-los de conspirar para explodir as flores do Jardim Botânico. E os acusados eram 21 dos Panteras mais brabos, eram as irmãs e os irmãos de maior educação política dentro do Partido.

Aquela acusação era um insulto. Pensei em entrar para o Partido naquele momento, mas havia outras coisas que eu queria fazer e para isso precisava manter um perfil discreto.

Por mais que gostasse do Partido, eu tinha também algumas diferenças reais com seu estilo de trabalho. Ao abrir o portão da frente da sede de Oakland, fiquei tão nervosa por estar entrando ali quanto pelos cães dobermann que corriam pelo quintal. Um irmão abriu a porta e eu nervosamente soltei que era de Nova Iorque e que tinha ido conhecer o Partido. Ele agiu como se estivesse feliz em me ver e me levou a uma sala para conhecer alguns dos outros Panteras. Um grupo de irmãs e irmãos estavam sentados ali pela sala, rindo e conversando. Eles me cumprimentaram casualmente e me passaram uma cadeira para me sentar. Artie Seale estava lá e eu tive que me controlar para não ficar boquiaberta olhando para ela. Fiquei imaginando como deveria ser para ela, o marido na cadeia, ferido, amarrado e amordaçado na korte. Reconhcci os nomes de outros. Era estranho estar numa sala com aquelas pessoas. Era como se eu estivesse sentada nas páginas de um livro de história.

Eles me perguntaram como estava Nova Iorque, e eu contei a eles o que estava acontecendo com os estudantes Negros da Manhattan Community College, da CCNY e do movimento estudantil Negro em geral, com o movimento antiguerra, com os trabalhadores Negros da construção civil e com qualquer outro trabalho com o qual eu estivesse envolvida naquele momento. Contei a eles que tinha feito alguns trabalhos para o Panteras de Nova Iorque e listei algumas pessoas que eu conhecia. Alguém me perguntou por que eu nunca tinha entrado para o Partido.

Meio gaguejando, eu disse a eles que isso tinha me ocorrido, mas que eu tinha decidido não entrar. "Por quê?", todos queriam saber. Foi difícil para mim falar porque eu tinha tanto amor e respeito pelas irmãs e pelos irmãos sentados ali, mas sabia que eu me odiaria se não dissesse o que estava em minha cabeça: que tinha desistido por causa da forma como os porta-vozes do Partido falavam com as pessoas, que suas atitudes eram muitas vezes arrogantes, irreverentes e desrespeitosas. Eu disse a eles que preferia a maneira educada e respeitosa com que os trabalhadores dos direitos civis e os muçulmanos Negros falavam com as pessoas, em vez daquele estilo arrogante, tipo "foda-se", que era bem popular em Nova Iorque. Eu disse que eles falavam palavrão demais e que isso afastava muitas pessoas Negras que, se não fosse isso, poderiam ser mais receptivas às ideias que o Partido apresentava.

Quando terminei, esperei nervosamente, achando que eles contestariam tudo que eu tinha dito. Para minha profunda surpresa, ninguém o fez. Todos concordaram que, se era assim que os membros do Partido estavam se relacionando com as pessoas, eles tinham que mudar e logo. Uma das irmãs ressaltou que havia uma crise de liderança na filial de Nova Iorque devido à captura e à prisão dos envolvidos no caso dos 21 Panteras. Era do conhecimento de todos no movimento que a polícia de Nova Iorque tinha sequestrado os líderes mais experientes, capazes e inteligentes da filial de Nova Iorque e exigido um resgate[139] de 100 mil dólares por cada um. Um dos irmãos explicou que os Panteras estavam enfrentando o mesmo problema em todo o país por causa da perseguição empreendida pelos porcos. Passamos o resto da tarde conversando sobre a luta Negra em Nova Iorque e nos e.u. em geral. Eu estava profundamente envolvida em uma discussão sobre estratégia e tática quando Emory Douglas

---

139 NT: Como Assata considerava a prisão dos 21 Panteras ilegal, ela chama a fiança de resgate.

entrou. Fiquei tão feliz em conhecê-lo quanto uma abelha ficaria em uma fábrica de pólen. Eu gostava muitíssimo de seu trabalho artístico, e até colei um texto seu sobre arte revolucionária na porta de meu armário. Nós nos demos bem de primeira e, quando todo mundo terminou de falar, ele me levou para ver como o jornal dos Panteras Negras tinha sido organizado.

Fiquei verdadeiramente impressionada com os Panteras em Oakland. Depois da primeira visita, passei a aparecer por lá regularmente. Visitei algumas das outras filiais na região, conversava com as pessoas e fazia minhas habituais toneladas de perguntas. Passei algumas noites trabalhando no centro de distribuição do jornal do Partido, localizado no distrito de Fulton, em São Francisco. Era muito doido! Os jornais só eram retirados da prensa tarde da noite, e as pessoas entravam a madrugada trabalhando, separando-os e preparando-os para serem distribuídos nos escritórios dos Panteras em todo o país. Os Panteras também trabalhavam lá, mas a maioria parecia ser irmãs e irmãos da vizinhança que só tinham ido dar uma mão aos Panteras. Havia muitos jovens lá, e algumas irmãs e irmãos idosos. Enquanto embrulhávamos os jornais em pacotes, imprimíamos endereços e contávamos os jornais, cantávamos canções dos Panteras e outros cânticos de marchas. Volta e meia alguém ia lá fora para tomar um gole de "cachorrinho amargo". Diziam ser uma invenção dos Panteras, uma mistura de vinho do porto com suco de limão. Não era tão ruim, depois que a gente se acostumava, e por volta de 1 da manhã eu já estava adorando. Trabalhar na distribuição do jornal nem parecia trabalho – era mais como uma festa. Alguém sempre me dava uma carona para casa e eu caía em um sono feliz, me sentindo revigorada e renovada.

ESTAVA ESPALHADO pelos jornais, berrado nas rádios, e ainda assim eu não conseguia acreditar. O rosto do jovem sério com a arma se recusava a sair de meus pensamentos. Devo ter pegado e largado o mesmo jornal uma centena de vezes. A merda foi séria! Dezessete anos de idade e com um rifle debaixo do casacão. Dezessete anos e agarrando a liberdade com as próprias mãos. Dezessete anos de idade e desafiando toda a estrutura de poder dos porcos na amérika. Dezessete anos de idade e morto. Derramei lágrimas que eu nem sabia que tinha. Fui para o telefone procurar alguém que pudesse me explicar aquilo tudo. Quem era Jonathan Jackson? Quem era o jovem que foi libertar um prisioneiro Negro revolucionário, que fez um promotor e um juiz de reféns, gritando: "Nós somos os revolucionários! Libertem os irmãos Soledad até 12h30"? Quem era ele?

Eu tinha ouvido falar vagamente dos irmãos Soledad. Um irmão que sabia tudo sobre o caso me explicou. Três prisioneiros Negros desarmados foram abatidos no pátio por um guarda branco. Um grande júri considerou o caso um "homicídio justificável". Após o veredito, um guarda branco foi encontrado morto. Três prisioneiros Negros com consciência política foram acusados do assassinato e jogados na solitária. Todos eles enfrentavam a pena de morte. John Clutchette, Fleeta Drumgo e George Jackson eram os irmãos acusados pelo assassinato. George Jackson, um brilhante pensador e escritor revolucionário, era irmão de Jonathan Jackson.

Eu não conseguia tirar nada daquilo da cabeça. Por que homens e mulheres adultos viviam enquanto Jonathan Jackson estava morto? Que tipo de raiva, que tipo de opressão e que tipo de país moldou aquele jovem? Senti culpa por estar viva e bem. Onde estava minha arma? E onde estava minha coragem?

Eu não tinha mais lágrimas quando fui ao funeral. Havia centenas de pessoas. Estava difícil entrar na igreja. Eles montaram um alto-falante do lado de fora para que as pessoas pudessem ouvir o sermão. Os Panteras Negras, solenes e determinados, marcharam em formação militar. Eu estava tão, tão feliz por vê-los ali. Os Negros precisam de alguém para nos defender ou sempre seremos vítimas. Segurei meus braços bem perto de meu corpo, me sentindo um tanto descomposta. A vida para nós fica tão feia. Se eu continuar sendo vítima, isso vai me matar, pensei. Estava na hora de me aprumar. Eu queria ser uma das pessoas que se prontificariam. O momento era crítico.

Angela Davis estava foragida para preservar sua vida. Eles a vincularam a Jonathan Jackson, a acusaram de sequestro e assassinato na korte, embora ela não estivesse em nenhum lugar da cena do crime. Eles a acusaram de assassinato alegando que era porque algumas das armas usadas pertenciam a ela. Ela era uma das mulheres mais bonitas que eu já tinha visto. Não fisicamente, mas espiritualmente. Eu sabia quem era, porque colecionava notícias sobre ela em meu arquivo. Ela era a irmã que tinha sido demitida do cargo de professora da faculdade da Califórnia porque falou para todo mundo ouvir que era comunista e que quem não gostasse fosse para o inferno.

Mas eu não estava surpresa. Eles sempre acusam os Negros de qualquer coisa, usando qualquer desculpa esfarrapada. Ficamos muito felizes por eles não a terem pegado. Torci para que nunca conseguissem. O ar estava carregado, tudo estava acontecendo tão rápido, e eu não estava mais cega. Tudo agora estava muito claro para mim, como nunca antes. Eu tinha tanta coisa a fazer. Se você for surdo, mudo e cego para o que está acontecendo no mundo, não tem obrigação de fazer nada. Mas se você sabe o que está acontecendo e continua aí, com o seu rabo prostrado sem fazer nada, não passa de um frouxo.

Tentei explicar como me sentia a algumas pessoas próximas. Eu queria estar na luta em tempo integral. Eles, então, me incentivaram a entrar para o Partido dos Panteras. Mentalmente, fui repassando todas as ressalvas que eu fazia ao Partido. Eles diziam: "Você fará bem ao Partido, e o Partido fará bem a você. É a força dos integrantes que fortalece o Partido." Isso fez muito sentido para mim. Pela primeira vez em meses, eu me sentia calma e certa do que faria. Eu disse a eles que a primeira coisa que faria quando chegasse a Nova Iorque seria ingressar no Partido.

Pensei no assunto durante todo o trajeto de volta. De todas as coisas que eu queria ser quando era criança, revolucionária com certeza não estava na lista. E agora era a única coisa que eu queria fazer. Tudo o mais era secundário. Ocorreu-me que, embora quisesse me tornar uma revolucionária mais do que qualquer coisa no mundo, eu ainda não tinha a menor ideia do que teria que fazer para isso.

CAPÍTULO 14

"Você agora é propriedade dos federais", disse um dos oficiais como se ele realmente acreditasse naquilo. "Estamos levando você para o MCC[140] [a prisão federal, centro correcional metropolitano, em manhattan], onde você ficará enquanto é julgada por assalto a banco." Era 5 de janeiro de 1976, 15 dias depois de eu ter sido absolvida da acusação de sequestro na suprema korte do Brooklyn; eu ainda estava em Rikers Island. Ele se ocupou de me prender com o que parecia uma quantidade interminável de correntes e algemas. Outro oficial com cara de estúpido me disse que lamentava demais ter que me ver novamente. Ele disse que eu tinha feito da vida dele um inferno da última vez. E eu nem o reconheci. Ele disse que tinha trabalhado no último julgamento por assalto a banco, e que tinha sido "triturado" por eu ter engravidado. "Armaram pra você", eu disse a ele, que me olhou com uma cara abobalhada, coçando a cabeça. "Sim, sim. Isso mesmo." Comecei a rir. Até os outros oficiais caíram na gargalhada. "Não tem graça nenhuma", ele disse. "Perdi a comenda que tinha na minha ficha." Ri mais ainda.

---

140 NE: Sigla em inglês de Metropolitan Correctional Center.

A única maneira possível para mim de descrever o MCC é que tem um cinza moderno, com pinceladas de tinta colorida aqui e ali. É um daqueles prédios feios tipo fortaleza, que ficam em áreas decadentes, antinatural, anti-humano e frio em todos os sentidos. Não havia ar fresco porque todo o edifício tinha ar-condicionado, e a única luz natural vinha de fendas estreitas de vidro cortadas na lateral e com fios dos alarmes. Os guardas pareciam robôs da era espacial, com paletós azuis, calças cinza, *walkie-talkies* e *pagers*. Depois de receber o uniforme padrão para mulheres (um macacão amarelo e tênis), fui levada para a ala feminina. Para minha mais absoluta surpresa, fui colocada junto à "população geral", recebi uma chave de minha cela e me disseram que não havia hora do "aprisionamento". Deveríamos ficar na porta da cela em vários momentos do dia para sermos contadas. A ala feminina era uma área relativamente pequena, composta por uma área central para alimentação e recreação, uma sala de TV e mais três outros níveis. Havia alguns escritórios, uma ou duas salas usadas para aulas, e só. O único outro lugar aonde as mulheres podiam ir, de vez em quando, para recreação, era no terraço coberto por enormes barras de metal anti-helicóptero.

Depois de passarem mais de um mês naquele pequeno espaço confinado, as mulheres estavam subindo pelas paredes e tenho certeza que os homens se sentiam da mesma maneira. Alguns dos prisioneiros federais eram peixe grande, gente de dinheiro e relações; tinham sido presos por crimes mais "sofisticados" do que os da média dos presos do Estado. Mas a maioria era pobre, Negra ou do Terceiro Mundo, como nos presídios estaduais. Mas, assim como na rua, o dinheiro falava. Muitos homens do andar de honra, que ficava no mesmo andar das mulheres, tinham dinheiro e havia rumores de que usavam seus guardas favoritos para comprarem comida chinesa ou italiana, ou para irem à delicatéssen judaica, dependendo do humor deles. Um traficante de drogas fazia visitas frequentes à ala das mulheres na madrugada para visitas conjugais à esposa. Como os homens do andar de honra tinham contato com as mulheres, muitos tentavam comprá-las com um monte de produtos adquiridos ilegalmente na cantina. Outros tentavam impressioná-las com altas histórias sobre o quanto haviam roubado ou com a fama que diziam ter lá fora. Eu estava sentada no banco com um cara branco, esperando para ser levada para a korte numa manhã, e ele não parava de falar de um negócio de um ou dois milhões de dólares que ele tinha fechado. Ele era uma espécie de vigarista, preso por fraude com ações. "Você não deveria estar aqui", eu disse a ele. "Você deveria estar na Casa Branca com todos os outros grandes vigaristas." "Eu estava tentando", ele disse, "eu estava tentando pra burro".

Havia duas irmãs que eu conhecia de Rikers. Fiquei muito feliz em vê-las. Skeets era uma irmã forte e parceira, que ficava de boca fechada, cuidava da própria vida e não aturava desaforo de ninguém. Ela era uma pessoa muito afetuosa, generosa e aberta, e mantinha muita humanidade, apesar de estar cumprindo uma pena pesada por assalto a banco. Fiquei chocada quando encontrei com Charlie, que conheci em Rikers como Charlene. Ela estava completamente mudada. Ela não era mais a irmã jovem, magra e de rosto redondo que conheci. Era como se ela tivesse envelhecido da noite para o dia. Ela tinha escrito um certo tipo de poesias e fazia parte de nosso grupo de teatro. Mas desta vez ela tinha sido presa por violar a condicional devido a um detalhe técnico e simplesmente não se importava com mais nada. Ela estava amarga e cansada, e toda a sua atitude podia ser resumida nas três palavras mais usadas por ela: "Enfia no cu."

Ela me disse que, para obter a liberdade, ela teria que passar em um teste de equivalência do ensino médio. Todo mundo dizia para ela estudar, mas ela simplesmente não parecia se importar mais. Ela disse que estava cansada de fazer malabarismos e que não dava a mínima para o que acontecesse. Eu entendia como Charlene se sentia, mas odiava vê-la tão amarga e magoada e sem ter aonde ir com aquilo, sem nada de positivo a que se dedicar. Eu queria ajudá-la, mas não sabia como, e eu só ficaria ali por pouco tempo. A única coisa que deu uma levantada nela foi o barulho que as mulheres fizeram reivindicando melhorias no atendimento médico da prisão.

Na época, a situação da saúde era terrível. As mulheres eram trazidas da rua e não faziam nenhum exame físico, testes, nem nada. Elas tinham dificuldade para obterem atendimento ginecológico e terem satisfeitas suas necessidades mais básicas, médicas ou não. Como éramos uma minoria da população carcerária, nossas necessidades eram ignoradas. As mulheres se juntaram e escreveram ao diretor, se queixando. Charlie foi uma das que mais batalhou para obter melhores condições médicas. É meio irônico quando penso nisso hoje. Pouco mais de um ano depois, eu soube na prisão que Charlene tinha morrido de câncer no útero não diagnosticado.

O julgamento ao que seria submetida, por assalto a banco no Queens, foi um dos mais loucos que vivi. Tínhamos acabado de concluir o caso do sequestro no Brooklyn e eu não estava nem um pouco ansiosa para ser ré, de novo, em outro julgamento.

Evelyn já vinha trabalhando em meus casos fazia quase três anos ininterruptos. Ela deixou o emprego de professora na Faculdade de Direito da Universidade de Nova Iorque, no dia em que fui presa na rodovia, para ser minha advogada.

Um dos poucos casos que ela aceitou desde a minha prisão – principalmente para ganhar algum dinheiro – estava pronto para ir a julgamento, e ela não podia mais adiar. Então, tive que arranjar outra pessoa para meu julgamento. Alguns irmãos e irmãs me recomendaram Stanley Cohen. Disseram que ele era um bom advogado e que faria um bom trabalho nesse tipo de caso. Eu estava hesitante porque sempre tive advogados Negros me representando. Eu achava que eles poderiam ser mais compreensivos e mais sensíveis à situação com a qual eu estava lidando. Não estou falando de nenhum advogado Negro velho, porque alguns deles ganham muito dinheiro e pensam como Richard Nixon. Falo daqueles que se preocupam com a situação das pessoas Negras.

Fiquei especialmente sensível ao assunto depois de meses ouvindo algumas irmãs em Rikers. Elas vinham de uma lavagem cerebral tão profunda que acreditavam que um advogado branco, qualquer advogado branco, seria melhor do que um advogado Negro. Elas pensavam da mesma forma sobre médicos brancos, dentistas brancos, professores brancos etc. "Não vou ao tribunal com advogado Negro nenhum", diziam. "Vou descolar um advogado branco que seja simpático com o juiz pra ele não ficar irritado." Eu tentava dizer a elas que não importava a cor do advogado delas, se ele ou ela fosse contra o juiz e realmente lutasse pelo cliente, o juiz ficaria irritado. Poucos réus Negros, se é que já houve algum, foram libertados porque o juiz gostava de seus advogados. Se você ganhasse um centavo toda vez que um juiz e um advogado de defesa se sentassem para almoçar e discutissem a situação de algum cliente Negro apodrecendo na prisão, ia poder parar de trabalhar e viveria só de juros.

Resolvi conversar com Cohen para saber se ele poderia ser bom para o caso. Stanley era um homem de meia-idade, judeu, de ar determinado, que de alguma forma me lembrava o ator W. C. Fields.[141] Ele tinha um traço dramático e podia mudar o tom e o humor de sua voz, de indignado para suplicante, em questão de segundos. Ele tinha uma longa lista de absolvições em seu histórico e contava histórias engraçadas sobre as estratégias que havia usado num ou noutro julgamento. Ele já tinha sido membro do partido Comunista e continuava apoiando políticas progressistas. "Por que você gosta de ser advogado criminal?", perguntei a ele. "Como é advogar no sistema da korte sabendo o quão racista e injusto ele é?" Era uma pergunta carregada, para ver como ele responderia. Achei que ele diria algo como alguém tinha que fazer aquilo, alguém tinha que fazer aquele sacrifício. "Eu gosto de ganhar", ele disse. "Faço isso porque gosto de ganhar." Gostei dele, e decidi que queria que me defendesse no caso do assalto a banco.

Evelyn deu a Stanley as transcrições da época em que fui espancada na korte pelos oficiais dos e.u. quando tentavam me fotografar, junto com todos os outros documentos do arquivo dela, e trabalhou com ele na estratégia para o julgamento. Andrew Jackson se declarou culpado, então eu estava sendo julgada sozinha. Foi tudo feito na maior correria. O trem estava apitando e não via a hora de me levar pra cadeia. O novo juiz designado para o caso queria que o caso terminasse, e rápido. Queríamos questionar os possíveis jurados sobre suas opiniões, o que haviam visto e ouvido na mídia etc. O juiz estava determinado a não ter um longo período de checagem prévia dos jurados e, por isso, nos ajustamos. Foi elaborado um questionário com algumas das perguntas que submetemos e outras que o promotor enviou. Depois de analisarmos as respostas, escolheríamos ou eliminaríamos

141 NT: Humorista e ator estadunidense. No cinema, atuava com comédia burlesca e se tornou conhecido por seu mau humor.

jurados, fazendo perguntas adicionais conforme necessário. Algumas respostas eram tão contraditórias que se fôssemos reportá-las estaríamos redigindo um livro sobre o nível de racismo na amérika. Em 100% dos casos, conseguíamos dizer se o possível jurado era Negro, branco ou "outro", só de ler as respostas.

O julgamento teve uma certa leveza. Todos os envolvidos meio que decidiram que íamos curtir a luta e lutar o máximo que pudéssemos, sem nos preocuparmos com vitória ou derrota. Nenhum de nós – com a possível exceção de Afeni Shakur – achava que realmente pudéssemos sair vitoriosos. Afeni, que trabalhava como assistente jurídico, ficava me dizendo: "Nós vamos ganhar esta, Assata." Mas não acreditei nem por um segundo. Eles tinham uma foto de uma mulher roubando um banco, inseriram meu nome sob ela, dando a entender que a suspeita tinha sido identificada, e depois colocaram essa foto em jornais, estações de metrô e, acho, até nas laterais dos ônibus. Eles pregaram essa foto em todos os bancos de Nova Iorque. Não havia uma única pessoa em Nova Iorque que fosse ao banco, que andasse de metrô, ou que andasse pelas ruas, que não tivesse visto mil vezes aquela fotografia acompanhada de meu nome. Não havia como saber sequer quantas vezes aquela foto tinha sido exibida na televisão, com o locutor gritando meu nome. O público estava tão saturado daquela imagem que achava loucura levar aquele julgamento a sério. Depois de Stanley estar mais familiarizado com os fatos, perguntei a ele quais eram minhas chances. "Eu estaria mentindo se dissesse que parecem boas. Na realidade, parecem bem ruins. Mas acredito em você, e vou brigar por você. E, acredite, eu adoro uma briga." Concordamos que eu atuaria junto à defesa no caso. "Você é uma péssima advogada", dizia ele toda vez que discordávamos sobre alguma estratégia, "mas você é melhor do que muitos advogados que conheço e que passaram no exame para advogados".

A atmosfera estava eletrizante. O salão da korte esteve lotado todos os dias com irmãs e irmãos que iam assistir ao circo. Eu não conseguia parar de olhar, de verdade, para as pessoas. Eu sempre disse que a melhor coisa de estar em julgamento era poder ver e sorrir para os espectadores. Ver tanta gente bonita no salão nos dava o impulso necessário para irmos lá fazer o que tinha que ser feito. Tive essa sensação em todos os meus julgamentos, mas esse tinha uma atmosfera que o tornava ainda mais especial. Havia ali pessoas da comunidade Negra como um todo. As irmãs e os irmãos Muçulmanos levaram seus tapetes de oração e rezavam no hall da korte. As pessoas levavam seus filhos e explicavam o que estava acontecendo. Uma garotinha sacudiu toda a korte quando perguntou alto: "Aquele lá é o porco fascista, Mami?", disse apontando para o juiz. Era como se o povo Negro tivesse tomado o salão, sinalizando para todo mundo que estava ligado no que estava acontecendo ali.

A primeira coisa que fizemos foi pedir uma sessão de reconhecimento pessoal.[142] Eu tinha sido "identificada" através de uma foto. O FBI tinha uma foto minha que constava no livro de "casos de militantes". Neste livro, havia fotografias de todos os "militantes" que o FBI queria colocar na cadeia. Depois de pegarem uma fotografia minha no livro de "casos de militantes", eles a misturaram com algumas outras fotografias de mulheres. Evidentemente, a minha era a foto que fizeram quando fui presa, era a única que trazia

---

142 NE: Etapa da investigação criminal em que uma testemunha procura identificar um(a) suspeito(a) numa "linha de reconhecimento" formada pelo(a) suspeito(a) junto com pelo menos mais duas pessoas com características físicas parecidas. Fonte: FRANÇA, Rafael Francisco. Reconhecimento como método de investigação criminal. *RDPJ*, Brasília, ano 2, n. 4, p. 107-151, jul.-dez. 2018.

uma numeração na frente. As outras eram normais. O FBI, então, mostrou esse grupo de fotos às testemunhas do assalto e pediu que identificassem alguém que "se parecesse um pouco" ou "tivesse alguma semelhança" com a mulher que assaltou o banco. Duas pessoas que estavam no banco no dia do assalto assinaram depoimentos dizendo que a fotografia com a numeração, a minha foto oficial, parecia um pouco com a mulher. O resto dos que estavam no banco no momento do assalto não fez essa identificação. Dissemos ao juiz que queríamos um reconhecimento porque achávamos que minha identificação inicial como sendo a assaltante do banco tinha sido sugestiva e contaminada. Mas antes que o juiz organizasse o processo de reconhecimento, o promotor chamou uma das supostas testemunhas para depor. Como eu era a única mulher Negra sentada no banco dos réus, obviamente, ele me identificou. Protestamos contra o procedimento, mas o juiz aceitou o depoimento mesmo assim. Finalmente, conseguimos organizar um reconhecimento pessoal e, é claro, as outras supostas testemunhas apontaram outra mulher.

Como a parte de identificação com foto do caso foi baseada na máxima de que "todos os **niggers** se parecem", o FBI tentou usar evidências "científicas" para obter uma condenação. O plano deles de sobrepor a foto da câmera de vigilância do banco à minha fotografia falhou porque eles tinham apenas uma foto minha tirada no mesmo ângulo da foto do assalto ao banco. Foi uma das fotografias tiradas quando eles me espancaram no salão do tribunal antes do início do julgamento, quando me recusei a deixar que eles tirassem minha foto. O FBI bloqueou os rostos e as mãos dos oficiais e agentes do FBI que me sufocavam e agrediam na foto. Eles recortaram a foto para que a única coisa que o júri pudesse ver fosse meu rosto. Mas minha expressão facial na fotografia era de tanta agonia que era difícil para eles convencerem o júri de qualquer outra coisa.

O FBI, então, teve uma brilhante ideia. Eles apresentaram um cara do FBI que se dizia especialista em identificação de fotografias com uso de microscópio. Ele era bem profissional, todo cheio de manhas. Usava gráficos, diagramas e outras porcarias, e eu estava morrendo de medo do júri acreditar naquela merda. Ele parecia muito bom, até que veio a hora do interrogatório. E aí descobrimos que ele era um especialista em paleontologia, e que tinha passado muito tempo estudando rochas. Ele tentou argumentar que por causa da experiência no exame de pedras ele tinha credenciais para identificar pessoas. Sob interrogatório, toda aquela "experiência" cuidadosamente construída se transformou em uma pilha de pedras, e aquele novo avanço técnico no combate ao crime provou ser apenas uma fraude. Como a promotoria conseguiu introduzir essa nova evidência "científica", o juiz disse que tínhamos o direito de encontrar um especialista em fotografia para refutar o depoimento. Como eu não tinha um centavo, o tribunal concordou em assumir o custo. No dia em que nosso especialista em fotografia depôs, eu me afundei na cadeira. Ele era um cara branco de aparência honesta e parecia ser assinante da *Seleções*. Mas o cara tinha credenciais muito amplas em fotografia, e era possível perceber, pela maneira como falava, que adorava fotografia e que estava furioso com o que o FBI estava tentando fazer. Ele explicou ao júri o processo químico da fotografia e que, por isso, o argumento do agente do FBI era absolutamente improvável. Ele disse que se observarmos uma fotografia com um microscópio, tudo o que veremos serão pequenos pontos. Seu depoimento foi tão correto e os argumentos tão bem delineados que o promotor nem se interessou muito em interrogá-lo.

O ponto final foi quando o gerente do banco depôs em meu favor. Ele disse que eu com certeza não era a mulher que tinha assaltado o banco e que a assaltante era de altura e peso diferentes. Podíamos ver o promotor silenciosamente escorregando para debaixo da mesa. Sua última esperança era a argumentação final.

Em sua declaração final, ele tentou dar conta de tudo que não conseguia provar com as tais evidências. Ele me apresentou como um monstro maligno e conspirador. Ele disse ao júri que eu estava escondendo o fato de que eu tinha braços grandes e gordos como os da mulher mostrada roubando o banco, e que eu estava escondendo meus braços porque eu não usava vestido sem mangas na korte (o julgamento foi realizado no meio de janeiro).[143] Enquanto ele falava, educadamente fui arregaçando as mangas de minha roupa ali mesmo, no salão do tribunal, expondo meus braços raquíticos. Quando chegou à parte final da argumentação, ele ficou estranhamente confiante. "Senhoras e senhores do júri, esta mulher é muito inteligente, muito inescrupulosa. Ela tentou enganar esse júri de todas as formas. Mas ela cometeu um erro, senhoras e senhores, cometeu um erro fatal." Ele, então, ergueu uma foto da mulher roubando o banco e, com a outra mão, ergueu minha foto oficial, aquela do momento da prisão. "Ela cometeu um erro", repetia ele. "Ela esqueceu de trocar os brincos. Ela está com os mesmos brincos."

O promotor foi tão dramático. A cena parecia ter saído diretamente de um filme. Dava para perceber que ele vinha assistindo a muita ficção. Tanto a mulher no banco quanto eu estávamos usando argolas. Na argumentação final, Stanley pediu: "Peço, por favor, que todas as mulheres

---

143 NT: Período de inverno no hemisfério norte.

presentes neste tribunal que estejam usando brincos tipo argolas fiquem de pé." Metade das mulheres se levantou.

Enquanto o júri estava deliberando, eu andava de um lado para o outro no curral. "Eles vão me condenar de qualquer maneira", disse à Afeni. "Eles provavelmente nem estavam ouvindo." "Esse júri não vai te condenar, Assata", rebateu Afeni. "Você não reparou na cara deles, principalmente os Negros?" Era verdade, eu tinha reparado que eles me olhavam de maneira diferente depois que a verdade começou a aparecer. E eu sabia que os jurados Negros na sala de deliberação fariam toda a diferença do mundo. Eles serviriam ao menos para lembrar aos brancos mais racistas que os Negros são seres humanos. É uma pena que muitos Negros tentem evitar o serviço de júri, em vez de tentarem ajudar a reduzir as injustiças. Muitas vezes, a questão é meramente econômica. Os Negros geralmente entendem que não podem se dar ao luxo de participar de um júri por não poderem abrir mão de horas de trabalho para estarem ali, e que isso sacrificaria suas famílias. E eles provavelmente estão certos. Mas a participação de pessoas Negras em um júri pode significar que o filho ou a filha de um vizinho não acabará torrando em uma cadeira elétrica ou apodrecendo atrás das grades.

Chegou-se a um veredito. Eu já sabia qual era antes mesmo de entrarmos no salão da korte. Os porcos estavam chateados, para dizer o mínimo. A guarda que me escoltava todos os dias até lá parecia feliz. O júri leu o veredito. Absolvida. O salão explodiu numa ruidosa celebração. O juiz desistiu de pedir ordem. Ele teve que esperar até que os gritos cessassem. A espera foi longa. Todos os espectadores pulavam e se abraçavam. Os oficiais me retiraram do salão do tribunal e me algemaram. Fui levada de volta a Rikers Island, onde fui colocada em confinamento solitário.

CAPÍTULO 15

Entrei como um azougue no escritório do Partido dos Panteras Negras na 7th Avenue. Se conectassem uma lâmpada em mim, tenho certeza de que eu teria iluminado metade do Harlem. Eu estava animada e superansiosa. Quando entrei para o BPP,[144] estava determinada a dar tudo de mim.

O oficial do dia me deu um formulário para preencher. Ele não encontrava a segunda página, então, fui com ele procurar. Ele procurava num arquivo em estado de total desordem. Muito bagunçado. Eu me ofereci para arrumar o arquivo para ele e o irmão consentiu. Em um minuto eu estava ajoelhada sobre papéis, indexando e colocando tudo em ordem alfabética. Depois que as "fichas de segurança" de todos foram devidamente arquivadas, cortei os identificadores de uma pasta suspensa, pensando no quão frágil era a segurança deles. Eu tinha acabado de entrar ali e já me deixavam mexer em todos os arquivos. Expliquei o novo sistema ao irmão, feliz porque a experiência adquirida em todos aqueles trabalhos chatos de escritório servia, agora, à revolução.

---

144 NT: Black Panther Party, o Partido dos Panteras Negras.

Naquela mesma noite, peguei um ônibus para a Filadélfia. O Partido havia convocado uma convenção constitucional para escrever uma nova constituição que garantisse os direitos dos pobres e oprimidos e que fosse antirracista e antifascista. Estávamos participando da sessão plenária da convenção que aconteceria mais tarde em Washington D.C. Aquela sessão era definitiva. Estávamos todos com o espírito elevado. Fiquei sem fôlego ao ver todos aqueles revolucionários levantando e dando seus recados. Eu não cabia em mim de tanta felicidade. Meu "quarto de hotel" era uma mesa de sinuca no porão de uma igreja. Dormi melhor que uma princesa em vinte colchões.

Quando voltei para Nova Iorque, fui designada para o quadro médico. Joan Bird era minha supervisora imediata. Ela era estudante de enfermagem e era uma das acusadas no caso dos 21 Panteras de Nova Iorque. Ela tinha sido liberada sob fiança de 100 mil dólares e andava ocupada trabalhando no julgamento. Ela tinha sido espancada, torturada e pendurada de cabeça para baixo na janela de uma delegacia. Ela tinha olhos grandes e suaves, lábios nervosos e o rosto de alguém que tinha sido forçada a amadurecer cedo demais. Ela me parecia alguém que tinha levado uma vida muito protegida e que, de repente, se deparou com um mundo frio e cruel. Ela era meio tímida, e eu sentia pena dela porque parecia viver sob muita pressão. Ela levava tudo muito a sério; e não fugia de nenhuma responsabilidade. Ela se preocupava com tudo e com todo mundo. E como estava lidando com a possibilidade de pegar 30 anos de prisão, eu tinha que fazer a maior parte do trabalho do quadro médico, enquanto ela se matava de preocupação com o julgamento.

O quadro médico era responsável pelo cuidado com a saúde dos Panteras. Marcávamos consultas médicas e odontológicas para eles e lhes ensinávamos sobre os primeiros socorros básicos para que pudessem ajudar as pessoas em emergências. Periodicamente, montávamos uma mesa na esquina e fazíamos exames gratuitos de tuberculose ou fornecíamos informações sobre anemia falciforme.[145] Era minha função também trabalhar com os estudantes de medicina e médicos Negros com os quais estávamos contando para nos ajudar a montar uma clínica gratuita no Harlem. O Partido dos Panteras tinha comprado uma casa tipo *brownstone* na 127th Street e, logo que fosse reformada, planejávamos abrir uma clínica gratuita lá.

Toda semana, todos os membros do quadro médico das filiais do Bronx, Brooklyn, Harlem, Jamaica e Corona se reuniam no Ministério da Informação do Bronx. Na minha primeira ida ao Ministério, levei uma pilha enorme de jornais do BPP. Eu era uma péssima vendedora de jornal e, na maioria das vezes, conseguia fazer com que algum amigo caridoso me ajudasse comprando-os. E aí, então, os distribuíamos para as pessoas.

A chefe do quadro médico era Alaywa, e desde o primeiro momento ela ganhou meu respeito e minha admiração. Ela sempre levava muito a sério tudo o que dissesse respeito às pessoas Negras, mas quando o assunto era saúde, era uma verdadeira fanática. Ela exigia que levássemos nossos

---

145 NE: doença hereditária, caracterizada por uma alteração dos glóbulos vermelhos do sangue, que pode produzir complicações graves, seja quando ocorre só o traço falciforme (só um dos dois genes envolvidos está alterado), seja quando ocorre a doença (os dois genes estão alterados). A anemia falciforme é mais comum em negros, por isso sua presença numa população depende da proporção de afrodescendentes. Nos EUA, cerca de uma em cada 13 crianças afrodescendentes têm o traço, e uma em cada 365 crianças afrodescendentes nasce com a doença; na população geral, uma em cada 3.300 pessoas tem a doença. Na Bahia, onde, em 2016, pretos e pardos somavam 74% da população geral, uma em cada 17 crianças nasce com o traço e uma em cada 650 nasce com a doença falciforme. Fontes: <https://bvsms.saude.gov.br/bvs/publicacoes/07_0206_M.pdf>, <https://sidra.ibge.gov.br/tabela/262#resultado>, <https://www.cdc.gov/ncbddd/sicklecell/data.html>.

trabalhos a sério, e ai do quadro médico que aparecesse na reunião semanal sem notícia de progresso em seus relatórios. Alaywa tinha uma filha pequena, mas, mesmo assim, trabalhava por duas pessoas.

Entretanto, fui expulsa do Partido naquela primeira noite, após a reunião do quadro médico. Quando saí da reunião, minha pilha de jornais dos Pantera tinha sumido. Fui perguntando às pessoas, mas ninguém sabia de nada. Até que Robert Bey, chefe de toda a regional da Costa Leste do Partido, disse que os tinha visto sim.

"Onde eles estão?", perguntei.

"Eu joguei fora."

"Como assim jogou fora?", perguntei, achando que fosse algum tipo de brincadeira.

"Eu joguei fora", insistiu ele. "Vocês sabem que não devem deixar os jornais aqui fora no balcão. Isso vai te ensinar a colocar os jornais na prateleira, no lugar deles."

Expliquei que era minha primeira vez no Ministério e que não tinha como conhecer os procedimentos.

"Você devia ter perguntado", ele respondeu com arrogância. "Eu joguei fora e acabou."

Eu estava perdendo a paciência. "Olha, cara, por que você não me dá os jornais pra eu poder dar o fora daqui? Eu não tenho tempo pra ficar nisso a noite toda."

"Eu já disse que joguei os jornais fora, e acabou."

"Então você é um mentiroso ou um idiota", revidei. Ele tinha me deixado furiosa, foi lá e sapateou no restinho da paciência que eu ainda tinha. E aí ele começou a se alterar, e veio para cima de mim, tentando me intimidar, tentando defender sua estúpida arrogância. E eu também não estava para brincadeira. Xinguei ele de tudo, e depois fui embora.

No dia seguinte, quando entrei no escritório do Harlem, Bashir, o responsável do dia, disse que eu tinha que ir embora. "Como assim ir embora?", perguntei. Ele disse que sentia muito, mas que Robert Bey tinha ligado e dito a ele que eu não estava mais no Partido. Eu estava fervendo. Liguei para o Ministério do Bronx e falei para colocarem Bey no telefone e disse a ele que ele era um idiota arrogante sem princípios. E que além de agir covardemente, ele nem ao menos disse na minha cara que eu estava expulsa. Eu fervia tanto que nem me surpreendeu quando ele se desculpou e me disse que eu tinha sido reintegrada. Eu odeio arrogância, seja ela branca, roxa ou Negra. Algumas pessoas deixam o poder subir à cabeça. Elas pensam que, só porque têm algum tipo de título na frente do nome, a gente tem que se curvar e beijar seus traseiros. As melhores pessoas que conheci eram todas modestas e humildes. Você não pode pregar que ama as pessoas se você não as respeita, e você não pode pregar unidade política se não é isso que você pratica em suas relações. E isso não acontece do nada. É algo que tem que ser colocado em prática todos os dias.

No primeiro dia em que fui designada para o programa do café da manhã, perdi a hora. Para chegar a tempo eu tinha que acordar às 4h30 da manhã. Eu era a imagem da vergonha e do remorso quando entrei no escritório. "Que luxo ter você aqui", disse a irmã que eu deveria estar ajudando. "Que gentil, você ter vindo." Mais tarde naquela noite, me recriminei por ter me atrasado. "Tudo bem, irmã", disse o irmão que liderava a reunião. "Você pode se penitenciar trabalhando no programa do café da manhã pelo resto da vida."

"Pelo resto da vida?", repeti.

"Isso, você pode mostrar sua sinceridade às crianças famintas do Harlem trabalhando no café da manhã enquanto você estiver no Partido."

Eu sempre odiei acordar cedo, e a simples ideia de acordar todos os dias às 4h30 me fez gemer. Mas pensei nas crianças que eu desapontaria. Acordar cedo deveria ser uma coisa fácil para uma revolucionária. Pensei naqueles que haviam dado a vida por nossa luta e decidi que não era tão difícil, afinal. Mais tarde, uma das irmãs me disse: "Não se preocupe. Eles vão te deixar no programa do café da manhã só até você se acostumar e eles saberem que podem contar com sua disciplina. Aconteceu a mesma coisa comigo."

Fiquei feliz de saber que aquilo já tinha acontecido com outras pessoas, porque eu estava me sentindo uma imbecil. "Tenho que me esforçar mais", disse a mim mesma.

Trabalhar no programa do café da manhã acabou sendo um deleite absoluto. O trabalho era muito gratificante. A filial do Harlem tinha programas de café da manhã em três igrejas diferentes e eu alternava entre as três. Desde o primeiro dia em que vi aquelas crianças, elas não saíram mais de meu coração. Eram pessoinhas tão brilhantes e abertas, cada uma com sua própria personalidade. Passei cerca de duas semanas apenas tentando me entender na cozinha. Uma garotinha veio até mim e me deu um tapinha nas costas.

"Tem alguma coisa errada com suas panquecas."

"O que tem de errado nelas?"

"O gosto não é bom."

Preparar café da manhã para um monte de crianças famintas pela manhã não é tarefa fácil, especialmente quando você não sabe quantas estão chegando ou quanto vão comer. Tinha um garotinho que eu tinha certeza de que tinha uma solitária. Ele consumia tanta comida que era inacreditável. Um dia, vi quando ele enfiou comida nos bolsos.

"Você quer papel para embrulhar isso?", perguntei a ele, enquanto pegava um pedaço de papel alumínio.

"Eu não estava roubando", disse, enquanto as lágrimas brotavam em seus olhos.

"Claro que não. Aqui é tudo de graça e você pode pegar o quanto quiser. Mas você não prefere embrulhar, para o seu bolso não ficar cheio de gordura?"

"É pra minha mãe. A gente não tem comida nenhuma e o fogão tá quebrado."

"Diga a sua mãe que ela também pode vir aqui, se quiser, e você pode levar quanta comida quiser." Algumas crianças estavam olhando para nós. "Isso vale para todo mundo. Quem quiser levar sanduíche, ou algo assim, é só avisar que dou papel para embalar." Depois disso, eu tentava lembrar de perguntar se alguém queria levar alguma coisa. A maioria das crianças levava. "Me dá um sanduíche de ovo pra levar." "Quero duas salsichas pra levar." Raramente encontrávamos os pais. Quando uma criança entrava no programa, os pais às vezes até entravam para conhecer, mas em geral eles só iam deixar ou buscar a criança.

O programa de café da manhã que acontecia no lado leste do Harlem era o mais pobre. Em pleno inverno, algumas crianças apareciam sem gorros, luvas, cachecóis e botas, e usavam apenas uns casacos ou jaquetas de tamanhos menores que os seus. Quando possível, tentávamos encontrar algo que coubesse nelas no centro de doação de roupas. Às vezes, quando tudo corria bem e terminávamos mais cedo, conseguíamos passar algum tempo com as crianças. Normalmente, tínhamos que nos apressar para garantir que chegassem na escola na hora certa. Alguns dos Panteras queriam que elas aprendessem o programa e a plataforma de dez pontos[146] e outros queriam ensinar-lhes as canções

---

146 NT: Os Panteras Negras criaram uma plataforma unificada e seus objetivos para o partido foram delineados em um plano de 10 pontos que incluíam demandas por liberdade, terra, habitação, emprego e educação, entre outros. Fonte: <https://www.geledes.org.br/historia-dos-panteras-negras-em-27-fatos-importantes/>.

dos Panteras. Eu preferia conversar com as crianças, sentar e trocar ideias. Nós, então, fazíamos meio que uma combinação dessas abordagens. Éramos todos frontalmente contra enfiar coisas nas cabeças das crianças ou a ensinar-lhes frases mecânicas sem sentido. As crianças eram tão naturalmente curiosas que tínhamos que tomar cuidado para não deixarmos a comida queimar enquanto respondíamos às perguntas delas.

Meus amigos mais próximos no Partido eram Dhoruba, Cetewayo e Jamal. Todos foram soltos sob fiança no caso dos 21 Panteras. Eles iam para minha casa e passávamos horas conversando sobre política, o Partido, a Coreia do Norte e o que estivesse acontecendo na 116th Street. Eu aprendia mais em uma noite do que em um mês na City College. Mas lidar comigo não era tarefa fácil para eles. Posso ser tão teimosa quanto seis mulas juntas e discuto com qualquer pessoa até estar convencida de uma coisa ou de outra. Embora eu não odiasse mais os brancos e não visse mais todos eles como inimigos, ainda assim não era muito simpática com eles. Eu entendia que era dever dos Negros trabalhar na comunidade Negra e era trabalho dos brancos ir para a comunidade branca e organizar os brancos. Os irmãos concordavam 100% com isso. Concordávamos também que era preciso que Negros, brancos, hispânicos, Nativos Americanos e orientais se unissem para lutar. Discordávamos sobre quem e o que eu deveria estudar.

Geralmente, depois de certa divergência, eles sugeriam que eu lesse isso ou aquilo, frequentemente Marx, Lenin ou Engels. Eu preferia Ho Chi Minh, Kim Il Sung, Che ou Fidel, mas acabei tendo de entrar em Marx e Lenin apenas para entender muitos dos discursos e outras coisas que Huey Newton vinha debatendo. Não era uma leitura fácil, mas fiquei feliz por ter feito assim. Isso ampliou bastante meus horizontes. Eu não me referia a eles como os grandes pais brancos ou como algum tipo de deuses, como faziam alguns revolucionários brancos. Para mim, eram dois caras cujas contribuições para a luta revolucionária tinham sido tão grandes que não poderiam ser ignoradas.

Quanto mais eu estudava, mais crítica eu me tornava sobre o programa de educação política do Partido. Havia três cursos diferentes de educação política: um para a comunidade, outro para o quadro do Partido e mais um para as lideranças dos Panteras. Nas aulas comunitárias, os Panteras Negras explicavam o programa de dez pontos e os objetivos e filosofia gerais do BPP, além de vários artigos publicados em seu jornal. Em minha opinião, essas foram as melhores aulas de educação política ministradas pelo Partido. Se os professores fossem bons, as aulas eram interessantes e divertidas.

Com raras exceções, as aulas de educação política para os membros do Partido acabaram sendo exatamente o oposto. Analisávamos artigos do jornal do BPP, líamos trechos do *Livro vermelho* de Mao e discutíamos alguns discursos e artigos de vários membros do Partido. Na maioria das vezes, quem desse a aula discutia e explicava o que quer que estivéssemos estudando, mas sem fornecer questões subjacentes ou apresentar qualquer contextualização histórica. A questão não era se o professor era bom ou ruim. A questão era que o BPP não tinha uma abordagem sistemática de educação política. Eles estavam lendo o *Livro vermelho*, mas não sabiam quem eram Harriet Tubman, Marcus Garvey e Nat Turner. Eles falavam sobre intercomunalismo, mas ainda acreditavam realmente que a Guerra Civil tinha sido para libertar os escravos. Muitos deles mal entendiam qualquer tipo de história, Negra, africana ou qualquer outra. Huey Newton tinha escrito que a política era uma guerra sem derramamento de sangue, e que a guerra era política com derramamento de sangue. Para muitos Panteras, entretanto, a luta consistia apenas de dois aspectos: empunhar armas e servir ao povo.

Esse era o principal motivo pelo qual muitos membros do Partido, em minha opinião, subestimavam a necessidade de se unirem a outras organizações Negras e de batalharem por várias questões comunitárias. Muitas irmãs e muitos irmãos entraram para o Partido porque estavam fartos da opressão que sofriam. Muitos deles nunca tinham tomado parte na luta. Vários se apresentaram achando que receberiam uma arma do Partido para saírem na rua atirando nos porcos. A maioria desses irmãos e irmãs estudou em escolas inferiores, onde lhes foram ensinadas mentiras ou nada. Educação de todo tipo era algo de extrema necessidade. Sem um programa educacional adequado, muitos Panteras adquiriam uma formação robótica. Repetiam slogans e frases sem entenderem exatamente seus significados, o que muitas vezes resultava em práticas dogmáticas e míopes. Por exemplo, um dia, um irmão africano que estava trabalhando com um dos movimentos de libertação africana esteve no escritório e nos deu um belo calendário que era distribuído por um dos grupos da luta pela libertação africana. Ele era péééssimo. Tinha fotos lindas de combatentes pela liberdade africana e dizia algo como "Apoio internacional à libertação africana". A primeira coisa que fiz foi pendurar na parede. Quando cheguei ao escritório no dia seguinte, o calendário tinha sumido. Quando perguntei o que tinha acontecido com o calendário, eles disseram: "O calendário dizia 'internacional' e não somos internacionalistas, somos intercomunalistas."

Estou convencida de que um programa sistemático de educação política, que varie do nível mais básico ao mais avançado, é imperativo para o sucesso de qualquer organização ou movimento pela libertação dos Negros neste país.

O Partido tinha em seu quadro várias irmãs e vários irmãos de forte consciência política, mas ainda assim não conseguia estender essa consciência a seu quadro como um todo. Eu achava também uma pena que o BPP não ensinasse técnicas de organização e mobilização aos Panteras. Alguns membros eram naturalmente brilhantes na organização de pessoas, mas geralmente eram também os camaradas mais ocupados e com mais responsabilidades. Parte do problema era que o Partido tinha crescido tão rápido que não havia muito tempo para elaborar planos de ação detalhados. A outra parte do problema era que, praticamente desde o início, o BPP vivia sob o ataque do governo dos e.u.

No início, eu não sentia a repressão tão agudamente. Eu sabia que o Partido vivia sob ataque, mas a sensação era que isso não acontecia muito próximo de nós, era como se fosse algo que estivesse ali como pano de fundo. O que mais me enfurecia era o tratamento que a mídia dava ao BPP, o que dava a impressão de que o Partido era racista e violento. E funcionava. Os porcos invadiam o escritório dos Panteras, atiravam primeiro e faziam perguntas depois. A imprensa sempre noticiava que a polícia tinha "descoberto" um grande arsenal de armas. E depois, quando descobriam que o "arsenal" consistia apenas de rifles e espingardas legalmente registrados, a imprensa nunca publicava uma linha a respeito. A mesma coisa acontece hoje. Ninguém demonstra insatisfação com o fato de as pessoas brancas terem armas, mas deixe uma pessoa Negra ter uma arma e algo de criminoso "está acontecendo". A única circunstância em que a amérika branca é a favor de os Negros terem armas é quando elas são usadas por nós para fazer o trabalho sujo da amérika. Há tantos Negros tão assustados que têm medo até de pensar em ter uma arma. Mas com o crescimento da maré de racismo neste país, é melhor que os Negros temam mais não ter do que ter uma arma. Com a Ku Klux Klan e todos esses outros racistas soltos por aí, só se forem suicidas os Negros não adquirem ou não aprendem a manejar uma arma. Se você não possui uma arma hoje, é melhor correr e comprar a sua, porque, daqui a pouco, pelo que temos visto neste país, pode vir a ser ilegal pessoas Negras comprarem armas.

Uma das melhores coisas sobre participar da luta são as pessoas que você conhece. Antes de me envolver, nunca imaginei que existissem pessoas tão lindas. Evidentemente, havia alguns pulhas, mas posso dizer, sem a menor hesitação, que fui abençoada por conhecer algumas das pessoas mais gentis, mais corajosas, mais íntegras, mais informadas e inteligentes da face da terra. Devo muito àqueles que me ajudaram, me amaram, me ensinaram e me puxaram de volta quando eu estava indo na direção errada. Se há sorte no mundo, eu a tive em abundância, e foram meus amigos e camaradas que me trouxeram isso. Meus amigos bravios e de coração imenso, com seus modos e pensamentos bonitos, me deram mais felicidade do que jamais merecerei. Nunca, em momento algum, por pior que fosse o que eu estivesse vivendo, me senti completamente só. Talvez seja irônico, não sei, mas só sei que o movimento de libertação dos Negros fez mais por mim do que jamais poderei fazer por ele.

FICAR AMIGA DO Zayd foi algo realmente importante. Depois que entrei para o partido, volta e meia ele aparecia em minha casa. Ouvíamos música e conversávamos sobre política. Eu sempre implicava por ele fazer parte da liderança (ele era Ministro da Informação), já que era o único líder do Ministério do Bronx, com exceção de Afeni Shakur, que eu respeitava. Ele até ria de minhas piadas sobre Robert Bey, mas nunca disse uma única palavra depreciativa sobre nenhum dos outros camaradas. Eu o respeitava também porque ele se recusava a fazer parte do "macho cult" do BPP, que era um organismo oficial do Partido. Ele nunca votava em questões ou assumia posições apenas para ser um dos meninos. Quando os irmãos faziam um ataque inescrupuloso às irmãs, Zayd se recusava a participar. Sempre que nos encontrávamos para uma reunião na casa de alguém, ele era o primeiro a se oferecer para fazer o jantar ou, se o jantar já estivesse pronto, ele era o primeiro a arregaçar as mangas e lavar a louça. Eu sabia que isso devia ser especialmente difícil para ele, porque ele era baixo e sua masculinidade estava sempre sendo desafiada de alguma forma pelos homens mais retrógrados e marombeiros do partido.

Zayd sempre tratou a mim e a todas as outras irmãs com respeito. Eu gostava da amizade dele porque ele era um daqueles homens raros completamente capazes de serem amigos de uma mulher sem segundas intenções. Nós nos comunicávamos em um nível tão intenso e honesto que depois me perguntava se aquilo era mesmo real. E ele era culto. Quando você fala "culto", muita gente pensa que você está falando de ópera ou do livro de etiqueta de Amy Vanderbilt, mas não é disso que estou falando. Ele era bem versado e bem instruído sobre todos os aspectos da vida Negra. Ele não só recitava Langston Hughes de cor e podia fazer um resumo biográfico de Coltrane, Bessie Smith ou James Cleveland, como também conseguia manter uma conversa inteligente sobre livros de sonhos ou sobre os comedores de amido da Argo.[147]

Depois de um tempo, Zayd me chamou para trabalhar com ele nos projetos do Partido. O trabalho consistia

---

147 NT: Argo é a marca de um tipo de amido de milho que foi objeto de estudos e moda nos EUA inclusive para emagrecer.

principalmente em lidar com grupos brancos que apoiavam a luta e que estavam envolvidos com a captação de recursos para pagar a fiança dos membros do Partido implicados no caso dos 21 Panteras que ainda estavam na cadeia. Eu odiava aquilo. Na época, para mim, tudo que havia da 110th Street para baixo era outro país. Todas as minhas atividades eram centradas no Harlem, de onde eu quase nunca saía. Fazer o trabalho do comitê de defesa definitivamente não era para mim. Acho que Zayd insistia em me levar a alguns desses eventos porque sabia do ódio que eu sentia por eles. Eu era a perfeita Pantera raivosa. Eu odiava ficar lá plantada enquanto aqueles brancos todos pediam para explicar a mim e a minha existência. Fiquei craque em respostas de uma linha só.

"O que fez você se tornar uma Pantera?"

"A opressão."

"O que você acha do Huey Newton?"

"Um tremendo líder revolucionário Negro."

"O que você acha que os brancos deveriam fazer?"

"Organizar outras pessoas brancas em suas comunidades, apoiar as lutas de libertação dos Negros e do Terceiro Mundo e ajudar a libertar os 21 Panteras."

Uma vez um cara me perguntou se eu realmente ia acabar com os porcos.

"Hoje não."

Eu não conseguia lidar com a intimidade que algumas daquelas pessoas tentavam forçar comigo, embora eu nunca as tivesse visto antes. Teve uma que veio me perguntar se Zayd era meu marido Pantera. Quando olhei para ela como se ela estivesse louca para me fazer tal pergunta, ela disse, toda cheia de risinhos: "Quer dizer, assim, ele é o seu gato?" Uma outra mulher foi enfiando as mãos em meu cabelo. "Ah, eu precisava tocar no seu cabelo. É tão... excêntrico."

Zayd ficava firme, tentando convencer os grupos de defesa a arrecadarem mais dinheiro. Ele explicava o quão importante era ter os 21 Panteras nas ruas, organizando e educando as pessoas sobre o que estava acontecendo na amérika. Zayd era educado, compreensivo e paciente. Depois de fazer seu pequeno discurso, ele olhava para mim e perguntava: "O que você acha, irmã?" Em minha melhor cadência de Pantera, eu dizia algo como "Os Negros vêm sendo oprimidos há quatrocentos anos. Ainda estamos sendo oprimidos. Os 21 Panteras não precisam de apoio moral. Eles precisam de apoio concreto. Eles não querem saber se vocês os apoiam. Eles querem saber se vocês estão dispostos e prontos para ajudar a libertá-los". Quando terminávamos, recebíamos uma segunda doação.

Zayd costumava ser tranquilo e equilibrado nessa função, exceto numa ocasião. Estávamos em uma reunião com o grupo Computer People for Peace,[148] que estava ajudando a arrecadar dinheiro para resgatar Sundiata Acoli. Zayd disse que Sundiata deveria ser o próximo Pantera a ser solto porque suas qualidades de liderança eram extremamente necessárias ao Partido. E um cara não parava de interromper, insinuando que Zayd estava pressionando pela libertação de Sundiata porque eles eram amigos, e que ele estava sendo subjetivo e partindo de uma análise emocional, e não científica, objetiva. A expressão no rosto de Zayd mudou completamente. Eu via que ele estava tentando se controlar para não perder a paciência com o cara. "Como assim subjetivo? Nunca mais abra a boca para dizer que estou sendo subjetivo enquanto você viver. Meu irmão Lumumba, que é sangue do meu sangue, também está preso há mais de

148 NT: Organização ativa no setor de tecnologia de 1968 a 1974. O CPP teve suas raízes no movimento antiguerra dos anos 1960.

um ano, e eu nunca pedi um centavo a vocês para tirá-lo da prisão." Lumumba Shakur era um dos 21 Panteras. Um silêncio completo tomou conta da sala. O pessoal da computação disse que faria tudo o que pudesse para arrecadar dinheiro para a fiança de Sundiata, e foi o que fizeram. A questão foi que, quando se conseguiu arrecadar os cem mil dólares em dinheiro para a fiança, o porco do juiz Murtagh se recusou a libertá-lo ou a qualquer outro do caso dos 21 Panteras. Ficamos furiosos e desamparados.

Depois de um tempo, tudo me parecia estranho. Eu estava captando um monte de vibrações e sensações estranhas. Eu não sabia exatamente o que era, mas sentia que tinha muita coisa acontecendo. Era como se eu estivesse no topo de um rio de correntes revoltas sob a superfície. Umas coisas estranhas começaram a acontecer. Eu ia à lavanderia e lá encontrava um policial Negro que dizia que queria entrar para o Partido. De vez em quando, eu percebia homens estranhos me seguindo. Embora eu não tivesse dinheiro para pagar minha conta de telefone e já tivesse parado de pagá-la há muito tempo, o telefone continuava funcionando e, depois de um tempo, as contas pararam de chegar.

Politicamente, eu não estava nada feliz com a direção do Partido. Huey saiu em turnê nacional promovendo sua nova teoria, a intercomunalidade. A essência da teoria era que o imperialismo tinha chegado a um nível tal que as fronteiras soberanas não eram mais reconhecidas e que as nações oprimidas não existiam mais, agora existiam apenas comunidades oprimidas, dentro e fora dos e.u. O problema é que esqueceram de avisar às comunidades oprimidas que elas tinham deixado de ser nações. E para piorar, quase ninguém entendia os longos discursos de Huey explicando o intercomunalismo. Huey Newton não era bem o que poderíamos chamar de um bom orador. Na verdade, ele tinha uma voz aguda e monótona, e sua verborragia de três horas sobre a negação da negação fazia de tudo um desastre total. As pessoas debandavam aos montes. Em vez de criticar o que acontecia, a maior parte dos membros do Partido defendia aquilo. Quando eu dizia que Huey precisava de aulas de oratória, eles vinham todos para cima de mim. Quando Huey mudou seu título de ministro da defesa para o ridículo "Comandante Supremo" e depois para o ainda mais ridículo "Servo Supremo", quase ninguém abriu a boca. Esse era um dos grandes problemas do Partido. Críticas e autocríticas não eram encorajadas, e as poucas que eram feitas não eram levadas a sério. A crítica construtiva e a autocrítica são extremamente importantes para qualquer organização revolucionária. Sem elas, as pessoas tendem a chafurdar em seus erros, sem aprender com eles.

Como eu ainda era universitária, frequentemente era chamada pelo BPP para trabalhar com estudantes. Eu não me importava de trabalhar com estudantes, coordenando uma coisa ou outra, mas morria de medo de falar em público. Mas eles insistiam que eu tinha que aprender para ser bem-sucedida no campus. Eu tinha um gravador velho, caindo aos pedaços, que estava nas últimas. Resolvi usá-lo para praticar a oratória. E ficava num blá-blá-blá sem fim, no microfone. O telefone tocou. Larguei o microfone, desliguei o gravador e corri para atender. "Alô, JoAnne? Pare de gravar fitas", disse a voz. Desligaram o telefone. Fiquei lá, com o fone na mão. Eu tinha que me mandar de lá. Fui correndo pegar meu casaco. Eu precisava de um pouco de privacidade para pensar.

A cada dia no Partido as coisas ficavam mais e mais estranhas. Rumores de que os porcos atacariam o escritório eram frequentes. Convencida da invasão, a liderança decidiu "proteger" o imóvel. A enorme vidraça da entrada foi removida e substituída por uma divisória de madeira. Janelas sem vidro foram cortadas na mesma madeira, cobertas por pequenas portas. "Para que servem todos esses buraquinhos?", perguntei. "Para atirar", eles me disseram. Pilhas de sacos de areia foram levadas para o escritório. Eu não conseguia acreditar naquela merda! Todo mundo falava em defender o escritório. "Por que temos que defender o escritório?", perguntei. Eles disseram alguma coisa sobre um tal mandato executivo número três. Nele se dizia que os Panteras deveriam defender o escritório contra ataques dos porcos. Eu era totalmente a favor da autodefesa, mas não conseguia me ver arriscando minha vida apenas para defender o escritório. "É uma questão de princípio", eles disseram.

Não entendia de que princípio eles falavam. Uma das leis básicas da luta do povo era recuar quando o inimigo é forte e atacar quando o inimigo é fraco. Para mim, defender o escritório era tática suicida. Os porcos tinham uma corporação, iniciativa, elemento surpresa e pólvora. Nós estávamos apenas nos expondo. Eu sentia que o Partido estava lidando com a questão de forma emocional, em vez de racional. Você acreditar em autodefesa não significa que você tem que se deixar levar a se defender nos termos do inimigo. Uma das principais fraquezas do Partido, eu pensava, era não saber diferenciar claramente a luta política feita na superfície da luta militar clandestina, *underground*.

Uma organização política estabelecida oficialmente não pode travar uma guerra de guerrilha mais do que um exército nos "bastidores" pode fazer um trabalho político às vistas de todos. Embora os dois devam trabalhar juntos, eles devem ter estruturas completamente separadas e quaisquer vínculos entre os dois devem ser mantidos em segredo. Educar as pessoas sobre a necessidade de autodefesa e luta armada era uma coisa. Mas manter uma política de defesa dos escritórios do Partido contra adversidades intransponíveis era outra. Evidentemente, se a polícia chegasse e começasse a atirar, se defender faria sentido. Mas o objetivo tinha que ser evitar que isso acontecesse. Um dia, em um futuro não muito distante, qualquer organização Negra que não se disponha a lamber botas e a agir com subserviência será forçada à clandestinidade. E tão rápido quanto este país se move para a extrema direita fascista, as organizações revolucionárias Negras devem começar a se preparar para a inevitabilidade. Os governos fascistas não permitem que grupos de oposição revolucionários ou progressistas existam, sem importar o quão pacíficos ou não violentos eles sejam. Sem importar se o governo fascista simplesmente bane os grupos, como na Alemanha nazista, ou monta uma campanha de contraespionagem para destruir grupos de oposição, como nos e.u.

Estava cada vez mais impossível realizar o trabalho. Tudo parecia estar em um contínuo estado de caos. A certa altura, o Partido decidiu abrir uma Escola de Libertação aos sábados para crianças, e fui designada para o projeto. Eu estava eufórica porque adoro trabalhar com crianças e estava muito cansada dos adultos, na época. Eu, com meu jeito reservado de sempre, joguei toda a minha energia no projeto. Consegui livros, materiais, tintas, fotografias, informação sobre histórias Negras para crianças, músicas infantis etc. Dois outros camaradas foram designados para o projeto. Todo mundo colaborou e, depois de algumas semanas, já atendíamos a um bom número de crianças. Assim que o programa se firmou, fui chamada num canto para uma confidência. O Partido foi informado de que os porcos iam invadir o escritório dentro de duas semanas. "Se os porcos vão atacar o escritório, por que iam contar pra gente?", perguntei. "Temos nossas fontes, irmã", me disseram. "Assim como os porcos têm suas fontes, nós também temos as nossas." Eu estava cética, mas imaginei que eles soubessem mais do que eu sobre o assunto. Em preparação para o ataque iminente, me pediram para preparar um abrigo para crianças, uma casa segura para as crianças dos Panteras. Achei meio estranho, mas concordei em fazê-lo. Em minha cabeça, eu meio que achava que eles estavam me testando para ver como eu reagiria em uma crise.

Organizei o tal do abrigo para crianças. Duas semanas se passaram e nada da invasão.

Além disso, eu não estava nada feliz com um monte de coisas que vinham acontecendo. Planos, prioridades e procedimentos mudavam diariamente, e na maioria das vezes as mudanças eram mal concebidas. Tudo tinha um ar arbitrário, e eu certamente não sentia que estivéssemos travando uma luta estritamente analítica. Havia poucos conflitos internos, tanto na filial do Harlem quanto na de Nova Iorque. No geral, os Panteras eram um grupo amigável e aberto de pessoas que realmente se esforçavam para serem gentis e prestativas, apesar de toda a pressão e as dificuldades que enfrentavam, conseguindo se manter íntegras, e lutavam o melhor que sabiam pelo bem de nosso povo. Tínhamos um pouco de questões com a liderança de Robert Bey e Jolly, que eram da Costa Oeste. O problema do Bey era que ele não era muito inteligente e tinha uma maneira agressiva e até beligerante de falar e lidar com as pessoas. E o problema do Jolly era que ele era a sombra de Robert Bey. Bey mais tarde se tornou o guarda-costas de Huey Newton, uma função que lhe era muito mais apropriada.

Cotton tinha saído da Califórnia para o Harlem. Todo mundo o adorava. Ele era o principal cara de todo mundo. Ele conhecia Bunchy Carter, Lil Bobby Hutton, o chefe

(David Hilliard) e, é claro, a "fúria" (Eldridge Cleaver).[149] Cotton foi enviado para Nova Iorque e ficou responsável pelos reparos no imóvel estilo *brownstone* que o Partido tinha comprado na 127th Street. Segundo rumores, Huey queria mudar a sede do BPP para Nova Iorque e Cotton foi incumbido de cuidar da segurança da casa. Ele geralmente passava lá no escritório do Harlem com uma garrafa de bebida barata no bolso traseiro e ficava contando histórias de guerra. Ele tomava um gole de vinho e contava casos do litoral.

A primeira vez que fui inspecionar a casa da 127th Street, Cotton me mostrou toda a casa. Ele me explicou todo o plano futurista de segurança. Ele ia instalar o sistema de segurança de uma forma que, se colocassem ao menos um pé nos degraus da frente do prédio, um alarme alertaria o oficial de segurança que estivesse dentro da casa. Se fossem os porcos, eles ficariam cegos quando os enormes holofotes acendessem. Portas grossas de metal deslizariam e muitas outras coisas fantásticas, que eu não me lembro, aconteceriam. Fiquei de boca fechada porque não sabia absolutamente nada sobre segurança, mas, silenciosamente, me perguntava por que não optar por coisas mais convencionais, como um circuito fechado de TV. Eu tinha interesse especial pelo prédio porque o térreo e o porão tinham sido designados como espaços para instalação da clínica de saúde gratuita. Na época, o porão estava um horror, sem encanamento,

---

149 NT: Ativista político americano nascido em Little Rock, Arkansas, e falecido na Califórnia. Ex-ministro de informações do Black Panther Party, escreveu o best-seller *Soul on Ice* (publicado em 1968), livro autobiográfico em que faz um retrato crítico da sociedade americana e que se tornaria obra de referência para os movimentos negros. Um dos mais radicais e violentos militantes dos Estados Unidos, rompeu com os Panteras Negras, reconverteu-se ao cristianismo e foi trabalhar como assessor na Universidade de La Verne, em Pomona, subúrbio de Los Angeles, onde faleceu, em 1998. Fonte: LOPES, Nei (org.). *Enciclopédia brasileira da diáspora africana*, 4. ed. Rio de Janeiro: Pallas, 2011.

calefação ou eletricidade, e havia uma montanha de tijolos, pó e entulho. Cotton me garantiu que o porão ficaria pronto em seis meses.

Em seguida, ele me mostrou a sala do Huey. Era o único cômodo da casa minimamente arrumado. Havia um painel de madeira, uma mesa pequena, e uma cama de solteiro que – como explicou Cotton, cuidadosamente – era feita em estilo militar, sempre pronta para o ministro. Olhei para ele como quem olha um louco. De todas as coisas que eu poderia imaginar Huey fazendo, dormir naquela casa gelada naquela cama espartana não era uma delas. Cotton falava sobre Huey com uma reverência tão esquisita que me enojava. E soava ainda mais esquisita a forma como Cotton falava sobre a cama do ministro.

Visitei a casa na 127th Street várias vezes nos meses seguintes. Por mais que tentasse, eu não conseguia identificar um pingo de progresso. Cheguei à conclusão de que Cotton era um falastrão e bêbado. E ficava todo mundo me dizendo que ele estava trabalhando à beça; então, comecei a achar que ele devia estar trabalhando em alguma coisa secreta que eles obviamente tinham resolvido que eu não poderia saber.

Durante uma de minhas idas à casa, o assistente de Cotton me disse que não estava se sentindo bem. Marquei uma consulta para ele com o médico e liguei para avisar o horário. Poucos dias depois, quando cheguei ao escritório, todo mundo me olhou como se eu tivesse cometido algum crime.

"O que houve?", perguntei.

"Cotton disse que o irmão que trabalha para ele está doente e que você se recusou a ajudá-lo."

"O quê?" Eu estava completamente surpresa. "Não é verdade."

"Cotton diz que foi isso que aconteceu."

Furiosa, tentei falar com Cotton por telefone, mas não estava funcionando. Levei vários dias para esclarecer tudo, mas finalmente o assistente confirmou que eu tinha marcado a consulta, mas que ele não foi, e acabou indo para casa. Fiquei tentando entender por que Cotton tinha feito tudo aquilo. A única coisa que me ocorreu foi que ele talvez tivesse se irritado comigo por eu ficar cobrando progresso na obra da clínica. Vários anos depois, após a aprovação da Lei de Liberdade de Informação, descobriu-se que Cotton era um infiltrado da polícia.

As coisas pareciam ir de mal a pior. Embora não houvesse muita desavença na filial de Nova Iorque, havia desavença e desunião demais em nível nacional. A cada 15 dias, alguém tinha que ir para a Costa Oeste para lidar com "contradições". Estava todo mundo tenso e deprimido. E então tudo começou a acontecer de uma vez só. Primeiro foi a matéria que dizia que Huey tinha alugado um apartamento de 650 dólares mensais em Oakland. Na filial do Harlem ficamos chocados porque, à época, aquele era um aluguel muito alto e representava um baita contraste com as condições de moradia dos Panteras em Nova Iorque. Os Panteras, que não tinham mais que as roupas do corpo, estavam nas ruas, sob frio congelante, vendendo jornais, com pedaços enormes de papelão nos sapatos e com jaquetas tão finas que não davam conta do vento frio do inverno. O partido emitiu um comunicado explicando que Huey estava morando no apartamento por "razões de segurança", mas muitos Panteras não ficaram nem um pouco convencidos. Eu até quis acreditar na história da segurança, mas aquilo não se encaixava em meu senso de lógica. E veio, então, a longa série de expulsões. Foi a gota d'água.

Muitos Panteras leais, membros de longa data, estavam sendo expulsos por Huey. Um dos primeiros a passar pelo expurgo privado de Huey foi Geronimo Elmer Pratt. Geronimo era super-respeitado, uma espécie de herói folclórico dos Panteras. Quando eu soube, a primeira coisa que fiz foi procurar uma pessoa que soubesse de algo para tentar descobrir a verdadeira história. Apesar de estar paranoica e chateada, a pessoa acabou me contando a história, mas apenas o suficiente para me informar que a expulsão tinha sido provavelmente injusta. Eu não conseguia imaginar Geronimo sendo um inimigo do povo, de jeito nenhum. Depois vieram as expulsões dos Panteras envolvidos no caso dos 21 Panteras, supostamente por terem escrito uma carta aberta aos Weathermen,[150] que eram um tanto críticos das políticas do BPP. Eu tinha lido a carta e não tinha conseguido encontrar nada que justificasse ação tão extrema, principalmente porque isso poderia ter impacto negativo no julgamento deles. Eu estava ficando cada vez mais crítica em relação ao que estava acontecendo no Partido, mas, ainda assim, eu adorava o BPP e queria que tudo ficasse bem e seguisse no caminho certo.

Pela primeira vez, eu questionava minha permanência no Partido. Quase todos os projetos com os quais eu estava trabalhando estavam bem frustrantes e quase parados. A Escola de Libertação aos sábados, a clínica de saúde gratuita e a maior parte do trabalho com os estudantes estavam todos parados. Eu me sentia frustrada e um tanto desmoralizada. Aquele Partido era muito diferente do Partido dos Panteras Negras pelo qual eu tinha me apaixonado. E lá se foram as boinas pretas e as jaquetas de couro (por causa de assédio policial, os Panteras receberam ordens para não usarem o uniforme, exceto em ocasiões especiais). Foram-se as

---

150 NT: Partido político, extinto em 1977, organizado inicialmente em 1969 como uma facção política do movimento Students for a Democratic Society (SDS).

marchas dos Panteras, as canções dos Panteras. Foram-se as músicas "Libertem Huey" e "Libertem Bobby" cantadas com a melodia de "Wade in the Water"[151]. Foram-se os enormes bótons dos Panteras e suas grandes bandeiras balançando ao vento. Tudo parecia diferente. A franqueza fácil e amigável tinha sido substituída pelo medo e pela paranoia. A linda criatividade revolucionária que eu tanto amava já não estava mais lá. Foi substituída pela estagnação dogmática.

Foi nessa época que Zayd e eu tivemos um grande desentendimento. Fiz uma lista de críticas ao Partido, juntamente com uma lista de coisas que eu considerava positivas, e várias sugestões que achava que poderiam corrigir alguns dos problemas que o Partido estava enfrentando. Liguei para Zayd e disse que precisava falar com ele. Quando ele chegou, abri meu coração e alma para ele. Devo ter falado por umas boas duas ou três horas, elencando todas as minhas preocupações políticas e táticas. Zayd ouviu tudo o que eu tinha a dizer sem tomar nenhuma posição. Ele, então, disse que tinha que ir embora e que conversaria comigo em outro momento. Fiquei furiosa. Achei que ele tinha resolvido se portar como "liderança" e tinha usado nossa amizade para saber o que eu estava pensando, para medir o nível de dissensão nas bases. Todo o tempo que estive no Partido, fui sempre franca e direta. Zayd e eu tínhamos sempre sido francos um com o outro, e interpretei seu silêncio como uma declaração de que ele apoiava e defendia políticas que eu considerava antiéticas e politicamente incorretas. Depois disso, não nos vimos ou nos falamos por um bom tempo.

---

151 NE: As canções citadas fizeram parte das campanhas contra as prisões de Huey Newton e Bobby Seale, em 1968. "Wade in the Water" (Ande pela água) é uma antiga canção de louvor do gênero *spiritual* (música cristã criada pelos Negros afro-americanos, fundindo a herança africana com as experiências de trabalho e religião no contexto da escravidão).

Eu não tinha como saber da corda bamba em que ele estava nem da pressão que estava sofrendo.

Zayd estava agindo como um apaziguador entre Huey e os 21 Panteras, tentando furiosamente convencer Huey a revogar sua ordem de expulsão. Zayd entendia que assumir qualquer posição em relação a problemas internos do Partido poderia comprometer seu papel e resultar em consequências terríveis para os envolvidos no caso dos 21 Panteras. Cetewayo e Dhoruba, que não foram expulsos porque tinham sido soltos sob fiança e não tinham assinado a carta, também estavam tentando fazer com que os outros 21 Panteras fossem reintegrados. Eles estavam sob muita pressão dos dois lados. Huey queria que eles apoiassem a expulsão e os Panteras expulsos queriam que eles criticassem as ações de Huey. Como Zayd, Cet e Dhoruba também acreditavam honestamente que conseguiriam organizar tanta maluquice. E se não fosse o FBI, eles provavelmente teriam conseguido. Ninguém na época tinha ouvido falar do programa de contraespionagem (Cointelpro) criado pelo FBI. Ninguém tinha como saber que o FBI havia forjado uma carta "assinada" pelos 21 Panteras, criticando a liderança de Huey Newton, e a enviado para Eldridge Cleaver, então exilado em Argel. Ninguém tinha como saber que o FBI havia enviado uma carta ao irmão de Huey dizendo que os Panteras de Nova Iorque planejavam matá-lo. Ninguém tinha como saber que o Cointelpro do FBI estava tentando destruir o Partido dos Panteras Negras, em particular, e o Movimento de Libertação Negra em geral, utilizando táticas de "dividir para conquistar". O programa Cointel do FBI consistia em jogar os membros das organizações uns contra os outros, incitando uma organização Negra contra a outra. Huey acabou suspendendo Cet e Dhoruba do Partido, taxados por ele de "inimigos do povo", o que fez com que eles se escondessem, temendo por suas próprias vidas. Ninguém poderia, então, imaginar que todo esse cenário tinha sido cuidadosamente manipulado e orquestrado pelo FBI.

Quando eles levaram o jornal dos Panteras Negras para o escritório, aquele em que chamavam Dhoruba, Cet e a esposa de Cet, Connie Matthews Tabor, de inimigos do povo, eu me recusei a vendê-lo e o ataquei como sendo uma mentira deslavada. Eu vinha externando tão abertamente minhas críticas que já sabia que seria apenas uma questão de tempo até que eu também fosse expulsa. Enojada e desapontada, decidi que era hora de deixar o Partido.

A maioria dos Panteras entendeu por que eu saí, e ficamos bem, mantivemos uma boa relação. Eles costumavam me ligar para saber se podiam passar lá em casa ou mesmo se podiam dormir lá. Quase todos os dias eu recebia uma descrição detalhada do que acontecia no Partido. A tensão só piorava, as diferenças entre o quadro de Nova Iorque e a liderança da Costa Oeste só aumentavam. Eu tentava chamar a atenção dos camaradas para a importância de haver uma conversa entre todos de modo a resolverem suas diferenças. Mas isso não aconteceu. Ao contrário, um grupo chegou à minha casa pulando de alegria. Eles tinham rachado com a liderança da Costa Oeste. Foi triste saber que eles não tinham conseguido conversar e resolver suas diferenças.

Depois que saí do Partido, minha vida foi se tornando cada vez mais impossível. Aonde quer que eu fosse, parecia que sempre me depararia com dois detetives me seguindo. Eu ia para minha janela e via, bem no meio do Harlem, em frente à minha casa, dois homens brancos sentados lendo jornal. Eu morria de medo de falar dentro de minha própria casa. Quando queria falar algo que não fosse informação pública, eu ligava o toca-discos bem alto para dificultar a audição dos interceptores. Era tão estranho. A conta telefônica nunca chegava, mesmo eu estando há meses sem pagar, e o telefone continuava funcionando normalmente. Pessoas estranhas visitavam meus vizinhos, fazendo perguntas. Eu odiei ter que mudar de meu apartamento porque o aluguel era muito barato. Eu pagava cerca de 65 dólares por mês e, uma vez que me acostumei a morar no quinto andar sem elevador, não era nada mau. Era um daqueles prédios com aluguel controlado[152] bem em frente ao City College, onde eu estava matriculada. Mas não tive escolha, a não ser sair de lá. Estava impossível viver em meio a todos aqueles dispositivos de escuta. Decidi doar o apartamento para os Panteras e procurar outro lugar para morar, enquanto passava um tempo com alguns amigos, ficando alguns dias aqui e ali, até encontrar onde me instalar.

Um dia, enquanto eu estava subindo a avenida, a caminho de casa, ouvi um amigo me chamar.

"E aí?", perguntei.

"Não vai pra casa."

"Como assim não vai pra casa?"

"Sua casa tá lotada de porcos. Eles estão te esperando."

Eu andei um pouco, tentando organizar as ideias. O que eles poderiam fazer comigo se eu fosse para casa? Eu não tinha feito nada. Pensei no caso dos 21 Panteras. Eles também não tinham feito nada. Ou seja, eles podem fazer o que quiserem. Pensei em minha casa. Talvez eles estivessem gravando minha voz e juntando pedaços de conversas para fazer parecer que havia uma conspiração para fazer alguma coisa. Talvez eles me acusassem de abrigar um fugitivo ou de conspiração para abrigar um fugitivo. Todo mundo dizia

---

152 NT: Em Nova Iorque, o controle do aluguel é um meio de limitar o valor cobrado pelos proprietários. O controle e a estabilização do aluguel são dois programas usados em partes do estado de Nova Iorque (e outras jurisdições). Fonte: <https://en.wikipedia.org/wiki/Rent_control_in_New_York>.

que a intensa perseguição deles a mim era porque achavam que através de mim chegariam a Cet, Dhoruba, ou a qualquer outro camarada que tivesse sido forçado a se esconder. Talvez eles tentassem me interrogar, espancar e torturar até eu assinar alguma falsa confissão ou algo assim. Foi ali que decidi. Definitivamente, para casa eu não iria, e definitivamente não ia responder perguntas de ninguém sobre nada. Pensei em ir para a casa da Evelyn, mas imaginei que, assim que eu aparecesse, os porcos estariam lá esperando por mim. Resolvi que o melhor a fazer era sair de cena até descobrir o que estava acontecendo e, então, decidir o que fazer.

CAPÍTULO 16

Minha ideia inicial da clandestinidade era pura fantasia. Quando Zayd falava sobre viver escondido, eu realmente imaginava pessoas em algum porão, atravessando uma porta disfarçada de estante e desaparecendo no ar. Eu tinha imaginado todos os tipos de conexões elaboradas como as da série "Os destemidos", disfarces afrontosos, painéis falsos e coisas como as de "Missão Impossível". Fiquei chocada quando esbarrei com um irmão conhecido meu em um supermercado. Eu sabia que os porcos estavam atrás dele. Ele havia raspado todo o pelo do rosto, mas não tinha mudado quase nada. Tive que me segurar para não gritar seu nome. Mas segui meu caminho, sentindo que ele ficaria muito nervoso se me visse. Embora eu sempre tivesse pensado que algum dia provavelmente estaria envolvida na luta clandestina, eu nunca tinha pensado em, de fato, mergulhar em algo assim. Eu meio que imaginava que a luta na clandestinidade seria algo como viver uma vida dupla. Eu pensava que a forma ideal de lutar era ter um emprego regular, ou qualquer outro disfarce, e sair à noite, ou quando desse, e fazer o que precisava ser feito, com cuidado para não deixar rastros. Ainda acho que é a melhor forma, mas você tem que saber que pode ser descoberta e ficar preparada para o que quer que aconteça.

No final dos anos 1960 ou no começo dos 70, parecia que as pessoas estavam indo para a clandestinidade a torto e a direito. A cada duas semanas eu ouvia falar de alguém que tinha desaparecido. A repressão policial caiu tão forte sobre o movimento Negro que parecia que toda a comunidade Negra estava na lista de Mais Procurados do FBI. A repressão veio tão rápido que muitas pessoas não tiveram nem chance de se organizar. Eu estava meio que no limbo, indo e voltando, entre a parte de cima e a de baixo. Em meu entendimento, me procuravam só para um interrogatório. Eu não tinha feito nada e não achava que a situação fosse tão grave. Tinha que ser discreta e mudar alguns de meus hábitos, mas me sentia relativamente livre para me locomover, na superfície ou no subterrâneo, sem muitos problemas. Eu não tinha a intenção de responder às perguntas de ninguém, então, achei que era só ficar quieta e esperar as coisas esfriarem.

Havia muitas coisas que precisavam ser feitas. Basicamente, eu estava trabalhando com as estações da ferrovia subterrânea (rede de apoio), tentando atender às necessidades básicas das pessoas e ajudá-las a chegar aonde desejavam. Era um trabalho que exigia cautela real e muita concentração nos detalhes. Em um curto período, descobri que meus poderes de observação tinham aumentado exponencialmente. Eu tinha que manter meus olhos em tudo que estivesse acontecendo, olhando para frente e, ao mesmo tempo, olhando por cima do ombro. O trabalho era interessante e adequado ao meu temperamento inquieto e ativo. Mas foi um pouco difícil mudar minha forma de me relacionar com as pessoas. Eu sempre fui aberta, confiava nas pessoas, e estava achando muito difícil mudar. Foi preciso quase ser morta para eu desenvolver uma natureza mais desconfiada.

Eu estava atuando entre várias pessoas, algumas conhecidas, outras não: coletivos diversos, membros de outras organizações, de diferentes partes do país. Ficava surpresa com a desorganização de muitas pessoas, e queria muito vê-las mais organizadas, de forma muito mais disciplinada. Eu me esforçava para entender algumas coisas que via, mas as pessoas se moviam tão rápido que era difícil acompanhar o que estavam fazendo. Toda a situação era nova para mim e acho que todos nós estávamos levando tudo na sorte, tentando entender bem o que estava acontecendo e onde poderíamos nos encaixar.

EU TINHA OUVIDO no rádio, tinha visto algumas reportagens na TV. Minha reação foi UAU! O jogo estava virando. Depois de tantos Negros assassinados pelo Departamento de Polícia de Nova Iorque todos os anos, alguém finalmente estava dando o troco neles. O noticiário trazia um sem-número de adjetivos: sem sentido, brutal, cruel, mortal, sangrento etc. No dia 19 de maio, aniversário de Malcolm X, dois policiais foram metralhados na Riverside Drive. Eu sentia muito por suas famílias, por seus filhos, mas estava aliviada por saber que não eram só as pessoas Negras, porto-riquenhas e chicanas que eram baleadas. Eu estava de saco cheio de sermos sempre as únicas vítimas, e não me importava quem soubesse disso. No que me dizia respeito, a polícia nas comunidades Negras não passava de um exército estrangeiro de ocupação, que espancava, torturava e matava pessoas por capricho e sem restrições. Eu desprezo a violência, mas a desprezo ainda mais quando é unilateral e usada para oprimir e reprimir os pobres. Mas mesmo assim eu estava em estado de choque, aquela merda era muito real. Quer dizer, aquilo estava acontecendo. Alguém estava fazendo o que o resto de nós apenas fantasiava a respeito.

Eu tinha uma reunião de manhã cedo. Meu amigo foi até a esquina buscar os jornais e algo para mastigar. E voltou todo animado.

"Olha isso, irmã. Você tem que ver isso."

"Agora não quero ver nada. Preciso comer alguma coisa. O que você trouxe para comer?"

"É sério, irmã. Dá para você vir aqui ver isso?"

"Cara, eu não quero ler jornal nenhum, estou morta de fome", eu disse. Mesmo assim, fui lá e peguei os jornais. "Puta merda. Puta merda!", era a única coisa que saía de minha boca. Avidamente, li cada palavra da matéria. Eu não conseguia parar de olhar para minha foto na primeira página do *Daily News*. O jornal dizia que eu era procurada para interrogatório na investigação sobre o ataque a tiros. "Merda!", Fiquei andando em círculos, sem chão. Eu não conseguia acreditar, mas estava ali, de frente para aquilo.

"Você tem que se mandar daqui, irmã", disse meu amigo.

"Mas ir pra onde?"

"Eu não sei, mas a gente tem que te tirar daqui. Talvez seja melhor você ir ficar com o pessoal."

Eu sabia que teria que ir me juntar ao pessoal na clandestinidade, mas não tinha como sair à caça deles naquela hora. Por incrível que pareça, eu estava calma e queria me manter assim. Pedi a meu amigo para me arranjar uma peruca e outras coisas para eu poder circular um pouco. Enquanto ele foi providenciar as coisas que eu precisava, peguei meu caderno de endereços e fiz anotações mentais das pessoas às quais os porcos poderiam me associar mais facilmente. Tive que reprimir o desejo de ligar para minha mãe e dizer a ela que, pelo menos por enquanto, eu estava relativamente segura e que a amava.

Assim que cheguei à rua, pude sentir a tensão em meu corpo. Fui pela rua procurando sinais nos rostos das pessoas.

Andei assim por alguns quarteirões até perceber que não havia vivalma prestando atenção em mim. Ouvi alguns pés correndo à minha volta e quando me virei me deparei com um grupo de crianças. Eu tinha planejado ir à casa de minha amiga e, então, decidi que assim o faria. Ela morava sozinha, em um bairro tranquilo, e eu sabia que seria quase impossível alguém me rastrear em sua direção. A vida dela consistia quase completamente em trabalhar e ir à faculdade à noite.

Eu estava um pouco nervosa quando cheguei à porta dela. Talvez eu estivesse fazendo a coisa errada, envolvendo-a em tudo isso. Talvez ela ficasse com raiva de mim por eu ter ido. Decidi que não ficaria. Eu apenas passaria por lá, para explicar a ela o porquê do meu atraso e para me despedir. Ela atendeu a porta com uma toalha enrolada na cabeça.

"Por que você demorou tanto?"

Como explicar? 'Aconteceu uma coisa engraçada comigo no caminho para cá?' "Tenho que te contar uma coisa", comecei. "Só vim me despedir. A polícia está me procurando. Minha foto está estampada em todo o *Daily News*. Custo a crer que isso esteja acontecendo, mas está."

"Tô sabendo. Tô sabendo", ela disse. "O que eu quero saber é por que você demorou tanto a chegar aqui."

Eu fiquei olhando para ela, completamente surpresa. Eu não entendia. Se ela sabia o que estava acontecendo, por que ela ainda esperava que eu aparecesse? "Só vim aqui um minutinho te contar o que aconteceu e dizer que estou bem."

"Você está bem?"

Eu disse que estava.

"Para onde você está indo?"

Eu disse a ela que ia tentar me juntar a um pessoal que eu conhecia.

"Aonde você tem que ir? Você tem dinheiro? Você sabe como encontrar essas pessoas? Precisa de alguma ajuda?"

Eu disse a ela que eu tinha acabado de descobrir o que estava acontecendo e que eu ia ter que contar com meus instintos, escapando e me escondendo por um tempo até poder fazer contato.

"Menina, 'cê tá doida? Vocês militantes não têm juízo mesmo! Você pode deixar essa merda de lado, um instante, e se sentar pra gente conversar!" Ela sempre se referia a mim e aos meus camaradas como "vocês militantes". Ela também era militante, só não estava na ativa, não estava na linha de frente, como dizia.

"Você tem o endereço daqui anotado em algum lugar, ou o telefone?"

"Não, ninguém sabe quem você é ou mesmo que nos conhecemos." Por sorte, eu nunca tive muito o hábito de escrever as coisas e, à medida que a situação foi esquentando, passei a guardar a maioria dos números de meus contatos em códigos. Eu sabia os números de todos os meus amigos de cor, então não tinha problema. Nunca tinha ligado para ela do telefone da 138th Street, meu último endereço. Disse a ela que, até onde eu sabia, não havia como eles me rastrearem até ali.

"Então relaxa, boba. Não faz o menor sentido você ficar rodando na rua agora. Você precisa relaxar e organizar sua cabeça."

"Olha", eu disse a ela. "Eu não quero te impor isso. Isso é coisa minha, não tua, e eu não quero te envolver em meus problemas."

"Mulher, por favor, dá pra você calar a boca? Essa coisa não é tua, essa coisa é nossa. Agora você já me envolveu nisso e, se eu não quisesse ser incomodada, não teria aberto a porta. Eu sou tua amiga, confio em você, e amo você. Vou te esconder sempre que precisar. Onde você achou que ia se esconder? Na lua?"

Fiquei ali olhando para ela, perplexa. Nunca cheguei realmente a conhecê-la. Uma irmã de verdade. Durona, crítica, um pouco cínica demais, mas uma verdadeira mulher de luta.

"Aqui", ela disse, me entregando uma faca e algumas cebolas e batatas, "faz alguma coisa útil. Vocês, militantes, também precisam comer".

Fiquei lá, sentada, com um sorriso de orelha a orelha. Sorrindo e descascando batatas. Conversando, e me sentindo realmente em casa.

É DE MANHÃ cedo. Tenho que agir. Tudo deve ser feito com muito cuidado, já que minha foto acaba de ser publicada em todos os jornais. Cartazes de busca com minha foto estão por toda parte, e alguém me disse que a polícia tem uma foto minha no espaço acima do porta-luvas de seus carros. Cuidadosamente, ajeito meu disfarce. Foi projetado para não chamar atenção, algo que me ajude a me misturar com as outras pessoas que estarão no metrô de manhã cedo. Olho para mim no espelho, em dúvida se devo parecer uma secretária ou uma empregada doméstica. É muito cedo para secretárias. Decido que devo parecer uma mulher Negra pobre. Meias grossas e feias, sapatos rasteiros pretos e gastos, bolsa de plástico surrada, jaqueta xadrez de segunda mão e, é claro, uma peruca tipo "deus nos livre". O inchaço matinal de meu rosto, borrado de pinceladas de um lápis de sobrancelha e batom esquisitos, é perfeito para o visual.

Vou andando para o metrô, paro para comprar o jornal. Aguardo o trem na plataforma. Folheio os jornais, com cuidado para que nenhuma foto familiar apareça. Passo os olhos pelas manchetes e vou me deparando com a variedade usual de meias-mentiras, distorções e escândalos da direita. As manchetes são ofensivas como sempre:

"Comunas aterrissam no espaço sideral." "Polícia prende ladrão de galinhas." "Bem-casado se casa com roceira." Finalmente, o trem chega. Examino os vagões enquanto eles passam, procurando pelo policial de trânsito. Não vendo nenhum, me movo para a frente do trem. Eu me jogo em um lugar vago e imediatamente enfio a cara no jornal. Cuidadosamente, olho em volta para ver quem está no mesmo vagão. Em um instante, estou me maldizendo por ter saído cedo demais. Tenho uma sensação estranha de que algo está errado, mas não consigo saber o que é. O vagão do metrô tem um certo ar de zona crepuscular. Com exceção de alguns homens brancos que parecem estar indo para empregos em fábricas, todas as outras pessoas são mulheres Negras. Uma usa uniforme de enfermeira, a outra parece que está indo para a igreja, de chapéu e tudo, e as outras se parecem mais ou menos comigo. Eu continuo olhando para elas. E elas registram. Sem nenhuma exceção, todas as irmãs ali estão de peruca. É tão assustador. Estou escondendo meu lindo cabelo crespo debaixo dessa peruca e odeio isso, escondo quem eu sou para salvar minha vida. Eu, que tive que abrir mão de meus turbantes, e de meus grandes brincos de miçangas, das minhas jaquetas jeans, do meu poncho vermelho, preto e verde, e dos meus longos vestidos africanos, para lutar em outro plano, por debaixo de minha peruca olho para minhas irmãs. Talvez estejamos todas fugindo e nos escondendo. Talvez estejamos todas fugindo de alguma coisa, todas vivendo uma existência clandestina. Certamente, estamos todas sendo oprimidas e perseguidas. Eu imagino as manchetes: "Mulher **nigger** de cabelo duro é presa." "Mina afro tem seus cabelos embaraçados." "Mãe militante entrega tudo." É realmente coisa demais para compreender. Coisas horríveis nos foram feitas. Uma geração inteira de mulheres Negras se escondendo debaixo de cabelos de defuntos brancos, tenho vontade de chorar, mas não choro. Isso chamaria atenção. Eu não me levanto até que minha parada chegue. Rezo e luto pelo dia em que todas poderemos sair de debaixo dessas perucas

ÚLTIMOS EVENTOS

eu sei que estou
ligeiramente fora de moda.
Os fashionistas não querem nada comigo.

Alguém disse que sou uma Negra anos sessenta
demais.
Outro alguém disse que eu não soube amadurecer.

É verdade, eu não
alisei mais meus cabelos.
Nem redescobri a maybelline.[153]
E é verdade também
que eu ainda gosto de coisas Africanas,
como esculturas e vestidos
e GENTE.

E também é verdade
que a luta é prioridade em minha cabeça.
E ainda discuto disciplina –
minha raiva não foi embora.

---

153 NE: Marca de cosméticos de projeção internacional, que promete às usuárias um visual de acordo com as tendências mais modernas e sofisticadas do mundo da moda de foco eurocêntrico.

E ainda não suporto o velho
el dorado.[154]
E ainda não gosto de
uns e outros.
E continuo não gostando de
roka fella[155] *nenhum.*
E para mim um porco é um porco.
E festa, para mim,
só acontece de vez em quando.
É isso, felicidade para mim
é estar ligeiramente fora de moda.

---

154 NE: Referência à cidade do ouro da lenda criada pelos espanhóis em vários pontos da América Latina. Fonte: <https://es.wikipedia.org/wiki/El_Dorado>.

155 NE: Possível alusão a profissionais que trabalhassem no Rockefeller Center, que páginas atrás é chamado "Rockafella".

CAPÍTULO 17

Ao longo dos anos seguintes, lar para mim foram muitos lugares diferentes. Viajei bastante e conheci pessoas realmente lindas, pessoas tão lindas que restauraram minha fé na humanidade a cada vez que eu cruzava com elas. Como muitos de nós naquela época, eu era nova no assunto, seguia aprendendo sobre a luta clandestina na prática. Inicialmente, eu não tinha muitas ideias formadas sobre como deveria ser a luta armada dentro dos limites da amérika. Tinha lido muito sobre o tema em outros lugares, mas não tinha uma ideia concreta de como aplicar as lições dessas lutas à luta dos Negros nos Estados Unidos.

Estava claro que o Exército de Libertação Negra não era um grupo centralizado e organizado, com uma liderança e uma cadeia de comando em comum. Ao contrário, havia várias organizações e coletivos trabalhando em cidades diferentes e, nas cidades maiores, muitas vezes havia vários grupos trabalhando independentemente um do outro. Muitos membros de vários grupos foram forçados a se esconderem devido à extrema repressão policial que ocorreu no final dos anos 1960 e início dos anos 70. Alguns eram procurados por questões sérias, outros eram casos mais simples, e outros, como eu, estavam sendo procurados apenas para "interrogatório".

Irmãs e irmãos se juntaram a esses grupos porque eram comprometidos com a luta revolucionária em geral e a luta armada em particular, e queriam ajudar a construir o movimento armado na amérika. Era um sentimento estranhíssimo. Pessoas que eu costumava encontrar em comícios estavam agora escondidas, enviando mensagens pedindo contatos. Irmãs e irmãos de quase todos os grupos revolucionários ou militantes do país estavam apodrecendo na prisão ou foram forçados à clandestinidade. Todos com os quais eu conversava diziam estar interessados em seguir com a luta num nível superior. Mas a questão era como. Como reunir todas aquelas pessoas espalhadas pelo país em um corpo organizado que fosse eficaz na luta pela libertação Negra.

Ficou evidente, quase desde o início, que a consolidação não era uma boa ideia. Havia muitos problemas de segurança e grupos diferentes tinham ideologias diferentes, níveis diferentes de consciência política e ideias diferentes sobre como a luta armada na amérika deveria ser conduzida. No geral, éramos fracos, inexperientes, desorganizados e seriamente destreinados. Mas o maior problema era o desenvolvimento político. Havia irmãs e irmãos que tinham sido tão vitimados pela amérika que estavam dispostos a lutar até a morte contra seus opressores. Eles eram inteligentes, corajosos e dedicados, dispostos a fazer qualquer sacrifício. Mas descobriríamos logo que coragem e dedicação não eram suficientes. Para vencer qualquer luta pela libertação, é preciso ter não só os meios, mas também determinação, ideologia e estratégia globais que resultem de uma análise científica da história e das condições atuais.

Alguns grupos pensavam que era só pegar suas armas e partir para a luta e que, de alguma forma, as pessoas veriam o que eles estavam fazendo e também iniciariam suas lutas. Eles queriam se engajar em uma batalha de vida ou morte com a estrutura de poder na amérika, mesmo sendo fracos e mal-preparados para tal luta. Mas o dado mais importante é que a luta armada, por si só, nunca levará à revolução. Uma guerra revolucionária é uma guerra do povo. E nenhuma guerra do povo pode ser bem-sucedida sem o apoio das massas. A luta armada nunca será exitosa por si só; ela deve ser parte de uma estratégia geral de vitória, e a estratégia deve ser tanto política quanto militar.

Como não éramos donos das emissoras de TV ou dos jornais, era fácil para a mídia nos retratar como monstros e terroristas. A polícia podia aterrorizar a comunidade Negra diariamente, mas se uma única pessoa Negra se defendesse com sucesso contra um ataque policial, ela era chamada de terrorista. Logo ficou claro para mim que nossa batalha mais importante era ajudar a mobilizar, educar e organizar politicamente as massas de pessoas Negras e conquistar suas mentes e corações. Era inconcebível que pudéssemos sobreviver, quanto mais vencer qualquer coisa, sem o apoio delas.

Todo grupo em luta pela liberdade está fadado a cometer erros mas, se não estudar as leis fundamentais e comuns da luta armada revolucionária, estará fadado a cometer erros desnecessários. A guerra revolucionária é um conflito armado demorado. É impossível vencermos rapidamente. Para vencer, temos que desgastar nossos opressores aos poucos e, ao mesmo tempo, temos que aumentar nossas forças, lenta, mas seguramente. Eu entendia minhas irmãs e meus irmãos mais impacientes. Eu sabia que era tentador substituir a luta militar pela política, principalmente porque todas as nossas organizações na superfície estavam sob violento ataque do FBI, da CIA e das agências policiais locais. Todos nós que vimos nossos líderes serem assassinados, nosso pessoal ser abatido a sangue frio, sentimos uma necessidade, um desejo, de revidar. Uma das lições mais difíceis que tivemos que aprender é que a luta revolucionária é científica, e não emocional. Não estou dizendo que não devamos sentir nada, mas as decisões não podem ser baseadas no amor ou na raiva. Elas têm que se basear em condições objetivas, racionais, e não emocionais.

Em 1857, a suprema korte dos e.u. decidiu que os Negros equivaliam a apenas três quintos de um homem e nenhum de seus direitos deveria ser respeitado pelos brancos. Hoje, mais de 125 anos depois, ainda ganhamos menos de três quintos do que os brancos ganham. Era evidente para mim que não poderíamos esperar que as kortes nos garantissem liberdade e justiça, assim como não conseguiríamos nossa libertação participando do sistema político dos e.u., e seria mera ilusão pensar que poderíamos conquistá-las implorando por elas. A única alternativa que nos restava era lutar por nossos direitos, e teríamos que lutar como qualquer outro grupo que tivesse lutado por sua libertação.

Eu não era das que acreditavam que devíamos esperar por condições mais favoráveis para, então, organizarmos a clandestinidade. Eu sentia que era importante começarmos a construir estruturas subterrâneas o mais rápido possível. E embora eu achasse que a principal tarefa da luta na clandestinidade devesse ser a soma de organização e estruturação, não achava que os atos armados de resistência devessem ser descartados. Desde que não atrapalhassem nossos planos de longo alcance, as unidades de guerrilha deveriam ser capazes de executar algumas ações armadas bem planejadas, em tempo oportuno, e que fossem bem coordenadas com objetivos políticos pensados para a superfície. Mas não mais ações ultrapassadas, e sim ações que os Negros indubitavelmente entendessem e apoiassem, ações que fossem bem divulgadas na comunidade Negra.

CAPÍTULO 18

Após minha absolvição no caso de assalto a banco no Queens, no Tribunal Federal do Brooklyn, em 16 de janeiro de 1976, fui levada de volta a nova jérsei, colocada no porão da prisão masculina do condado de middlesex, em confinamento solitário, e ali fui mantida por mais de um ano até o fim do julgamento de jérsei. Lennox Hinds, então chefe da Conferência Nacional de Advogados Negros, junto com os outros membros da equipe de defesa, entrou com uma ação civil contra o Estado, alegando que minhas condições eram cruéis e desumanas. Após uma longa batalha judicial, os dois lados concordaram que um oficial de audiência deveria revisar minhas condições carcerárias e se pronunciar. O oficial de audiência era um homem chamado Ploshnik, designado pelo Estado. Não tivemos nenhuma chance de participar da seleção do oficial, portanto, imaginávamos que a decisão seria favorável ao Estado. Mas ele surpreendeu a todos e determinou que minhas condições carcerárias eram realmente desumanas e recomendou que fossem alteradas imediatamente. Mas através de uma série de apelações e manobras legais o Estado conseguiu me manter confinada naquele porão. Quando o governo acha conveniente seguir suas próprias leis e seus procedimentos administrativos, ele o faz. E quando considera que essas mesmas leis são inconvenientes para seus próprios interesses, ele simplesmente as ignora.

Eu decidi que queria que Stanley Cohen e Evelyn trabalhassem juntos no caso. O que foi um erro, visto que um não morria de amores pelo outro. Nem Stanley nem Evelyn eram advogados de nova jérsei, então, tivemos que chamar um advogado de lá para atuar no caso. Ray Brown estava ocupado com outros compromissos e não poderia. Stanley consultou um jovem advogado branco de nova jérsei, chamado Stuart Ball, que, depois de algumas reservas, concordou em se juntar à defesa no caso. Stanley queria também que um jovem advogado, Lawrence Stern, atuasse como seu assistente. Embora Evelyn estivesse envolvida na defesa e Lennox estivesse lidando com o processo civil em torno das condições de minha prisão, a Conferência dos Advogados Negros designou um jovem advogado negro do Mississippi, chamado Lewis Myers, para trabalhar no caso. Fiquei muito feliz. Todos sabiam que o julgamento em nova jérsei era o mais importante e que minhas chances de que ele fosse justo eram praticamente nulas. Assim, a estratégia era tentar cercar a equipe de defesa com o máximo de recursos e experiências possíveis.

A ideia parecia boa, mas se já houve um caso de *chefs* demais na cozinha, foi esse. Quase desde o início, a equipe de defesa foi assolada por conflitos pessoais. Os problemas eram em grande parte ampliados pelo fato de ninguém estar sendo pago. Os advogados estavam tendo problemas para cobrir até mesmo suas despesas básicas. Parecia que, a cada dois meses, um ou outro advogado pedia ao juiz para ser dispensado do caso.

Precisávamos urgentemente de especialistas. Precisávamos encontrar um especialista em balística e um químico forense, entre outros, para refutar as acusações do Estado.

Precisávamos também desesperadamente de um investigador que localizasse alguns dos médicos que cuidaram de mim quando fui hospitalizada e outras testemunhas em potencial. Lutamos e insistimos nesse ponto até que, finalmente, o juiz Theodore Appleby emitiu uma ordem para que o Estado pagasse pelos especialistas. Mas, assim que recebemos o pedido, descobrimos que estávamos na mesma posição em que começamos. Sem exceção, todas as pessoas que consultamos declinaram. Os tipos de especialistas que precisávamos quase sempre eram policiais ou trabalhavam para agências policiais. Como meu caso envolvia o assassinato de um policial, nenhum deles queria se envolver. A parte mais crucial da acusação do promotor era o "depoimento científico" alegando que eu tinha enormes quantidades de sangue do soldado morto em mim. Queríamos que alguém que entendesse do assunto examinasse cada centímetro daquelas roupas, para verificar o que havia nelas e também o que haviam feito com elas. Mas não conseguimos encontrar um único químico forense que trabalhasse para nós, muito menos um que fosse nossa testemunha. Se tivessem aceitado, eles nunca mais conseguiriam trabalhar em paz para nenhuma agência policial. As pessoas nunca ouvem falar deste aspecto de um julgamento. Mas não há um único lugar onde um réu em um julgamento criminal consiga encontrar "especialistas" em ciências comumente conhecidas como "policiais". A polícia pode escrever um relatório dizendo praticamente o que quiser, e não haverá forma possível de refutar o que eles disserem. E houve casos em que "especialistas" atuaram como agentes duplos: trabalhavam para um réu enquanto trabalhavam secretamente com o promotor.

Uma coisa extraordinária foi a quantidade de estudantes favoráveis à nossa causa que dedicaram tempo e energia para nos ajudar. Eles se ofereceram para indexar e organizar transcrições anteriores e, junto com ativistas políticos, fizeram uma pesquisa sobre possíveis jurados no Condado de Middlesex. Os membros do comitê de defesa publicavam um boletim para manter as pessoas informadas sobre o que acontecia no caso e também organizavam palestras e atividades para angariar fundos. As pessoas circulavam petições e se manifestavam em frente ao salão da korte. Elas se ofereciam para datilografar, lidar com o telefone etc. Artistas como Harry Belafonte, Ossie Davis e Ruby Dee se apresentaram em eventos beneficentes para arrecadação de fundos. Poetas como June Jordan, Audre Lorde e Sonia Sanchez, entre outros, fizeram leituras públicas de poesia. Ativistas políticos como Angela Davis e Amiri Baraka trabalharam duro para educar as pessoas sobre o que estava acontecendo em nova jérsei. Quando Angela Davis foi a nova jérsei fazer uma palestra em meu benefício, a promotoria preparou uma emboscada para ela e seu partido, e os perseguiu até o momento em que deixaram o estado. Ela tentou me visitar na cadeia, e o juiz não só proibiu como também suspendeu todas as minhas outras visitas.

Uma das declarações mais comoventes que já ouvi foi um discurso que o juiz Bruce Wright fez em um comício de arrecadação de fundos em meu benefício. O juiz Bruce Wright é um juiz Negro que foi transferido do tribunal criminal de Nova Iorque porque era muito justo e honesto, e fez algo imperdoável: fixou a fiança de pessoas pobres em quantias que elas podiam pagar. As kortes nunca serão nada além de ferramentas de repressão até que juízes como Bruce Wright sejam designados para presidir os julgamentos de pessoas Negras.

Havia muitas, muitas pessoas que nunca cheguei a conhecer, apesar de terem trabalhado tanto por mim. E como nunca tive oportunidade de agradecer a todas as pessoas Negras, brancas, pessoas do Terceiro Mundo, todos os estudantes, feministas, revolucionários, ativistas etc. que trabalharam no caso, eu agradeço a vocês agora.

Muitas das conferências para pré-julgamento nada mais eram do que a defesa preparando petições e o juiz negando--as. Toda vez que íamos à korte, o juiz fazia questão de ler para os autos que eu havia me recusado a ficar de pé diante dele. Ele era um daqueles cães brancos racistas que realmente acreditavam que era um sinhozinho. Ele realmente levava aquela coisa de "meritíssimo" a sério. Se ele pudesse fazer as pessoas se curvarem diante dele e beijarem sua mão, ele o faria. Ele alegava que era um "defensor do decoro de seu tribunal". Muito decoro, mas nem uma gota de justiça. Ficar de pé diante dele? Sem chances. Ele era um verdadeiro e incorrigível **craka**.[156] Do tipo daqueles que eles poderiam enviar para exterminar os "nativos" da África, para tornar a América Central segura para a United Fruit Company,[157] ou para administrar um centro de esterilização em Porto Rico.

STANLEY COHEN foi me ver. Ele estava animado e otimista. A boa notícia é que ele tinha encontrado um investigador, um velho amigo seu que lhe devia um favor. Seu

---

156 NE: *Cracker* ou *Craka* (variações de um mesmo termo), segundo o livro *African-American Slang: A Linguistic Description*, de Maciej Widawski (2015), é um termo "potencialmente ofensivo, usado em referência a uma pessoa branca, principalmente se for uma pessoa pobre, racista, ou do Sul dos Estados Unidos". E o *Routledge Dictionary of Modern American Slang and Unconventional English* (2009), editado por Tom Dalzell, apresenta definição bem similar para o termo: "Uma pessoa branca, pobre, sem educação [formal] e racista, [oriunda] do Sul dos Estados Unidos." Entretanto, hoje é discutível o emprego do termo em referência apenas às pessoas brancas racistas do Sul dos EUA.

157 NT: Multinacional dos EUA que se destacou na produção e no comércio de frutas tropicais em plantações no então Terceiro Mundo, principalmente na América Latina, Estados Unidos e Europa e funcionou de 1899 a 1970.

amigo tinha uns contatos na polícia do estado de nova jérsei e achava que poderia conseguir com eles alguma informação sobre Harper, o policial que era a principal testemunha. Ele estava progredindo também na busca por um químico forense. Nós dois achávamos que alguns relatórios científicos tinham sido falsificados pelos soldados do estado de nova jérsei. Conversamos sobre isso e um milhão de outras coisas durante toda a visita. Ele estava tão positivo. Disse que tinha um plano, algo que estava examinando, mas não queria discutir o assunto e aumentar minhas esperanças prematuramente. Aquela foi a última vez que vi Stanley Cohen.

Poucos dias depois recebi uma ligação. Stanley estava morto. Tinham encontrado seu corpo em casa, com evidências de trauma. Até hoje, ninguém além da polícia e da família de Stanley sabe a causa da morte. Os jornais afirmaram que Stanley tinha morrido de causas naturais. Mas um amigo de Stanley, um médico, me disse que tinha conversado com o médico legista e que tinha recebido informações conflitantes. Ninguém sabe ao certo como Stanley morreu e provavelmente nunca saberemos. A única coisa que sabemos é que, depois de sua morte, todos os documentos legais de meu caso desapareceram. Evelyn conversou com Phyllis, a viúva de Stanley, e ela entregou todos os documentos legais que pôde encontrar que tivessem algo a ver com o meu caso, mas a maior parte do material ainda estava faltando. Finalmente, Evelyn descobriu que meus documentos legais estavam com a polícia de Nova Iorque. "Como eles conseguiram?", perguntei a ela. "Não quero nem pensar nisso", foi sua resposta.

Eu não conseguia acreditar que tudo isso estava acontecendo. Era tudo tão estranho. A polícia de Nova Iorque alegou que havia levado meus documentos legais da casa de Stanley porque eram provas. "Prova de quê?", perguntei a Evelyn. Aparentemente, meus documentos legais foram a única propriedade que o Departamento de Polícia de Nova Iorque retirou de sua casa. Demorou mais de um mês para recuperar parte deles. Alguns nunca foram recuperados. Nenhuma das anotações sobre o investigador ou sobre o químico forense foi encontrada. Todas as notas sobre a estratégia para o julgamento que tínhamos mapeado tinham desaparecido. Era estranho. Pensei na família de Stanley e no que deveriam estar passando. As circunstâncias de sua morte eram muito estranhas. Fiquei muito tempo sentindo um grande vazio no estômago.

Após a morte de Stanley, William Kunstler se juntou à equipe de defesa. A primeira coisa que o juiz fez depois de admitir Kunstler no caso foi rescindir a aprovação de especialistas pagos pelo Estado, alegando que os advogados não tinham agido rápido o suficiente para contratá-los. Fiquei ainda mais desconfiada. Eu não conseguia entender por que Appleby, de repente, ficou tão ansioso em garantir que não teríamos peritos. Era óbvio que, sem alguma ajuda financeira, eu nunca conseguiria pagá-los. Eu não tinha um centavo em meu nome.

A estratégia de Appleby era intimidar completamente os advogados, assediá-los, ameaçá-los até que eles temessem montar qualquer oposição significativa ao linchamento legal que era para ter sido o meu julgamento. Como não havia fundos para pagar por nada, os comitês de defesa e os advogados foram forçados a lançar uma campanha de arrecadação de fundos. Na primeira vez em que Bill Kunstler falou em nova jérsei, Appleby tentou retirá-lo do caso, acusando-o de “conduta imprópria” e “conduta prejudicial à administração da justiça”. A conduta imprópria era ter feito uma palestra na Universidade Rutgers, durante a qual ele disse que precisávamos de dinheiro para contratar peritos, que as condições de meu confinamento eram prejudiciais à minha cooperação com a defesa e que, segundo a lei, eu era considerada inocente até prova em contrário.

A exigência de Appleby por uma Medida Liminar que explicasse por que Bill não deveria ser retirado do caso atingiu seu objetivo. Em vez de se prepararem para o julgamento, os advogados foram obrigados a investir tempo e energia se preparando para os dois dias de audiência na qual se determinaria se Bill continuaria ou não no caso. Appleby finalmente decidiu que Bill permaneceria, mas somente depois de passarmos um mês lidando com essa loucura. A implicação da audiência era clara. Qualquer tentativa dos advogados para me defender seria recebida com hostilidade pelo juiz. Appleby ameaçou todos os advogados com acusação de desacato, não uma ou duas vezes, mas regularmente. Lew Myers participou de um coquetel beneficente no qual Angela Davis fez uma fala. Alguém enviou uma carta ao Tesouro dos EUA em Washington e, cerca de dez dias depois, ele estava sendo investigado pelo Internal Revenue Service.[158] Evelyn era repetidamente assediada por Appleby. Não houve um só dia em que o tal juiz imparcial não tivesse demonstrado sua hostilidade à equipe de defesa.

Os advogados encontraram evidências de que os escritórios em frente ao tribunal, que eram utilizados por eles e pela equipe de defesa, estavam grampeados. Os pedidos de investigação foram negados. Durante uma coletiva de imprensa, Lennox Hinds teve coragem de desmascarar aquele julgamento, afirmando que não passava de "um linchamento legal em um tribunal de fachada". Appleby o indiciou

---

158 NT: Agência federal interna dos EUA para tratar de assuntos relacionados à Receita.

por desacato e houve um esforço para destituí-lo. Somente depois de apelar para a mais alta korte de nova jérsei ele foi autorizado a continuar atuando como advogado no estado de nova jérsei.

O julgamento começou em 17 de janeiro de 1977, no mesmo dia em que mataram Gary Gilmore em Utah. Gary Gilmore foi a primeira pessoa executada legalmente desde que a pena de morte foi derrubada pela suprema korte dos e.u. no início dos anos 1970. Essa execução deu o tom do julgamento. O juiz negou quase todas as nossas petições, incluindo meu direito de me defender em conjunto com a equipe de defesa, uma mudança de local, uma petição para revisar o registro policial de Harper, uma petição para apresentar evidências de que eu havia sido vítima do programa de contraespionagem do governo (Cointelpro) etc. Embora o Projeto de Júri Nacional tivesse feito um estudo sobre o Condado de Middlesex e constatado que 83% das pessoas tinham ouvido falar de meu caso na mídia e 70% já tinham formulado uma opinião sobre a minha culpa, a korte insistia que eu poderia receber um julgamento justo. O juiz disse que questionaria os jurados e garantiria que fossem "justos e imparciais".

Appleby se esforçou ao máximo para evitar perguntar aos potenciais jurados se eles achavam que eu era culpada, optando por perguntar se eles conseguiriam "deixar suas opiniões de lado". Ele cuidadosamente evitou pedir suas opiniões sobre mim, sobre o Exército de Libertação Negra, o Partido dos Panteras Negras e sobre militantes Negros ou qualquer outra coisa que tivesse sido relatada negativa e tendenciosamente nos jornais. Os advogados do julgamento não tinham direito de questionar os jurados. O questionário para seleção de jurados de Appleby foi desenhado de forma a garantir que os mais hipócritas e dogmáticos permanecessem no júri. Aqui estão dois exemplos extraídos diretamente da transcrição:

P: E você já tinha ouvido falar desse caso?
R: Sim, já.
P: Onde você tinha ouvido falar do caso?
R: Nos jornais.
P: E chegou a discutir sobre esse caso com outras pessoas?
R: Ocasionalmente.
P: E com base no que quer que você tenha ouvido de qualquer fonte, você acha que já formou uma opinião sobre a culpa ou inocência dessa ré?
R: Bem, para ser bem honesto, eu acho que eu seria um pouco tendencioso.
P: Deixe-me fazer outra pergunta. No caso de você ser escolhido para o júri, você acha que seria capaz de ouvir todas as evidências do caso e fazer um julgamento justo e imparcial, aplicando a lei que o juiz lhe der, deixando de lado quaisquer opiniões ou concepções ou ideias anteriores sobre qualquer coisa no caso e, em seguida, você acredita que poderia dar um veredito justo quanto à culpa ou à inocência dessa ré?
R: Acho que eu poderia.
P: Você acredita que conseguiria?
R: Acho que sim.

Exemplo número dois:

P: Você acha que – com base em qualquer informação que tenha acumulado sobre o caso, vinda de qualquer fonte – já tenha formado sua opinião sobre a culpa ou a inocência dessa ré?
R: Eu acho... sim, eu acho que ela é culpada, sim.
P: Você acha que ela é culpada?
R: Sim.

P: E deixe-me fazer outra pergunta. Caso você seja selecionado para servir como jurado neste caso, você acha que conseguiria ouvir as evidências e julgá-las imparcialmente, aplicando a lei que o juiz lhe der, deixando de lado essa opinião que você já tem?

R: Sim, eu provavelmente conseguiria.

P: E, ainda assim, conseguiria julgar imparcialmente se ela é culpada ou inocente?

R: Sim. Dependendo das evidências e tal.

As respostas foram todas desse tipo. O juiz se recusou a remover os dois jurados acima por suspeição (com base na parcialidade que os impediria de serem jurados justos e imparciais) e nossas recusas peremptórias foram rapidamente esgotadas. Permaneceram no júri final dois amigos, uma namorada e dois sobrinhos de soldados do estado de nova jérsei. O chamado processo de seleção do júri foi a maior farsa da história do direito.

Na metade do dito processo de seleção do júri, eu estava pronta para dar o dia por encerrado. Por pior que tudo isso soe, reitero que o tal júri era ainda pior. Eu não queria mais fazer parte daquilo. Mas quase todos da equipe de defesa entendiam que não participar seria um erro. "Caso contrário, nunca teremos nada nos autos. Você nunca conseguirá nem ao menos convencer um tribunal de apelação de nada. Você tem que ir lá e contar o seu lado da história. Podemos provar, com base no depoimento médico, que você levou um tiro nas costas quando estava com as mãos para o alto. Podemos provar que Harper atirou primeiro. Podemos provar que depois que você foi baleada sua mão ficou paralisada e que, pela localização do ferimento, teria sido impossível para você atirar nele com a mão esquerda. Podemos provar que Harper atirou primeiro. Podemos provar isso se você colaborar. Nós podemos provar..."

Eu estava cansada desse caso. Evidentemente eu não acreditava que alguma korte de apelações iria me libertar, ou que qualquer júri branco racista e preconceituoso o faria. Era óbvio que eu não tinha a menor chance de receber qualquer tipo de justiça. Os problemas financeiros, problemas com peritos, problemas pessoais entre os advogados, além de eu ainda estar apodrecendo no confinamento solitário, tudo isso estava me abatendo. Todo dia, quando eu entrava na korte, era como se eu estivesse entrando no teatro do absurdo. Eu não queria fazer parte daquilo. Os advogados diziam que eu poderia criar um clima político que, achavam eles, forçaria o tribunal de apelação a ceder se eu participasse do julgamento e registrasse nos autos o fato de que eu era inocente. Eles estavam convencidos de que, no último minuto, o químico forense que eles estavam tentando localizar no Canadá chegaria e salvaria o dia. Eu não apostava uma única ficha nisso, mas sabia que era importante manter o ritmo em torno do que estava acontecendo. Decidi permanecer e participar, embora aquilo estivesse me matando.

O julgamento prosseguiu longa e absurdamente. Um júri totalmente branco foi selecionado, seguindo as orientações de Kunstler e do Projeto de Júri, que decidiram que, embora os jurados selecionados para o júri fossem horríveis, os outros eram ainda piores. O juiz não só negou minha petição para atuar como auxiliar em minha equipe de defesa, como não permitiu que os advogados lessem minha declaração para abertura do debate. A sede da equipe de defesa, localizada em New Brunswick, foi invadida, documentos revirados e roubados, e o juiz se recusou a investigar e taxou a petição de "frívola". As testemunhas do Estado, quase todos porcos, se levantaram e falaram o que foram instruídos a falar. Não tínhamos peritos para refutar ou mesmo avaliar aqueles depoimentos. A principal testemunha, Harper, o policial estadual que eu teria supostamente baleado, declarou que tinha dito uma "inverdade" na inquirição, mas negou que fosse uma mentira.

Passei a maior parte do julgamento olhando para o teto e me odiando, primeiramente, por estar ali. Quando chegou minha vez de depor, fiquei chocada. Eu achava que ia poder falar de tudo – ser fugitiva, como me tornei fugitiva, todo o cenário político que me levou a estar ali, no salão da korte. Mas aí eles falaram em algo como "abrir a porta".[159] Abrir a porta, foi explicado, era como abrir a caixa de Pandora. Se eu expusesse as motivações políticas que me tornaram fugitiva, o promotor poderia então apresentar todos os tipos de "evidências" prejudiciais que não tinham nada a ver com o que aconteceu na rodovia, para evidenciar minha "intenção criminosa". Se eu "abrisse a porta", o promotor teria como apresentar manuais de guerra de guerrilhas e uma pilha de outros materiais encontrados no carro, que não tinham nada a ver com esse julgamento. Na ausência de testemunhas políticas (cujas intimações para comparecimento o juiz se recusou a emitir) que poderiam depor sobre o ataque sistemático do Cointelpro ao movimento de Libertação Negra e aos Negros em geral, meu depoimento teria sido distorcido. Eu queria desistir completamente, denunciar aquele julgamento, mas era tarde demais. A única saída era depor, para incluir minha versão dos fatos nos autos, e evitar "abrir a porta". Um ano de confinamento

---

159 NE: Open-Door Law, em inglês: lei que prevê o acesso público a informações internas, registros, atas e reuniões de órgãos públicos. Fonte: CASTRO, Marcílio Moreira de (ed.). *Dicionário de direito, economia e contabilidade*: português-inglês/inglês-português. 4. ed. Rio de Janeiro: Editora Forense, 2013.

solitário tinha me deixado quase muda. Enquanto depunha, segurava uma pequena foto de minha filha.

HOJE EM DIA, quando penso nisso, e me pergunto por que participei daquele julgamento, concluo que eu devia estar louca. Acredito que, por ter passado por muitos julgamentos e ter obtido inúmeras absolvições, eu acabei me deixando levar. (Três outras acusações foram arquivadas. Uma na suprema corte do estado no Queens, que me acusava de assassinato de policiais, foi arquivada porque o juiz, depois de examinar a decisão do grande júri, determinou que não havia provas suficientes nem mesmo para que eu tivesse sido indiciada. As outras duas, uma na suprema korte do Brooklyn e a outra na suprema korte do Condado de Nova Iorque, foram arquivadas por falha do Estado em me levar a julgamento por seis anos após o retorno das acusações.)

Participar do julgamento em nova jérsei foi imoral e um grande erro. Ao fazer isso, contribuí para minha própria opressão. Eu deveria ter sabido e não conferido dignidade ou credibilidade àquela farsa. No fim das contas, as pessoas são nosso único recurso. Ninguém além de nós mesmos pode nos libertar.

CAPÍTULO 19

Fui transferida em 8 de abril de 1978 para a prisão de segurança máxima para mulheres em alderson, west virginia, a instalação federal projetada para receber "as mulheres mais perigosas do país". Eu não tinha sido condenada por crime federal nenhum, mas, sob o pacto interestadual, qualquer prisioneiro pode ser enviado, como se envia uma carga, para qualquer prisão no território dos e.u., inclusive para as ilhas virgens, a quilômetros de distância da família, dos amigos e dos advogados. Devido a este acordo, Sundiata tinha sido transferido para a prisão de marion, em illinois, a prisão federal que era o mais brutal campo de concentração do país.

Alderson ficava no meio das montanhas de west virginia, e parecia que as montanhas formavam uma barreira impenetrável entre o presídio e o resto do mundo. Não tinha aeroporto e, para chegar lá, eram necessários dias de viagem. A viagem para alderson era tão cara e difícil que a maioria das mulheres recebia a visita da família apenas uma ou duas vezes por ano.

Fui colocada em uma unidade de segurança máxima (usm) chamada davis hall. Ela era rodeada por uma cerca eletrônica na parte inferior, e por arame farpado na superior, que, por sua vez, era coberto por arame concertina (um tipo de arame espiralado cortante que tinha sido proibido pela Convenção de Genebra). Era uma prisão dentro de uma prisão. A quietude daquele lugar lembrava um corredor da morte bizarro. Tudo era árido e morto.

Havia três grupos principais na usm: as nazistas, as "amantes de **niggahs**"[160] e eu. Eu era a única mulher Negra na unidade, com a exceção de uma outra que saiu quase imediatamente após minha chegada. As nazistas tinham sido enviadas para alderson de uma prisão na Califórnia, onde foram acusadas de incendiar presidiárias. Elas eram membros da irmandade [feminina] ariana, a ala feminina da irmandade [masculina] ariana – um grupo racista branco que opera nas prisões da Califórnia e é bem conhecido por atacar prisioneiros Negros.

Ligadas às nazistas, estavam as mulheres da família Manson,[161] sandra good e linda "estridente" fromme. Sandra tinha sido condenada a 15 anos por ameaçar a vida de empresários e funcionários do governo, e fromme cumpria prisão perpétua por tentar matar o presidente gerald ford. Elas eram como as gêmeas Bobbsey e estavam nitidamente ruins da cabeça.

Elas se autodenominavam "vermelha" e "azul". Todos os dias "vermelha" usava vermelho da cabeça aos pés e "azul" usava azul. Elas eram tão fanáticas na devoção a charles manson que escreviam para ele todos os dias, para informar tudo o que acontecia na usm. Elas aguardavam as "ordens" dele,

---

160 NE: Em inglês, o termo *nigger-lover* (e suas variações) – segundo o *Routledge Dictionary of Modern American Slang and Unconventional English*, editado por Tom Dalzell – significa "uma pessoa branca que se mistura com ou admira os negros; uma pessoa branca que acredita que todos os homens são criados iguais". Afirma ainda ser um termo "originalmente usado por brancos, com a intenção de ser ofensivo e depreciativo". É um termo bastante frequente na literatura de ficção dos EUA, por exemplo.

161 NT: Grupo criminoso formado por Charles Manson nos anos 1960.

e não tenha dúvida de que, se ele mandasse matar alguém, elas morreriam tentando cumprir essa ordem. Também ligadas às nazistas estavam as prisioneiras matutas: uma porca obesa que nunca tomava banho e andava descalça, e uma lésbica masculinizada que mascava tabaco e agia como se estivesse no exército confederado. Havia uma nazista "independente" que tinha se desentendido com as outras. Ela exibia uma enorme suástica bordada em seu jeans.

Felizmente, Rita Brown, uma revolucionária branca da Brigada George Jackson, um grupo sediado na Costa Oeste, estava entre as quatro ou cinco "amantes de **niggahs**". Ela era feminista e lésbica, e me ajudou a entender melhor muitas questões do movimento de libertação das mulheres brancas. Ao contrário de Jane Alpert, que conheci na prisão federal de Nova Iorque e a quem eu detestava, pessoal ou politicamente, Rita não separava a opressão das mulheres do racismo e do classismo da sociedade dos e.u. Concordamos que o sexismo, como o racismo, era gerado por governos capitalistas e imperialistas, e que as mulheres nunca seriam livres enquanto as instituições que controlavam nossas vidas existissem. Eu respeitava Rita porque ela realmente praticava a irmandade, e não era apenas uma daquelas bocudas que falam de homens sem parar.

Tenho certeza de que muitas agentes penitenciárias achavam que eu nunca sairia viva daquele lugar. Era a situação perfeita para uma cilada, e eu lidava com essa questão muito seriamente. Eu não me metia em confusão, mas fiz as nazistas entenderem que eu estava pronta para me defender a qualquer momento e que, se procurassem confusão comigo, elas iriam encontrar. Deixei claro para elas que eu as odiava tanto quanto elas me odiavam, e que se a mãe de alguém tivesse que chorar, seria a delas, não a Sra. Johnson. Após alguns confrontos, as nazistas me deixaram em paz.

Depois de um tempo em alderson, soubemos que a usm seria fechada porque tinha sido declarada inconstitucional. Foi implementado um programa de estratificação de término progressivo que consistia em liberar as detentas da usm durante o dia para participarem das mesmas atividades permitidas à população em geral. Consegui um emprego para trabalhar na equipe de mecânica geral, fui autorizada a participar das atividades de recreação, assistia a aulas e podia visitar e fazer refeições com as mulheres da população geral.

Muitas das irmãs eram Negras e pobres e de Washington D.C., onde todo crime é uma violação de uma lei federal. Elas eram irmãs lindas, cumprindo sentenças ultrajantes por delitos insignificantes. Semelhante à situação que existia na prisão federal de Nova Iorque, algumas mulheres não tinham dinheiro para comprar cigarros sem terem que abrir mão de outras necessidades, enquanto outras tinham dinheiro, contatos, usavam casacos de pele e viviam como se estivessem em uma prisão diferente. Esse pequeno grupo de mulheres tinha sido condenado por tráfico de drogas. Dizia-se que elas prestavam os mesmos serviços na prisão, como faziam na rua, só que agora trabalhavam para as guardas.

Um dia, quando eu estava voltando para o davis hall, uma mulher de meia-idade com cabelos grisalhos chamou minha atenção. Ela tinha aparência de professora, uma certa dignidade. Algo me levou em sua direção. Enquanto eu estudava seu rosto, vi que ela também estudava o meu. Nossos olhos se encontraram de forma intrigada. "Lolita?", arrisquei. "Assata?", respondeu ela. E ali, em plena cadeia de alderson, nos abraçamos e nos beijamos.

Para mim, essa foi uma das maiores honras de minha vida. Lolita Lebron era uma das prisioneiras políticas mais respeitadas do mundo. Desde que soube de sua corajosa luta pela independência de Porto Rico, li tudo o que pude encontrar sobre ela. Ela havia passado um quarto de século atrás das grades e recusado a liberdade condicional, a menos que seus companheiros também fossem libertados. Depois de todos aqueles anos, ela permanecia forte, inflexível e inteira, ainda dedicada à independência de Porto Rico e à libertação de seu povo. Ela merecia mais respeito do que pudessem lhe dar, e eu não sabia o que mais fazer para demonstrar meu respeito por ela.

Em nossos encontros posteriores, devo ter enchido o saco dela, tropeçando para carregar sua bandeja, tentando arranjar uma cadeira para ela ou fazendo o que eu pudesse para agradá-la. A vida de Lolita Lebrón na prisão tinha sido um inferno, e ainda assim ela era incrivelmente calma e extremamente gentil. Ela havia sofrido anos de isolamento em davis hall, além de anos de isolamento político e pessoal. Até o surgimento do movimento pela independência de Porto Rico, no final dos anos 1960, ela recebia muito pouco apoio. Foram muitos anos sem uma única visita. Durante anos, ela foi afastada de seu país, de sua cultura, de sua família e não conseguia falar sua própria língua. Sua única filha morreu enquanto ela estava na prisão.

Eu apoiava Lolita 100%, mas havia uma coisa sobre a qual discordávamos. Quando nos conhecemos, Lolita era meio anticomunista e antissocialista. Ela era extremamente religiosa e, acho eu, acreditava que religião e socialismo eram duas forças opostas, que socialistas e comunistas se opunham completamente à religião e à liberdade religiosa.

Após o ressurgimento do movimento de independência de Porto Rico, Lolita era visitada por todo tipo de gente. Alguns eram robôs pseudorrevolucionários que a atacavam por suas crenças religiosas dizendo que, para ser revolucionária, ela teria que desistir de sua crença em Deus. Aparentemente, nunca havia ocorrido àqueles idiotas que Lolita era mais revolucionária do que eles jamais poderiam ser, e que sua religião a tinha ajudado a permanecer forte e comprometida durante todos aqueles anos. Eu ficava furiosa com a grosseria e a arrogância equivocada deles.

Fiquei amiga bem próxima de uma freira católica, Mary Alice, quando eu estava em alderson, que me apresentou a teologia da libertação. Eu tinha lido alguns artigos de Camillo Torres, o padre revolucionário, e sabia que havia muitos padres e freiras revolucionários na América Latina. Mas eu não sabia muita coisa sobre a teologia da libertação. Eu sabia que Jesus tinha expulsado os cambistas dos templos e disse que os mansos herdariam a terra e muitas outras coisas que se opunham diretamente ao capitalismo. Ele disse aos ricos que abrissem mão de suas riquezas e que era "mais fácil um camelo passar pelo buraco de uma agulha do que um rico entrar no Reino de Deus" (Mateus 19:24). Eu sabia um pouquinho, mas tinha muito respeito por Lolita para abrir minha boca descuidadamente. Decidi estudar teologia da libertação para poder ter uma conversa inteligente com ela.

Mas nunca consegui. A unidade de segurança máxima fechou e eu fui enviada de volta para nova jérsei. Lolita está livre agora,[162] e não está mais afastada do que acontece em sua parte do mundo ou em sua igreja. Eu sei que onde quer que ela esteja, ela está rezando e lutando por seu povo.

---

162 NT: Lolita passou 25 anos presa após um ataque a tiros ao Congresso dos EUA em 1954. Morreu em 2010, aos 90 anos, de um ataque cardíaco.

CAPÍTULO 20

Minha mãe leva minha filha para me ver no centro penitenciário de clinton para mulheres em nova jérsei, para onde fui enviada depois de alderson. Eu estou delirante. Ela parece tão alta. Corro para beijá-la. Ela quase não reage. Ela é distante e retraída. Fisgadas de culpa e tristeza tomam meu peito. Vejo que minha filha está sofrendo. É estúpido perguntar o que está acontecendo. Ela tem quatro anos e, exceto por essas visitas lamentáveis – embora minha mãe a levasse para me ver toda semana, onde quer que eu estivesse, com exceção da época em que estive em alderson –, ela nunca ficou com sua mãe. Percebo que há algo brotando em minha menina. Olho para minha mãe, o rosto um ponto de interrogação. Minha mãe também está sofrendo. Tento brincar. Transformo meus braços em uma tromba de elefante andando pela selva da sala de visitas. Não funciona. Minha filha se recusa a brincar de bebê elefante, ou tigre, ou qualquer coisa. Ela olha para mim como se eu fosse um bufão, que é como devo estar parecendo. Tento o apito do trem choo-choo e o lá, lá, lá da música, mas ela não se interessa. Tento conversar, mas ela está emburrada e carrancuda.

Eu me aproximo e tento abraçá-la. Num breve segundo, ela se solta de mim. Só sinto aqueles punhos de quatro anos me esmurrando. Toda sua força estava naqueles socos, e eles doeram de verdade. Deixo que me bata até cansar. "Está tudo bem", digo a ela. "Põe tudo pra fora." Ela está parada à minha frente, o rosto contorcido de raiva, parecendo exausta. Ela se afasta e se encosta na parede. "Está tudo bem", digo a ela. "Mamãe entende." "Você não é minha mãe", grita, com as lágrimas escorrendo pelo rosto. "Você não é minha mãe e eu te odeio." Tenho vontade de chorar também. Sei que ela está confusa sobre quem eu sou. Ela me chama de Mamãe Assata e a minha mãe de Mamãe.

Tento pegá-la no colo. Ela empurra minha mão. "Você pode sair daqui se quiser", grita ela. "Você que não quer." "Não, eu não posso", falo sem forças. "Você pode sim", acusa ela. "Você que não quer."

Olho impotente para minha mãe. Seu rosto está transtornado de dor. "Diz pra ela tentar abrir as grades", ela diz em um sussurro.

"Não consigo abrir a porta", digo à minha filha. "Eu não consigo atravessar as grades. Tenta você abrir as grades."

Minha filha vai até a porta da cela que dá acesso à sala de visitas. Ela puxa e empurra. Ela sacode, bate e chuta as grades até cair no chão, vencida pelo cansaço. Eu me aproximo e a pego no colo. Eu aperto, embalo e beijo minha filha. O rosto dela tem um ar de resignação que eu não aguento. Passamos o resto da visita conversando e brincando calmamente no chão. Quando a guarda diz que a visita acabou, me agarro a ela como se fosse a minha vida. Ela mantém a cabeça erguida e as costas retas enquanto sai da prisão. Ela me dá tchau, com o rosto sombrio e preocupado, parecendo uma pequena adulta. Volto para minha cela e choro até vomitar. Decido que é hora de partir.

À MINHA FILHA KAKUYA

eu tenho sonhos gastos para você
de uma vaga liberdade
que nunca conheci.

Baby,
eu não quero você faminta ou sedenta
ou ao relento no frio.
E não quero que o gelo
mate seu fruto
antes que amadureça.

eu posso ver um lugar ensolarado –
Vida explodindo em verde.
posso ver sua pele brilhante, bronzeada
à vontade entre todas as flores
e centopeias.

eu posso ouvir risadas,
que nada têm de ridículas.
E palavras, não suscitadas
por ego ou ganância ou inveja.

eu vejo um mundo onde o ódio
foi substituído pelo amor.
e EU substituído por NÓS.

E eu posso ver um mundo
onde você,
construindo e explorando,

forte e realizada,
vai entender.
E irá além
de meus pequenos sonhos gastos.

CAPÍTULO 21

Minha avó veio lá da Carolina do Norte até aqui. Ela veio me contar o sonho que teve. Minha avó tem sonhado a vida inteira, e os sonhos se tornaram realidade. Minha avó sonha com pessoas fazendo a passagem, bebês nascendo e pessoas sendo livres, mas essas coisas nunca eram específicas. Pássaros vermelhos pousados em cercas, arco-íris no pôr do sol, conversas com pessoas que já se foram há muito tempo. Os sonhos de minha avó sempre aconteciam quando eram necessários e sempre significavam o que precisávamos que significassem. Ela sonhou que minha mãe ia ser professora, minha tia ia estudar Direito e, nos tempos difíceis, ela sonhou que os bons tempos estavam chegando. Ela nos disse o que precisávamos ouvir e nos fez acreditar no que dizia como ninguém mais conseguiria. Ela fez a parte dela. O resto era com a gente. Tínhamos que tornar aquilo real. Sonhos e realidade são opostos. A ação os sintetiza.

Fiquei extremamente feliz por ela ter ido me visitar. Ela estava com ar confiante e vitorioso. O resto da família a fez me contar seu sonho.

"Você vai para casa em breve", disse minha avó, enquanto buscava meu olhar para me olhar bem fundo. "Eu não sei quando será, mas você vai voltar para casa. Você vai sair daqui. E não vai demorar muito. Vai demorar muito menos tempo do que o que você já ficou aqui."

Empolgada, pedi a ela que me contasse o sonho. Ficamos todas conversando, percebi, num tom conspiratório.

"Sonhei que estávamos em nossa velha casa na Jamaica. Não sei se você ainda se lembra dela."

Assegurei a ela que sim.

"Sonhei que eu estava vestindo você", ela disse, "colocando sua roupa".

"Me vestindo?", repeti.

"Sim. Te vestindo."

Um medo correu por minha espinha. "Eu era pequena ou grande?"

"No sonho, você era adulta."

Senti um leve enjoo. Talvez minha avó tenha sonhado com minha morte. Talvez ela tenha sonhado que eu tinha morrido ao tentar fugir. Por que ela estaria me vestindo se eu não estivesse morta? Minha avó pescou meu pensamento.

"Não, você estava bem. Você estava viva. Era tudo tão nítido quanto este nariz na sua cara. Você vai voltar para casa. Eu sei o que estou falando. Não me peça para explicar mais, porque não posso. Só sei que você vai voltar para casa e que vai ficar tudo bem."

Eu não parava de implorar por detalhes. Alguns ela deu e outros não. Por fim, depois de eu fazer mil perguntas, minha avó deixou toda sua autoridade transparecer em sua voz. "Eu sei que vai acontecer, porque vi no sonho. Você vai deixar esse lugar, e eu sei disso. E é só."

Minha avó ficou ali me olhando. Havia um sorriso no rosto dela que não consigo descrever. Eu sabia que ela estava falando sério. Os sonhos de minha avó eram notórios: eles se tornavam realidade. Durante toda a vida, seus misteriosos sentidos foram como um radar, captando e identificando tudo o que não podíamos ver. Minha família e eu ficamos sentados lá, vibrando umas com as outras. Conversando e rindo, trazendo à tona lembranças antigas e contando histórias engraçadas. Uma calma escorreu pelo meu corpo como um grosso mel.

Quando voltei para minha cela, pensei em tudo aquilo. Não havia pensamento científico e racional que conseguisse diminuir o êxtase que eu sentia. Uma excitação formigante e vertiginosa tomou conta de mim. Fiquei embriagada do otimismo arrogante e despreocupado de minha família. Eu literalmente dancei na minha cela, cantando: "Pés, não me faltem agora." Cantei a parte dos "pés" bem baixo, acho que as guardas devem ter pensado que eu estava ficando louca, batendo os pés pela cela cantarolando "pés", "pés".

"Você não vence uma corrida apenas correndo", minha mãe me dizia quando eu era pequena. "Você tem que conversar com você mesma."

"Hã?", perguntei a ela.

"Você tem que conversar com você mesma enquanto estiver correndo e dizer a você mesma que você pode vencer."

Virou uma espécie de hábito. Sempre que me deparo com alguma situação difícil ou quase impossível, eu canto. Ao longo dos anos, desenvolvi diferentes tipos de cânticos, mas sempre acabo voltando ao velho canto: "Eu consigo, eu consigo, sim, eu consigo."

Liguei para meus avós um dia ou dois antes de minha fuga. Eu queria ouvir a voz deles uma última vez antes de partir. Estava me sentindo meio melancólica e, então, para não levantar suspeita, eu disse a eles que queria ouvir um pouco mais sobre a história de nossa família, do tempo da escravidão em diante. E quando vimos já era hora de desligar. "Sua avó quer te dizer mais uma coisa", disse meu avô.

"Eu te amo", disse minha avó. "Não queremos que você se acostume com esse lugar, ouviu? Não se permita se acostumar a esse lugar."

"Não, vó, não mesmo."

Cada dia que passo na rua, hoje em dia, lembro a mim mesma que os Negros da amérika são oprimidos. É preciso que eu faça isso. As pessoas se habituam a tudo. Quanto menos você pensar na opressão em que vive, maior será sua tolerância a ela. Depois de um tempo, as pessoas pensam que a opressão é simplesmente o estado normal das coisas. Mas para vir a ser livre, é preciso que você tenha plena consciência de que vive como escravo.

A TRADIÇÃO

Siga agora
Siga.

Siga agora
Siga.

Siga a tradição.

Houve Pessoas Negras desde a infância dos tempos
que seguiram.
Em Gana e Mali e Timbuktu
nós seguimos.

Seguimos a tradição.

Nos escondíamos na mata
quando os capitães do mato chegavam

com suas lanças.
E no momento oportuno,
Saltávamos e arrancávamos a energia vital
dos aspirantes a senhores de escravos.

Nós seguimos.
Em navios negreiros,
lançando-nos ao mar.
Cortando as gargantas de nossos captores.
Tomamos seus chicotes.
E seus navios.
O sangue jorrou no Atlântico –
e não foi só o nosso.

Nós seguimos.

Servimos à sinhá tortas de maçã e arsênico.
Roubamos os machados do barracão.
Saíamos e decepamos a cabeça do senhor.

Fugimos. Lutamos.
Organizamos uma ferrovia.
Um subterrâneo.

Nós seguimos.

Nos jornais. Nas reuniões.
Nas discussões e brigas de rua.
Nós seguimos.

Em fábulas contadas às crianças.
Em cantos e cantatas.
Em poemas e blues

e nos gritos de saxofones,
Nós seguimos.

Nas salas de aula. Nas igrejas.
Nos tribunais. Nas prisões.
Nós seguimos.

Em palanques e frentes de piquetes.
Filas de assistência social, filas de desempregados.
Nossas vidas na fila,
Nós seguimos.

Em sit-ins e orações de protesto
E marchas e mortes,
Nós seguimos.

Nas madrugadas frias do Missouri
De espingardas contra hordas de linchadores.
Nas ruas do Brooklyn em chamas.
Combatendo rifles com pedras,
Nós seguimos.

Contra guinchos de mangueiras e buldogues.
Contra cassetetes e balas.
Contra tanques e gás lacrimogêneo.
Agulhas e forcas.
Bombas e controle de natalidade.
Nós seguimos.

Em Selma e San Juan.
Moçambique. Mississippi.
No Brasil e em Boston,
Nós seguimos.

Atravessando mentiras e traições.
Erros e insanidades.
Atravessando dores e fome e frustração,
Nós seguimos.

Seguimos a tradição.

Seguimos uma forte tradição.

Seguimos uma tradição de orgulho.

Seguimos uma tradição Negra.

Sigamos.

E passe para as crianças.
Passe adiante.
Siga.
Siga agora.
Siga
ATÉ A LIBERDADE!

POSFÁCIO

Liberdade. Eu não estava acreditando que aquilo tinha realmente acontecido, que o pesadelo tinha acabado, que finalmente o sonho tinha se tornado realidade. Eu estava exultante. Em êxtase. Mas estava também completamente desorientada. Tudo era igual, ainda assim tudo era diferente. Todas as minhas reações foram superintensas. Mergulhei em padrões e texturas, sorvendo cheiros e sons como se todo dia fosse o último. Eu me sentia como uma *voyeur*. Eu me segurava para não ficar encarando as pessoas cujas conversas eu tentava ouvir.

De repente, fui inundada pelos horrores da prisão e toda a experiência repugnante que de alguma forma fui capaz de minimizar enquanto estava lá dentro. Eu havia desenvolvido a capacidade de ser paciente, calculista e completamente autocontrolada. Em geral, eu era incapaz de chorar. Eu me sentia rígida, como se pedaços de aço e concreto tivessem se infiltrado em meu corpo. Eu fiquei fria. Eu me esforçava para tocar minha suavidade. Eu temia que a prisão tivesse me tornado desagradável.

Meus camaradas ajudaram muito. Eles eram tão bonitos, naturais e saudáveis. Eu os adorava pela gentileza comigo. Havia anos que não me comunicava tão intensamente com alguém, e eu falava com eles quase compulsivamente. Eles eram como um remédio, que me ajudava a me reconectar comigo mesma tranquilamente.

Mas eu tinha mudado, e de tantas formas. Eu não era mais a jovem revolucionária romântica de olhos surpresos que acreditava que a revolução estava a caminho. Eu ainda apreciava um idealismo vibrante, mas fazia muito tempo que tinha me convencido que a revolução era uma ciência. Generalidades não eram mais suficientes para mim. Como meus camaradas, eu acreditava que era necessário um nível mais alto de sofisticação política, e que a unidade na comunidade Negra tinha que se tornar uma prioridade. Não podíamos nos dar ao luxo de esquecer as lições que aprendemos com o Cointelpro. Para mim, construir um senso de consciência nacional era uma das tarefas mais importantes que tínhamos diante de nós. Eu não conseguia imaginar como poderíamos lutar seriamente se não tivéssemos um forte senso de coletividade, sem sermos responsáveis uns pelos outros e uns para os outros.

Estava claro para mim também que, sem um componente verdadeiramente internacionalista, o nacionalismo seria reacionário. Não havia nada revolucionário no nacionalismo por si só – Hitler e Mussolini eram nacionalistas. Qualquer comunidade verdadeiramente preocupada com sua própria liberdade deve se preocupar também com a liberdade das outras pessoas. A vitória dos oprimidos em qualquer parte do mundo é uma vitória para os Negros. Cada vez que um dos tentáculos do imperialismo é cortado, nos aproximamos mais da libertação. A luta na África do Sul é a batalha mais importante do século para os Negros. A derrota do *apartheid* na África do Sul aproximará os africanos de todo o planeta da libertação.[163] O imperialismo é um sistema internacional

---

163 NT: O fim do *apartheid* na África do Sul se deu em 1994, depois de Assata ter escrito este livro.

de exploração, e nós, como revolucionários, precisamos ser internacionalistas para derrotá-lo.

HAVANA. Sol preguiçoso contra o oceano azul-esverdeado. Uma bela cidade de ruas estreitas entrecruzadas de um lado da cidade e avenidas amplas e arborizadas do outro. Casas com pintura descascada e carros antigos dos e.u. dos anos 1940 e 1950.

É um lugar movimentado, cheio de ônibus, pessoas apressadas, crianças com uniforme cor de vinho ou dourado andando pelas ruas tranquilamente, balançando as mochilas com livros. A primeira coisa que me impactou foram as portas abertas. Aonde quer que se vá, as portas estão abertas. Você vê as pessoas dentro de suas casas conversando, trabalhando ou assistindo à TV. Fiquei surpresa ao descobrir que realmente podíamos andar pelas ruas sozinhos à noite.

Idosos passeando vagarosamente, carregando sacolas de compras, param para perguntar: "*Qué hay? Qué hay en el mercado?*" "O que eles estão vendendo no mercado?" Sem um momento de hesitação, gritam para as crianças saírem da rua. Ficam com as mãos nos quadris, agindo como se fossem donos do lugar. Eu acho que são. Eles não têm medo.

"*Es mentira*", exclamam meus vizinhos. "*Qué mentirosa tu eres.*" "Que mentirosa você é." Meus vizinhos me perguntam como são os e.u. e me chamam de mentirosa quando eu falo da fome, do frio e de pessoas dormindo nas ruas. Eles se recusam a acreditar em mim. Como pode isso em um país tão rico? Conto a eles sobre os viciados em drogas e a prostituição infantil, sobre crimes nas ruas. Eles dizem que estou exagerando: "Sabemos que o capitalismo não é um bom sistema, mas você não precisa exagerar. Existem mesmo viciados em drogas de 12 anos de idade?"

Embora saibam do racismo e da ku klux klan, do desemprego, essas coisas são irreais para eles. Cuba é um país que tem esperança. A realidade deles é tão diferente. Fico impressionada com o quanto os cubanos conseguiram realizar em tão pouco tempo desde a Revolução. Há novos prédios por toda parte – escolas, edifícios residenciais, clínicas, hospitais e creches. Não são como os arranha-céus que crescem no centro de Manhattan. Não há condomínios exclusivos ou edifícios comerciais de luxo. Os novos prédios são para o povo.

Assistência médica, atendimento odontológico e consultas médicas são gratuitos. As escolas, em todos os níveis educacionais, são gratuitas. O aluguel não passa de 10% dos salários. Não há impostos – nenhum imposto de renda, municipal, federal ou estadual. É tão estranho pagar o preço marcado nos produtos, sem nenhum imposto adicionado. Cinemas, peças teatrais, shows e eventos esportivos custam no máximo um ou dois pesos. Os museus são gratuitos.

Aos sábados e aos domingos, as ruas ficam cheias de pessoas com suas melhores roupas e prontas para passearem. Fiquei espantada ao descobrir que uma ilha tão pequena tem uma vida cultural tão rica e é tão animada, principalmente quando a mídia dos e.u. simplesmente vende uma imagem oposta.

Estou sendo apresentada em uma festa. A anfitriã me diz que o homem é de El Salvador. Estendo a mão para cumprimentá-lo. Alguns segundos tarde demais, percebo que ele não tem um braço. Ele me pergunta de que país eu sou. Fico tão desconcertada e envergonhada que quase tremo. "*Yo soy de los estados unidos, pero no soy yankee*", digo a ele. Um amigo me ensinou essa frase. Toda vez que me perguntavam de onde eu era, eu titubeava. Eu detestava ter que dizer às pessoas que eu era dos e.u. Eu preferiria dizer que eu era Nova Afrikana, não fosse o fato de que quase ninguém entenderia o que isso significava. Quando li sobre os esquadrões da morte em El Salvador, ou sobre o bombardeio de hospitais na Nicarágua, tive vontade de gritar.

Muitas pessoas nos e.u. apoiam a morte e a destruição sem estarem cientes disso. Elas indiretamente apoiam a matança de pessoas sem terem nunca que olhar para os cadáveres. Mas em Cuba eu podia ver os resultados da política externa dos e.u.: vítimas de tortura, de muletas, que vinham de outros países para Cuba para tratamento, incluindo crianças da Namíbia sobreviventes de massacres, e evidências da violenta agressão do governo dos e.u. contra Cuba, incluindo sabotagem e inúmeras tentativas de assassinato de Fidel Castro. Eu ficava imaginando como aquelas pessoas dos *states* que tentavam parecer duronas, e diziam que os e.u. tinha que ir lá, bombardear, assumir isso, atacar aquilo, se sentiriam se soubessem que elas próprias eram indiretamente responsáveis pelo assassinato de bebês, que eram queimados até a morte. Eu me perguntava como se sentiriam se fossem forçadas a assumir responsabilidade moral por aquilo. Às vezes parece que as pessoas nos *states* estavam tão acostumadas a assistir à morte nos noticiários sensacionalistas, vendo pessoas morrerem de fome na África, serem torturadas até a morte na América Latina ou abatidas nas ruas da Ásia, que, de alguma forma, para elas, as pessoas do outro lado do oceano – pessoas "lá de cima" ou "lá de baixo" ou "de lá" – não eram reais.

Um dos primeiros questionamentos dos Negros dos *states* que chegam a Cuba é se há ou não racismo no país. Comigo não foi diferente. Eu tinha lido um pouco sobre a história do povo Negro em Cuba e sabia que era muito diferente da história do povo Negro nos *states*. O racismo cubano não era tão violento ou tão institucionalizado quanto o racismo dos e.u., e a tradição das duas raças, Negros e brancos, lutando juntas pela libertação – primeiro da colonização e depois da ditadura –, era muito mais forte em Cuba. A primeira guerra pela independência de Cuba começou em 1868, quando Carlos Manuel de Céspedes libertou seus escravos e os incentivou a se juntarem ao exército na luta contra a Espanha. Uma das figuras mais importantes nessa guerra foi Antonio Maceo, um Negro, o principal estrategista militar dessa guerra. Os Negros tiveram um papel crucial no movimento trabalhista de Cuba na década de 1950. Jesús Menéndez e Lázaro Pena lideraram dois sindicatos importantes. E eu sabia que Negros como Juan Almeda, agora Comandante da Revolução, tinham desempenhado um papel significativo na luta revolucionária para derrubar Batista. Mas eu estava mais interessada em saber o que tinha acontecido com os Negros após o triunfo da Revolução.

Passei minhas primeiras semanas em Havana andando e observando. Em nenhum lugar encontrei bairros segregados, mas várias pessoas me disseram que onde eu morava era um bairro que tinha sido só de brancos antes da Revolução. Mesmo numa observação casual, ficava óbvio que as relações raciais em Cuba não eram como nos e.u. Viam-se Negros e brancos juntos em todos os lugares – nos carros, andando pelas ruas. Crianças de todas as raças brincavam juntas. Era realmente diferente. Sempre que eu conhecia alguém que falasse inglês eu perguntava o que achavam da questão racial.

"Racismo é ilegal em Cuba", me diziam. Muitos sacudiam a cabeça e diziam: *"Aquí no hay racismo."* Embora tivesse ouvido a mesma resposta de todos, continuei cética e desconfiada. Eu não conseguia acreditar que era possível eliminar centenas de anos de racismo assim, em 25 anos, mais ou menos. Para mim, revoluções não eram fórmulas mágicas, e nenhuma varinha de condão conseguiria operar mudanças da noite para o dia. Passei a ver a revolução como um processo. Com o tempo, fui me convencendo de que o governo cubano estava completamente comprometido com a eliminação de todas as formas de racismo. Não havia instituições, estruturas ou organizações racistas, e eu entendi como o sistema econômico cubano minava, em vez de nutrir, o racismo.

Eu tinha partido do princípio de que os Negros estariam trabalhando dentro da Revolução para implementar as mudanças e garantir a continuação das políticas não racistas que Fidel e os líderes revolucionários tinham instituído em todos os aspectos da vida cubana. Um amigo cubano Negro me ajudou a entender melhor. Ele me disse que os cubanos não questionavam a herança africana. Que havia centenas de anos, os cubanos dançavam ao ritmo africano, realizavam rituais tradicionais e cultuavam deuses como Xangô e Ogum. Ele me contou que Fidel, em um discurso, disse ao povo: "Somos todos afro-cubanos, dos de pele mais clara aos de pele mais escura."

Eu disse a ele que achava que era dever dos africanos de todo canto deste planeta lutar para reverter os padrões históricos criados pela escravidão e pelo imperialismo. Embora tivesse concordado comigo, ele rapidamente me informou que não se considerava africano. "*Yo soy cubano.*" E era óbvio que ele tinha muito orgulho disso. Ele, então, me contou a história de um cubano branco que se voluntariou duas vezes para lutar em Angola. Ele recebeu prêmios por seu heroísmo. "O caso dele não é nada comum em Cuba, mas há quem tenha problemas para se adaptar às mudanças."

"Qual era o problema dele?" perguntei. "Quando o cara voltou, ele provocou um grande escândalo em sua família. A filha dele queria se casar com um homem Negro e ele se opôs. Ele disse que queria netos que se parecessem com ele. Foi uma confusão enorme, e toda a família se envolveu. Esse cara estava tão confuso que perdeu a cabeça quando a filha disse que ele era racista. Ele queria brigar com todo mundo. Ficava pela rua chorando e chutando os postes. Ele não sabia o que fazer. Durante todo o tempo em que esteve em Angola lutando contra o racismo, ele nunca pensou em seu próprio racismo."

Concordei com ele que os brancos que lutavam contra o racismo têm que lutar em dois níveis, contra o racismo institucionalizado e contra suas próprias ideias racistas. "O que aconteceu com o homem?", perguntei.

"Bem, a filha dele se casou mesmo assim, e ele foi convencido pela família a ir ao casamento. Hoje em dia, ele toma conta dos netos e diz que é louco por eles, mas ele ainda não está muito bom da cabeça. Toda vez que a gente se encontra, ele se desculpa. Eu disse a ele que não quero desculpas. Que ele se desculpe com a filha e com o genro. Desde que ele apoie a Revolução, não me interessa o que ele pensa. A mim interessa o que ele faz. Se ele realmente apoia a Revolução, então ele vai mudar. E mesmo que nunca mude, os filhos dele vão mudar. E os netos vão mudar ainda mais. É isso que me interessa."

Toda a questão racial em Cuba era ainda mais confusa para mim, porque todas as categorias de raça eram diferentes. Para começar, a maioria dos cubanos brancos nem seria considerada branca nos e.u. Eles seriam considerados latinos. Fiquei chocada quando soube que muitos cubanos que pareciam Negros para mim não se consideravam Negros. Eles se autodenominavam mulatos, colorados, jabaos e um monte de outras denominações. A impressão que tive é que qualquer um que não fosse muito preto era considerado mulato. A primeira vez que fui chamada de "mulata", fiquei tão ofendida que se eu conseguisse me expressar em espanhol, teríamos tido uma discussão acalorada ali mesmo.

"*Yo no soy una mulatta. Yo soy una mujer negra, y orgullosa soy una mujer negra*", eu falava para as pessoas assim que aprendi um pouco de espanhol. "Eu não sou mulata, sou Negra, e me orgulho de ser Negra." Algumas pessoas entendiam minha postura, mas outras achavam que eu era muito ligada nas questões de raça. Para eles, mulato era apenas uma cor, como vermelho, verde ou azul. Mas, para mim, o termo representava uma relação histórica. Todas as minhas associações com a palavra mulato eram negativas. Representava escravidão e donos de escravos estuprando mulheres Negras. Representava uma casta privilegiada, educada em valores e cultura europeus. Em alguns países do Caribe, representava o nível médio de um sistema hierárquico de três castas – a casta que agia como uma classe intermediária entre os governantes brancos e as massas Negras.

Acho impossível separar a palavra de sua história. Isso me lembrava de um ditado que tinha ouvido várias vezes desde a infância: "Se você é branco, está certo. Se você é marrom, fique por aqui. E, se você é preto, chega pra lá."[164] Percebi que para realmente entender a situação eu precisava estudar a história cubana a fundo. Mas, de alguma forma, sentia que a coisa do mulato impedia os cubanos de lidarem com algumas ideias negativas herdadas da escravidão.

O movimento do orgulho Negro tinha sido muito importante para ajudar os Negros nos e.u. e em outros países de língua inglesa a enxergarem a herança africana sob uma luz positiva. Nunca ouvi falar de nenhum movimento equivalente em torno do orgulho mulato, nem imagino qual

---

164 NT: No original: *If you're white, you're right. If you're brown, stick around. And, if you're black, get back.*

seria a base para isso. Em minha opinião, seria de suma importância que todos os descendentes de africanos de todo o planeta lutassem para reverter os padrões políticos, econômicos, psicológicos e sociais criados pela escravidão e pelo imperialismo.

O problema do racismo assume muitas formas e revela muitas sutilezas. É um problema complicado que exigirá muita análise e muita luta para ser resolvido. Embora os cubanos e eu abordássemos o problema de diferentes ângulos, eu sentia que compartilhávamos o mesmo objetivo: a abolição do racismo em todo o mundo. Eu respeitava o governo cubano, não só por adotar princípios não racistas, mas por lutar para colocá-los em prática.

PRENDI A RESPIRAÇÃO enquanto esperava minha tia atender o telefone. Fazia cinco anos que a gente não se falava. Cinco anos desde a última vez que falei com minha família. Felizmente, ela não mudou o número. Um clique. E então, finalmente, ouvi sua voz. Fiquei muito feliz.

"Titia", quase gritei. "Sou eu. Assata."

"Quem?"

"Assata."

"Quem?"

"Sou eu. Assata. Estou em Cuba. Cuba. Ah, como eu te amo. É tão bom ouvir sua voz. Como você está?"

A voz do outro lado era de minha tia, mas estava tão fria que era difícil de acreditar. "Ah, sei. Assata. Hum! Tá certo. Tá bem. Eu estou bem."

"O que houve, Titia? Sou eu. Assata. Está tudo bem?"

"Eu estou bem."

"Titia. Ah, sinto tanta tua falta. Estou bem. Está tudo bem. Estou ótima. Ótima. Como está todo mundo? Como estão todos aí?"

E de novo a voz fria. "Está tudo bem. O que você quer?"

"O que eu quero? Como assim, o que eu quero? Eu quero falar com você. Eu te amo. Você está tão fria."

"Bem ... é que ... é que ... Eu ..." Houve uma pausa. E então: "Diz alguma coisa para eu saber se é você mesmo. Alguma coisa que só você e eu sabemos."

Por fim, entendi o que estava acontecendo, então, disse a primeira coisa que me veio à cabeça. *"Anty, panty, jack o'stanty."* Era uma rima boba de criança que ninguém mais conheceria. Eu costumava usá-la para mexer com minha tia[165] quando era pequena.

"É você! Ai, meu Deus, é mesmo você", gritou ela. "Pera. Me dá um segundo pra eu recuperar o fôlego. Como você está?"

"Bem", eu disse. "Como estão Mamãe e Kakuya?"

"Sua mãe está bem. Ai, ela vai ficar tão feliz quando eu disser que falei com você. Kakuya também está bem. Sua filha está tão grande que você não vai reconhecer. Ela está quase da sua altura."

Eu disse a ela que queria ligar para minha mãe e Kakuya assim que terminasse de falar com ela.

"Não. Liga amanhã. Deixa eu ligar para ela primeiro, aí ela vai ter certeza de que é mesmo você. Onde é mesmo que você disse que está?"

"Cuba. Estou ligando de Cuba. Sou uma refugiada política aqui."

"Cuba?", repetiu minha tia. "Cuba? E você está bem aí? Quer dizer, você está em segurança?"

"Acho que sim", eu disse a ela. "Estou me sentindo bem. Parece que sim."

---

165 NE: A brincadeira da autora com a tia se deve ao fato de, em inglês, *anty* ser uma forma para "titia" (que a autora usa nesse diálogo, no original em inglês) e *panty* significar "calcinha".

Falar com Kakuya e minha mãe no dia seguinte foi como um sonho. "Oi", a vozinha disse ao telefone. Era a voz mais bonita que eu já tinha ouvido. Eu estava nervosa e feliz. E suava em bicas.

"Como você está?", perguntei à minha filha.

"Bem."

Eu me sentia como uma panela fervendo e transbordando. Todos os sentimentos represados por tanto tempo agora transbordavam. Eu tinha um milhão de coisas que queria perguntar a ela. Um milhão de coisas que eu queria dizer.

Minha mãe e eu fizemos planos. Ela, minha tia e Kakuya viriam assim que possível. Parecia bom demais para ser verdade. E era.

E os meses foram passando. Para que Kakuya tirasse o passaporte, ela precisava de uma certidão de nascimento. Minha mãe me disse que durante dez anos o Elmhurst Hospital tinha se recusado a emitir uma certidão de nascimento para Kakuya. Finalmente, depois de meses de aborrecimentos, Evelyn teve que ir à korte para conseguir um documento que provasse que minha filha tinha nascido.

Depois disso, ao longo dos meses que se seguiram, fui descobrindo o inferno que minha família viveu na mão da polícia e do FBI. Depois que fugi, a polícia atormentou minha mãe de forma tão persistente e brutal que ela teve um ataque cardíaco. O que eles fizeram com Evelyn, então, era inacreditável. E então entendi por que Evelyn reagiu à minha ligação daquele jeito. Numa época, o telefone do escritório dela tinha dez grampos de uma vez. Ela e minha mãe receberam falsos bilhetes meus, com imitação de minha caligrafia. Elas receberam telefonemas com minha voz dizendo "vem aqui no lugar e traz algum dinheiro". Elas encontraram olhos eletrônicos e todo tipo de dispositivos dentro e fora de suas casas. Elas passaram por estranhos arrombamentos, nos quais nada de valor foi levado. Mas elas sobreviveram. E ficaram mais fortes no processo.

Quando o avião sobrevoava Havana, parecia que meu coração batia em minhas costelas tentando sair. Meu estômago doía. Minha boca estava seca como algodão. Tive a impressão de que um milhão de pessoas saiu do avião até que a garotinha alta de olhos grandes começasse a descer a rampa. Eu já avistava minha mãe, frágil, mas muito determinada. Com minha tia atrás dela, com ar triunfante.

E pensar em tudo que já tínhamos passado. Nossa luta começou em um navio negreiro anos antes de nascermos. *Venceremos*, minha palavra favorita em espanhol, me veio à cabeça. Dez milhões de pessoas enfrentaram o monstro. Dez milhões de pessoas a apenas 90 milhas de distância. Cá estávamos nós, juntas, na terra deles, minha pequenina família, entre abraços, depois de tanto tempo. Não havia dúvida, nosso povo um dia seria livre. Os caubóis e os bandidos não eram donos do mundo.

Este livro foi impresso em junho de 2022,
na Gráfica Assahí, em São Paulo.
O papel de miolo é o pólen natural 80g/m²,
e o de capa é o cartão 250g/m².
As fontes usadas no miolo são a ITC Stone Serif Std
para o texto e a Acumin para os títulos.